MARTIN HULTMAN E PAUL M. PULÉ

masculinidades
ecológicas

Publicado pela primeira vez em 2018 pela Routledge
2 Park Square, Milton Park, Abingdon, Oxfordshire OX14 4RN
52 Vanderbilt Avenue, Nova Iorque, NY 10017
Routledge é uma marca do Taylor & Francis Group, uma empresa de Informa.

Publicado pela primeira vez em brochura em 2019,
a partir do original em inglês *Ecological Masculinities: theoretical foundations and practical guidance*.

Copyright © 2018 Martin Hultman e Paul M. Pulé
O direito de Martin Hultman e Paul M. Pulé de serem identificados como autores deste trabalho foi afirmado por eles de acordo com as seções 77 e 78 do Copyright, Designs and Patents Act 1988.
Todos os direitos reservados. Nenhuma parte deste livro pode ser reimpressa ou reproduzida ou utilizada de qualquer forma ou por qualquer meio eletrônico, mecânico ou outro, agora conhecido ou inventado no futuro, incluindo fotocópia e gravação, ou em qualquer sistema de armazenamento ou recuperação de informações, sem permissão por escrito dos editores.
Observação: Nomes de produtos ou corporativos podem ser marcas comerciais ou registradas e são usados apenas para identificação e explicação, sem intenção de violação.
Todos os direitos reservados.
Tradução autorizada a partir da edição em inglês publicada pela Routledge, membro do Taylor & Francis Group.

Equipe editorial brasileira
Coordenação Editorial: Isabel Valle
Tradução: Renata Thiago
Revisão da tradução: Luiz Eduardo Alcantara e Carla Branco
Apoio na revisão técnica: Vanessa Lengruber
Capa: Luiza Chamma

Ícone da página 64: "Fist" de Gan Khoon Lay | Noun Project

> H917m
>
> Hultman, Martin
>   Masculinidades ecológicas: fundamentos teóricos e orientação prática | Martin Hultman e Paul M. Pulé – Rio de Janeiro: Bambual Editora, 2023.
>   344 p.
>
>   ISBN 978-65-89138-41-9
>
>   1. Ecologia humana 2. Natureza - efeito sobre os seres humanos. 3.Ecofeminismo. 4.Ecologia profunda. I.Hultman, Martin. II.Pulé, Paul M. III.Título.
>
>   CDD 304.2

www.bambualeditora.com.br
conexao@bambualeditora.com.br

Martin Hultman

A Elin, por seu apoio duradouro e por me
encorajar a melhorar.
A Kaspar, por me fazer pensar no futuro.
A todos os meus amigos, que me ouviram e compartilharam
suas ideias comigo.
A todas as plantas, por me proporcionarem oxigênio.
Aos oceanos, rios e lagos por me concederem água.
A todos os Protetores da Terra, por me mostrarem que
cuidar exige ousadia para acompanhar
o caminho da paz quando a vida está em jogo
... e a todos os povos indígenas do mundo que traduzem
mudança climática global em *Blocadia* para o bem de toda forma de vida.

Paul M. Pulé

A mamãe e papai, por resistirem.
A Leslie, por me mostrar um outro mundo.
A Dottie, por me lembrar de rir de mim mesmo
... e a muitos outros que não são humanos que são nossos companheiros
nesta orbe de vida perfeita flutuando no espaço e no tempo.

Nosso agradecimento a Flavia Vivacqua,
da Nexo Sistêmico e Design Regenerativo, pelas conexões
para que este livro fosse publicado no Brasil.

Nosso reconhecimento e gratidão a Luiz Eduardo Alcantara
por toda sua dedicação nas inúmeras dimensões da produção
e divulgação deste livro no Brasil.

Bambual Editora

Sumário

Prefácio – Luiz Eduardo Alcantara e Gustavo Tanaka................7

Prólogo 13
Circunstâncias terríveis, novas abordagens • Desafios sociais e ambientais • A miopia do cuidado dos homens

PRIMEIRA PARTE – Fundamentos Conceituais

1 Introdução: questionando as masculinidades...................35
Pensamentos de muitas vertentes • Branco, homem e em negação • Virando a maré • Masculinidades como política • Ecosofisando a subjetividade • Ecologização feminista • Cuidado

**2 Ecologização masculina: de masculinidades
industriais/ganha-pão e ecomodernas a ecológicas**...............61
Homens, sociedades fragmentadas, Terra devastada • Masculinidades industriais/ganha-pão • Masculinidades ecomodernas • Masculinidades ecológicas

SEGUNDA PARTE – Quatro Correntes

3 Homens e masculinidades: um espectro de visões..............95
Homens e masculinidades • Masculinidades pró-feministas • A economia da equidade de gênero • Masculinidades LGBTTEQQIAS-OHP (LGBTQIA+ ou não-binárias/*genderqueer*) • Decolonização de masculinidades • Mitopoesia masculina e criação de mitos da natureza • Tradições dogmáticas e ambientais cristãs • Grupos de direitos dos homens (masculinidades tóxicas/extremas fora de controle) • Colocando a Terra na pauta da política das masculinidades

4 Conectando a natureza interna e externa: uma ecologia mais profunda para o Norte Global............................147

Uma "visão total" mais profunda • Næss: o homem • A ecologia profunda examinada • Ecosofia T • Ecosofia M • Ecologia profunda e normas *malestream*

5 Lições do feminismo ecológico............................177

Gênero e meio ambiente • *Herstory*: a história da ecologização feminista • Pluralidades ecofeministas • Ecologia política feminista • Estudos de ciências feministas, feminismos materiais e pós-humanidades • Ecofeminismos binários • Ecofeminismos com equidade de gênero • Ecofeminismos não-binários/*genderqueer* • Costuras de uma colcha criativa

6 Cuidando dos "comuns glocais"............................225

As possibilidades de cuidado • Cuidado utilitarista • Teorias feministas sobre cuidados • Cuidado aplicado • Cuidando de outros não-humanos e cuidados de não-humanos • Homens, masculinidades e cuidado • Mais suave, mais amável e mais caloroso

TERCEIRA PARTE – Masculinidades Ecológicas: um Diálogo Emergente

7 Nascentes: pesquisas anteriores sobre homens, masculinidades e a Terra............................255

Uma junção fundamental • O Homem Sustentável Euro-pagão • Honrando a Terra de forma essencializada • Masculinidades ecocríticas • Perseguindo a natureza • Homens no movimento ambientalista • Agricultores e a sociologia das masculinidades rurais • Ecomasculinidades de inspiração feminista • Reunindo materiais (um resumo)

8 Masculinidades Ecológicas: criando ADAM-n............................299

Ser a Terra • [Primeira corrente] políticas de masculinidades • [Segunda corrente] ecologia profunda • [Terceira corrente] feminismo ecológico • [Quarta corrente] teoria do cuidado feminista • Material adicional a considerar • Abrigo em margens estuarinas • Criando ADAM-n • A: Atenção • D: Desconstrução • A: Alteração • M: Modificação • -n: Nutrição de novas masculinidades • Ecologização masculina: uma esperança para nosso futuro comum

Agradecimentos............................330

Prefácio

Luiz Eduardo Alcantara e Gustavo Tanaka
Guardiões do Brotherhood

Os desafios do tempo em que nos foi dado viver não podem ser enfrentados separadamente. É necessário que reconheçamos a interdependência entre eles se quisermos nos conhecer, nos transformar e ter uma ação mais efetiva no mundo. Nesse sentido, não é possível falar sobre o que é ser homem no século XXI e sobre as diversas expressões de masculinidades, se não estivermos dispostos a nos conscientizar sobre gênero, raça, justiça social e impactos ambientais. Do mesmo modo, a emergência climática só pode ser efetivamente enfrentada se mudarmos não somente nossos hábitos e ações, mas também a base da forma de pensar das masculinidades que predominam hoje.

É por isso que, ao encontrarmos neste livro de Martin Hultman e Paul M. Pulé a união desses dois temas, nós imediatamente vimos que se tratava de uma leitura fundamental para nossa caminhada como homens e como cidadãos deste planeta. O livro contribui para que as discussões de masculinidades sejam colocadas em um patamar diferente. Ele se tornou ainda mais fascinante para nós, quando logo no início notamos que os autores não se limitam a falar apenas para os homens. Eles tratam de aspectos que habitam também em mulheres e pessoas não-binárias. E, ao trazerem a pluralidade já no título do livro, os autores não se aventuram a propor um novo modelo ou padrão de masculinidade. Eles apontam caminhos, ajustes de rota, necessários para que cada pessoa possa trilhar sua própria trajetória de ecologização.

Quando eu, Luiz Eduardo, fiquei sabendo da existência deste livro, já fazia quase cinco anos que estava ativamente buscando compreender mais sobre o homem que sou e sobre as masculinidades. Apesar de me considerar hoje um homem cis, branco e heterossexual, nunca me identifiquei inteiramente com o padrão hegemônico de competição, agressividade excessiva, obsessividade com poder e dinheiro e fechamento emocional que muitos homens aprendem em nossa sociedade. Isso me inquietou durante toda minha adolescência e início da vida adulta. Na dificuldade de ter conversas sobre isso com amigos, eu buscava refúgio em amigas com quem aprendi muito ao longo desses anos sobre equidade de gênero, realidade das mulheres e fontes de leitura, e sigo aprendendo até hoje. Mas a inquietação permanecia e eu sentia que precisava fazer algo.

Até que em 2017 veio o convite do Gustavo Tanaka para participar de uma reunião para conversar com outros homens sobre o que é ser homem. Aquilo me chamou atenção, nunca tinha ouvido falar de algo similar, mas sentia que sempre precisei de um espaço como esse. Foi uma das melhores coisas que aconteceu na minha vida. Aquele encontro, tenho certeza, foi inesquecível para todos os presentes, e a partir dele surgiu o Brotherhood, movimento que segue buscando trazer consciência sobre as masculinidades e transformação de comportamento para os homens.

Ao longo dessa caminhada no Brotherhood, fizemos muita coisa coletivamente, foram muitos encontros, ações em empresas, organizações, repúblicas universitárias e experiências imersivas na natureza. Por meio dessas experimentações, leituras e trocas com outras pessoas, fomos criando nossos métodos e descobrindo novas formas de expressar nossas masculinidades. Passei a reconhecer a importância de me cuidar e cuidar mais uns dos outros e dos ambientes aos nosso redor, a força que existe em se colocar vulnerável, o relaxamento que há em amizades verdadeiras entre homens, bem como a alegria de ver cada vez mais homens se juntando nessa caminhada.

No entanto, faltava uma clareza teórica e estruturada da vivência prática que estávamos tendo sobre a importância de unir as temáticas de masculinidades com os desafios socioambientais do nosso tempo. Foi quando descobrimos este livro que traz uma pesquisa ampla e profunda para suprir essa necessidade.

Este livro é um marco na minha trajetória como homem ocupado com a emergência climática. Tendo nascido no dia 5 de junho, data em que mundialmente é celebrado o meio ambiente, e preocupado com as possibilidades de futuro diante dos impactos ambientais destrutivos que nossa sociedade vem causando, busquei desde cedo me conscientizar sobre o assunto e adotar ações individuais e coletivas que pudessem contribuir para o enfrentamento dessa emergência.

É fato que há muito tempo os homens ocupam as principais posições de poder. Ainda que haja mais participação das mulheres hoje, é fácil perceber que os homens ainda são maioria na política, na direção de organizações intergovernamentais e de empresas, nos tribunais e na reitoria das universidades. Portanto, não tem como negar a nossa responsabilidade frente ao que está acontecendo no planeta, isso sem contar que as mulheres são as mais prejudicadas pela emergência climática, por serem estruturalmente mais vulneráveis e mais propensas a estarem em situação de pobreza.

Conforme me engajava mais na temática, também comecei a perceber resistências de amigos e familiares homens em adotar comportamentos mais sustentáveis, como redução do consumo de carne e reciclagem/compostagem de resíduos. Há pesquisas que mostram que as mulheres adotam com muito mais frequência comportamentos sustentáveis. E uma das razões para isso está no fato de o cuidado altruísta ser visto como uma característica mais feminina e os homens terem receio de que um comportamento mais sustentável colocaria em risco sua identidade masculina.

Fui percebendo, então, que as discussões sobre masculinidades são fundamentais para combatermos a emergência climática. Não se trata de querer pautar mais uma temática a partir da perspectiva masculina, mas sim de reconhecer que o padrão hegemônico atual, competitivo e dominador, precisa acabar para que os homens passem a ser parte da solução, se quisermos de fato ter um futuro desejável para os seres humanos no planeta. Como defendia a ilustre bell hooks, precisamos criar as condições para que os homens possam construir uma identidade que não seja fundamentada na dominação. Este livro faz exatamente isso.

No começo de 2022 eu voltei de mais uma viagem impactante para a Amazônia, onde pude aprofundar minha conexão com a floresta e com pessoas que habitam e cuidam desse bioma ameaçado e que é fundamental para o Brasil e para a vida na Terra. Ainda com o corpo tentando dar conta de tantas sensações vividas, escrevi um texto para o Brotherhood no portal *online* da Revista Vida Simples sobre masculinidades e a crise climática. Após a publicação, a equipe da Bambual Editora entrou em contato comigo e me contou que estavam querendo lançar este livro no Brasil. Foi um daqueles momentos em que a gente sente que está no lugar certo na hora certa. Agradeço e honro o trabalho dessas duas mulheres incríveis, Isabel Valle e Bruna Próspero, que tomaram a iniciativa de tornar realidade a publicação deste livro no Brasil e me apresentarem esses autores com os quais compartilho a aspiração de "levar os homens e as masculinidades ao cerne da justiça social e ambiental".

A percepção que eu, Gustavo, tenho é que as instruções que recebemos sobre como deveríamos nos comportar e quem deveríamos ser já estão desatualizadas. Muitos homens se sentem confusos nos tempos atuais. O resultado disto é que podemos nos sentir perdidos em relação ao nosso papel no mundo. Se eu sempre segui à risca a cartilha da masculinidade, por que é que tenho sido criticado? E se me esforcei para fazer tudo como me disseram, por que ainda me sinto meio fora de lugar?

Essas foram algumas das questões que me acompanharam por algum tempo e me fizeram refletir se orientações que recebi eram adequadas e suficientes. Será que minha caixa de ferramentas não estava incompleta? Naturalmente, passei a me sentir curioso para compreender mais sobre masculinidades, sobre o que realmente significava ser homem. As respostas que fui encontrando, ao conversar com outros homens e com mulheres, foram me fazendo ter contato com os problemas sociais e ambientais. Percebi que os homens costumam estar por trás dos problemas e que há algo nessa cultura de masculinidade que está causando violência, injustiça e destruição.

Assim, com amigos do Brotherhood passei a me aprofundar nos estudos sobre masculinidades e acessar, a cada novo aprendizado, um senso de responsabilidade por tudo que estávamos descobrindo juntos. Fui compreendendo que essa responsabilidade pelas questões socioambientais era exatamente uma das virtudes que estavam faltando aos homens nos dias de hoje. De forma intuitiva e orgânica, fomos buscando compreender nossa forma de exercitar essa responsabilidade.

Quando me deparei com o livro Masculinidades Ecológicas tive a confirmação de que estávamos no caminho certo. Muitos dos questionamentos que tivemos ao longo desses estudos nestes últimos anos já haviam sido percebidos, refletidos e respondidos pelos autores, que trilham um caminho há ainda mais tempo que nós. Mais legal ainda foi perceber que eles estavam no livro, compartilhando teorias e percepções de diversos autores e autoras que eu desconhecia. Pude perceber que tudo que estávamos começando a intuir e descobrir já havia sido discutido por muitas pessoas.

Ler esta obra foi uma grande confirmação que me deu estrutura e força para seguir adiante, com a certeza de que atuar na mudança de cultura de masculinidades é fundamental para a construção do mundo que desejamos viver.

"Todos os problemas sociais têm origem masculina". Essa máxima citada no livro foi, ao mesmo tempo, um soco no estômago, uma verdade lançada sem rodeios na minha cara e um chamado para a ação. É este chamado para ação que me trouxe até aqui e que eu desejo que quem vier a ler este livro possa sentir ao final da leitura.

Para nós dois, a leitura desse livro aumentou nossa intenção de agir, nos deu mais senso de propósito e reforçou nossa responsabilidade de estar à altura dos desafios do nosso tempo. Não podemos seguir como antes. A Terra está esquentando, espécies de animais e plantas estão sendo extintas em números elevados e os oceanos estão cheios de plástico. No Brasil, os diversos biomas de norte a sul estão ameaçados. O mais grave neste momento é o que está acontecendo na Amazônia, que está chegando perto de seu ponto de não retorno: quando a floresta já está de 20 a 25% destruída e não é mais capaz de se regenerar e gera mais carbono do que absorve. Não há adjetivos para caracterizar o tamanho do desastre que pode vir a acontecer se chegarmos nesse ponto. Por isso, as reflexões e os caminhos que o livro propõe também contribuem para cuidarmos melhor do verde deste nosso território.

Quando nós temos a coragem de reconhecer a gravidade dessa realidade atual, também às vezes sentimos o que muitas pessoas sentem: ansiedade climática – essa angústia que gera aflição, impotência e perda de disposição diante da situação do mundo. Mas não paramos aí. Reconhecemos esses sentimentos, temos consciência do tamanho do desafio, mas também sabemos que o que nos resta é fazer algo para criarmos condições para uma vida humana em comunhão com o meio ambiente e os demais seres. E essa vida em comunhão exige que saiamos desse modelo hegemônico de masculinidade para reconhecermos que somos parte dessa equipe, dessa comunidade maior que é a vida na Terra.

Este livro, ao criar um abrigo que "pretende ser um local onde podemos passar por uma metamorfose da hegemonização à ecologização", faz uma convocação aos homens e todas as demais pessoas a olharem para suas masculinidades e passarem a fazer parte da principal missão do nosso tempo. Cabe a nós fazermos nossa parte: seguir, cada pessoa à sua maneira, nesse caminho de nos ecologizar.

Prólogo

> A masculinidade é uma grande renúncia... emoções, expressividade, receptividade, inúmeras possibilidades são renunciadas por meninos e homens de sucesso na vida cotidiana, e frequentemente por homens que vivem em esferas masculinizadas – esportes, forças armadas, polícia, [quase] todas as forças de trabalho exclusivamente masculinas nos ramos de construção e extração de recursos – onde mais ainda deve ser renunciado em nome do pertencimento. As mulheres conseguem manter uma gama mais ampla de possibilidades emocionais, embora sejam desencorajadas ou estigmatizadas a expressarem alguns dos mais ferozes sentimentos, os que são tidos como não-femininos, desrespeitosos e outros mais – ambição, inteligência crítica, análise independente, discordância, raiva.
>
> (Solnit, 2017: 28–29)

Circunstâncias terríveis, novas abordagens

Incentivado pela tese convincente de Rebecca Solnit (2017) sobre as ilhas silenciosas da masculinidade e seus impactos globais, este livro oferece um novo exame dos homens, das masculinidades e da Terra. Embora tenhamos escrito para o maior público possível, este livro fala, em particular, aos homens e às masculinidades que habitam dentro de cada pessoa. Para começar, reconhecemos que todos os homens *não* são iguais – as disparidades entre ricos e pobres dentro das nações são paralelas a diferentes classificações socialmente sancionadas entre os homens com base na raça, idade, orientação sexual, identidade, tanto quanto existe entre as nações ocidentais industrializadas do Norte Global e as nações em processo de industrialização no Sul Global.[1]

---

1 Usamos 'ocidental' ao longo deste livro como sinônimo das nações mais ricas do Norte Global, que são distintas das nações 'não-ocidentais' do Sul Global, conforme descrito no Relatório Brandt (Stewart, 1980).

Ser homem e ser sensível às formas como as masculinidades impactam a vida de todos os outros, e dos próprios homens, apresenta complexidades que desafiam os limites e fronteiras dentro e entre as nações, da mesma forma que as identidades de gênero, abrigando consequências notáveis para toda forma de vida.

A contribuição de Karen Warren para o discurso sobre a "alterização"[2] captura sua análise engenhosa da "lógica da dominação" que ela definiu como:

> uma estrutura lógica de argumentação que [...] assume que a superioridade justifica a subordinação [... e] é oferecida como um selo moral para manter *Downs* [os oprimidos] em posição inferior (Warren, 1987: 6; Warren, 2000: 24, 47).

A frase "humanos e outros não-humanos" ou simplesmente "outros", como usamos ao longo deste livro, é extraída da tese de Warren, que observa as maneiras com que homens selecionados dentro de arranjos sociais dominados por homens recebem imposições para marginalizarem, colocarem em segundo plano e inferiorizarem qualquer um (humano ou não-humano) que não se enquadre nos parâmetros de normas seletas e vantajosas para esses mesmos homens.

Ao longo deste livro, definimos e nos referimos a esses parâmetros prescritos como normas "desafiadoras" ou "*malestream*"[3] (Bologh, 1990). Essas normas são inevitavelmente complexas e pluralizadas, uma vez que também surgem em mulheres e em pessoas não-binárias/*genderqueer*. Não podemos atender efetivamente às muitas nuances de todos eles dentro dos limites de um livro. Portanto, não exploramos todos os homens e todas as masculinidades aqui. Em vez disso, escolhemos pesquisar e escrever a partir

---

2 Nota da editora: "Alterizar: ver ou tratar (indivíduo, grupo etc.) como sendo intrinsecamente diferente ou estranho, em relação ao próprio." – Infopédia Dicionário Porto Editora, 2022. Disponível em: <https://www.infopedia.pt/dicionarios/lingua-portuguesa/alterizar>. Acesso em: 5 fev. 2023.

3 Nota da tradução: a expressão *malestream* é um neologismo a partir de *mainstream*, que indica a perspectiva masculina de forma preponderante nas línguas, pesquisas etc. Segundo a Wikipédia, é um "conceito desenvolvido por teóricas feministas para descrever a situação em que cientistas sociais masculinos, particularmente sociólogos, realizam pesquisas que se concentram em uma perspectiva masculina e, em seguida, assumem que os resultados também podem ser aplicados às mulheres."

de nossos respectivos contextos culturais como homens, vivendo na Suécia (Martin) e na Austrália (Paul), que estão sujeitos aos privilégios e desafios de nossas vidas masculinas ocidentais. Ao fazermos isso, apresentamos uma visão mais relacional e cuidadosa para o terreno de interseção entre os homens ocidentais modernos, as masculinidades e a Terra.

É verdade que muitos dos males do mundo se desenvolveram como resultado direto das socializações que definem e determinam as masculinidades ocidentais modernas. Contudo, neste livro, argumentamos que esses males sociais e ambientais não são o produto de uma deficiência inerente aos homens ocidentais. Pelo contrário, acreditamos que todos os homens (como todos os seres humanos em todo o mundo) podem sentir e expressar um cuidado maior, mais profundo e mais amplo. No entanto, também reconhecemos que, tradicionalmente, as aplicações do cuidado dos homens são administradas de forma desigual – favorecendo alguns, principalmente homens brancos ocidentais – enquanto causam danos a muitos outros (ocidentais, não-ocidentais e não-humanos).

Recentemente, temos visto, em alguns casos, violentas reações contra o feminismo, que passa a ser rotineiramente singularizado e atacado como um bloco, apesar da diversidade de abordagens que apoiam o empoderamento das mulheres. Tem havido um aumento do nacionalismo fervoroso em todo o mundo ocidental. Refugiados (especialmente aqueles do Sul Global) têm sido demonizados. A islamofobia se tornou lugar comum. Estamos passando por uma onda renovada de antissemitismo, ressurgimentos da supremacia neonazista/branca e taxas crescentes de práticas internacionais e domésticas de terrorismo, apesar de estarmos em 2018. Alguém pode ser perdoado por esperar que aprendamos com nossos erros do passado, que devamos confiar na lei e que possamos ter fé na liderança moral para nos vermos em dias melhores. Seria compreensível pensar que tais suposições contornariam coletivamente os caprichos que enfrentamos. Infelizmente, essas são suposições que não podemos fazer. As autoridades globais, cada vez mais dirigidas por governos anti-imigrantes, têm erodido sistematicamente as liberdades civis enquanto lutam para encontrar maneiras de manter a minoria mais privilegiada de seus cidadãos a salvo. Tem havido uma expansão do complexo militar-industrial acompanhada por demonstrações de força entre nações em conflito que está – mais uma vez – trazendo para o primeiro plano o risco de destruição nuclear de regiões inteiras da Terra. Os libertários culturais e os conservadores sociais alcançaram posições dominantes como protetores autoproclamados da "liberdade de expressão", vestindo o manto do descrédito do que é "politicamente correto" e, com isso, da rejeição da diversidade. Alegações de vitimização, sexismo e racismo reversos deslizaram para algo normal da supremacia branca e da misoginia, juntamente com a "passagem de pano" do estupro/agressão sexual contra mulheres por alguns políticos e ativistas dos direitos dos homens (ADHs). Estamos vendo a generalização sistemática de várias formas de negação da mudança climática, mesmo que a devastação ecológica global continue a se descortinar diante de nossos olhos, com consequências enormes e irreversíveis para toda forma de vida.Em seu texto intitulado *The Politics of Reproduction*, Mary O'Brien (1981: 62) desconstruiu a normalização da dominação masculina por meio de uma crítica do que ela chamou de "normas do *malestream*". Pegamos emprestado esse termo e o usamos ao longo deste livro como sinônimo de patriarcado. Patriarcado é um termo derivado do grego "governo do pai" (πατριάρχης ou patriarkhes), que definimos como a primazia social, política, moral e proprietária dos homens acima de todos os outros na Terra, ou o processo de posicionamento dos homens e masculinidades em domínio sobre as mulheres, os outros humanos e a Terra. Historicamente, o patriarcado foi considerado, pelos marxistas, enredado ao capitalismo (Keith, 2016: 2-3). Ao longo deste livro, também usamos o termo "dominação masculina" em vez de "patriarcado" para expor a desvalorização sistemática de todos os não-machos e não-humanos por um mundo dominado pelos homens (Stockard; Johnson, 1979). Nossas referências às normas *malestream* e à dominação masculina destacam as formas como as masculinidades se manifestam nas esferas privada e pública, bem como nas pessoal e profissional, tornando a hegemonização masculina como algo normal.

À medida que buscamos soluções construtivas para nossos problemas perturbadores, entramos em uma expansiva era de extrativismo industrial, lutando contra as tentativas neoliberais de reformas que têm se esforçado para regular a industrialização ocidental na busca de necessidades sociais e ambientais equilibradas. Este renascimento do *malestream* foi introduzido com grande pompa, poder e ostentação. Pense aqui na autoridade global concedida a presidentes "agarradores de vaginas" ("pussy-grabbing") e passando por campeões de UFC exorbitantemente remunerados e desbocados, destacando novamente a potência de certos tipos de masculinidades tóxicas/extremas, porém muito limitadas (ecocidas e interpessoalmente violadores), enquanto homens em todo o mundo encontram maneiras de reafirmar sua suposta "grandeza" (Kimmel, 2013). Para piorar ainda mais as coisas, tal comportamento antifeminista está ideologicamente colidindo com a negação da mudança climática em um momento em que uma mudança política rápida e transformadora é urgentemente necessária (Hultman, et al., 2019; Pulé; Hultman, 2019).

Se quisermos apresentar alternativas para essas expressões grosseiras de masculinidades – e os problemas globais que elas causam –, devemos descobrir novas e criativas ressocializações das masculinidades ocidentais modernas. Embora nos limitemos a explorar homens e masculinidades ocidentais aqui, reconhecemos que essa não é a história completa que precisa da atenção coletiva da humanidade. Concentramos nossos esforços nos contextos ocidentais modernos simplesmente porque são esses homens e masculinidades os maiores responsáveis pelos problemas que enfrentamos globalmente: suas questões possuem nuances, encobertas por versões de normalidade, que tornam sua primazia invisível. Trazendo luz a essas questões, por meio de nossas análises, buscamos soluções para homens e masculinidades que ofereçam alternativas para os problemas que enfrentamos, tendo a ecologia como uma ciência relacional como nosso maior guia. Para criar uma teoria com fundamento sobre homens, masculinidades e a Terra, muita de nossa atenção está voltada para os elementos estruturais do diálogo que se segue. Este livro é influenciado pelas teorias que surgiram antes de nós e, também, pelas que geramos entre nós. Pegando emprestado do influente trabalho de Donna Haraway (1988) sobre "conhecimentos situados", reconhecemos que as análises que oferecemos são de fato situadas e assumidamente reflexivas de nós mesmos como colegas e amigos, cada um com origens únicas, mas muito alinhadas. Consequentemente, começamos oferecendo visões gerais de nossas respectivas vidas como um importante ponto de partida, visto que descobrimos que nossas explorações profissionais desse tópico foram intensamente pessoais também.

Como acadêmicos e ativistas de justiça social e ambiental (doravante "ativistas acadêmicos"), ambos trabalhamos separadamente nessas questões globais críticas desde meados da década de 1990 – muito antes de nos conhecermos. Tudo isso mudou de 26 a 28 de fevereiro de 2016. Lá, em um encontro internacional organizado por Sherilyn MacGregor e Nicole Seymour, em nome do *Rachel Carson Center for Environment and Society* (Centro Rachel Carson para o Meio Ambiente e a Sociedade), em Munique, nasceu a ideia de escrever este livro sobre masculinidades ecológicas. Nossas explorações deste **tópico cresceram a partir de preocupações com algo** "lá fora" no mundo das ideias, que agora molda a maneira como nos relacionamos com as pessoas em nossas respectivas vidas, bem como uns com os outros e com nós mesmos. O trabalho que se segue é o produto de uma amizade profunda que combina nossas paixões comuns e nosso profundo cuidado com a Terra.

Eu (Martin falando aqui) cresci em uma família de classe média naquela nação que frequentemente é invejada pelo mundo: a Suécia. Minha terra natal é especialmente conhecida por suas políticas encorajadoras de licença-paternidade. Lá, os pais compartilham algumas das maiores porções de responsabilidade doméstica do planeta. A Suécia se tornou um ícone para políticas e práticas socialmente progressistas e ambientalmente corretas (Haas; Hwang, 2008). Mas a Suécia tem muitos problemas, apesar de sua reputação.

O sexismo persiste e não ficou menos visível com o #MeToo (2017/2018), campanha que expôs a profunda misoginia estrutural do abuso sexual até mesmo na Academia Sueca (*Swedish Academy*), a instituição que concede o Prêmio Nobel. A imagem da Suécia como uma verdadeira (eco) utopia não se sustenta nos campos da rigorosa justiça social e ambiental. Se estendermos a todas as pessoas as taxas de consumo do sueco médio, precisaremos de quatro planetas. O *Living Planet Report* (Relatório Planeta Vivo) do *World WildLife Fund* (Fundo Mundial para a Natureza) (2016) lista a Suécia entre alguns dos piores poluidores em emissões de carbono e usos de recursos *per capita*. Medidas como essas mostram que a Suécia não é necessariamente invejável, como é retratada às vezes.

Essa percepção parece ser mais uma consequência da baixa densidade populacional da Suécia, correlacionada com a abundância e os privilégios de seus níveis muito elevados de consumismo e riqueza ocidental, do que com o compromisso honesto com a sustentabilidade. Apesar de instituir o uso eficiente de recursos em seus setores de energia e industrial, os níveis de consumo *per capita* da Suécia colocam seus cidadãos entre as nações que mais pressionam os sistemas naturais globais (OECD, 2016).

A Suécia ostenta baixos níveis de impactos ambientais domésticos *per capita* porque a nação deslocou, com eficiência, partes significativas de seus impactos ecológicos para outros países, ao mesmo tempo em que se tornou progressivamente mais eficiente em ocultar impactos sociais e ambientais não exportáveis (Hysing, 2014). Ainda mais irônico, neste ícone neoliberal nórdico, é o fato de que o segundo maior partido político da Suécia (segundo as pesquisas de julho de 2018) promove, sem remorso, políticas neofascistas. Como um homem sueco na esteira desses paradoxos, tive que reconciliar minhas próprias tensões internas.

Em minha juventude, desenvolvi uma paixão pelo futebol na Copa do Mundo, ao mesmo tempo que procurava consolo na busca por cogumelos selvagens. Aos vinte anos, eu estava alheio à dependência dos combustíveis fósseis que a vida industrial moderna exigia em casa. Enquanto, na época, eu apoiava a diversidade entre as pessoas e reverenciava a natureza, cegamente contribuí para a poluição de carbono em altos níveis enquanto viajava impensadamente ao redor do mundo, a trabalho e lazer. Depois que me tornei um aluno de doutorado, comecei a desenvolver consciência dos elementos destrutivos embutidos no padrão de vida médio do sueco. Fiz a ligação entre minhas viagens movidas a combustível fóssil e minhas contribuições para uma crescente emergência climática. Através de meus estudos, tomei consciência da facilidade com que podemos nos distanciar e causar ainda mais danos a nossas comunidades e ao meio ambiente. Longas horas sentado em frente ao meu computador e longas viagens aéreas para conferências e compartilhamento de ideias, em auditórios longe de casa, iluminaram esse paradoxo. Percebi que a consciência socioambiental deve ser respaldada por autoliderança individual e ações civis. Essa descoberta foi galvanizada por três eventos que mudaram minha vida.

O primeiro foi uma crise pessoal e familiar, pois adoeci com câncer aos 30 anos de idade. Com um filho de um ano começando a andar, minha doença colocou uma pressão enorme sobre minha esposa e família, para nos apoiar durante esse período. Lidar com o câncer deixou-me perfeitamente ciente de que, para sobreviver, precisava da ajuda da família, dos amigos e da natureza. Tornou-se óbvio para mim que eu fazia parte da natureza e que ela fazia parte de mim. Essa experiência de humildade mudou minha perspectiva radicalmente. Enquanto recebia tratamento e me recuperava, não apenas me conectei com as pessoas que amo, mas também comunguei com as florestas perto de minha casa. Em longas caminhadas, encontrei cogumelos cantarelos, percebi o olhar penetrante dos alces e colhi frutos silvestres. Apoiado por entes queridos, junto com as plantas e animais nessas peregrinações, fui capaz de reconstruir minhas forças e ter uma recuperação completa.

O segundo evento aconteceu alguns anos depois, quando defendi com sucesso meu PhD e comecei a escrever um livro baseado em amplo estudo empírico de política ambiental e energética, junto com meu mentor acadêmico Jonas Anshelm, intitulado *Discourses of Global Climate Change: Apocalyptic Framing and Political Antagonisms* (Discursos de Mudança Climática Global: Panorama Apocalíptico e Antagonismos Políticos) (Anshelm; Hultman, 2014a). Por meio desse projeto de pesquisa, conduzi um estudo abrangente dos dados climáticos. Ao tomar conhecimento das consequências sociais e ecológicas da mudança climática antropogênica, percebi que, se estamos verdadeiramente comprometidos em resolver nossos problemas globais, realmente precisamos levar os dados climáticos a sério e, ao fazê-lo, devemos, como espécie, responder com foco, compromisso e urgência.

Terceiro, foi o encontro com o engajado povo indígena Sámi. Os líderes dessas comunidades são dedicados a acabar com a dominação de suas terras pela indústria extrativa. Esses camaradas, combinados com ecoempreendedores na Nova Zelândia, me ajudaram a perceber toda a energia e visões que estão disponíveis para nós, se apenas abrirmos nossos olhos para elas. A partir daquele momento, eu pude começar o processo de me livrar do vício em combustíveis fósseis. Com aquela constatação, expandi minhas pesquisas acadêmicas para incluir ativismo e passei a trabalhar com meus vizinhos em projetos de valorização da comunidade, como o compartilhamento de caronas, ecoturismo e a criação de uma casa de cultura em minha vila natal, Bestorp, no município de Linköping. Minhas trajetórias pessoal e profissional ficaram evidentes desde então. Este livro é minha mais recente contribuição para tornar o mundo um lugar melhor para todos.

Eu (Paul falando aqui) cresci nos subúrbios de Perth, Austrália Ocidental, em uma família de descendência maltesa, italiana e libanesa. Longe de ser o que você considera o clássico homem australiano, sou um produto da onda australiana de emigrantes pós-Segunda Guerra Mundial. Como filho único, homem da primeira geração nascida na Austrália, achei um desafio me sentir à vontade tanto em casa quanto em meu mundo. As convenções que recebi como herança colocavam, frequentemente, minha "australidade" em desacordo com as normas culturais de minha família e, ao mesmo tempo, a expressividade de minha herança católica/mediterrânea era frequentemente recebida como uma afronta às sensibilidades protestantes da Austrália do final do século XX: nosso sobrenome foi anglicizado; fui segregado em uma escola católica para meninos, cujo corpo discente era formado, em grande parte, por "*wogs*" (termo depreciativo para os migrantes do sul da Europa e suas famílias); minha família insistiu que eu me encaixasse naquele ambiente o mais perfeitamente possível, para evitar o racismo que eles suportaram, e isto significa que eu não aprendi a falar as línguas nativas de meus pais e avós; em grande parte, mantivemos nossa convivência apenas entre nós mesmos ou socializamos com a família mais ampla, em meus primeiros anos, apenas para provocar frequentes discussões familiares que, geralmente, terminavam em longos períodos de desconexão enquanto as feridas cicatrizavam.

Minhas recordações de infância mais fortes sobre os homens em minha vida eram que eles eram prepotentes, se achavam no direito de fazer o que faziam, emocionalmente distantes e propensos a pensamentos, palavras e/ou ações violentas. Quando jovem, a maioria dos homens em minha vida pareciam inacessíveis, passíveis de ridicularizar os outros, propensos a surtos onde culpavam e envergonhavam outras pessoas e eram apavorantes de se conviver. As duas grandes exceções foram meu avô materno, em homenagem a quem fui nomeado – ele sempre foi gentil e ficava feliz de me ver – e meu tio paterno, que partiu para aventuras no exterior quando eu era muito jovem, voltando esporadicamente com grandes histórias, *insights* profundos e perguntas estimulantes sobre quem eu era e quem eu estava me tornando. Mal sabia eu, então, que a tensa fragilidade de meus relacionamentos com a maioria dos homens, na minha infância, criaria as condições perfeitas para que eu entrasse na idade adulta preparado para me tornar um estudioso de masculinidades.

Com vinte e poucos anos, decidi deixar a Austrália por um período indefinido, partindo para a cidade de Nova Iorque para morar com meu tio. Lá, encontrei uma comunidade de amigos que eram calorosos, atenciosos e mais emocionalmente disponíveis do que os homens com quem eu estava acostumado em Perth. Com essa base, comecei uma nova vida nos Estados Unidos, juntando-me a uma comunidade intencional em uma parte semirrural do Condado de Buck, ao norte da Filadélfia. Nossa casa era idílica: perto de grandes cidades, mas com reserva florestal estadual em três lados, um riacho correndo no quintal, uma *root cellar* (geladeira natural subterrânea) e muito espaço para uma grande horta.

Tornei-me parte de um grupo coeso de jovens adultos, social e politicamente ativos, vivendo uma vida simples, com experiências de consenso e tomada coletiva de decisões, cortando lenha, brincando pelado no riacho, vagando pela floresta vizinha, compartilhando refeições comunitárias barulhentas, criando coletivamente os filhos que alguns membros da comunidade tiveram, apoiando-nos ombro a ombro para dividir as tarefas e as finanças. Essas experiências me deram uma noção do que é possível quando vivemos em comunhão uns com os outros e com a Terra.

Quando esse modo de viver acabou, cerca de cinco anos depois, me perguntei (com ceticismo) se viver assim seria possível em uma escala mais ampla. Com essa pergunta em mente, me inscrevi para um programa de doutorado na *School of Sustainability* (Escola de Sustentabilidade) da Murdoch University, em minha cidade natal, Perth. Após ganhar uma bolsa, mergulhei de cabeça em um estudo sobre homens e cuidado. À medida que aprofundei minha compreensão do pensamento pós-estrutural e feminista, da ecologia, dos mecanismos de opressão e da teoria do cuidado, reconheci que o mundo está repleto de injustiças que promovem persistentemente os interesses dos homens acima de todos os outros. Essa constatação me ajudou a concentrar meus estudos nas normas do *malestream* e na dominação masculina. Desde então, tenho dedicado minha vida a encontrar caminhos alternativos para os homens, que nos ajudem a acessar e expressar nosso cuidado por toda forma de vida na Terra, enquanto também cuidamos de nós mesmos.

Este livro reflete nossos esforços combinados para examinar criticamente os homens, as masculinidades e a Terra. Aqui, buscamos novas abordagens para as maneiras como a masculinidade pode ser reconfigurada para dar suporte a um cuidado maior, mais profundo e mais abrangente de nosso mundo, de uns pelos outros e de nós mesmos.

Desafios sociais e ambientais

Como introduzimos acima, estamos enfrentando crises sociais e no meio ambiente que têm suas raízes em nossas próprias identidades de gênero como seres humanos (Buckingham, 2015). Para enfrentar efetivamente os enormes desafios com os quais nos deparamos, devemos encontrar abordagens multifacetadas que irão solucionar nossos crescentes problemas sociais, econômicos, políticos e ecológicos. Essas respostas devem ser conceituais e práticas se quisermos criar comunidades equitativas e relacionamentos harmoniosos entre a humanidade e a Terra.

Embora as nações do Norte Global sejam as maiores consumidoras de recursos *per capita* da história da humanidade, uma resposta comum às críticas aos padrões de vida ocidentais é buscar alguém ou algo para culpar: no debate sueco sobre a mudança climática global, o dedo é prontamente apontado para os EUA e para a China, por serem os maiores emissores de carbono; alguns atores acusam refugiados de aceitarem empregos, sobrecarregarem os orçamentos da previdência social e/ou trazerem nuances culturais estrangeiras para nossas comunidades; interpretações extremas do islamismo e do cristianismo estão fomentando ondas de terrorismo internacional e doméstico; os pobres estão sendo cada vez mais rotulados como mais responsáveis do que os ricos, por causarem danos ambientais (um exemplo é o racismo que permeia o movimento ambientalista que quer nos convencer de que as comunidades não-brancas em todo o Ocidente são ecologicamente ignorantes) (Anshelm; Hultman, 2014a).

Nossa situação tornou-se perigosa a tal ponto que o Professor Johan Rockstöm, Diretor do *Stockholm Resilience Centre* (Centro de Resiliência de Estocolmo), fez uma severa declaração de que "a estabilidade planetária de que nossa espécie gozou por 11.700 anos, que permitiu que a civilização florescesse, não é mais confiável" (WWF, 2016: 5). Com os impactos negativos da mudança climática crescendo (conforme demonstrado por fenômenos ambientais como os eventos de branqueamento em massa da Grande Barreira de Corais da Austrália de 2016 e 2017 e os furacões Harvey, Irma e Maria na costa do sudeste dos EUA em 2017), juntamente com persistentes aumentos da temperatura atmosférica global, devemos encontrar maneiras de manifestar interações mais harmônicas com a Terra, uns com os outros e com nós mesmos. As transições que enfrentamos – tanto suas consequências prejudiciais para toda forma de vida quanto nossas tentativas de respondermos construtivamente a elas – estão se revelando enormes. Infelizmente, apesar desses cenários nefastos, muitas pessoas continuam "alterizando" os sistemas vivos da Terra, os membros de nossas comunidades e uns aos outros (Anshelm; Hultman, 2014b). Ao longo deste livro, argumentamos que esse é, em última análise, um problema de masculinidades que se manifesta mais intensamente no Norte Global. Precisamos de algo novo e diferente que possa mudar a maneira como os homens e as masculinidades afetam nosso mundo.

Outras estudiosas e estudiosos também investigaram o papel dos homens e das masculinidades na destruição social e ambiental global. Por gerações, feministas proeminentes examinaram direta e indiretamente as implicações sociais e ambientais desafiadoras das noções 'industriais' tradicionais de virilidade e masculinidades[4] (Laula, 2003[1904]; Wägner, 1941; Carson, 1962; Merchant, 1980; Plumwood, 1993; Nightingale, 2006; MacGregor, 2009; Buckingham, 2010; Arora-Jonsson, 2013; MacGregor; Seymour eds., 2017). Também há evidências empíricas para destacar o fracasso de soluções tecnológicas e políticas, e suas práticas comprometidas, que correm paralelamente às reformas neoliberais (Hultman, 2013; Hultman, 2017; Hultman; Anshelm, 2017). A partir dessas bases, desafiamos as normas que definem o que significa ser um homem no mundo de hoje, argumentando que se quisermos evitar (ou pelo menos minimizar) os impactos globais de nossas crises crescentes, devemos repensar e incorporar novas expressões de virilidade e masculinidades (Alaimo; Hekman eds., 2008; Alaimo, 2009; Klein, 2014; Cornwall, et al. eds., 2016). Para conseguir isso, responsabilizamos homens e masculinidades pelos principais elementos das lutas que enfrentamos, tendo em mente que esta não é toda a história – somos todos responsáveis pelo estado do mundo, mas os papéis dos homens e das masculinidades são particularmente acentuados e dignos de nossa atenção concentrada (Wackernagel; Rees, 1996; Lenzen et al., 2007; Räty; Carlsson-Kanyama, 2010).

Também consideramos que abordagens ocidentais irrestritas (o que chamamos de "industriais/ganha-pão") e reformistas (o que chamamos de "ecomodernas") para nossos crescentes problemas sociais e ambientais globais provaram ser respostas inadequadas a nossos desafios, uma vez que ambas cobiçaram o capitalismo corporativo ao mesmo tempo que ampliaram a decadência social e ambiental. Eu (Martin falando aqui) desenvolvi a noção

---

4   Usamos 'masculinidades industriais/ganha-pão' para substituir o termo 'hipermasculinidade', que é mais conhecido, porém mais antigo. Ele é definido como a amplificação de expressões tradicionais de masculinidades por meio de força física, agressão, proeza sexual, poder militar, dominação, ser um 'vencedor' e não uma 'garota' (Kivel, 1999; hooks, 2004; Katz, 2006; Katz, 2012; Katz, 2016). Fizemos esta escolha para enfatizar a relação emaranhada entre as normas *malestream*, a dominação masculina, a industrialização e suas consequências sociais e ambientais, que se revelaram graves. Apresentamos uma explicação mais completa do significado que atribuímos às masculinidades industriais/ganha-pão, junto com as masculinidades ecomodernas e ecológicas no Capítulo 2.

de masculinidades industriais relacionadas a meu próprio conceito de "discurso moderno industrial" (Hultman, 2010). No entanto, outros usaram o termo antes de mim (Nayak, 2003). O termo masculinidades ganha-pão é extraído do trabalho de Judith Stacey (1990). Paul e eu, como consequência de nossa colaboração, combinamos os dois termos para falar sobre os dois fins socioeconômicos da dominação masculina em sua forma mais severa. Discutimos isso mais detalhadamente no Capítulo 1. Embora concordemos que os homens e as masculinidades têm sido cúmplices da maior parte de nossos problemas sociais e ambientais globais, oferecemos uma (terceira resposta e até agora pouco pesquisada e subteorizada) que possibilita alguns caminhos proativos em direção a masculinidades relacionais e mais cuidadosas – o que chamamos de "masculinidades ecológicas".

Com a ecologização masculina como nosso foco, é importante observar que qualquer compreensão acerca dos homens e das masculinidades deve começar a partir de terminologias de gênero que reflitam entidades mutáveis, que produzam uma variedade de categorias pesquisáveis em meio a uma gama de entendimentos. Isso é particularmente verdadeiro para os termos "homem", "homens", "virilidade" e "masculinidades" (ver Capítulo 3). Notadamente, os exames críticos desses termos têm pouco mais de uma geração, surgindo em solidariedade com as conquistas do feminismo de "segunda onda". Além disso, os estudiosos só começaram recentemente a analisar noções de virilidade e masculinidades no contexto das preocupações ambientais (MenEngage, 2016).

Por longo tempo, homens e masculinidades se esquivaram da responsabilidade dos nossos males sociais e ambientais, precisamente porque ser homem na cultura popular é "normal", não "outro", e nos dá um ponto de referência que define as coisas em relação a não ser homem. Isto ganhou exame detalhado, principalmente dentro de círculos acadêmicos (críticos) e psicológicos populares (essencialistas). Precisamos de uma visão unificadora, que celebre análises críticas de homens, masculinidades e a Terra, mas que também reconheça que as muitas faces das masculinidades estão inseparavelmente enredadas.

Parece imperdoável, mas compreensível, que muitos homens lutem para se distanciarem do fascínio de sua própria primazia. A pressão para abraçar os padrões de dominação masculina é enorme. Voltando a Solnit (2017: 30–31), os homens são socializados para, literalmente, matarem seus egos emocionais e intencionalmente atacarem os que eles dominam, eliminando a vulnerabilidade nos outros tanto quanto em si mesmos. As mensagens transmitidas aos meninos e aos homens são incisivas: abertura é fraqueza; ser homem de verdade é ser aquele que penetra, não aquele que é penetrado; amar é arriscar rejeição e abandono; respeito é conquistado ou extorquido; ser sincero é perder o controle; colaborar e consultar é negar a liderança.

Nascer nas normas *malestream* – particularmente no Ocidente – é valorizar dados, abordar problemas com respostas lógicas e intenções dirigidas para corrigi-los, confiar que o racionalismo econômico e a tecnologia salvarão o dia e buscar soluções fundamentadas na competição uns com os outros, a partir de uma abordagem dada do "devo/posso/irei lidar com isso", que deixa pouco espaço para sentimentos ou intuição (Mellström, 1995). Os estereótipos hegemônicos de ser um homem de verdade incluem ser um vencedor, um caçador, um líder, alguém obediente a seu superior que também é um servo de Deus. Essas socializações são incorporadas nos meninos cedo na vida. O condicionamento *malestream* dos meninos é adotar personas de protetor/provedor à medida que avançam para se tornar um homem adulto. As pressões econômicas coagem similarmente os homens a se tornarem engrenagens zelosas na roda do capitalismo corporativo. Essas são as mensagens das normas do *malestream*. Ao invés disso, neste livro olhamos para um "senso empático de conectividade com humanos e não-humanos, de se relacionar com eles, real ou potencialmente", que exige uma mudança na forma como os homens cuidam daqueles ao seu redor, assim como deles próprios (Puka, 1993: 216).Não questionamos se os homens são cuidadores. Nós sabemos que eles podem e fazem isso. Como todos os seres humanos, os homens são cuidadores, mas são socializados para dispensar seus cuidados dentro de parâmetros bastante específicos e rígidos. Considere, por exemplo, torcer para um time (ou se preocupar com um esporte preferido), patriotismo (ou cuidar de uma nação em detrimento de outras nações e face a inimigos em potencial), protegendo, provendo e sendo uma figura paterna de fato (ou cuidando de entes queridos), lealdade a um empregador (ou cuidando da segurança fiscal, carreira ou identidade profissional) e uma série de profissões que envolvem cuidados com os outros onde os homens estão bem representados, como medicina, odontologia e ciências veterinárias, serviços sociais e psicológicos, educação, até mesmo política, onde se presta serviço à comunidade e é uma profissão desproporcionalmente ocupada por homens (Kimmel et al.

eds., 2005). Por milênios, abundam as histórias de homens em guerra agindo com muita coragem e correndo grande risco mortal para si mesmos, para preservar a vida de outras pessoas e os valores que lhes são caros (McPhedran, 2005). Essas são apenas algumas das muitas maneiras pelas quais os homens podem expressar cuidado com os outros, para além de si mesmos. Em cada instância, existem vencedores e perdedores. Buscamos seguir outro caminho para homens e masculinidades, investigando expressões estereotipadas de cuidado masculino e como ele pode ser direcionado para um cuidado maior, mais profundo e mais abrangente com nossos *commons*[5] glocais, termo emprestado de Roland Robertson (1995) que se refere a nossas capacidades de cuidarmos desde o universal até ao particular – simultaneamente.

A miopia do cuidado dos homens

O cuidado do homem *malestream* é míope. Cegada pelas propriedades intoxicantes da hegemonização, a masculinidade *malestream* prioriza o fazer ao invés do ser. Isso pode ser uma armadilha, pois é comum que homens inculcados pela heteronormatividade cheguem ao fim de suas carreiras, não mais definidos pelo que sabem fazer, apenas para perceberem que suas vidas são vazias e sem sentido. A passagem do tempo é um lembrete silencioso de sua morte inescapável (através do declínio da função sexual e metaforicamente através do declínio do poder e da influência à medida que sua juventude fica para trás), o que pode deixar muitos homens idosos se sentindo deixados de lado, roubados de sua potência social e econômica, marginalizados e esquecidos. Esse sentimento segue em paralelo com a atratividade da política de choque contemporânea, que ganhou apelo renovado de racismo e sexismo, ex-

---

5 Nota da editora: o termo *commons*, frequentemente traduzido por "bens comuns ou simplesmente comuns (do inglês *Commons*) denominam um conjunto de recursos, naturais ou culturais, que são compartilhados por um grupo de pessoas denominados *commoners*. O termo – tradicionalmente usado em economia para designar bens naturais tais como as florestas, os rios e o ar – evoluiu com o tempo para ser empregado em outros domínios, como o conhecimento humano e as infraestruturas urbanas." (WIKIPÉDIA: a enciclopédia livre. Wikimedia, 2023. Disponível em: <https://pt.wikipedia.org/wiki/Bens_comuns>. Acesso em: 5 fev. 2023.) Optamos em adotar a tradução comuns glocais em consonância com a argumentação de Felipe Cunha no livro *Economia Colaborativa, recriando significados coletivos* (Bambual Editora, 2018).

plorando os direitos masculinos com grande vigor, ajudando-nos a entender algumas das razões pelas quais homens de meia-idade e mais velhos (brancos em particular) são suscetíveis a movimentos sociopolíticos de extrema direita (Lewis, 2015; Eisenstein, 2016; Burns, 2017; Çalıskan; Preston, 2017; Hozic; True, 2017; Johnson, 2017; Pascoe, 2017; Viefhues-Bailey, 2017). A grande promessa da primazia dos homens em um mundo sexista e ecocida os deixa em desacordo com quem eles realmente são, onde a pressão para realizar, conquistar, gerenciar e ofuscar suas necessidades internas, vontades e desejos pode ser considerável. Parafraseando Henry David Thoreau (1995 [1854]), ainda é lugar comum para muitos homens viver uma vida de desespero silencioso, chegando ao fim de seus dias sem honrar suas paixões interiores a serviço de um bem maior. Com isso, os próprios sistemas que sustentam toda forma de vida na Terra estão mostrando sinais de grande decadência social e ecológica. Precisamos que os homens se reconectem com seu cuidado maior com todos os outros e consigo próprios, pelo bem de todos os outros e de si mesmos.

Os custos das masculinidades *malestream* são enormes. Não se limitando apenas àqueles que são considerados outros, a hegemonização masculina corrói também a vida dos homens assim como a de nosso planeta. Como partes inescapáveis dos ecossistemas, os homens, como todas as coisas vivas, representam trocas relacionais com outras pessoas em várias escalas – da global à pessoal. Um objetivo central deste livro é redirecionar os aspectos mais celebrados da masculinidade para o cuidado com os comuns glocais.

Na Primeira Parte, questionamos as masculinidades ocidentais modernas e exploramos as trajetórias das masculinidades hegemonizadas até as ecologizadas.

A Segunda Parte considera a política de masculinidades, a ecologia profunda, o feminismo ecológico e a teoria do cuidado feminista. Imaginamos que isso seja o equivalente a quatro correntes que deságuam em um estuário, em cujas margens frescas estamos. Esses discursos oferecem materiais importantes que chegam até nós de suas respectivas nascentes, ajudando-nos a construir o que visualizamos como um novo "abrigo" de masculinidades ecológicas nessas margens, como um lugar de contemplação reflexiva e encontro, onde podemos considerar e reestruturar as masculinidades ocidentais modernas para o bem de toda forma de vida. Os materiais dessas quatro correntes são substanciais e dignos de nossa consideração detalhada, mas não são exaustivos.

Buscando orientação daqueles que vieram antes de nós, na Terceira Parte passamos a examinar os materiais de outras perspectivas também, como se estivéssemos buscando recursos adicionais para os retoques finais desse abrigo terrestre na beira d'água, para nos ajudar a completar nossa tarefa. Esses recursos adicionais chegam até nós por meio de: relatos ambientais e históricos do Homem Verde; a orientação comunal e de autoajuda proferida por mitopoetas; a análise criativa dos ecocríticos; a agitação visceral exposta por meio de explorações sociológicas do selvagem e do rural; e a astuta sociopolítica de feministas de inspiração ecológica. Claro, esta lista não esgota todos os conteúdos desse assunto, mas captura nossas principais influências na jornada em direção à ecologização masculina. É provável que haja outras influências discursivas dignas de nossa atenção, além das que consideramos aqui. Nosso livro dá início a um novo diálogo e, por essa razão, adiamos a análise de algumas dessas discussões mais abrangentes para trabalhos futuros, que serão publicados por nós mesmos ou por outros, conforme as masculinidades ecológicas se consolidarem internacionalmente.

O capítulo final constrói nossa estrutura teórica para masculinidades ecológicas e proporciona uma estrutura para você encontrar seu próprio caminho prático, através de um processo único de ecologização masculina. Lá, nosso objetivo é ajudá-lo a se aprofundar em ou (re)descobrir qual pode ser sua própria trajetória de serviço em apoio aos comuns glocais.

Embora tenhamos escrito principalmente de uma perspectiva acadêmica para formular as masculinidades ecológicas, também apelamos a qualquer pessoa que tenha interesse na convergência de homens, masculinidades e da Terra para ler este livro. Escrevemos o Capítulo 8 como nossa maneira de atrair o maior público possível. Por agora, seguimos focados em nossas quatro correntes escolhidas, enquanto nos preparamos para mapear nosso enquadramento teórico para as masculinidades ecológicas.

Referências

Alaimo, S. 2009. 'Insurgent vulnerability and the carbon footprint of gender'. *Kvinder, Køn & Forskning* 3–4: 22–35.

Alaimo, S., & S. Hekman, eds. 2008. *Material Feminisms*. Bloomington: Indiana University Press.

Anshelm, J., & M. Hultman. 2014a. *Discourses of Global Climate Change: Apocalyptic Framing and Political Antagonisms*. Oxon: Routledge.

Anshelm, J., & M. Hultman. 2014b. 'A green fatwa? Climate change as a threat to the masculinity of industrial modernity'. *NORMA: International Journal for Masculinity Studies* 9(2): 84–96.

Arora-Jonsson, S. 2013. *Gender, Development and Environmental Governance: Theorizing Connections* (vol. 33). New York: Routledge.

Bologh, R. 1990. *Love or Greatness: Max Weber and Masculine Thinking – A Feminist Inquiry*. London: Unwin Hyman.

Buckingham, S. 2010. 'Call in the women'. *Nature* 468(7323): 502–502.

Buckingham, S. 2015. *Gender and the Environment (Critical Concepts in the Environment)*. Oxon: Routledge.

Burns, J. 2017. 'Biopolitics, toxic masculinities, disavowed histories, and youth radicalization'. *Peace Review* 29(2): 176–183.

Çalıskan, G., & K. Preston. 2017. 'Tropes of fear and the crisis of the west: Trumpism as a discourse of post-territorial coloniality'. *Postcolonial Studies* 20(2): 199–216.

Carson, R. 1962. *Silent Spring*. Boston: Houghton Mifflin.

Cornwall, A., Karioris, F., & N. Lindisfarne, eds. 2016. *Masculinities under Neoliberalism*. London: Zed Books.

Eisenstein, C. 2016. 'The election: of hate, grief, and a new story'. Accessed 25 June 2017. https://charleseisenstein.net/essays/hategriefandanewstory

Haas, L., & C. Hwang. 2008. 'The Impact of Taking Parental Leave on Fathers' Participation In Childcare And Relationships With Children: Lessons from Sweden'. *Community, Work & Family* 11(1): 85–104.

Haraway, D. 1988. 'Situated knowledges: the science question in feminism and the privilege of partial perspective'. *Feminist Studies* 14(3): 575–599.

hooks, b. 2004. *We Real Cool: Black Men and Masculinity*. New York: Routledge.

Hozic, A., & J. True. 2017. 'Brexit as a scandal: gender and global Trumpism'. *Review of International Political Economy* 24(2): 270–287.

Hultman, M. 2010. 'Full gas mot en (o) hållbar framtid: Förväntningar på bränsleceller och vätgas 1978–2005 i relation till svensk energi-och miljöpolitik'. PhD diss., Linköping University.

Hultman, M. 2013. 'The making of an environmental hero: A history of ecomodern masculinity, fuel cells and Arnold Schwarzenegger'. *Environmental Humanities* 2(1): 79–99.

Hultman, M. 2017. 'Conceptualising industrial, ecomodern and ecological masculinities'. In S. Buckingham & V. le Masson, eds., *Understanding Climate Change through Gender Relations*. Oxon.: Routledge, 87–103.

Hultman, M., & J. Anshelm. 2017. 'Masculinities of global climate change'. In M. Cohen, ed., *Climate Change and Gender in Rich Countries: Work, Public Policy and Action*. New York: Routledge, 19–34.

Hultman, M., Björk A., & T. Viinikka. 2019. 'Neo-fascism and climate change denial. Analysing the political ecology of industrial masculinities, antiestablishment rhetoric and economic growth nationalism'. In B. Forchtner, C. Kølvraa & R. Wodak, eds., *Contemporary Environmental Communication by the Far Right in Europe*. London: Routledge. https://research.chalmers.se/en/publication/517398. Acesso em: 14 mar. 2022.

Hysing, E. 2014. 'A green star fading? A critical assessment of Swedish environmental policy change'. *Environmental Policy and Governance* 24(4): 262–274.

Johnson, D. 2017. 'Rule by divide and conquer'. In D. Johnson, ed., *Social Inequality, Economic Decline, and Plutocracy: An American Crisis*. Cham: Springer, 91–108.

Katz, J. 2006. *The Macho Paradox: Why Some Men Hurt Women and How All Men Can Help*. Naperville: Sourcebooks.

Katz, J. 2012. 'Violence against women – it's a men's issue' [Video]. TedXFiDiWomen, November. Accessed 1 September 2017. http://www.ted.com/speakers/jackson_katz

Katz, J. 2016. *Man Enough?: Donald Trump, Hillary Clinton, and the Politics of Presidential Masculinity*. Northampton: Interlink.Keith, T. 2016. *Masculinities in Contemporary American Culture: An Intersectional Approach to the Complexities and Challenges of Male Identity*. New York: Routledge.

Kimmel, M. 2013. *Angry White Men: American Masculinity at the End of an Era*. New York: Nation Books.

Kimmel, M., Hearn, J., & R. Connell, eds. 2005. *Handbook of Studies on Men and Masculinities*. Thousand Oaks: SAGE Publishing.

Kivel, P. 1999. *Boys Will Be Men: Raising Our Sons for Courage, Caring and Community*. Gabriola Island: New Society Publishers.

Klein, N. 2014. *This Changes Everything: Capitalism vs. the Climate*. New York: Simon & Schuster.Laula, E. 2003[1904]. *Inför lif eller död?: sanningsord i de lappska förhållandena*. Stockholm: EOD.

Lenzen, M., Murray, J., Sack, F., & T. Wiedmann. 2007. 'Shared producer and consumer responsibility – theory and practice'. *Ecological Economics* 61(1): 27–42.

Lewis, T. 2015. 'A Harvard psychiatrist says 3 things are the secret to real happiness'. *Business Insider*. Accessed 11 November 2017. http://www.businessinsider.com.au/ robert-waldinger-says-3-things-are-the-secret-to-happiness-2015-12?r=US&IR=T

MacGregor, S. 2009. 'A stranger silence still: the need for feminist social research on climate change'. *Sociological Review* 57 (2 suppl.): 124–140.

MacGregor, S., and N. Seymour, eds. 2017. *Men & Nature: Hegemonic Masculinities and Environmental Change*. Munich: RCC Perspectives.

McPhedran, I. 2005. *The Amazing SAS: The Inside Story of Australia's Special Forces*. Sydney: HarperCollins.

Mellström, U. 1995. 'Engineering lives: technology, time and space in a male-centred world'. PhD diss., Linköping University.

MenEngage. 2016. *Men, Masculinities and Climate Change: A Discussion Paper*. Washington, DC: MenEngage Global Alliance.

Merchant, C. 1980. *The Death of Nature: Women, Ecology and the Scientific Revolution*. New York: HarperCollins.

Nayak, A. 2003. '"Boyz to men": masculinities, schooling and labour transitions in de-industrial times'. *Educational Review* 55(2): 147–159.

Nightingale, A. 2006. 'The nature of gender: work, gender, and environment'. *Environment and planning D: Society and space* 24(2): 165–185.

O'Brien, M. 1981. 'Feminist theory and dialectical logic'. *Signs: Journal of Women in Culture and Society* 7(1): 144–157.

OECD [Organisation for Economic Co-operation and Development]. 2016. Data on Sweden. Accessed 1 November 2017. https://data.oecd.org/sweden.htm

Pascoe, C. 2017. 'Who is a real man? The gender of Trumpism'. *Masculinities and Social Change* 6(2): 119–141.

Plumwood, V. 1993. *Feminism and the Mastery of Nature*. London: Routledge.

Puka, B. 1993. 'The liberation of caring: a different voice for Gilligan's "different voice"'. In M. Larrabee, ed., *An Ethic of Care: Feminist and Interdisciplinary Perspectives*. London: Routledge, 215–239.

Pulé, P., & M. Hultman. 2019. 'Fossil fuel, industrial/breadwinner masculinities and climate change: understanding the "white male effect" of climate change denial'. In C. Kinnvall and H. Rydström, eds. *Climate Hazards and Gendered Ramifications*. London: Routledge. https://genderandsecurity.org/sites/default/files/Pule_Hultman_-_IndustrialBreadwinner_Masc_Climate_4_Change.pdf. Acesso em: 14 mar. 2022.

Räty, R., & A. Carlsson-Kanyama. 2010. 'Energy consumption by gender in some European countries'. *Energy Policy*, 38(1): 646–649.

Robertson, R. 1995. 'Glocalization: time–space and homogeneity–heterogeneity'. In M. Featherstone, S. Lash, and R. Robertson, eds., *Global Modernities*. London: SAGE Publishing, 25–44.

Solnit, R. 2017. *The Mother of All Questions*. Chicago: Haymarket Books.

Stacey, J. 1990. *Brave New Families: Stories of Domestic Upheaval in Late-Twentieth Century America*. Berkeley: University of California Press.

Stewart, F. 1980. 'The Brandt Report'. *Development Policy Review* 13(1): 65–88.

Stockard, J., & M. Johnson. 1979. 'The social origins of male dominance'. *Sex Roles* 5(2): 199–218.

Thoreau, H. 1995[1854]. *Walden, or Life in the Woods*. Minneola: Dover.

Viefhues-Bailey, L. 2017. 'Looking forward to a new heaven and a new earth where American greatness dwells: Trumpism's political theology'. *Political Theology* 18(3): 194–200.

Wackernagel, M., and W. Rees. 1996. *Our Ecological Footprint: Reducing Human Impact on the Earth*. Gabriola Island: New Society Publishers.

Wägner, E. 1941. *Väckarklocka*. Stockholm: Bonniers.

Warren, K. 1987. 'Feminism and ecology: making connections'. *Environmental Ethics* 9 (spring): 3–20.

Warren, K. 2000. *Ecofeminist Philosophy: A Western Perspective on What It Is and Why It Matters*. Lanham: Rowman & Littlefield.

World Wildlife Fund. 2016. *Living Planet Report 2016: Risk and Resilience in a New Era*. Gland: WWF International.

PRIMEIRA PARTE

Fundamentos Conceituais

1 Introdução
Questionando as masculinidades

... incrustadas em discursos culturais, instituições sociais e psiques individuais estão as lentes do *androcentrismo*, ou centrismo masculino. Esta não é apenas a percepção historicamente crua de que os homens são inerentemente superiores às mulheres, mas um fundamento mais traiçoeiro dessa percepção: uma definição de homens e experiências masculinas como padrão neutro ou norma, e das mulheres e experiências femininas como um desvio dessa norma específica do sexo. Portanto, não é que o homem seja tratado como superior e a mulher como inferior, mas que o homem seja tratado como humano e a mulher como "outro"... subreposto em tantos aspectos do mundo social que uma conexão cultural é assim forjada entre o sexo e praticamente todos os outros aspectos da experiência humana... como consequências naturais e inevitáveis das naturezas biológicas intrínsecas das mulheres [pessoas não-binárias/*genderqueer*][6] e dos homens.

(Bem, 1993: 2–3)

Pensamentos de muitas vertentes

A compreensão pós-gênero dos seres humanos – independente das diferenças biológicas ou comportamentais – sugere que somos semelhantes e variáveis. Concordando com Sandra Bem (1993), reconhecemos "que as pessoas podem ser tanto masculinas quanto femininas... que o sexo biológico atribuído é independente do gênero" e que nosso foco deve ser nas construções socioculturais de gênero, uma vez que afetam a todos nós (Keener; Mehta, 2017: 525). Consideramos vital a transição para além das polarizações de gênero sobre o que significa ser humano no mundo de hoje. No entanto, para ajudar-nos a chegar lá, se quisermos entender melhor a vida dos homens como gênero, as masculinidades que os moldam e os impactos que

---

6 Nota da tradução: inserção destes colchetes feita pelos autores.

essas identidades têm na Terra, nos outros e nos próprios homens, então é necessário trabalhar mais com as masculinidades. Não fazer isso é ignorar essas importantes análises seminais, criando um vácuo que alguns homens (e outros) estão preenchendo com reavivamentos contemporâneos de masculinidades tóxicas, que são destrutivas para toda forma de vida. Seria, portanto, útil considerar este livro como uma espécie de "atualização", onde focamos nossa atenção nas nuances dos homens e masculinidades para além de publicações acadêmicas dispersas e debates essencializados. Fazemos isso para atualizar os discursos masculinos relacionados à justiça social e ambiental com as extensas considerações de nossas colegas feministas (e outros) que nos precederam. Nós desconstruímos e avançamos para reconfigurações de homens e masculinidades para que fiquem ombro a ombro com as obras extensas e altamente reconhecidas de estudiosos de gênero e meio ambiente que vieram antes de nós. Nossa intenção é questionar os pontos de interseção e convergência, para além das diferenças percebidas entre as pessoas e entre a humanidade e os outros não-humanos.

Neste capítulo, exploramos a compreensão de que as masculinidades são estruturais, pessoais e inevitavelmente plurais. Além de nossas quatro influências discursivas primárias, consideramos a teoria da interseccionalidade de Kimberlé Crenshaw (1989), que discutiu as maneiras como adquirimos conhecimento por meio de relações subjetivas moldadas por gênero, raça, classe e outras categorias sociais. Os teóricos da interseccionalidade examinam as maneiras como implementamos processos por meio de interseções relacionais matizadas e desiguais (McCall, 2005; Christensen; Jensen, 2014). Também reconhecemos que Jeff Hearn et al. (2012) consideraram as masculinidades como "situadas"; uma visão que encorajou a pesquisa sobre o tópico em várias categorias e configurações. Além disso, Raewyn Connell (1995: 37), a cujo trabalho fundamental voltamos consistentemente ao longo deste livro, foi fundamental para postular a noção de masculinidades hegemônicas. Engajada na pesquisa empírica, ela concluiu que as várias práticas dos homens ocorrem em uma ampla variedade de trocas relacionais que não apenas revelam padrões de dominação, mas também enfatizam a importância de ver a vida dos homens e a identidade masculina como heterogêneas. Seguindo a liderança desses estudiosos, consideramos vital abordar a pesquisa sobre homens e masculinidades como "um guarda-chuva abrangente". Dito isso, é precisamente por causa da natureza dicotômica das masculinidades que as análises e alternativas que oferecemos discutem diretamente os padrões dominadores das normas *malestream* (especialmente de homens brancos ocidentais). Vemos essas normas como artefatos da hegemonização masculina que precisam de investigação adicional se quisermos compreender melhor as implicações pessoais e políticas dos homens e masculinidades como categorias semióticas-materiais. Nosso objetivo é criar mais espaço para um cuidado masculino mais amplo, profundo e abrangente (e com isso nós queremos dizer cuidar como um sentimento de se importar com algo, e cuidar de como uma ação consistente com os princípio formativos da teoria feminista do cuidado, que nós abordaremos no Capítulo 6), de modo que os homens estejam mais dispostos e aptos a estar com outros humanos para sustentar toda forma de vida. Para conseguir isso, começamos analisando criticamente o estreito canal das ontologias *malestream* que há muito tempo amarram as socializações de homens e masculinidades às restrições da hegemonização masculina.

Branco, macho e em negação

Ao explorar os homens ocidentais modernos e as masculinidades como um mosaico de categorias, estamos particularmente interessados nas vidas daqueles homens que ocupam as posições mais privilegiadas na sociedade no Norte Global. Persiste uma crença estereotipada de que, "há apenas um homem totalmente sem motivos para se envergonhar" e ele é um:

> ...jovem, casado, branco, urbano, do hemisfério norte, heterossexual, pai protestante com nível universitário, totalmente empregado, de boa aparência, peso e altura e histórico recente de prática de esporte... Qualquer homem que não se qualifique em qualquer uma dessas características é provável que veja a si mesmo – durante alguns momentos, pelo menos – como indigno, incompleto e inferior.
>
> (Goffman, 1963: 128).

Embora reconheçamos que este é um estereótipo datado, notamos que até hoje a idade normalmente traz consigo acúmulo de poder e prestígio socioeconômico e político, colidindo com o preconceito de idade que pode tirar o brilho da primazia dos homens mais velhos. Uma atenção considerável se voltou recentemente para a situação dos homens brancos da classe trabalhadora que se sentem marginalizados, sujeitando-os a estereótipos semelhantes. Este grupo demográfico representa um setor subestudado e severamente descontente da sociedade que, em tempos recentes, tem usado sua raiva em muitas nações ocidentais para apoiar estilos de liderança tóxicos/extremos e autoritários, repletos de expressões explícitas e sutis de poder e violência (Katz, 2016: 26). Em um estudo intitulado *Strangers in Their Own Land: Anger and Mourning on the American Right* (Estrangeiros em sua própria terra: raiva e lamento sobre a direita americana), a socióloga Arlie Hochschild (2016) nos proporcionou um estudo etnográfico aprofundado da região de Bayou Country, na Louisiana, – um reduto da extrema direita onde as masculinidades *malestream* permanecem explícitas e sem remorso. Esse estudo enfatizou a necessidade de compreender os impactos estruturais do neoliberalismo nessas áreas, bem como o enorme impacto da politização de direita cristã que conquistou uma parte crítica do eleitorado dos EUA. Além disso, e trazendo os argumentos convincentes em seu importante livro intitulado *Angry White Men* (2013), em uma entrevista ao *The Guardian*, o sociólogo Michel Kimmel tornou explícitas as conexões entre masculinidades *malestream* e a base eleitoral para a administração Trump (Conroy, 2017). De forma alarmante, as características dos homens que abraçam a hegemonização masculina fazem eco às características das normas *malestream* identificadas por Erving Goffman (1979) e publicadas há cerca de 40 anos. Parece que pouco mudou em relação às masculinidades e ao *status quo*. Isso levanta questões sobre até onde precisamos ir para nos libertarmos das restrições das masculinidades hegemônicas. A resposta parece ser: muito longe e muito rápido. Para ajudar com isso, damos consideração adicional a alguns dos comentários mais contundentes sobre masculinidades de estudiosos que dedicaram suas vidas a essa tarefa.

Anthony Synnott (2009: 46, 51) sugeriu que as masculinidades mais veneradas assumem três formas principais: o guerreiro (que personifica a bravura), o cavalheiro (que simboliza a nobreza) e o *self-made man* (que manifesta seu próprio sucesso). Esses homens são supostamente bons maridos, pais excepcionais, trabalhadores incansáveis, homens públicos dando as cartas, e quando tudo desmorona, eles também são feras violentas prontas para colocar as coisas de volta em seu lugar "de direito" através da força. Essas características masculinas estereotipadas se alinham fortemente com ser branco, rico, viajar com frequência, comer dietas ricas em carne e viver em casas com alto consumo de energia; características que ressoam atitudes hipermasculinistas e hiperconsumistas (Alaimo, 2009: 26). Uma vez outorgadas, tais generalizações são problemáticas, pois não especificam o que consideramos como ricos (dentro ou entre as nações), nem levam em conta as diversidades de idade, raça, classe etc., onde a frequência de viagens, consumo de carne e uso doméstico de energia são elevados (MacGregor; Seymour, 2017: 12). Além disso, considere que aqueles homens não brancos, que assumiram papéis de liderança semelhantes em todas as nações ocidentais, receberam algumas das mesmas armadilhas sociopolíticas e econômicas de seus compatriotas brancos e daqueles homens que compõem as classes dominantes não-ocidentais. Devemos incluir esses homens "alterizados" também em nossas análises da hegemonização masculina, uma vez que eles também recebem benefícios, precisamente porque as mulheres e pessoas não-binárias/ *genderqueer* são discriminadas pelo sexismo, racismo e heteronormatividade, por não serem homens e/ou ricos. Tendo isso em vista, as masculinidades hegemônicas exibem "delusões de hiper separação, transcendência e dominância [que]... engendram a negação das muitas crises globais [sociais e ambientais] que enfrentamos, efetivamente chamando nossa atenção para o fato de que essas características costumam ser paralelas aos padrões de dominação masculina branca ocidental (Alaimo, 2009: 28). Tidas como emblemáticas das masculinidades ocidentais mais celebradas, essas características definem uma estreita faixa de socializações que alimentam e são alimentadas pelas tendências *malestream* ocidentais, apresentando aos homens brancos de classe média e trabalhadora a expectativa tácita de que sua vida poderia ser autossuficiente se eles trabalhassem duro o suficiente. Consistente com as críticas socialistas ao capitalismo, reconhecemos que a riqueza é consolidada nas mãos dos proprietários dos meios de produção e comércio em todo o Ocidente, que social, política e economicamente exploram os trabalhadores e extraem os recursos naturais da Terra para seus próprios ganhos. Dissecando esse emaranhado, reconhecemos que os benefícios da riqueza, raça e orientação sexual são moldados pelo:

> ...contrato social que permitiu que homens autossuficientes [*malestream*] sentissem que *poderiam* ser bem-sucedidos, mesmo que de alguma forma não conseguissem realizar seus sonhos, [que] foi, de fato, despedaçado, abandonado em troca do lucro pródigo pelos ricos, possibilitado por um governo composto de raposas que há

muito abandonaram seus postos no galinheiro... Há uma dolorosa sensação de traição em relação a seu governo, às empresas, a quem damos nossas vidas, aos sindicatos. Havia um contrato *moral* de que, se cumpríssemos nosso dever com a sociedade, a sociedade cumpriria o seu dever conosco em nossa aposentadoria, cuidando de quem a serviu tão lealmente.

(Kimmel, 2013: 203)

As "raposas" que Kimmel mencionou acima são, obviamente, as personificações mais extremas da dominação masculina (ocidental, branca), que através do processo de hegemonização masculina colocam os homens brancos no topo da pilha, imbuindo-os de profundos sentidos internalizados de superioridade ou "direito prejudicado", se a obtenção de riqueza estiver relacionada a eles (que resulta, supostamente, em um justificável fomento de raiva) (Kimmel, 2013: 18).Alguns se referem a esta relação emaranhada entre gênero, raça e poder como um "efeito masculino branco" definido como percepção de risco reduzida que corresponde a conflitos intensificados e custos sociais, econômicos e ambientais associados (Finucane et al. 2000: 160; Slovic et al., 2005; McCright; Dunlap, 2011; McCright; Dunlap, 2015). A pesquisa de Melissa Finucane et al. (2000: 161) sobre o efeito masculino branco depreendeu que:

Os homens brancos podem perceber menos riscos que outros porque estão mais envolvidos na criação, gerenciamento, controle e benefícios da tecnologia. As mulheres e homens não-brancos podem perceber maior risco porque tendem a ser mais vulneráveis, ter menos controle e se beneficiarem menos da tecnologia... Os homens brancos exibiram pontos de vista mais hierárquicos e individualistas e menos pontos de vista fatalistas e igualitários... Eles estavam muito menos preocupados com as respostas adversas do público ao risco de exposição a resíduos químicos e radioativos... os homens brancos parecem promover a realização individual, a iniciativa e a autorregulação, a confiança em especialistas e proponentes de risco e a intolerância aos processos de decisão e regulação baseados nos interesses da comunidade... Apesar de saber muito pouco sobre as percepções de risco e atitudes sociopolíticas de grupos minoritários, eles [homens brancos] são, talvez precisamente, as pessoas que podem estar em maior risco – e que podem receber mais benefícios – em relação a algumas atividades ou tecnologias.

Os dilemas que confrontam o homem branco são óbvios. Seu condicionamento, por um lado, estimula a criatividade, a iniciativa, a motivação, o impulso – uma disposição para avaliar as probabilidades e seguir em frente com coragem, impulsionado pela promessa de grandes recompensas materiais ao longo do caminho. No entanto, ao reagir contra as lutas que os confrontam, alguns homens, encorajados por líderes políticos, mídias sociais como Breitbart e meios de comunicação de massa como a Fox News, precipitaram-se de cabeça para transformar suas decepções em ódio aos grupos marginalizados. Eles canalizaram sua raiva e mágoa na culpabilização dos outros, em vez de assumirem a responsabilidade por suas escolhas ou transformarem os sistemas que os devastaram. Os males da dominação masculina podem ser tão intensos para alguns homens que levaram um número cada vez maior de pessoas a se juntarem às fileiras das organizações, reuniões e manifestações da supremacia branca na Europa, Estados Unidos e Austrália (Forchtner; **Kølvraa, 2015; BBC News, 2017; Begley;** Maley, 2017).É evidente que aqueles indivíduos que estão alinhados com a modernização industrial de forma dependente não estão apenas sobrecarregando as sociedades humanas e os sistemas vivos da Terra. Eles também estão prejudicando a vida daqueles que amam e a deles próprios. A modernização industrial continua a dominar as maquinações globais (por meio da geoengenharia, por exemplo) e, ao fazê-lo, está tendo grande influência na forma como moldamos as gerações atuais e futuras de homens e masculinidades em todo o Norte Global (Fleming, 2007; Anshelm; Hansson, 2014; Buck et al., 2014). Não é de admirar que não tenhamos nos livrado das amarras das masculinidades hegemônicas. Não é por acaso que as características que definem o efeito masculino branco sejam imagens espelhadas dos industrialistas (McCright; Dunlap, 2011; Anshelm; Hultman, 2014). Como exemplo adicional, considere a demografia dos negacionistas da mudança climática, que assumiram a responsabilidade de confundirem desproporcionalmente o debate da ciência do clima a fim de protegerem e preservarem seus próprios interesses sociopolíticos e econômicos. Este quadro de líderes corporativos capitalistas industriais, grupos de interesses especiais e firmas de relações públicas com bons recursos e eloquência continuam a tentar nos convencer de que o aquecimento global nada mais é do que um ciclo geológico "normal". Eles afirmam que a ciência do clima é apenas histeria alardeada pela esquerda politicamente correta em detrimento da suposta "boa vida" que é a grande promessa da dominação masculina (Oreskes; Conway, 2010). Seu tom persistente é de conspiração e vitimização (Anshelm; Hultman, 2014). Notavelmente, essas visões refletem interesses extremamente pequenos, mas poderosos. Não podemos vê-los como um único movimento social. Nem podemos simplesmente descartá-los como opositores. Em vez disso, eles podem financiar e comercializar eficazmente as opiniões de uma minoria eloquente, que tem mais a ganhar e perder, à medida que as consequências das mudanças climáticas agravarem-se cada vez mais (Brulle, 2014). Devemos expor a virada associada à negação da mudança climática pelo que ela é: uma tática de homens ricos – principalmente brancos ocidentais – para afirmar e reafirmar o controle social, econômico e político sobre a distribuição de riqueza, ao mesmo tempo em que utilizam de forma arbitrária os recursos da Terra e o trabalho humano, indiferentes a seus impactos globais, regionais e locais na sociedade e no meio ambiente. A ironia disso é tristemente óbvia. Oitenta por cento da economia global permanece dependente dos combustíveis fósseis e tem imposto pressões de mercado aparentemente inevitáveis sobre o uso contínuo das reservas de combustível fóssil restantes que, ao serem utilizadas, certamente aumentarão as aberrações climáticas em curso. Isso já está comprovadamente causando grandes transtornos sociais, econômicos, políticos e ambientais, e, como consequência, desestabilizando a segurança política e econômica desses homens e a integridade ecológica do planeta (McGlade; Ekins, 2015).

Em sintonia com Greta Gaard (2015: 24), concordamos que "a mudança climática pode ser descrita como supremacia heteromasculina capitalista industrial branca com esteróides, impulsionada por injustiças generalizadas de gênero e raça, sexualidade e espécie", implicando a negação da mudança climática como expressão correspondente das normas *malestream*. Concluímos que a negação da mudança climática resume o efeito "homem branco", oferecendo-nos um exemplo destrutivo dos mecanismos convergentes de raça, poder e exploração de recursos que afirmam precisamente a primazia dos homens brancos porque as normas *malestream* persistem e moldam os valores e ações de alguns homens em direções abertamente despreocupadas.

Outros têm dissecado as ligações entre industrialização, negação das mudanças climáticas, gênero e raça, buscando caminhos construtivos à medida que as consequências danosas do declínio social e ambiental avançam (McCright; Dunlap, 2015). Da mesma forma, tem havido tentativas indiretas de nos desviar das implicações negativas do efeito "homem branco" que também merecem ser consideradas. Embora dê passos na direção certa, seus sucessos a longo prazo são contestáveis. Consideramos algumas dessas contribuições a seguir.

Mudando a maré

Com um início humilde na década de 1960, surgiu o primeiro Dia da Terra nos Estados Unidos – 22 de abril de 1970. Dois anos depois, vimos a primeira Conferência das Nações Unidas sobre o Ambiente Humano, que resultou na Declaração de Estocolmo, cuidar das crescentes preocupações sobre as emissões de combustíveis fósseis por meio de recomendações para respostas coordenadas e ponderadas no âmbito internacional (Knaggård, 2014). Esse início morno lançou as bases para o estabelecimento do *Intergovernmental Panel on Climate Change* – IPCC (Painel Intergovernamental sobre Mudanças Climáticas), em 1988, por duas organizações das Nações Unidas – a *World Meteorological Organization* – WMO (Organização Meteorológica Mundial – OMM) e o *United Nations Environment Programme* – UNEP (Programa das Nações Unidas para o Meio Ambiente – PNUMA). O IPCC foi fundamental para estabelecer a ligação entre a expansão das atividades humanas e as mudanças climáticas globais (IPCC, 1990). Com essas revelações, a noção de sustentabilidade entrou no discurso político dominante. No início, isso ocorreu por meio de publicações acadêmicas, organizações ambientais sem fins lucrativos e grupos ativistas. O apoio por meio de reformas de políticas sustentáveis internacionais, regionais e locais veio em seguida. Essas reformas destinavam-se a mitigar nossos padrões de produção e consumo enquanto mudavam valores, crenças e ações associadas a eles, de escalas políticas pessoais para regionais e globais (Jackson, 2009; Steffen et al., 2011; Crocker; Lehmann eds., 2013). Agora amplamente reconhecido como o órgão internacional preeminente responsável pela análise da ciência climática mais recente, o IPCC reuniu uma quantidade avassaladora de evidências para concluir que a Terra está realmente se aquecendo, que as reservas globais de neve/gelo estão derretendo, que as chuvas estão mais erráticas, tempestades intensas estão aumentando, sistemas hidrológicos marinho e de água doce estão entrando em colapso, ecossistemas terrestres estão sujeitos a mudanças cíclicas sem precedentes, a biodiversidade está diminuindo, o nível do mar está aumentando e tudo isso é atribuído a causas antropogênicas, particularmente as emissões excessivas de CO_2 na atmosfera como consequência direta da industrialização (IPCC, 2014a: 13–16). As pressões antropocêntricas nos sistemas vivos da Terra também têm afetado a biodiversidade. Quando examinadas em conjunto com as tendências climáticas, as ameaças aos ecossistemas vulneráveis se tornaram tão grandes que estudiosos argumentam que entramos na sexta extinção em massa (Crutzen, 2002; Wake; Vredenburg, 2008; Barnosky et al., 2011; Steffen et al., 2015). Isso está intimamente ligado a uma nova era amplamente denominada de "Antropoceno", ou mudanças induzidas pelo homem no clima e no ambiente às quais alguns, de forma alternativa, chamam de "Socioceno", "Tecnoceno", "Homogenoceno", "Econoceno", "Plantacionoceno" e "Capitaloceno" (Haraway, 2015: 160; Angus, 2016: 230); ou, muito relacionado a nossa análise, um (m)Antropoceno – onde o prefixo (m) (de *men* em inglês) enfatiza o papel central de um pequeno e influente grupo de homens na criação e promulgação do Antropoceno (também considere referências ao (m)Antropoceno como variações sobre análises de andro/antropocentrismo) (Di Chiro, 2017; Raworth, 2017; Pulé; Hultman, 2019).

Este é um momento em que "corporações, estados, estruturas de poder e desigualdade, mais do que indivíduos humanos, estão gerando efeitos ambientais em grande escala" (Connell, 2017: 5).Com evidências agourentas como essa, para dar suporte a uma série de preocupações globais, a mudança climática está servindo como o teste decisivo para a relação humano-natureza. Na verdade, as preocupações com o clima estão diretamente relacionadas aos impactos negativos da dependência de combustíveis fósseis. Os subsídios para extração de recursos naturais também superam o financiamento para serviços sociais destinados a proteger e preservar a saúde e o bem-estar dos cidadãos das nações (Coady et al., 2015). As 500 milhões de pessoas mais ricas da Terra (aproximadamente sete por cento da população humana total) produzem 50% de todo o dióxido de carbono emitido na atmosfera, em comparação com os três bilhões de pessoas mais pobres que emitem apenas seis por cento (Assadourian, 2010). Além disso, em 2014, o um por cento composto pelos indivíduos mais ricos do planeta controlava 48% da riqueza global em comparação aos 80% mais pobres que controlavam 5,5% (Oxfam, 2017). À medida que os mais ricos ficam mais ricos e os mais pobres mais pobres (80 bilionários controlando mais riqueza do que a riqueza total de 3,5 bilhões de pessoas), três realidades preocupantes nos confrontam – 90% das pessoas mais ricas do mundo são homens, 85% deles já passaram da idade de

50 anos e quase 70% deles são brancos (Dolan, 2017). Apesar desses fatos, há poucos sinais de que os formuladores de políticas estejam nos conduzindo para longe de um precipício cataclísmico, ou que estejamos cuidando adequadamente dos elementos de gênero que eles revelam. Ingolfur Blühdorn (2011) argumentou que, para compreender plenamente a gravidade de nossa situação ambiental atual, é hora de reconhecer até que ponto a política de cuidado ambiental está sustentando o insustentável. Isso é particularmente verdadeiro para as nações ocidentais mais ricas, que, como poluidoras *per capita* muito maiores, detêm uma proporção maior da responsabilidade de preservar as condições de vida saudáveis, para as gerações presentes e futuras de toda forma de vida (Warlenius et al., 2015).

Mesmo que impactados negativamente por desastres naturais indiscriminados, permanece evidente que indivíduos mais ricos e nações mais ricas estão em posições muito melhores para implementar respostas ambientais, infraestruturais, sociais e reparos, de forma mais rápida que os pobres, após a ocorrência de desastres, o que significa que estamos lidando com problemas globais em um campo de ação muito desigual (IPCC, 2014b). As consequências da modernização industrial irrestrita são também, além de suas afrontas óbvias aos outros não-humanos, um ataque à paz e à estabilidade das comunidades humanas, erodindo a sustentabilidade das cadeias de produção a longo prazo em prol de ganhos a curto prazo, tornando essenciais respostas globais abrangentes e coordenadas aos impactos da industrialização nos sistemas vivos da Terra – se fôssemos resolver esses problemas por tão somente razões econômicas (Hultman; Anshelm, 2017).Como já mencionamos, nossas respostas devem incluir uma transição da hegemonização masculina para a ecologização. Dado nosso compromisso em proporcionar tal resposta, ao final da Primeira Parte, teremos explorado em mais detalhes as quatro correntes de pensamento que escolhemos, ligando suas respectivas percepções às masculinidades ecológicas. Por meio de nosso exame da política das masculinidades, consideramos as experiências vividas pelos homens e as masculinidades que os moldam em um espectro politizado. A ecologia profunda nos proporciona compreensão abrangente das sabedorias e despertares psicoespirituais que podem chegar até nós por meio de encontros íntimos com a Terra. O feminismo ecológico considera as maneiras como as mulheres e a Terra são afetadas de forma semelhante pela dominação masculina. A teoria do cuidado feminista oferece análises detalhadas do cuidado de formas conceituais e aplicadas. Todas as quatro correntes compartilham intrincadas explorações em comum da Terra e do cuidado humano e é por essa razão que escolhemos ponderá-las mais profundamente e à frente de outras possibilidades discursivas.

Masculinidades como política

Acima, introduzimos a pluralidade de visões sobre homens e masculinidades. As experiências vividas pelos homens e as socializações masculinas que os moldam são referidas longamente no Capítulo 3 como política de masculinidades. O termo é uma adaptação da referência de Jeff Hearn (2010) à "política dos homens" ligada a um anterior artigo seu intitulado *Men's politics and social policy* (Política dos homens e política social) (1980), que usamos aqui para descrever as diversas perspectivas que surgiram sobre os homens e masculinidades junto com seus impactos sobre aqueles que são outros (dos quais estudos críticos sobre homens e masculinidades – ECHM ou a sigla em inglês CSMM – representam os desenvolvimentos acadêmicos significativos sobre o tema nos últimos 30 anos, postulados principalmente a partir de perspectivas pró-feministas). Existem várias contribuidoras e contribuidores importantes para a política de masculinidades que gostaríamos de reconhecer. Raewyn Connell (1995: 77) considerou o ideal masculino hegemonizado como

> ...a configuração da prática de gênero que materializa a resposta atualmente aceita ao problema da legitimidade do patriarcado [ou dominação masculina], que garante (ou é tida como garantia) a posição dominante dos homens e a subordinação das mulheres.

Ela não apenas examinou as complexidades e consequências das masculinidades hegemônicas. Connell (1990) também examinou os impactos das masculinidades hegemônicas na relação humano-natureza em um artigo fundamental intitulado *A whole new world: remaking masculinity in the context of the environmental movement* (Um mundo totalmente novo: refazendo a masculinidade no contexto do movimento ambiental), que reconhecemos como uma publicação central e inicial que expôs a necessidade de escrever este livro. Com base na análise de Antonio Gramsci (1971) das relações de classe, onde um grupo visa reivindicar e sustentar um papel de liderança na sociedade, o trabalho de Connell (2001: 38-39) afirmou que a masculinidade hegemônica constitui uma prática de gênero dominante e opressora em relação a todos os outros. Ela argumentou que os homens legitimaram a dominação masculina a tal ponto que suas posições de dominação foram institucionalizadas e incorporadas por meio de redes hierárquicas e dominantes heteronormativas, agressivas, competitivas e homossociais que beneficiam os homens e excluem as mulheres (e pessoas não-binárias/*genderqueer*) (Connell, 1997: 8). Mais recentemente, ela acrescentou mais comentários sobre masculinidades e o meio ambiente por meio de seu *Foreword: Masculinities and the Sociocene* (Prefácio: Masculinidades e o Socioceno), na importante antologia de Sherilyn McGregor e Nicole Seymour (2017) intitulada *Men and Nature: Hegemonic Masculinities and Environmental Change* (Os homens e a natureza: masculinidades hegemônicas e mudança ambiental). Na mesma linha, Michael Kaufman (1987: 1) discutiu a história familiar de estupro, espancamento e/ou abuso de suas parceiras femininas por homens, considerando esses atos depreciativos como indicadores de uma sociedade autoritária, sexista, estratificada, militarista, racista, impessoal e ecocida, que surgiu por causa das instituições de dominação masculina, dando aos homens suposta permissão para exercer poder e controle sobre todos os outros à vontade.[7] Para outros estudiosos das políticas das masculinidades, socializações que condicionam alguns homens a perpetrarem tais violações ocorrem em paralelo ao estupro, agressão e abuso de outros não-humanos também. Afinal:

> Ser macho significa vencer (ser o número um em esportes, nos negócios, na política, na academia), ir para a guerra ("matar ou morrer"), ser racional, não emocional ("homem não chora") e abraçar a homofobia (medo do afeto entre homens). Macho significa dominação, ter domínio sobre os outros – seja sobre a natureza, seu próprio corpo, as mulheres, e outros.
>
> (Fox, 2008: xxvi)

---

7   Reconhecemos que alguns homens são agredidos por suas parceiras íntimas femininas, masculinos ou não-binárias/*genderqueer*, o que significa que também podem ser vítimas em situações domésticas e estão sujeitos a atos gerais de violência. Considerando essas nuances, permanece o fato de que os homens são, de longe, os perpetradores de violência doméstica mais frequentes e graves e, como consequência, devem ser responsabilizados proporcionalmente por essas tendências (ANROWS, 2015).

Nem todos os homens são violentos, assim como nem todas as mulheres e outros humanos são atenciosos e, como consequência, devemos permanecer sensíveis a essas variações e resistir à tentação dos estereótipos de gênero. No entanto, a propensão dos homens a recorrerem à violência em maior número do que as mulheres e outros humanos nos proporciona uma motivação crucial para persistirmos em nossos esforços para reconfigurarmos as masculinidades rumo a um cuidado social e ambiental maior (Gracia; Merlo, 2016).

Ecosofizando a nós mesmos

Outro objetivo principal deste livro é ajudar a inaugurar um futuro ecológico profundo. Esta frase foi cunhada pelo filósofo norueguês Arne Næss, que apresentou sua visão para um futuro profundo e de longo prazo para o planeta no que se tornou um título de artigo icônico: *The shallow and deep, long-range ecology movement: a summary* (1973) (O movimento ecológico raso e profundo de longo prazo: um resumo). Como fundador do movimento, Næss se concentrou em aumentar a autoconsciência, a reverência à natureza e o cuidado com a Terra como objetivos profundamente pessoais, para todos nós lutarmos em nossas respectivas vidas. A motivação de Næss era acabar com o antropocentrismo (ou a centralização no ser humano), priorizando o valor intrínseco de toda forma de vida por meio da filosofia e práxis pluralizadas da ecologia profunda.

A ecologia profunda nos encoraja a considerar os encontros práticos e conceituais com a natureza como grandes guias nesta descoberta (Zimmerman, 1986: 21; Zimmerman, 1993). O processo de aquisição da marca registrada da ecologia profunda, "Autorrealização!", através do engajamento com a natureza, está no centro de um futuro verde profundo e é uma realização de Næss (o homem) e da ecologia profunda (o movimento) de maneiras inevitavelmente plurais, o que influenciou de forma significativa nossa conceituação das masculinidades ecológicas.

Concordando com Næss em colocar a humanidade em igualdade de condições com o resto da vida e seus muitos processos complexos, é essa valorização mais profunda uns dos outros, dos outros não-humanos e de nós mesmos que também subscrevemos ao longo deste livro. No entanto, a ecosofia (sabedoria da Terra personalizada) que defendemos aqui aborda os mecanismos estruturais que se interseccionam com os homens e masculinidades de formas que Næss e muitos outros no movimento da ecologia profunda não faziam. Estamos mais interessados em destacar as maneiras como a subjetividade relacional masculinizada impacta (e é impactada pela) a dinâmica sistêmica de justiça e opressão em relação aos comuns glocais. Essa é uma distinção importante entre nosso trabalho e o dos ecologistas profundos. Enquanto Næss foi transcendente em relação às visões construtivistas do mundo, estamos cientes e honramos a presença de identidades "masculinas", "femininas" e "outras" em todos os humanos, reconhecendo que, embora esses termos sejam em si problemáticos, eles também influenciam fortemente a relação humano-natureza de maneiras distintas, que justificam sua análise cuidadosa. Nós alinhamos as interpretações de gênero da ecologia profunda com o feminismo ecológico de formas que Næss e o movimento da ecologia profunda não fizeram. Mais sobre isso no Capítulo 4.

Ecologização feminista

Ecofeministas são pessoas que postulam conhecimentos únicos de justiça para as mulheres e a Terra. Elas fazem isso por meio do discurso feminista ecológico, proporcionando-nos uma liderança rica, diversa e fundamental para compreender como a valorização das masculinidades resultou em androcentrismo (ou centrismo masculino) além do antropocentrismo catequizado por ecologistas profundos (Plumwood, 1993; Plumwood, 2002). Temos muito a aprender com um corte transversal de visões ecofeministas à medida que desenvolvermos uma estrutura teórica para masculinidades ecológicas. No Capítulo 5, encontramos visões aguçadas sobre os impactos contemporâneos do sexismo e do domínio ambiental dos homens sobre as mulheres, os humanos discriminados e os outros não-humanos, e as maneiras como esses mecanismos de dominação se tornaram institucionalizados, além do que podemos fazer sobre nossas terríveis circunstâncias resultantes. Como uma introdução à análise mais profunda que oferecemos no Capítulo 5, é importante primeiro sinalizar alguns *insights* extraídos de nossas primeiras colegas ecofeministas (essencializadas), uma vez que evitam os aspectos enigmáticos que um discurso emergente de ecologização masculina também pode encontrar à medida que esse novo discurso se firma.

Considere *Green Paradise Lost* (Paraíso verde perdido), publicado por Elizabeth Dodson Gray (1979), como uma resposta à complicada relação entre gênero e nossos problemas sociais e ambientais globais. Gray criticava construções que colocavam elementos inertes da Terra na base de uma hierarquia que então ascendia a plantas, animais, crianças, mulheres, homens comuns, homens nobres, príncipes, reis, depois anjos caídos e anjos, culminando em um Deus masculino nos céus. Ela argumentou que esse arranjo – amplamente conhecido como a "Grande Cadeia do Ser" – treinou a humanidade para exercer poder sobre aqueles que dominamos em uma ordem prescrita. As consequências sociais e ambientais do domínio humano sobre a natureza (ou mais precisamente do domínio dos homens sobre todos os outros) continuam a nos desafiar local, regional, nacional e globalmente. Em um livro subsequente intitulado *Patriarchy as a Conceptual Trap* (O patriarcado como armadilha conceitual), Gray (1982: 114) explorou uma "ilusão de domínio" que não apenas colocava os humanos acima da natureza, mas também colocava os homens acima das mulheres, legitimando efetivamente a alteridade de outros que não os humanos precisamente da mesma maneira que legitima a alteridade de mulheres e pessoas não-binárias/*genderqueer* (e, em menor medida, homens não heterossexuais também). Isso ajuda a explicar por que os homens, como grupo, em todo o mundo, geralmente são reticentes ao falar e agir em apoio às justiças sociais e ambientais; os seres considerados outros sofrem os impactos de serem discriminados de maneiras que os homens não sofrem, deixando pouco incentivo para a mudança do lado das masculinidades no funcionamento social. Para as mulheres e pessoas não-binárias/*genderqueer*, a experiência de relações desiguais de poder é imediata, difundida e visceral; suas capacidades de unir os pontos entre as situações do mundo real, as respostas das políticas e os impactos (tanto positivos quanto negativos) no acesso aos recursos, na importância socialmente sancionada, na estigmatização e nos padrões de vida permanecem evidentes, de maneiras que muitos homens raramente ou nunca precisam vivenciar (Cecelski, 1995; Clancy et al., 2007; Ryan, 2014).

Tendo observado essas distinções de gênero, fazemos uma digressão momentânea para reconhecer que as qualidades masculinas e femininas estão presentes e acessíveis em todos os seres humanos, independentemente de sua biologia, identidade, socializações ou escolhas. A Suécia nos concede excelente exemplo de como as características de gênero não seguem necessariamente a biologia. Com seus altos níveis de aceitação de licença-paternidade paga, juntamente com sua presença generalizada de princípios e práticas feministas em todos os níveis de governança, a Suécia continua a oferecer alternativas para muitas das socializações *malestream* que são consideradas estereotipadas no Norte Global (Björk, 2015; Neuman et al., 2017). Reconhecendo os impactos históricos das opressões do *malestream* sobre os outros, buscamos soluções não essencialistas e estruturais para os problemas que enfrentamos para a melhoria de todas as formas de vida. Controverter a dominação masculina com o determinismo biológico (como algumas precursoras ecofeministas fizeram) reforça as masculinidades como gênero não marcado, provoca reações mal-intencionadas, obscurece saídas políticas e deixa os homens sem ter para onde ir (Mac Gregor; Seymour, 2017: 12). Afinal:

> Alcançar o *status* masculino só faz sentido em um contexto social. Os altos gerentes das corporações que despejam gases de efeito estufa e envenenam os sistemas fluviais não estão, necessariamente, fazendo isso devido a uma maldade inerente a eles. Talvez esses homens amem bebês e cachorrinhos e até cantassem no coro de uma igreja, se ao menos encontrassem tempo para isso. Mas eles estão trabalhando em um mundo de elite insano que institucionaliza a competição, a masculinidade voltada para o poder, e estão fazendo o que for preciso.
>
> (Connell, 2017: 6)

As masculinidades tóxicas/extremas contemporâneas são alguns dos exemplos mais insidiosos de "fazer o que for preciso" para preservar a dominação masculina que Connell destacou acima (ver também Keith, 2017: 2). Elas são realmente muito preocupantes. Mas esses tempos tumultuados também podem nos apresentar grandes oportunidades. Parafraseando Charles Eisenstein (2016) – com desculpas aos lobos que estão longe de ser tóxicos, como a seguinte expressão pode sugerir – elas esclarecem que entramos em uma era em que as normas *malestream* se tornaram lobos totalmente visíveis em pele de lobo mais uma vez. Eisenstein identificou o momento imediatamente após a eleição presidencial de Trump, nos EUA, como um "espaço entre histórias", onde agora estamos fazendo uma transição dos fracassos do neoliberalismo para algo novo que ainda está tomando forma. Se, por meio dessa transição, conseguirmos alcançar maior cuidado com os comuns glocais – repleto de suas virtudes características de "amor, compaixão e inter-ser" para toda forma de vida, melhor ainda. No entanto, devemos continuar a ampliar o escopo de nossa compreensão crítica da experiência masculina como elemento vital de tal investigação. Devemos olhar para além das visões essencialistas para celebrar a diferença, buscar empoderamento interno mútuo para todos os seres humanos e, ao fazer isso, estender grande cuidado para todos os sistemas vivos da Terra. Essas estratégias sugerem antídotos proativos para a superioridade internalizada que acompanha as normas *malestream*. Não podemos nos dar ao luxo de enfrentar esses desafios pela metade. Algumas das primeiras ecofeministas entraram em conflito com seus colegas ao essencializarem esses debates sobre humanidade e natureza. Isso destaca a necessidade de nossa vigilância para garantir que as masculinidades ecológicas também possam transcender impulsos semelhantes que seguem na direção ao essencialismo de gênero.

O essencialismo de gênero, em qualquer das extremidades do espectro político, é preocupante. Reforça suposições sobre os indivíduos e as construções sociais que são indiscriminadamente impostas a todos nós. Voltando a nosso foco no feminismo ecológico, notamos que, ao adotar termos como *"wemoon"*, *"womyn"*, *"wimmin"* e *"wonb-one"* para ligar as mulheres (*women* em inglês) aos ciclos da lua e da Terra, ecofeministas essencialistas buscaram integridade para as mulheres em desafio a sua "outra metade", argumentando a favor dos direitos das mulheres de acessarem toda a gama de potencial humano vivo e, ao fazê-lo, objetivaram manifestar a humanidade plena e "natural" delas (Musawa, 2010: 7, 67; Morris, 2015; Phillips, 2016). Mas elas perseguem esses pontos de vista celebrando o princípio feminino manifestado nos corpos das mulheres, posicionando suas vidas como contrapontos às normas dos homens e do *malestream*. Embora a intenção de reverenciar as qualidades femininas estereotipadas seja compreensível, em decorrência de uma longa história de desigualdades de gênero, tais abordagens não conseguem desafiar os mecanismos estruturais que as criaram. As ecofeministas essencialistas consideram as mulheres e a Terra como categorias conjuntas, compartilhando capacidades para serem "realizadoras-materiais" de formas que os homens supostamente nunca podem ser, dessa maneira conectando as mulheres mais do que os homens à "deusa viva, um mistério selvagem, em si mesmo" (Griffin, 1978; Musawa, 2010: 86). Ressaltamos este ponto sobre as limitações do essencialismo de gênero precisamente porque níveis semelhantes dele já prevalecem também em discursos sobre homens e masculinidades, que consideramos criticamente com mais detalhes no Capítulo 3 (Bly, 1990; Keen, 1992; Kimmel; Kaufman, 1995). Não podemos simplesmente compartimentar a mulher como criadora e promotora da vida, assim como não podemos presumir que o homem é o único protetor e provedor da sociedade. Da mesma forma, seria um erro se contentar em caracterizar todos os homens como hostis à Terra e à humanidade, assim como seria um erro presumir que é o difícil papel das "mulheres ensinar [aos homens] a serem humanos" (Montagu, 1968: 159, Kreps, 2010: 5). Os teóricos *queer* têm problematizado com sucesso essas tendências, ainda observando as complexidades associadas às identidades de gênero (Ferguson, 1993: 81; Seymour, 2013). Essas novas visões sobre as identidades de gênero, que censuram as opressões estruturais que acompanham a dominação masculina, estão provando ser indispensáveis.

Com certeza, o cuidado com a Terra, o cuidado comunitário, o cuidado familiar e o autocuidado se manifestam mais facilmente na vida das mulheres do que na dos homens (Breton, 2016). Contudo, como nós intencionalmente observamos além do essencialismo de gênero, as teorias fundamentadas que ganharam ímpeto à medida que o feminismo ecológico amadureceu têm auxiliado na prevenção de níveis esperados de multiplicidade de interpretações essencialistas/deterministas para interpretações sociais/estruturais das masculinidades ecológicas. Nosso objetivo é considerar criticamente esses vários pontos de vista. Ao final do livro, teremos criado uma estrutura para uma conversa apurada e pluralizada sobre masculinidades ecológicas, que se unam à natureza emergente e dicotômica do feminismo ecológico. Reconhecendo que devemos ir além das vendas do essencialismo de gênero, examinaremos o cuidado masculino através de uma lente feminista em nossa quarta corrente.

Cuidado

Desempenhos domésticos e familiares de mulheres têm sido tradicionalmente vinculados a noções sexistas de cuidado. No entanto, os estudiosos expandiram nossa compreensão do cuidado para designar aplicações muito mais amplas ao termo, para além das visões essencialistas. Joan Tronto (1993) argumentou que o cuidado no Ocidente moderno é moldado por preconceitos de gênero, raça e classe. Maria Puig de le Bellacasa (2012) sugeriu que o cuidado é um fenômeno corporificado. Thom van Dooren (2014) demonstrou que o cuidado surge como conceito importante para o engajamento com nosso meio ambiente de escalas globais a locais. O cuidado nos obriga a nos envolvermos em nossas vidas de maneiras muito concretas – nos preocupamos com as necessidades de nossos parceiros, a educação de nossos filhos, nossas casas, nossos jardins, nossos animais de estimação etc. e, ao fazermos isso, estamos motivados a agirmos de acordo. Van Dooren (2014: 293) argumentou que "o cuidado é um conceito vital para as humanidades ambientais engajadas". Nesse sentido, o cuidado é um grande motivador, levando-nos a agir de forma abnegada, às vezes além dos limites do pensamento racional; afinal, por meio dele, nos tornamos altruístas. O cuidado nos motiva a apoiar os outros generosamente, a servir o que consideramos justo e bom. O cuidado está presente em todos os seres humanos de uma forma ou de outra e pode muito bem ter sido fundamental para a sobrevivência de nossa espécie, dados os benefícios evolutivos da cooperação. No entanto, nossas socializações têm impacto direto na forma como manifestamos o cuidado em nosso dia a dia. O cuidado pode ser uma obrigação ética ou um trabalho prático. O cuidado é um fenômeno interno e externo. Nesse sentido, ele orienta quando e como cuidamos do mundo que nos cerca, assim como de nós mesmos. No Capítulo 6, exploramos o cuidado tanto de maneira conceitual quanto prática. Também exploramos as implicações tangíveis da responsabilidade pessoal e da credibilidade – observando que a presença ou ausência de cuidados tem impactos profundos na vida das pessoas ao nosso redor, bem como na nossa. Quando estamos em contato com nossas capacidades internas de cuidar, nosso engajamento ativo com o mundo, estar a serviço dele, se torna mais difícil de ignorar. Gerar um mundo sustentável é se preocupar com o bem-estar dos comuns glocais. Fazer isso é tratar todos os outros e a nós mesmos com dignidade e respeito.

Depois de compartilhar essas ideias preliminares sobre o cuidado, apresentamos uma premissa central que serve como eixo para este livro:

Todas as masculinidades têm infinitas capacidades de cuidar, que podem ser expressas em relação à Terra, aos outros humanos e a nós mesmos – simultaneamente.

A ética do cuidado também transcende ideologia, afiliação política, socioeconomia, raça, idade, habilidade etc. Os homens podem e assumem papéis de cuidado na sociedade. Mas o cuidado *malestream* é tipicamente proximal,[8] sujeito a preconceitos e experiências vividas que podem predeterminar com quem nos importamos (ideologicamente) e de quem cuidamos (tangivelmente), o que significa que o cuidado dos homens é moldado pela dominação masculina. Claro, o cuidado pode desafiar a dominação masculina. Porém, as normas *malestream* orientam os homens a cuidarem dentro dos limites da cultura popular, garantindo que as formas como eles cuidam estejam de acordo com a hegemonização masculina. Enquanto as expressões tradicionais de cuidado masculino podem ser egoístas, voltadas para dentro e/ou confinadas por visões limitadas do mundo, nós desafiamos essas expressões míopes de cuidado masculino, buscando interpretações e expressões de cuidado mais amplas, profundas e mais abrangentes, alçando o cuidado masculino ao nível da consideração simultânea por toda forma de vida, incluindo os próprios homens. Os tipos de cuidado masculino a que aspiramos, através do posicionamento das masculinidades ecológicas, gera credibilidade e responsabilidade pelo bem-estar de todos os outros, ao mesmo tempo que do nosso.

Por enquanto, examinemos os papéis que as masculinidades industriais/ganha-pão e ecomodernas têm desempenhado em distanciar os homens e as masculinidades do cuidado com os comuns glocais, o que então estabelece as bases para introduzirmos as masculinidades ecológicas.

Referências

Alaimo, S. 2009. 'Insurgent vulnerability and the carbon footprint of gender'. *Kvinder, Køn & Forskning* 3–4: 22–35.

ANROWS [Australian National Research Organisation for Women's Safety]. 2015. *Horizons: Violence against Women: Additional Analysis of the Australian Bureau of Statistics' Personal Safety Survey, 2012.* Sydney: ANROWS.

Angus, I. 2016. *Facing the Anthropocene: Fossil Capitalism and the Crisis of the Earth System.* New York: Monthly Review Press.

Anshelm, J., & M. Hultman. 2014. 'A green fatwa-? Climate change as a threat to the masculinity of industrial modernity'. *NORMA: International Journal for Masculinity Studies* 9(2): 84–96.

Anshelm, J., and A. Hansson. 2014. 'The last chance to save the planet? An analysis of the geoengineering advocacy discourse in the public debate'. *Environmental Humanities* 5(1): 101–123.

---

8 Nota da editora: limitado, autocentrado.

Assadourian, E. 2010. 'The rise and fall of consumer cultures'. In Worldwatch Institute, ed., *2010 State of the World: Transforming Cultures: From Consumerism to Sustainability (A Worldwatch Institute Report on Progress Toward a Sustainable Society)*. Washington, DC: Norton, 3–20.

Barnosky, A., Matzke, N., Tomiya, S., Wogan, G., Swartz, B., Quental, T., & B. Mersey. 2011. 'Has the Earth's sixth mass extinction already arrived?'. *Nature* 471 (7336), 51–57.

BBC News. 2017. 'White supremacy: are US right-wing groups on the rise?'. Accessed 2 November 2017. http://www.bbc.com/news/world-us-canada-40915356

Begley, P., & J. Maley. 2017. 'White supremacist leader Mike Enoch to visit Australia'. *Sydney Morning Herald Online*. Accessed 10 September 2017. http://www.smh.com.au/federal-politics/political-news/white-supremacist-leader-mike-enoch-to-visit-australia-20170513-gw46fn.html

Bem, S. 1993. *Gender Polarization. The Lenses of Gender: Transforming the Debate on Sexual Inequality*. Binghamton: Vail-Ballou Press.

Björk, S. 2015. 'Doing, re-doing or undoing masculinity? Swedish men in the filial care of aging parents'. *NORA: Nordic Journal of Feminist and Gender Research* 23(1): 20–35.

Blühdorn, I. 2011. 'The politics of unsustainability: COP15, post-ecologism, and the ecological paradox'. *Organization & Environment* 24(1): 34–53.

Bly, R. 1990. *Iron John: A Book About Men*. Boston: Addison-Wesley.

Breton, M. 2016. *Women Pioneers for the Environment*. Boston: Northeastern University Press.

Brulle, R. 2014. 'Institutionalizing delay: foundation funding and the creation of US climate change counter-movement organizations'. *Climatic Change* 122(4): 681–694.

Buck, H., Gammon, A., & C. Preston. 2014. 'Gender and geoengineering'. *Hypatia* 29(3): 651–669.

Cecelski, E. 1995. 'From Rio to Beijing: engendering the energy crisis'. *Energy Policy* 23(6): 561–575.

Christensen, A., & S. Jensen. 2014. 'Combining hegemonic masculinity and intersectionality'. *NORMA: International Journal for Masculinity Studies* 9(1): 60–75.

Clancy, J., Ummar, F., Shakya, I., & G. Kelkar. 2007. 'Appropriate gender-analysis tools for unpacking the gender–energy–poverty nexus'. *Gender and Development* 15(2): 241–257.

Coady, D., Parry, I., Sears, L., & B. Shang. 2015. *How Large Are Global Energy Subsidies?* Washington, DC: International Monetary Fund, 15–105.

Connell, R. 1990. 'A whole new world: remaking masculinity in the context of the environmental movement'. *Gender and Society* 4(4): 452–478.

Connell, R. 1995. *Masculinities*. Berkeley: University of California Press.

Connell, R. 1997. 'Men, masculinities and feminism'. *Social Alternatives* 16(3): 7–10.Connell, R. 2001. 'The social organization of masculinity'. In S. Whitehead and F. Barrett, eds., *The Masculinities Reader*. Oxford: Blackwell, 30–55.

Connell, R. 2017. 'Foreword: Masculinities in the Sociocene'. In S. MacGregor & N. Seymour, eds., *Men and Nature: Hegemonic Masculinities and Environmental Change*. Munich: RCC Perspectives, 5–8.

Conroy, J. 2017. '"Angry white men": the sociologist who studied Trump's base before Trump'. *The Guardian Online*. Accessed 2 November 2017. http://www.theguardian.com/world/2017/feb/27/michael-kimmel-masculinity-far-right-angry-white-men

Crenshaw, K. 1989. *Demarginalizing the Intersection of Race and Sex: A Black Feminist Critique of Antidiscrimination Doctrine, Feminist Theory and Antiracist Politics*. Chicago: University of Chicago Press.

Crocker, R., & S. Lehmann, eds. 2013. *Motivating Change: Sustainable Design and Behaviour in the Built Environment*. London: Routledge.

Crutzen, P. 2002. 'Geology of mankind'. Nature 415(6867): 23.

Di Chiro, G. 2017. 'Welcome to the white (m) Anthropocene? A feminist– environmentalist critique'. In S. MacGregor, ed., *Routledge Handbook of Gender and Environment*. Oxon: Routledge, 487–507.

Dolan, K. 2017. 'Forbes 2017 billionaires list: meet the richest people on the planet'. *Forbes Online*. Accessed 28 June 2017. http://www.forbes.com/sites/kerryadolan/2017/03/20/forbes-2017-billionaires-list-meet-the-richest-people-on-the-planet/# 2f63045e62ff

Eisenstein, C. 2016. 'The election: of hate, grief, and a new story'. Accessed 25 June 2017. https://charleseisenstein.net/essays/hategriefandanewstory

Ferguson, K. 1993. *The Man Question: Visions of Subjectivity in Feminist Theory*. Berkeley: University of California Press.

Finucane, M., Slovic, P., Mertz, C., Flynn, J., & T. Satterfield. 2000. 'Gender, race, and perceived risk: the "white male" effect'. *Health, risk & society* 2(2): 159–172.

Fleming, J. 2007. 'The climate engineers'. Wilson Quarterly (1976–) 31(2): 46–60.

Forchtner, B., & C. Kølvraa. 2015. 'The nature of nationalism: populist radical right parties on countryside and climate'. *Nature and Culture* 10(2): 199–224.

Fox, M. 2008. *The Hidden Spirituality of Men: Ten Metaphors to Awaken the Sacred Masculine*. Novato: New World Library.

Gaard, G. 2015. 'Ecofeminism and climate change'. *Women's Studies International Forum* 49(1): 20–33.

Goffman, E. 1963. *Stigma: Notes on the Management of Spoiled Identity*. New York: Simon & Schuster.Goffman, E. 1979. *Gender Advertisements*. Boston, MA: Harvard University Press.

Gracia, E., & J. Merlo. 2016. 'Intimate partner violence against women and the Nordic paradox'. *Social Science & Medicine* 157 (May): 27–30.

Gramsci, A. 1971. *Selections from Prison Notebooks*. London: Lawrence & Wishart.

Gray, E. 1979. *Green Paradise Lost*. Wellesley: Roundtable Press.

Gray, E. 1982. *Patriarchy as a Conceptual Trap*. Wellesley: Roundtable Press.

Griffin, S. 1978. *Woman and Nature: The Roaring Inside Her*. New York: Harper & Row.

Haraway, D. 2015. 'Anthropocene, Capitalocene, Plantationocene. Chthulucene: Making Kin'. *Environmental Humanities* 6: 159–165.

Hearn, J. 2010. 'Reflecting on men and social policy: contemporary critical debates and implications for social policy'. *Critical Social Policy* 30(2): 165–188.

Hearn, J., Nordberg, M., Andersson, K., Balkmar, D., Gottzén, L., Klinth, R. & L. Sandberg. 2012. 'Hegemonic masculinity and beyond: 40 years of research in Sweden'. *Men and Masculinities* 15(1): 31–55.

Hochschild, A. 2016. *Strangers in Their Own Land: Anger and Mourning on the American Right*. New York: New Press.

Hultman, M., & J. Anshelm. 2017. 'Masculinities of global climate change'. In M. Cohen, ed., *Climate Change and Gender in Rich Countries: Work, Public Policy and Action*. New York: Routledge, 19–34.

IPCC [Intergovernmental Panel on Climate Change]. 1990. *Climate Change: The IPCC Scientific Assessment*, edited by J. Houghton, G. Jenkins, & J. Ephraums. Cambridge: Cambridge University Press.

IPCC [Intergovernmental Panel on Climate Change]. 2014a: 'Summary for policymakers'. In *Climate Change 2014: Mitigation of Climate Change. Contribution of Working Group III to the Fifth Assessment Report of the Intergovernmental Panel on Climate Change*, edited by O. Edenhofer, R. Pichs-Madruga, Y. Sokona, E. Farahani, S. Kadner, K. Seyboth, A. Adler, I. Baum, S. Brunner, P. Eickemeier, B. Kriemann, J. Savolainen, S. Schlömer, C. von Stechow, T. Zwickel, & J. Minx. Cambridge: Cambridge University Press.

IPCC [Intergovernmental Panel on Climate Change]. 2014b. *Climate Change 2014: Synthesis Report*. Accessed 27 June 2017. http://www.ipcc.ch/report/ar5/syr

Jackson, T. 2009. 'Beyond the growth economy'. *Journal of Industrial Ecology* 13(4): 487–490.

Katz, J. 2016. *Man Enough: Donald Trump, Hillary Clinton, and the Politics of Presidential Masculinity*. Northampton: Interlink.

Kaufman, M. 1987. 'The construction of masculinity and the triad of men's violence'. In M. Kaufman, ed., *Beyond Patriarchy: Essays by Men on Pleasure, Power, and Change*. New York: Oxford University Press, 1–29.

Keen, S. 1992. *Fire in the Belly: On Being a Man*. New York: Bantam.

Keener, E., & C. Mehta. 2017. 'Sandra Bem: revolutionary and generative feminist psychologist'. *Sex Roles* 76: 525.

Keith, T. 2017. *Masculinities in Contemporary American Culture: An Intersectional Approach to the Complexities and Challenges of Male Identity*. New York: Routledge.

Kimmel, M. 2013. *Angry White Men: American Masculinity at the End of an Era*. New York: Nation Books.

Kimmel, M., & M. Kaufman. 1995. 'Weekend warriors: the new men's movement'. In M. Kimmel, ed., *The Politics of Manhood: Profeminist Men Respond to the Mythopoetic Men's Movement (And the Mythopoetic Leaders Answer)*. Philadelphia: Temple University Press, 14–43.

Knaggård, Å. 2014. 'What do policy-makers do with scientific uncertainty? The incremental character of Swedish climate change policy-making'. *Policy Studies* 35(1): 22–39.

Kreps, D. 2010. 'Introducing eco-masculinities: how a masculine discursive subject approach to the individual differences theory of gender and IT impacts an environmental informatics project'. *Proceedings of the Sixteenth Americas Conference on Information Systems (AMCIS)*. Lima: Association for Information Systems.

MacGregor, S., & N. Seymour. 2017. 'Introduction'. In S. MacGregor and N. Seymour, eds., *Men and Nature: Hegemonic Masculinities and Environmental Change*. Munich: RCC Perspectives 9–14.

McCall, L. 2005. 'The complexity of intersectionality'. *Signs: Journal of Women in Culture and Society* 30(3): 1771–1800.

McCright, A., & R. Dunlap. 2011. 'Cool dudes: the denial of climate change among conservative white males in the United States'. *Global Environmental Change* 21(4): 1163–1172.

McCright, A., & R. Dunlap. 2015. 'Bringing ideology in: the conservative white male effect on worry about environmental problems in the USA'. *Journal of Risk Research* 16(2): 211–226.

McGlade, C., & P. Ekins. 2015. 'The geographical distribution of fossil fuels unused when limiting global warming to 2°C'. *Nature* 517(7533): 187–190.

Montagu, A. 1968. *The Natural Superiority of Women* (Revised Edition). London: Macmillan.

Morris, J. 2015. 'Queer earth mothering: thinking through the biological paradigm of motherhood'. *Feminist Philosophy Quarterly* 1(2): 1–27.

Musawa. 2010. *In the Spirit of We'moon: Celebrating 30 Years: An Anthology of Art and Writing*. Wolf Creek: Mother Tongue Ink.

Næss, A. 1973. 'The shallow and deep, long-range ecology movement: a summary'. *Inquiry* 16(1–4): 95–100.

Neuman, N., Gottzén, L., & C. Fjellström. 2017. 'Narratives of progress: cooking and gender equality among Swedish men'. *Journal of Gender Studies* 26(2): 151–163.

Oreskes, N., & E. Conway. 2010. 'Defeating the merchants of doubt'. *Nature* 465 (7299): 686–687.

Oxfam. 2017. 'An economy for the 99%: it's time to build a human economy that benefits everyone, not just the privileged few'. Accessed 28 June 2017. http://policy-practice.oxfam.org.uk/publications/an-economy-for-the-99-its-time-to-build-a-human-economy-that-benefits-everyone-620170

Phillips, M. 2016. 'Embodied care and planet earth: ecofeminism, maternalism and postmaternalism'. *Australian Feminist Studies* 31(90): 468–485.

Plumwood, V. 1993. *Feminism and the Mastery of Nature*. London: Routledge.

Plumwood, V. 2002. *Environmental Culture: The Ecological Crisis of Reason*. London: Routledge.

Puig de la Bellacasa, M. 2012. 'Nothing comes without its world: thinking with care'. *Sociological Review* 60(2): 197–216.

Pulé, P., & M. Hultman. 2019. 'Ecological Masculinities: a response to the (m)Anthropocene question?'. In L. Gottzén U. Mellström & T. Shefer, eds., *Routledge Handbook of Masculinity Studies*. Milton Park: Routledge. https://genderandsecurity.org/projects-resources/research/ecological-masculinities-response-manthropocene-question. Acesso em: 14 mar. 2022.

Raworth, K. 2017. 'What on earth is the donut? Kate Raworth: exploring donut economics'. Accessed 29 June 2017. http://www.kateraworth.com/doughnut

Ryan, S. 2014. 'Rethinking gender and identity in energy studies'. *Energy Research & Social Science* 1(March): 96–105.

Seymour, N. 2013. *Strange Natures: Futurity, Empathy, and the Queer Ecological Imagination*. Urbana: University of Illinois Press.

Slovic, P., Peters, E., Finucane, M., & D. MacGregor. 2005. 'Affect, risk, and decision making'. *Health Psychology* 24(4): S35–S40.

Steffen, W., Persson, Å., Deutsch, L., Zalasiewicz, J., Williams, M., Richardson, K., & M. Molina. 2011. 'The Anthropocene: from global change to planetary stewardship'. *AMBIO: A Journal of the Human Environment* 40(7): 739–761.

Steffen, W., Richardson, K., Rockström, J., Cornell, S., Fetzer, I., Bennett, E., Biggs, R., Carpenter, S., de Vries, W., de Wit, C., Folke, C.Gerten, D., Heinke, J., Mace, G., Persson, L., Ramanathan, V., Reyers, B., & S. Sörlin. 2015. 'Planetary boundaries: guiding human development on a changing planet'. *Science* 347(6223): 736, 1259855.

Synnott, A. 2009. *Re-thinking Men: Heroes, Villains and Victims*. Surrey: Ashgate.

Tronto, J. 1993. *Moral Boundaries: A Political Argument for an Ethic of Care*. New York: Routledge.

van Dooren, T. 2014. 'Care: living lexicon for the environmental humanities'. *Environmental Humanities* 5: 291–294.

Wake, D., & V. Vredenburg. 2008. 'Are we in the midst of the sixth mass extinction? A view from the world of amphibians'. *Proceedings of the National Academy of Sciences*, 105 (supplement 1): 11466–11473.

Warlenius, R., Pierce, G., & V. Ramasar. 2015. 'Reversing the arrow of arrears: the concept of "ecological debt" and its value for environmental justice'. *Global Environmental Change* 30: 21–30.

Zimmerman, M. 1986. 'Implications of Heidegger's thought for deep ecology'. *Modern Schoolman* 54 (November): 19–43.

Zimmerman, M. 1993. 'Rethinking the Heidegger–deep ecology relationship'. *Environmental Ethics* 15(3): 195–224.

2 Ecologização masculina: de masculinidades industriais/ganha-pão e ecomodernas a ecológicas

> ... há alguns valores comuns... de que precisamos como base para qualquer progresso futuro que possamos imaginar. Um desses valores é a eliminação de papéis de gênero rigidamente definidos e mutuamente exclusivos, que prendam homens e mulheres a expectativas e comportamentos que são limitantes e distorcidos. Teremos alcançado pouco se não minarmos seriamente os papéis dos gêneros masculino e feminino e devemos estar constantemente vigilantes para garantir que não os recriaremos sob novos disfarces.
>
> (Kivel, 2003: 72)

> ... a masculinidade tende a funcionar como "não marcada". Como o significado é feito por meio da oposição (por exemplo, a palavra "homem" e o conceito por trás dela fazem sentido porque eles não são considerados "mulher"), os teóricos costumam considerar a "masculinidade" como elemento de oposição binária com a "feminilidade". Na oposição de dois elementos, um pode ser considerado não marcado – mais frequente ou menos percebido do que seu contraponto marcado... as mulheres são consideradas como tendo um gênero, enquanto os homens são mais frequentemente considerados sem gênero... Precisamente porque um termo que é não marcado, seu silêncio fala... o fato de que a masculinidade tende a não ser considerada como marca de gênero é uma lacuna que deve chamar a atenção para sua própria ausência.
>
> (Reeser, 2010: 8–9)

Homens, sociedades fragmentadas, Terra devastada

No Capítulo 2, consideramos os custos associados à dominação masculina, examinando criticamente as formas passadas e presentes de ser homem no Ocidente moderno. Examinamos duas categorias distintas e pré-existentes de condicionamento masculino, às quais nos referimos como "industrial/ganha-pão" e "masculinidades ecomodernas". Elas representam duas categorias masculinas "não marcadas" (ou seja, normalizadas, tidas como normais) cujos impactos sociais e ambientais no planeta são eclipsados pelos sistemas que as criaram e continuam a mantê-las (Barthes, 1967: 77; Reeser, 2010: 8–9; MacGregor ed., 2017). Seguimos essa análise introduzindo uma terceira categoria relacional baseada no cuidado com os comuns glocais. Fazemos nossa referência a essa terceira possibilidade alternativa, de representar o masculino e construir masculinidades, como "masculinidades ecológicas". Para começar, examinamos as socializações restritas do *malestream* ocidental moderno como meio de oferecer um contexto para as análises que se seguem.

Figura 2.1 Caixa "Act like a man" (Seja Homem), de Paul Kivel (2007)

O educador de prevenção da violência, ativista e autor norte-americano, Paul Kivel (2010 [1992]), foi fundamental para decifrar o papel dos homens e das masculinidades nos movimentos a favor da justiça por mais de 45 anos. Por meio de sua caixa *Act like a man* (Caixa Seja Homem) (Figura 2.1), Kivel ilustrou as formas como meninos e homens são socializados para adotar certos conjuntos de normas predeterminadas do *malestream*.

A caixa de características "masculinas" de Kivel nos ajuda a reconhecer que um espectro mais completo de expressões emocionais humanas, como amor, excitação, dor, frustração, humilhação, tristeza, ressentimento, solidão, autoestima, compaixão etc. são ampla e internamente consideradas femininas em sociedades dominadas por normas *malestream*. De acordo com Kivel, as mensagens generalizadas e tradicionais sobre expressões aceitáveis de masculinidade são claras: espera-se que meninos e homens se mantenham firmes; assumam o controle das situações; persigam muitas mulheres e façam sexo com o maior número possível delas; sejam misóginos e homofóbicos; ganhem dinheiro e carreguem sobre seus ombros a responsabilidade por seus amigos, família, nações e suas idealizações para o mundo. Embora as nações do Norte Global sejam agora predominantemente laicas, elas também estão experimentando a influência religiosa ressurgir em certos setores. Nesses lugares, podemos também acrescentar na ladainha de expressões aceitáveis o dever do homem perante seu Deus, predeterminado também pelas mensagens dogmáticas particulares de sua religião (uma nuance que ganhou muita força nos debates sobre terrorismo/combatentes da liberdade dentro e para além do Norte Global).

Kivel demonstrou que as normas *malestream* são aplicadas a meninos e homens por meio de algumas mensagens pessoais contundentes. Através de sua obra e de outros que transmitiram mensagens similares (Jhally; Katz, 1999), somos lembrados de que a maioria dos homens experimenta essas pressões em algum momento de suas vidas, tornando sua 'caixa' sobre os homens compreensível e prenunciável para a maioria dos meninos e homens. Infelizmente, embora conheçam muito bem essas características da caixa masculina e estejam intensamente cientes das consequências caso decidam ir além de seus limites, poucos homens têm consciência do preço que pagam por aderirem a esse contrato social. Algumas das maneiras desumanizantes com que meninos e homens são persuadidos a entrar nesta caixa são: "menino grande não chora"; "não seja medroso"; "seja homem"; "faça a coisa certa"; "morra pelo seu país"; "faça isso sozinho"; "esteja certo a todo custo"; seja "ativo", "forte", "independente", "poderoso", "controlador", "robusto", "assustador", "respeitado", "um garanhão", "atlético", "musculoso"; não seja "maricas", "bicha", "covarde", "veadinho", "gay" e o mais insultuoso dos insultos, não seja "menininha"/"mulherzinha"/"vadia" (Jhally; Katz, 1999). Essas últimas são acompanhadas por frases vernáculas mais recentes, como "engole o choro", "aguenta o tranco, princesa" e "vira homem" (Albury; Laplonge, 2012; Conroy; de Visser, 2013).

Essas mensagens permeiam a cultura popular e, nos últimos tempos, foram expandidas por meio de demandas inspiradas pela extrema direita de que os homens rejeitem o politicamente correto, desacreditem e ataquem os intelectuais (especialmente feministas), coloquem o poder e o sucesso à frente do cuidado e assumam os atributos arrogantes dos *malestreams*, encorajados por algumas das celebridades mais influentes e líderes poderosos do Norte Global (considere os impactos sociais globais de John Wayne, Chuck Norris, Ronald Reagan e, mais recentemente, Vladimir Putin e Donald Trump), condicionando efetivamente meninos e homens a adotarem os atributos mais aclamados das masculinidades que definem as normas *malestream* (Jhally; Katz, 1999; Kivel, 1999; Kimmel, 2008; Kivel, 2009; Zimmer, 2010; Katz, 2016).

Essas características de "homem forte" resumem as masculinidades *malestream* até hoje. As pressões e desigualdades estruturais resultantes são enormes e emaranhadas, expondo as consequências sociais e ecológicas mais amplas das socializações "encaixotadas" masculinas, além das formas como também moldam meninos e homens como indivíduos. As socializações encaixotadas de Kivel confirmaram as afirmações de outros pesquisadores de que meninos e homens foram fortemente condicionados a desempenharem masculinidades dentro de critérios definidos (Simpson, 1994). Não é de admirar que homens geralmente não estejam emocionalmente disponíveis em seus relacionamentos com outras pessoas.

O condicionamento resumido na caixa masculina de Kivel cega meninos e homens para seus próprios privilégios. Esse *insight* é um ponto de entrada útil para desafiar as masculinidades *malestream*. Dessa forma, criamos melhores condições para que meninos e homens desvendem seu enredamento com a dominação masculina e os impactos que eles têm sobre os outros. Reconhecer os próprios custos é simplesmente um ponto de entrada para acabar com a dominação masculina – embora rudimentar – que é digno de nossa consideração crítica, uma vez que nos oferece uma maneira muito pessoal de alcançar alguns dos homens mais difíceis de se atingir – particularmente, aqueles que estão imersos nos estilos de vida industrializado e ganha-pão.

Existem algumas maneiras muito palpáveis de como essa resistência foi criada, modelando a vida dos homens desde a mais tenra idade. Os meninos são menos tocados, abraçados e acariciados do que as meninas; fala-se menos com eles e com tons mais ásperos; intimidam ou são intimidados rotineiramente por outros e, através disso, espera-se que eles enfrentem a violência; eles são ensinados a não expressar seus pensamentos

e sentimentos (especialmente o sofrimento). Espera-se que tenham um desempenho que chame a atenção; são distanciados e privados de treinamento relacional, através de expectativas de que devem superar suas dependências desde a tenra idade; "brincar" com os outros somente humilhando ou sendo humilhado; considerados "não sendo meninas" e "diferentes" da mãe, embora com contato limitado com o pai ou outros homens; espera-se que se sustentem por conta própria – e a lista continua (Kivel, 2010[1992]: 7–8, 23–25; Ackerman, 1993: 125; Kindlon; Thompson, 1999: Pollack, 2000: 17–20; Thompson; Barker, 2000: 10; Meeker, 2014: 10–11, 44; Vaccaro; Swauger, 2016: xv–xvi).

O condicionamento masculino tradicional isola e prepara os meninos para se tornarem "fazedores" humanos (também conhecidos como homens realizadores) que distanciam os homens de sua "condição de ser humano". Essas formas de condicionamento são acentuadas pelo fato de que os meninos têm acesso limitado a modelos masculinos adultos e, quando o fazem, a troca costuma ser com homens que também são emocionalmente reprimidos.

Por todas essas razões, os meninos são colocados em rotas de colisão com o definhamento emocional quando se tornam homens. Essas marcas registradas das socializações *malestream* constituem o alicerce da dominação masculina. Os homens também são os que mais se beneficiam socioeconomicamente do capitalismo; socializações tradicionais, como aquelas capturadas na caixa de homem de Kivel, são projetadas para preparar os machos desde tenra idade para cumprir as ordens estruturais da mercantilização, efetivamente industrializando os meninos para se tornarem homens mecanicistas que são compelidos a entrarem na linha, serem guerreiros dispostos a proteger e se tornarem arrimos capazes de prover para os outros (Phillips, 1994: 37–53; Jackins, 1999: 4). À luz de nossas preocupações com os comuns glocais, notamos que as versões mais tortuosas das normas *malestream*, que acatam integralmente esse condicionamentos da caixa do homem, se manifestam como o que chamamos de masculinidades industriais/ganha-pão.

Masculinidades industriais/ganha-pão

Para nossos propósitos, o termo masculinidades industriais/ganha-pão é usado aqui indistintamente com masculinidades *malestream*, patriarcal, hegemônica e normativa (que aplicamos principalmente aos homens, mas também às masculinidades adotadas por algumas mulheres e pessoas não-binárias/*genderqueer*). A separação entre os homens e as culturas dominadas pelos homens versus as pessoas discriminadas e a Terra está há séculos em formação. Com base no texto de Carolyn Merchant (1980): *The Death of Nature: Women, Ecology and the Scientific Revolution* (A morte da natureza: mulheres, ecologia e a revolução científica), notamos que homens e masculinidades têm sido historicamente recompensados por buscarem práticas exploratórias, apesar dos custos sociais e ambientais de longo alcance. Durante séculos, a hegemonização masculina implementou a opressão organizada e aberta daqueles que desafiaram ou sustentaram seu estabelecimento – por exemplo, considere a caça às bruxas da Idade Média, o Iluminismo (1600-1800) e a Revolução Industrial (1760-1840).

Usamos o termo "industriais" para nos referirmos principalmente aos indivíduos que possuem e gerenciam os meios de produção e empresas de serviços de apoio que são generosamente recompensados por práticas de criação de riqueza que dependem da extração dos recursos naturais da Terra. Notadamente, o termo industrial é usado aqui para enfatizar também as maneiras pelas quais as implicações sociais e ambientais mais amplas da industrialização são colocadas em segundo plano em prol do crescimento do capital. Alguns exemplos desses tipos de masculinidades se manifestam por meio de papéis evidentes, como executivos de mineração e combustíveis fósseis, gerentes financeiros e banqueiros, gerentes e administradores corporativos de nível médio e sênior – a grande maioria sendo ocidentais, brancos e homens (Connell, 2017). Também incluímos a maioria dos acionistas corporativos nesta categoria, uma vez que eles colhem os lucros das empresas em que investiram (Connell; Wood, 2005). Aqueles mais fortemente ligados às masculinidades industriais representam coletivamente indivíduos que reivindicam lugar de destaque como proprietários e/ou administradores do capitalismo corporativo; eles são tipicamente não só ocidentais e brancos mas também tendem a ser proprietários e indivíduos de classe média que fundiram suas identidades aos sistemas sociais, econômicos e políticos dominantes, que operam em todo o Norte Global.

O termo "masculinidades industriais" foi usado em estudos educacionais antes de nosso uso aqui (Nayak, 2003). Lá, as referências ao termo expõem as maneiras como as sociedades industriais/pós-industriais afetam as possibilidades de aprendizagem individuais entre meninos e homens que representam masculinidades industriais (Stahl et al. eds., 2017: 52–52, 205). No entanto, a categorização das masculinidades industriais é mais ampla do que isso. Judith Stacey (1990: 267) em *Brave New Families: Stories of Domestic Upheaval in Late-Century America* (Admiráveis novas famílias: histórias de revolta doméstica na América do final do século) nos apresentou ao termo "ganha-pão" para se referir principalmente aos homens da classe trabalhadora que são tipicamente encontrados na "linha de frente" das práticas de extrativismo. Normalmente, são indivíduos que, por exemplo, labutam em minas, trabalham em linhas de montagem de manufatura, balançam martelos, movimentam mercadorias e cultivam safras. Esses homens, e as masculinidades em que estão incutidos, estão intimamente relacionados às masculinidades industriais, conforme definimos acima, mas representam um grupo distinto.

Considere a mineração de cobre na Austrália como o terceiro maior empregador de minério de metal do país, com até 92% dos técnicos da indústria e empregados comerciais sendo do sexo masculino (Governo Australiano, 2014). O processamento de cobre resulta em 99,5% de entulho, com o mineral sendo bioquimicamente extraído da rocha em grandes lagoas de ácido sulfúrico (Wallsten, 2015; Johansson, 2016). Globalmente, a Austrália tem a terceira maior reserva de minério de cobre a 6%, com depósitos principais em Queensland (Mount Isa) e South Australia (Olympic Dam) e é a terceira maior produtora do mineral depois do Chile e dos EUA. Tomando as médias nacionais das qualificações dos funcionários de mineração como nosso guia, pessoas formadas em cursos técnicos, com diploma de ensino médio e os que abandonaram a escola representam as três categorias de emprego mais populosas na indústria da mineração de cobre australiana (Governo Australiano, 2014). Esses dados oferecem um exemplo revelador das maneiras como um importante recurso primário como o cobre, que gera grandes quantidades de resíduos e toxicidades ambientais, é também uma indústria que emprega muitos trabalhadores – em particular – cujo trabalho gera lucro, bônus e grandes incentivos salariais, dos quais a grande maioria é dividida entre acionistas industriais e gerentes sêniores que possuem esses meios de produção.

Em referência tanto à **masculinidade industrial** quanto à ganha-pão, os indivíduos podem ter nascido ou trabalharem em diferentes estratos socioeconômicos. Para mitigar essa complexidade, nossa discussão se refere especificamente à posição socioeconômica e social no tempo presente, olhando os padrões de classe do passado que refletem a herança individual como complexidade que vai além do escopo deste livro. Combinar os dois termos na frase masculinidades industriais/ganha-pão representa uma categoria de homens que há muito estiveram (e ainda estão) enredados em: processos e serviços extrativos em escala industrial, que dependem de energia intensiva; consolidação de lucros; **são ecologicamente destrutivos e dependentes de combustíveis fósseis**; e que foram historicamente criados e mantidos por meio da colonização, engenharia e tecnologia, teorias econômicas neoclássicas e práticas sociais pouco desafiadas.

Usamos essa frase para esclarecer as variações das masculinidades *malestream* que os homens, em todos os níveis socioeconômicos, podem e de fato abraçam. Afirmamos que as masculinidades industriais/ganha-pão carregam a responsabilidade primária pelos problemas sociais e ecológicos globais da humanidade, mas não são responsáveis por isso sozinhas. Essa coorte de homens e identidades masculinas é a mais representativa das modernas máscaras *malestreams* ocidentais. As masculinidades industriais/ganha-pão estão ligadas à busca do crescimento industrial, uma vez que as duas precisam uma da outra para prosperar (Daly; Cobb, 1994; Friman, 2002). Algumas análises empíricas das masculinidades industriais/ganha-pão, tanto no nível ator-rede quanto no nível estrutural, foram realizadas anteriormente (Anshelm; Hultman, 2014b). Esses estudos observam que há um número infinito de maneiras pelas quais as masculinidades industriais/ganha-pão podem se manifestar em indivíduos e em todos os segmentos. Característica da industrialização primária, as masculinidades da mineração na Austrália atravessam distinções de classe e variáveis de remuneração, entregando uma imagem homogênea do "cara australiano" como alguém que é branco, heterossexual, um epítome da masculinidade australiana, do comportamento da classe trabalhadora (senão de origem), que incorpora:

> ... as credenciais australianas da indústria de mineração, para ilustrar a importância da mineração como um local de trabalho para os "homens australianos" e como económica e culturalmente importante para a Austrália.
>
> (Whitman, 2013: 2, 8)

Esta declaração explica o emaranhado de sistemas corporativos com personagens mineiros australianos estereotipados, exemplificando o significado profundo das masculinidades industriais e ganha-pão, que não é exclusivo do vernáculo mineiro australiano, mas pode ser encontrado em ambientes industrializados em todo o mundo. Isso levanta uma questão sobre as consequências das normas *malestream* que as masculinidades industriais e ganha-pão prontamente adotam. Curiosamente, as características definidoras das masculinidades industriais/ganha-pão são semelhantes às masculinidades "heroicas" (Holt; Thompson, 2004), "hipermasculinidades" (Parrott; Zeichner, 2003) e/ou masculinidades "cowboy" (Donald, 1992) que também surgiram através dos trabalhos de outros pesquisadores. No entanto, escolhemos o termo mais amplo masculinidades industriais/ganha-pão para destacar as formas pelas quais a hegemonização masculina, à medida que permeia as sociedades ocidentais industriais no contexto moderno, persiste em todo o Norte Global.

Ao nivelar nossa atenção nas masculinidades industriais/ganha-pão, buscamos entender as normas *malestream* em seus próprios alicerces e, a partir daí, realizar o desmantelamento dos mecanismos de dominação que são adotados por homens individuais, grupos de homens e socializações masculinas que resultam em padrões de superiorização internalizada em suas formas mais obscenas. Isso resulta em alguns dos impactos mais destrutivos social e ecologicamente na Terra, nos outros e em nós mesmos. Consideramos masculinidades industriais/ganha-pão como as versões mais opostas de masculinidades às masculinidades ecológicas que defendemos ao longo deste livro. Para reforçar ainda mais a importância desse ponto, chamamos a atenção para uma das preocupações ambientais mais prementes do planeta, que nos dá um claro exemplo da importância de desenvolver análise crítica das masculinidades industriais/ganha-pão: as alterações climáticas.

A conexão entre masculinidades industriais/ganha-pão e a negação das mudanças climáticas expõe uma desconexão entre o *malestream* do Ocidente moderno e o cuidado com a Terra. A própria sugestão de que vivemos em um planeta vulnerável, que está sendo rapidamente transformado por fatores antropogênicos, como as emissões de carbono, gerou fortes protestos, especialmente por parte daqueles que têm a ganhar mais com a industrialização desenfreada (Anshelm; Hultman, 2014a; Supran; Oreskes, 2017). Estudos anteriores demonstram que a negação das mudanças climáticas é criada por pequenos grupos de homens (a maioria brancos ocidentais) que estão intrinsecamente entrelaçados com identidades que se encaixam nas normas *malestream*, já que, à medida que as preocupações com as mudanças climáticas ganharam impulso, a negação das mudanças climáticas, particularmente por aliados de empresas e indústrias e beneficiários, aumentou para fazer frente a essas preocupações (Anshelm; Hultman, 2014b). Aaron McCright e Riley Dunlap (2003) observaram que o Protocolo de Kyoto, de 1997, foi recebido por um reflexo da atividade política conservadora (especialmente nos EUA) impulsionada por um pequeno grupo de cientistas dissidentes e contrários que emprestaram suas credenciais para *think tanks* (grupos de reflexão) que defendem o negacionismo das mudanças climáticas. É bastante sabido que, para manter a ilusão de intensa controvérsia, indústrias, grupos de interesses especiais e firmas de relações públicas manipularam dados climáticos e encontraram maneiras de capitalizar a mídia para promover sua mensagem em uma frente ampla (Farrell, 2016). Tomemos, por exemplo, o engajamento da APCO junto à ExxonMobil para confundir o discurso público sobre a mudança climática que, não surpreendentemente, foi a mesma empresa de relações públicas contratada pela Philip Morris para confundir os riscos do tabagismo para a saúde. Considere também a forma como a pesquisa dentro da ExxonMobil confirma as graves consequências das emissões de carvão, petróleo e gás, mas foi intencionalmente minimizada pela administração a fim de ampliar os mercados e preservar os lucros (Supran; Oreskes, 2017).

Usando essas estratégias, grupos de interesse e empresas de combustíveis fósseis colocaram os negacionistas das mudanças climáticas em pé de igualdade com os especialistas internacionais em ciências do clima revisados por duplas de especialistas, embora a proporção de relatórios que chegam a um consenso sobre as preocupações em comparação àqueles que negam a ciência do clima é uma desconcertante razão de 97:3, respectivamente (Cook et al., 2016).

A estratégia dos negacionistas da mudança climática chegou a pontos de vista emotivos, reflexos de preconceitos sociopolíticos contra dados de campo esmagadores e análises realizadas por *experts* do mundo todo, com base em argumentos econômicos e morais como coquetéis potentes para confundir as questões. Muitas dessas vozes eloquentes (principalmente de homens brancos) participaram da criação de controvérsias climáticas, como defensores financiados pela indústria que também têm fortes crenças nas forças do mercado global e desconfiança geral nas políticas governamentais regulatórias (Anshelm; Hultman, 2014b).

Como exemplo adicional, considere os negacionistas da mudança climática da Suécia, que têm afiliações organizacionais em segmentos onde as pesquisas sobre negócios, bem como os estudos de ciência e tecnologia se encontram. Per-Olof Eriksson, ex-membro do conselho da Volvo e ex-CEO da SECO Tools e Sandvik, escreveu um artigo no principal jornal de negócios sueco *Dagens Industri*, declarando suas dúvidas de que as emissões de carbono afetem o clima (Hultman; Anshelm, 2017). Ingemar Nordin, professor de filosofia da ciência, entrou na briga afirmando que a "seleção e revisão de evidências científicas do IPCC (2014) são consistentes com o que os políticos queriam" (Hultman, 2017b: 244). Os professores de economia Marian Radetzki e Nils Lundgren (2009) afirmaram que o IPCC deliberadamente lançou seus modelos em uma direção alarmista para demonstrar de forma intencional e imprecisa que uma mudança climática significativa estava ocorrendo. Quinze professores suecos, notadamente todos homens, se declararam publicamente negacionistas das mudanças climáticas (Einarsson et al., 2008).

Em vez de simplesmente vermos esses negacionistas da mudança climática como anticientíficos ou antipolíticos, argumentamos que é importante entender como suas próprias identidades como masculinistas industriais/ganha-pão (mesmo se mulheres) foram moldadas pelo movimento de modernização industrial. Por que essa perspectiva favorece os questionamentos dos negacionistas da ciência do clima? Precisamente porque os dados afrontam esses indivíduos no nível de suas identidades pessoais e profissionais (Jorgenson; Clark, 2012). Além disso, uma convergência identificável de masculinidades industriais/ganha-pão manifestou-se recentemente em movimentos políticos neofascistas/extrema direita, apoiados por indústrias extrativistas, que negam categoricamente a ciência do clima (Lockwood, 2018; Hultman, et. al., 2019).As masculinidades industriais/ganha-pão comumente defendem a eliminação total de políticas e práticas que poderiam nos salvar de um perigoso precipício climático global (Hultman; Anshelm, 2017). Suas características estão na base das injustiças sociais e ambientais humanas; essas masculinidades são efetivamente as maiores responsáveis pela destruição humana da vida no planeta.

No entanto, há uma segunda categoria de masculinidades que se distingue das masculinidades industriais/ganha-pão que também é digna de nossa consideração. Os indivíduos que adotam as seguintes personas reconhecem os desafios sociais e ambientais que as masculinidades industriais/ganha-pão historicamente ignoraram ou negaram. Ao contrário de suas contrapartes que acabamos de discutir, essa categoria de masculinidades é comum entre aqueles que assumem papéis de liderança nos campos da reforma da política ambiental local, regional e internacional, bem como nas corporações engajadas em soluções tecnológicas e inovações em energia limpa. Nós as denominamos masculinidades ecomodernas. Começamos nossa discussão sobre masculinidades ecomodernas traçando, em primeiro lugar, a relação dessa categoria com a modernização ecológica como uma escola de pensamento dentro das ciências sociais, que vincula o ambientalismo ao progresso econômico.

Masculinidades ecomodernas

Outra explosão acentuada da produtividade industrial global ocorreu durante e após a Segunda Guerra Mundial. Esse foi um período concentrado que alguns chamam de "grande aceleração" (Coleman et al., 2007: 84). A industrialização do pós-guerra teve impactos profundos nos sistemas econômicos, sociais e políticos em todo o mundo, com os meios de produção industriais ocidentais (especialmente nos Estados Unidos) ganhando impulso e dominação global aparentemente imparáveis. No entanto, apenas 15 a 20 anos depois, surgiram evidências de que o abuso acelerado de recursos para alimentar a modernização industrial (tanto em contextos capitalistas quanto socialistas) estava criando enormes quantidades de resíduos e poluentes tóxicos que ameaçavam as condições ambientais e de vida humana globais e a sustentabilidade do planeta a longo prazo (Carson, 1962; Nader, 1965; Clark, 2002; Salleh, 2010). Daí se seguiram mais duas décadas de choques intensos entre os imperativos industriais e ecológicos, resultando no aumento da necessidade de regulação social e ambiental no nível da governança local, nacional e global (McNeill, 2000).

No final da década de 1980, os aparentes sucessos das reformas pró--política ambiental deram aos segmentos corporativos e industriais motivos de preocupação de que políticas ambientais progressistas pudessem restringir as agendas de desenvolvimento industrial ocidental até o século XXI se não fossem controladas (Hajer, 1996). Essa tendência apresentou aos financiadores e proprietários da indústria extrativa o desafio de lutar contra os controles regulatórios por meio de alguns níveis de cuidado verde com os trabalhadores, as comunidades e o meio ambiente, como um grande compromisso. Diante das perspectivas de responsabilização por problemas crescentes, como as mudanças climáticas, os reguladores comprometidos com a gestão econômica global e a industrialização avançada ajudaram os setores de produção e manufatura primários, como empresas de petróleo, gás, mineração, aço e carvão, que há muito tempo têm sido cúmplices na produção das maiores quantidades de poluentes ambientais (Oreskes; Conway, 2010). Essa foi a resposta ecomodernista.

A modernização ecológica tem suas origens acadêmicas nos cientistas políticos alemães Joseph Huber (1982) e Martin Jänicke (1985). O conceito foi desenvolvido pelos sociólogos holandeses Gert Spaargaren e Arthur Mol (2008). Popularizada por preocupações crescentes sobre os impactos da industrialização no planeta e nas pessoas, a modernização ecológica proporcionou aos reformadores políticos caminhos para lidar com as tendências prejudiciais do capitalismo industrial. Formalizada por meio de iniciativas como o Relatório Brundtland (1987), a modernização ecológica alinhada com os imperativos emergentes, não apenas exigiam políticas e práticas de desenvolvimento sustentável de longo prazo, mas se posicionavam como resposta ponderada às crescentes preocupações sobre o aumento das emissões atmosféricas, como produtos residuais de economias industrializadas, junto com a introdução de microplásticos e outros tóxicos sintéticos em sistemas bióticos. A modernização ecológica foi apresentada como reorganização fundamental das instituições centrais da sociedade industrial, juntamente com os mecanismos que as criaram e mantiveram.

Este conceito pode, portanto, ser considerado um conjunto de respostas organizadas e reformas que defendem os custos da industrialização nas sociedades humanas e a integridade ecológica da Terra, oferecendo caminhos diluídos para proteger e preservar o crescimento econômico, ao mesmo tempo que oferece cuidado nominal para a sociedade e o meio ambiente (Adler et al., 2014).

Considere o fracasso alarmante da modernização ecológica, que promoveu as empresas de energia corporativas financiadas pelo governo (por exemplo, a Enron), fazendo *lobby* por reforma política que efetivamente protegeu industriais, financistas e aqueles que apoiam o *business-as-usual* do pagamento dos custos reais de suas contribuições para decadência social e ambiental. Os casos de salvação de grandes empresas financiadas pelo governo, em tempos de crises econômicas, abundam e parecem ter se tornado respostas de rotina às crises econômicas, apesar do fato de que os fundos do contribuinte são usados para garantir a sustentabilidade financeira das elites corporativas (Levy; Spicer , 2013).

Em suma, as prioridades ecológicas modernistas colocam o capitalismo industrial à frente dos imperativos sociais e ambientais. Elas são respostas insuficientes às evidências crescentes da insustentabilidade da industrialização, projetadas para aplacar preocupações baseadas em evidências e estender o *business-as-usual* pelo maior tempo possível. Esta abordagem reformista visava enfrentar nossos problemas globais, mitigando ameaças ao crescimento industrial, com o fundamento de que os lucros serão sustentados se regulamentos sociais e ambientais inteligentes forem implementados e, ao fazê-lo, preservaria a integridade econômica, social e política do extrativismo corporativo (Hultman, 2015). Em apoio a essas respostas otimistas às preocupações crescentes, sociólogos ambientais, geógrafos e ecologistas políticos concordaram com as discussões subsequentes, observando que as políticas e práticas de reforma não estavam evitando com sucesso a lacuna crescente entre os humanos e a natureza, nem aquela emergente entre ricos e pobres, dentro e entre as nações (Swyngedouw, 2010; Blühdorn, 2011). Em uma dissertação aprofundada, Ole Martin Lægreid (2017) demonstrou que a suposição ecomodernista de que um PIB mais alto resultaria em algum ponto em emissões antrópicas mais baixas não é verdadeira. Este fato por si só é uma acusação reveladora das consequências economicamente suicidas das emissões globais induzidas pelo homem, uma vez que os acordos regulatórios atmosféricos multilaterais estão lutando para obter sucesso e os impactos gerais do carbono (e mais pertinentemente os ecológicos) da industrialização continuam a aumentar. Ironicamente, as ofertas regulatórias postuladas pela modernização ecológica foram pouco sentidas nos países ocidentais, apesar de serem os maiores poluidores de carbono *per capita*.

As maquinações políticas e econômicas globais diferiram estrategicamente os maiores custos e impactos da reforma da política industrial e econômica para as nações não ocidentais mais populosas, menos industrializadas e mais pobres do Sul Global. Hoje, com os impactos das mudanças climáticas sobre nós, nações como China, Índia, Bangladesh e a Aliança dos Pequenos Estados Insulares (44 Estados e observadores da África, Caribe, Oceano Índico, Mediterrâneo, Pacífico e do sul do mar da China) estão sofrendo com as piores previsões da climatologia, embora suas capacidades econômicas para evitar crises sociais e ambientais sejam substancialmente limitadas (York et al., 2010).Como identificamos na discussão anterior sobre masculinidades industriais/ganha-pão, a modernização ecológica também lutou para se libertar de um vício materialista de crescimento (Lundqvist, 2004; Hultman; Yaras, 2012). Alinhada com as críticas acima, argumentamos que a modernização ecológica falhou porque implementou prioridades invertidas, aderindo aos ideais antropocêntricos de moderar os impactos humanos nas comunidades e na Terra; priorizando as necessidades e desejos humanos e, ao mesmo tempo, deixando em segundo plano o valor intrínseco de toda forma de vida.

Para evitar seriamente as mudanças climáticas, é necessário priorizar os cuidados sociais e ambientais, pelo menos em pé de igualdade (se não à frente) com os interesses humanos (ou, mais precisamente, com os interesses daqueles poucos escolhidos que se beneficiam mais com a industrialização). Admitimos que a modernização ecológica facilitou algumas melhorias na consciência social e ambiental global e em atividades, como o surgimento de novas coalizões industriais, como a manufatura ligada às indústrias de energia renovável e ao tripé da sustentabilidade,[9] onde entradas e saídas de dinheiro foram auditadas com o custo ambiental (Anshelm; Hansson, 2011).

Estes são alguns dos indicadores que demonstram como as abordagens reformistas da modernização ecológica combinaram-se com as agendas neoliberais nas últimas décadas, resultando em uma espécie de obituário (embora proporcionando alguma política "de fachada verde" [greenwashing] e reforma prática) que entoa (embora fracamente) um conjunto de respostas mornas e sustentáveis a importantes questões sociais e ambientais (Coffey; Marston, 2013; Morton, 2016: 33). No entanto, a modernização ecológica não impediu os impactos negativos da humanidade nos sistemas vivos da Terra em uma frente ampla. Ela chamou muita atenção para as maquinações de produção e comércio, ao mesmo tempo que ofereceu respostas mínimas

---

9 Nota da tradução: o *triple bottom line*, tripé baseado em três Ps do inglês (*people, planet* e *profit*), essencial para o sucesso de qualquer negócio segundo Elkington (1997). Expressão originária do inglês, *bottom line* significa a última linha do balanço social, a demonstração de resultados. Mostra, também, como se pode migrar de uma visão de curto prazo, de resultados trimestrais, para uma visão de mais longo e médio prazos.

ou inexistentes aos descontentamentos das famílias trabalhadoras. Esta é uma das principais razões para os levantes populistas, nacionalistas e da supremacia branca que estamos presenciando agora em todo o Ocidente, levantando uma questão-chave: apesar de ser um equilíbrio bem-intencionado entre economia, sociedade e ecologia, por que os esforços de modernização ecológica falharam tanto? Sugerimos que parte da resposta a esta questão esteja relacionada ao gênero, examinando uma análise das masculinidades ecomodernas para encontrar algumas respostas.

As masculinidades ecomodernas representam a incorporação de identidades masculinas que valorizam a sustentabilidade por meio de noções ecomodernas de reforma; elas colapsam as crises sociais e ecológicas com as preocupações econômicas como um suposto ponto de equilíbrio entre forças concorrentes. Embora distintas das masculinidades industriais/ganha-pão em sua disposição de reconhecer os desafios glocais, as masculinidades ecomodernas surgiram paradoxalmente; alinhando a responsabilidade global e a determinação com maior cuidado para com os comuns glocais, mas mantidas estritamente dentro das forças de mercado do capitalismo industrial e corporativo. Argumentamos que essa combinação é o mesmo que pedir a um alcoólatra que elabore leis sobre o consumo de álcool. Para enfatizar, considere os seguintes exemplos: o crescimento no consumo de energia foi contra o desejo de um clima estável (Hultman, 2013; Hultman; Anshelm, 2017); a silvicultura industrial opôs-se à diversidade ecológica (Brandt; Haugen, 2000); o agronegócio se posicionou contra o cuidado da terra, a preservação de famílias e comunidades agrícolas (Little, 2002).

Afirmamos que os princípios fundamentais da modernização ecológica são algemados por uma "amarra masculinista" que abriga intenções ousadas, mas é social e ambientalmente fraca, precisamente porque abraça o "solipsismo do raciocínio econômico" que a socióloga australiana Ariel Salleh expôs quando observou que:

> Os programas convencionais para mitigar os danos colaterais das economias de consumo – derretimento de icebergs, perda de espécies, cânceres induzidos pela poluição – simplesmente adornam um sistema neoliberal masculinista competitivo feito sob medida para a produção de ganho individual.
>
> (Salleh, 2010: 130)

Essa deferência mercantilizada ao egoísmo, quando combinada com tentativas superficiais de trazer mudanças sustentáveis, revela as inadequações das masculinidades ecomodernas: uma miopia que apresentamos acima e consideramos uma tentativa fracassada de encontrar um caminho intermediário, por meio de várias pressões conflitantes, dentro das comunidades humanas e entre a humanidade e os outros não-humanos. Defendemos a disposição de desafiar não apenas os líderes em papéis internacionais importantes, mas também as socializações das masculinidades que os moldam, procurando expor as limitações estruturais do ecomodernismo em seu próprio cerne de gênero.

Existem dois exemplos reveladores desse vínculo masculinista que proporcionam percepções adicionais sobre os limites do ecomodernismo social e ambiental. Em primeiro lugar, nos referimos a Arnold Schwarzenegger, um indivíduo que se tornou governador do estado da Califórnia nos Estados Unidos (a Califórnia é notadamente a sexta maior economia do mundo) de novembro de 2003 a janeiro de 2011. Apelidado de "O Governador", se aproveitando de seu papel nos filmes "O Exterminador do Futuro", Schwarzenegger proporcionou um exemplo revelador das formas como a modernização ecológica e as masculinidades colidem (Hultman, 2013). Dado o alto nível de consciência ambiental do eleitorado do estado da Califórnia, Schwarzenegger foi compelido a encontrar soluções para seu problema de imagem aparentemente conflitante, uma vez que ele foi prontamente visto como a personificação de um tipo de masculinidade industrial/ganha-pão, enquanto oferecia aos eleitores uma nova impressão sua como mais amigo do ambiente. Uma estratégia que ele empregou foi promover um Hummer (veículo militar) adaptado com uma célula de combustível movida pela tecnologia de hidrogênio em vez de hidrocarbonetos (em 2017, ele adaptou seu Hummer para se tornar totalmente elétrico em alinhamento com o aumento da popularidade dessa tecnologia).

A metamorfose de Schwarzenegger para se tornar um herói guerreiro "ambiental" foi coroada com seu papel como produtor executivo e correspondente em *Years of Living Dangerously – The Years Project*, 2014 – um documentário de duas temporadas/dezessete episódios focado nas preocupações associadas ao aquecimento global. Schwarzenegger efetivamente "deu uma mexida" na percepção pública de sua imagem; sua suposta dureza, determinação e resistência foram combinadas com momentos estrategicamente escolhidos de compaixão, vulnerabilidade e busca de inovações ecológicas (Hultman, 2013). Ele validou o compromisso, colocou-se como ecopolítico centrista, ao mesmo tempo que abraçou a hegemonização industrial. A fusão dessas características aparentemente díspares teve como objetivo atrair a base republicana de Schwarzenegger, bem como os constituintes predominantemente progressistas do eleitorado estadual mais abrangente, que serviram bem a sua carreira política durante o mandato.

Outro exemplo ocidental, branco e rico de masculinidades ecomodernas é o de Elon Musk. Reivindicando um lugar de destaque como visionário, Musk é amplamente aclamado como o empresário mais inteligente do século XXI e homem de grande paixão pela implementação radical e em larga escala de inovações sociais e ambientais. Ele é conhecido por uma série de estratégias pró-ambientais que visam "tornar o mundo um lugar mais verde e melhor" usando a tecnologia para estender a "boa vida" a todos (Fiegerman, 2017). Entre outras inovações, considere o Hyperloop de Musk (sua versão desta tecnologia implementa tubos resistentes ao ar que transportam *pods* [módulos] usando tecnologias de propulsão por indução linear com um protótipo destinado a ligar as cidades estadunidenses de Los Angeles e San Francisco, anunciada em 2013). Considere também a SpaceX (uma empresa aeroespacial e de transporte espacial com sede na Califórnia que ele fundou em 2002 e que está trabalhando para desenvolver tecnologias de exploração espacial destinadas a permitir a colonização humana de Marte, ganhando notoriedade pelo desenvolvimento de um foguete orbital reutilizável chamado Falcon 9).

No entanto, Musk é mais reconhecido por sua popular (e agora com problemas financeiros) série de carros elétricos Tesla, ostentando *designs* de veículos esportivos totalmente elétricos com capacidades de aceleração e piloto automático originalmente comercializados dentro das faixas de preço base de USD\$94.000-140.000, que agora visa levá-los para a extremidade mais alta do mercado de veículos novos convencionais. A empresa está atualmente promovendo uma linha de produtos de consumo em massa de USD\$35.000 em uma tentativa de corrigir seus problemas financeiros ao mesmo tempo que amplia a acessibilidade de mercado para esses carros (Etherington, 2017). O Powerwall é comercializado como um acompanhamento doméstico de energia verde para a série de veículos Tesla de Musk: um sistema integrado de bateria doméstica movido a energia solar, retratado no site da Tesla, com um painel monolítico discreto alimentando uma casa de classe média alta moderna, espaçosa e imersa na natureza, por meio da qual um veículo Tesla pode ser recarregado durante a noite. Através de produtos como esses, Musk se posicionou como campeão ambiental global. Ele liderou a busca por soluções industriais e tecnológicas para necessidades e desejos crescentes como um dos inovadores em soluções tecnológicas líderes do mundo. No entanto, entre todas essas inovações há uma abordagem acrítica às crescentes demandas por padrões de vida elevados, alimentados por enredamentos sociais, econômicos e políticos, com o crescimento corporativo e capitalista, todos os quais são baseados na industrialização e na forte dependência de recursos naturais com os quais eles contam.

Essas tecnologias são inicialmente caras, o que as torna exclusivas, pelo menos em seus estágios iniciais de desenvolvimento, produção e venda. Claro, isso restringe severamente a acessibilidade a bens e serviços inovadores para aqueles com rendimentos disponíveis, que em uma escala global representam meras frações da população humana total. São tecnologias que levarão tempo considerável para descerem na escada socioeconômica – se é que o farão. Enquanto isso, essas inovações dependeriam da exploração crescente de recursos e da produção de poluentes tóxicos que continuam a devastar os sistemas vivos da Terra.

Como o caso de Schwarzenegger, Musk, de forma similar, continua a contornar as injustiças socioeconômicas, de energia e de recursos com as tecnologias verdes, como a série de carros elétricos Tesla exigem. David Abraham (2015), autor de *The Elements of Power: Gadgets, Guns, and the Struggle for a Sustainable Future in the Rare Metal Age* (Os elementos de poder: dispositivos, armas e a luta por um futuro sustentável na era do metal raro), observou que mesmo os painéis solares consomem muita energia e dependem de terras raras, assim como muitos dos componentes essenciais dos veículos Tesla. A economista e pesquisadora ambiental Virginia McConnell, que atua como pesquisadora sênior na *Resources for the Future* e professora de economia na University of Maryland-Baltimore, argumentou que os métodos regionais de produção de energia da rede podem anular as propriedades de economia de gases de efeito estufa dos veículos elétricos como a série Tesla, visto que essas grades dependem fortemente de hidrocarbonetos, uma afirmação apoiada pelo *Devonshire Research Group* (uma empresa de investimento em tecnologia), pois:

> Teslas (e por extensão todos os veículos elétricos) criam poluição e emissões de carbono de outras maneiras. Cada estágio da vida de um VE [veículo elétrico] tem impactos ambientais e, embora não sejam tão óbvios quanto um escapamento de gases, isso não os torna menos prejudiciais... Seu carro elétrico não precisa de gasolina, mas ainda pode obter sua energia da queima de carbono.
>
> (Wade, 2016)

Além disso, o apelo masculinista industrial/ganha-pão às fantasias do consumidor é parte integrante do desenvolvimento dos negócios de Musk. Tomemos, por exemplo, a estratégia de marketing usada para vender os sedãs elétricos e veículos utilitários esportivos Tesla, que se baseia em uma linguagem desenvolvida para transmitir noções de masculinidades como: "desempenho incomparável", "longo alcance", "seguro", "estimulante", "sem estresse", "absurdamente rápido", "veloz", "amplo", "capaz", "descomprometido" e "real", sem fazer nenhuma menção sobre como a eletricidade para impulsioná-los deve ser gerada e tirando o foco dos potenciais benefícios ambientais de tal compra do consumidor (Tesla, 2017). O apelo *malestream* das tecnologias verdes encontra seu próprio conjunto de ameaças à sociedade e ao meio ambiente precisamente porque elas tendem a acelerar os impactos individuais nos sistemas vivos da Terra à medida que mais e mais pessoas ganham maior poder de compra em todo o mundo. Por essas razões e comparáveis a um Schwarzenegger ambientalmente comprometido, mas de fachada, as revoluções tecnológicas de Musk continuam a prometer demais e entregar menos. Como Schwarzenegger, Musk, o ecoempreendedor, o investidor, o filantropo que prometeu doar 50% de sua riqueza para a caridade, o cidadão global, o bilionário determinado a "salvar o planeta", o "cara simples" versátil, o homem que incorporou as características das masculinidades ecomodernas a uma meta. Nossa análise de gênero de Schwarzenegger, o herói-guerreiro, vale também para o venerado Musk, que também está falhando em gerar alternativas eficazes de longo prazo para as raízes estruturais de nossas crises iminentes.

Nas duas seções acima, consideramos os impactos das masculinidades industriais/ganha-pão e ecomodernas nas questões de justiça social e ambiental. Demonstramos que, na realidade, as masculinidades industriais/ganha-pão e ecomodernas têm cortejado as normas *malestream* (e sua relação entrelaçada com o extrativismo industrial) como seus impulsionadores ocultos comuns. Ao fazer isso, ambas as categorias exacerbaram diretamente as desigualdades sociais e os desafios ambientais, ou deixaram de aproveitar as oportunidades para proteger e preservar toda forma de vida a longo prazo. Evidentemente, outra abordagem para as maquinações estruturais globais é necessária. Exploramos um caminho para homens ocidentais modernos e masculinidades que priorizam respostas mais profundas, mais amplas e mais abrangentes aos problemas sociais e ambientais globais – respostas que são pessoais e políticas, individuais e sistêmicas e, portanto, verdadeiramente transformadoras. Na seção a seguir, apresentamos um vislumbre do que o restante deste livro trata, introduzindo uma terceira categoria de masculinidades que acelera uma mudança em direção a níveis elevados de cuidado com os comuns glocais. Essas masculinidades, mais conectadas social e ambientalmente, são as que chamamos de masculinidades ecológicas.

Masculinidades ecológicas

Na discussão anterior sobre as masculinidades industriais/ganha-pão e ecomodernas, expusemos um postulado comum de que a natureza está sendo excessivamente impactada para benefício humano. Isso priorizou as vontades, necessidades e desejos de alguns, enquanto outros continuam a ser marginalizados. Argumentamos que isso é inadequado para a humanidade e nossos impactos no planeta. No restante deste capítulo, exploraremos o que está além das opções robustas industrial/ganha-pão e ecomodernas, mais graciosas para homens e masculinidades.[10] O Relatório de Desenvolvimento

---

10 Usamos esses termos "robusto" e "gracioso" intencionalmente aqui, tomando emprestado do artigo de Kelton McKinley (1971) sobre a sobrevivência das duas variedades de australopitecíneos categorizados sob os mesmos dois termos, que representam dois grupos de hominídeos intimamente relacionados a nossa própria linhagem. McKinley indicou que a linhagem graciosa de australopitecíneos teve sobrevivência significativamente maior (22,9 anos) sobre a linhagem robusta (18 anos). Consideramos essas descobertas (que são obviamente discutíveis) adequadas para nossos propósitos, observando que abordagens mais cuidadosas para a sobrevivência parecem ter pago dividendos aos parentes de nossa própria espécie por milênios. Nós tomamos isso como uma justificativa adicional para estender os limites do cuidado masculino, indo ainda mais além das restrições da ecomodernização, a fim de acentuar a nossa própria sobrevivência e a de outras espécies para um maior florescimento por meio de abordagens mais cuidadosas com o mundo, uns com os outros e com nós mes-

Humano (2015) do Programa das Nações Unidas para o Desenvolvimento (PNUD) discutiu a seguinte agenda de desenvolvimento, ou Objetivos de Desenvolvimento Sustentável (ODS): endereçamento da desigualdade; gestão do crescimento populacional e estruturação demográfica; planejamento de urbanização; estabelecimento e preservação da segurança; encorajamento ao empoderamento das mulheres; preparação para as perturbações de choques geopolíticos, vulnerabilidades e riscos. Essas metas são projetadas para nos orientarem em direção a padrões de vida mais sustentáveis para a humanidade e o planeta e foram destinadas a elevar os níveis de cuidado da humanidade em relação à Terra, aos outros e a si mesma – simultaneamente.

Como atestamos acima, todas essas medidas foram prejudicadas e se tornaram cada vez mais difíceis de alcançar como resultado direto de pressões induzidas pelo ser humano, como as mudanças climáticas antropogênicas (UNDP, 2015: 70-73). Embora as masculinidades industriais/ganha-pão tenham tido impactos incontestáveis sobre as pessoas e o planeta, e os esforços ecomodernos tenham obtido sucessos limitados em todo o mundo, as privações em todas as contas do PNUD permanecem. Isso desperta a necessidade de criatividade contínua à medida que buscamos soluções verdadeiramente eficazes para os problemas que enfrentamos. Infelizmente, até mesmo a ONU, como órgão regulador internacional final da humanidade, tem sido reticente ao abordar totalmente as injustiças sociais e ambientais por meio de uma desconstrução frontal das masculinidades hegemônicas e de suas implicações sociais e ambientais – as normas *malestream* permaneceram sem marcas mesmo lá, abordadas por meio de preocupações com a justiça para meninas e mulheres, mas não diretamente analisadas como um problema de masculinidades. Esse obscurecimento de uma peça crucial no quebra-cabeça de nossos tempos deixou de fora o papel dos homens e das masculinidades – o cuidado mais amplo com os comuns glocais que defendemos ao longo deste livro é facilmente tomado como uma afronta aos padrões de vida humanos, em vez de ser chamado do que é: um sintoma de superioridade internalizada que acompanha a dominação masculina. Estamos determinados a subverter essa tendência.

---

mos, que consideramos ser ecológicas (também conhecido como relacional) no sentido mais amplo da palavra (Pulé, 2003; Pulé, 2013).

Com essa intenção em mente, nos interessamos em explorar como as masculinidades são quando não são industriais/ganha-pão ou ecomodernas. Nossa resposta a nossa própria investigação foi examinar masculinidades e seus impactos na vida dos homens em particular, sugerindo que um elemento que falta é a ecologização masculina.

O exame inicial de Connell (1990) das masculinidades ecológicas observou que os valores que permeiam os movimentos ambientais podem direcionar as crenças e comportamentos dos homens para expressões mais amplas de cuidado com a natureza, os compatriotas e de si mesmos de maneiras que desafiem as masculinidades hegemônicas. Connell e Wood (2005) discutiram posteriormente como as masculinidades alternativas poderiam oferecer resistência crítica às formas industriais e hegemônicas de masculinidades. Por meio de minha pesquisa de doutorado (Pulé, 2013) (Paul falando aqui), mapeei o desenvolvimento de masculinidades ecológicas desde o final do século XX até a conclusão de minha tese em 2013, onde propus a necessidade de "masculinismo ecológico", que é um termo que dispenso desde então, à medida que meu pensamento sobre o tópico progrediu em combinação com o de Martin e foi além das associações terminológicas com mecanismos de dominação que um sufixo "-ismo" sugere. Dito isso, minha pesquisa revelou que noções de "ecomasculinidades" haviam recebido consideração superficial por alguns estudiosos e ativistas de várias disciplinas, mas não se desenvolveu nenhuma teoria discursiva sobre o assunto – Martin e eu avançamos nessas descobertas, trazendo nossas considerações sobre os trabalhos dos outros para os dias atuais. Da mesma forma, ao fazer pesquisas empíricas sobre empreendedorismo ecológico (Martin falando aqui), criei o termo "masculinidade ecológica" que reflete minhas preocupações sobre os problemas e armadilhas associadas às masculinidades industriais e ecomodernas (Hultman, 2017a). Meu trabalho progrediu de maneira semelhante para se concentrar no termo "masculinidades ecológicas" em diálogo com Paul enquanto escrevia este livro (Hultman, 2017b).

Uma avaliação mais teórica também foi postulada por Greta Gaard (2014), que também notou a escassez de análises sobre homens, masculinidades e a Terra (ver também Gaard, 2017). Pesquisas anteriores sobre o tema surgiram sob várias permutações dos usos singulares e pluralizados do termo, sendo eles: eco-masculinidade, eco-masculinidades, ecomasculinidade e ecomasculinidades. Esses termos intercambiáveis foram ainda dicotomizados pelo uso de *"ecoman"* (homem-ecológico) por Mark Allister (2004), cuja antologia ecocrítica sobre o homem e a natureza continua sendo o único texto independente sobre o assunto até o momento. Stefan Brandt (2017), Teresa Requena-Pelegrí (2017) e Uche Umezurike (2021) expandiram recentemente essas visões ecocríticas em ensaios separados. Além disso, a antologia de Sherilyn Mac Gregor e Nicole Seymour (2017) *Men and Nature: Hegemonic Masculinities and Environmental Change* (Os homens e a natureza: masculinidades hegemônicas e mudança ambiental) proporciona alguns dos trabalhos acadêmicos mais recentes sobre os homens e a natureza.

Também reconhecemos que, ao finalizar este livro, após extensa pesquisa, descobrimos uma referência ao termo real "masculinidades ecológicas" publicado antes de usá-lo aqui. A professora Wendy Woodward (2008) escreveu um capítulo intitulado *"The nature feeling": ecological masculinities in some recent popular texts* ("O sentimento da natureza": masculinidades ecológicas em alguns textos populares recentes), no volume ecocrítico editado *Toxic Belonging?* (Pertencimento tóxico?). Lá, Woodward analisou como alguns autores se posicionaram em relação ao pensamento e práxis ecológicos por meio de suas construções de identidades masculinas. Ela descreveu as percepções da Terra, dos humanos e de outros não-humanos através de lentes de gênero em uma variedade de textos, observando como esse gênero está conectado às críticas e às noções coloniais de conservação e caça, bem como aos conhecimentos tradicionais. Embora o trabalho de Woodward seja o único texto acadêmico que encontramos que use precisamente o mesmo termo que usamos aqui, "masculinidades ecológicas", notamos que sua ênfase no ecocriticismo difere do significado que atribuímos ao termo.

Também consideramos as várias referências a ecomasculinidades apresentadas acima como superficiais, uma vez que cada uma delas carece de estruturas teóricas para seus respectivos usos do termo permutado. Menos direta, mas igualmente digna de apresentar como inspiração para nós aqui, está uma série de publicações explorando o terreno de interseção entre os homens e a natureza por alguns estudiosos da sociologia rural (Peter et al., 2000; Ni Laoire, 2002; Sherman, 2009) e mais uma menção específica de ecomasculinidade em resposta à gestão de desastres (Pease, 2016; Enarson; Pease eds., 2016) que, novamente, não usam exatamente o mesmo termo, masculinidades ecológicas, nem possibilitam enquadramento teórico para permutações em um tema de ecomasculinidades. Essas ambiguidades destacam a necessidade de uma metanarrativa sob a qual essas várias abordagens do tópico possam ser reunidas, examinadas e debatidas. Nosso uso do termo masculinidades ecológicas pretende – inicialmente – proporcionar uma estrutura discursiva para as maneiras como os homens, as masculinidades e a Terra são examinados.

Introduzimos masculinidades ecológicas com um olhar aguçado nos estudos de gênero (especialmente visões pró-feministas associadas a estudos críticos sobre homens e masculinidades, ou ECHM; ver também Carrigan et al., 1985; Hearn; Morgan eds., 1990; Clatterbaugh, 1997; Hearn, 1997; Pease, 2000; Hearn, 2004). As masculinidades ecológicas, tal como as formulamos aqui, são consequentemente posicionadas como ponto de encontro culminante das conversas anteriores sobre homens, masculinidades e a Terra.

Central para nosso argumento é a noção de que a paisagem sociopolítica ocidental do norte industrializado está em grande necessidade de transformação da hegemonização para a ecologização. Encorajamos as aplicações da ecologização masculina em uma frente ampla sistêmica, ao mesmo tempo em que argumentamos a necessidade dessa categoria de masculinidades para facilitar também as transformações pessoais. No Capítulo 8, formulamos novas maneiras de configurar as masculinidades à medida que moldam a vida dos homens e as identidades masculinas. Também examinamos as maneiras como essas configurações afetam os humanos e outros não-humanos. Nossa aspiração aqui é levar os homens e as masculinidades ao cerne da justiça social e ambiental.Conceitualmente, as masculinidades ecológicas representam uma alternativa crítica às hegemonias industriais/ganha-pão e às reformas ecomodernas. Usamos o termo "ecológico" tanto cientificamente (como um ramo da biologia que explora as maneiras como os organismos interagem entre si e os ecossistemas em que vivem) quanto sociopoliticamente (como movimento que explora as complexidades relacionais associadas à proteção e preservação dos sistemas vivos na Terra – humanos e não humanos).

Meu uso do termo (Martin falando aqui) deriva de minha análise da influência do discurso ecológico nas décadas de 1970-1980 na Suécia sobre os sucessos e fracassos da política energética e ambiental. Para mim (Paul falando aqui), o termo é um desenvolvimento que se baseia em meu trabalho de doutorado, lançando uma rede mais ampla e refinando algumas das terminologias e minhas análises de temas para incluir as percepções importantes de Martin sobre a necessidade de uma política de saída (da hegemonização para ecologização).

Usamos o termo "ecológico", reflexo do primeiro uso do termo *Oecologie* pelo biólogo alemão Ernst Haeckel em 1866. Haeckel tomou emprestado da raiz grega *Oikos* que significa "o lar da família" e *Logy* significa "o estudo de". Charles Krebs (2008: 2–4) definiu a ecologia como ciência que examina as "inter-relações de todos os organismos". Como ciência, a ecologia levanta preocupações não apenas sobre os humanos e nosso impacto nos sistemas vivos da Terra, mas também sobre as relações entre as espécies componentes desses sistemas vivos. A ecologia pode ser quantitativa ou qualitativa, ajudando-nos a rastrear padrões de interdependência dentro dos ecossistemas para entender como várias espécies estão relacionadas. No entanto, a ecologia também tem referências metafóricas e sociológicas poderosas, facilitando a comunicação dentro e entre as espécies em várias escalas que têm o potencial de expor e resolver discórdias de forma não-violenta. (Drengson, 2001: 64–65). Nesse sentido, a ecologia é uma ciência das relações que pode ser usada literal e metaforicamente. Por esta razão, usamos "ecológico" não apenas como adjetivo, mas também como verbo, assim: "ecologizar" ou "ecologização" são termos usados para representar a relacionalidade em ação. Por meio das implicações variáveis desses termos, nos referimos ao processo de relacionalidade no sentido ecológico mais amplo. As masculinidades ecológicas, da forma como as usamos ao longo deste livro, pretendem mudar nossa trajetória como espécie em direção a um futuro profundamente verde, no qual reconheçamos a relacionalidade dos humanos e dos outros não-humanos. Antes de explorar essa noção mais profundamente, passamos a considerar a gama de visões existentes sobre homens e masculinidades na política de masculinidades.

Referências

Abraham, D. 2015. *The Elements of Power: Gadgets, Guns, and the Struggle for a Sustainable Future in the Rare Metal Age*. New Haven: Yale University Press.

Ackerman, R. 1993. *Silent Sons: A Book for and about Men*. New York: Poseidon.

Adler, F., Beck, S., Brand, K., Brand, U., Graf, R., Huff, T., & T. Zeller. 2014. *Ökologische Modernisierung: zur Geschichte und Gegenwart eines Konzepts in Umweltpolitik und Sozialwissenschaften*. Frankfurt: Campus.

Albury, K., & D. Laplonge. 2012. 'Practices of gender in mining'. *AusIMM Bulletin Online*, 1. Accesso em: 5 out. 2017. http://search.informit.com.au/documentSumma ry;dn=201202253;res=IELAPA

Allister, M., ed. 2004. *Ecoman: New Perspectives on Masculinity and Nature*. Charlottesville: University of Virginia Press.

Anshelm, J., & A. Hansson. 2011. 'Climate change and the convergence between ENGOs and business: on the loss of utopian energies'. *Environmental Values* 20(1): 75–94.

Anshelm, J., & M. Hultman. 2014a. *Discourses of Global Climate Change: Apocalyptic Framing and Political Antagonisms.* Oxon: Routledge.

Anshelm, J., & M. Hultman. 2014b. 'A green fatwa-? Climate change as a threat to the masculinity of industrial modernity'. NORMA: International Journal for Masculinity Studies 9(2): 84–96.

Australian Government. 2014. *Industry Outlook: Mining. Department of Employment.* Accessed 5 November 2017. https://cica.org.au/wp-content/uploads/2014-Mining Industry-Employment-Outlook1.pdf

Barthes, R. 1967. *Elements of Semiology.* New York: Hill & Wang.

Blühdorn, I. 2011. 'The politics of unsustainability: COP15, post-ecologism, and the ecological paradox'. *Organization & Environment* 24(1): 34–53.

Brandt, S. 2017. 'The wild, wild world: masculinity and the environment in the American literary imagination'. In J. Armengol, M. Bosch Vilarrubias, À. Carabí, & T. Requena-Pelegrí, eds., *Routledge Advances in Feminist Studies and Intersectionality.* Series: Masculinities and Literary Studies: Intersections and New Directions. New York: Routledge, 133–143.

Brandt, B., & M. Haugen. 2000. 'From lumberjack to business manager: masculinity in the Norwegian forestry press'. *Journal of Rural Studies* 16(3): 343–355.

Brundtland, G. 1987. *Our Common Future: Report of the World Commission on Environment and Development.* Oxford: Oxford University.

Carrigan, T., Connell, R., & Lee, J. 1985. 'Toward a New Sociology of Masculinity'. *Theory and Society* 14(5): 551–604.

Carson, R. 1962. Silent Spring. Boston: Houghton Mifflin.

Clark, R. 2002. 'Measures of efficiency in solid waste collection'. *Journal of Environmental Division* ASCE 99(4): 447–459.

Clatterbaugh, K. 1997. *Contemporary Perspectives on Masculinities.* Boulder: West view Press.

Coffey, B., & G. Marston. 2013. 'How neoliberalism and ecological modernization shaped environmental policy in Australia'. *Journal of Environmental Policy & Planning* 15(2): 179–199.

Coleman, M., Ganong, L., & K. Warzinik. 2007. *Family Life in 20th-Century America.* Westport: Greenwood Press.

Connell, R. 1990. 'A whole new world: remaking masculinity in the context of the environmental movement'. *Gender and Society* 4(4): 452–478.

Connell, R. 2017. 'Foreword: Masculinities in the Sociocene'. In S. MacGregor & N. Seymour, eds., *Men and Nature: Hegemonic Masculinities and Environmental Change.* Munich: RCC Perspectives, 5–8.

Connell, R., & J. Wood. 2005. 'Globalization and business masculinities'. *Men and masculinities* 7(4): 347–364.

Conroy, D., & R. de Visser. 2013. '"Man up!": discursive constructions of non-drinkers among UK undergraduates'. *Journal of health psychology* 18(11): 1432–1444.

Cook, J., Oreskes, N., Doran, P. Anderegg, W., Verheggen, B., Maibach, E., Carlton, J., Lewandowsky, S., Skuce, A., Green, S., Nuccitelli, D., Jacobs, P., Richardson, M., Winkler, B., Painting, R., & R. Rice. 2016. 'Consensus on consensus: a synthesis of consensus estimates on human-caused global warming'. *Environmental Research Letters,* 11(4): 1-7.

Daly, H., & J. Cobb. 1994. *For the Common Good: Redirecting the Economy Toward Community, the Environment, and a Sustainable Future* (2nd Edition edn). Boston: Beacon Press.

Donald, R. 1992. 'Masculinity and machismo in Hollywood's war films'. In S. Craig, ed., *Men, Masculinity and the Media.* Thousand Oaks: SAGE Publishing, 124–136.

Drengson, A. 2001. 'Education for local and global ecological responsibility: Arne Næss's cross-cultural, ecophilosophy approach'. *Canadian Journal of Environmental Education* 5 (spring): 63–75.

Einarsson, G., Franzén, L., Gee, D., Holmberg, K., Jönsson, B., Kaijser, S., Karlén, W., Liljenzin, J., Norin, T., Nydén, M., Petersson, G., Ribbing, C., Stigebrandt, A., Stilbs, P., Ulfvarson, A., Walin,

G, Andersson, T., Gustafsson, S., Einarsson, O., & T. Hellström. 2008. '20 toppforskare i unikt upprop: koldioxiden påverkar inteklimatet'. *NewsMill.se*, 2008/12/17 kl 20:12. Accessed 1 May 2017. https://news voice.se/2008/12/17/20-toppforskare-i-unikt-upprop-koldioxiden-paverkar-inteklima tet-lars-bern-far-tungt-stod-fran-vetenskapsman

Enarson, E., & B. Pease, eds. 2016. *Men, Masculinities and Disaster.* Oxon:Routledge.

Etherington, D. 2017. 'Top-end Teslas get price drop thanks to production improvements'. *Oath Tech Network.* Accessed 4 October 2017. https://techcrunch.com/2017/08/30/top-end-teslas-get-price-drop-thanks-to-production-improvements

Farrell, J. 2016. 'Network structure and influence of the climate change counter movement'. *Nature Climate Change* 6(4): 370–374.

Fiegerman, S. 2017. 'Elon Musk to quit Tesla, jumps on a bitcoin tech startup'. *CNN Tech.* Accessed 4 October 2017. http://www.cnn-money-report.com/Elon-Musk-invests 770-million-on-a-bitcoin-tech-startup

Friman, E. 2002. 'No limits: the 20th century discourse of economic growth'. PhD diss., Umeå University.

Gaard, G. 2014. 'Towards new ecomasculinities, ecogenders, and ecosexualities'. In C. Adams and L. Gruen, eds., *Ecofeminism: Feminist Intersections with Other Animals and the Earth.* New York: Bloomsbury, 225–240.

Gaard, G. 2017. *Critical Ecofeminism (Ecocritical Theory and Practice).* Lanham: Lexington Books.

Hajer, M. 1996. 'Ecological modernisation as cultural politics'. In S. Lash, B. Szers zynski & B. Wynne, eds., *Risk, Environment and Modernity: Towards a New Ecology.* London: SAGE Publishing, 246–286.

Hearn, J. 1997. 'The implications of critical studies on men'. *NORA. Nordic Journal of Women's Studies* 3(1): 48–60.

Hearn, J. 2004. 'From hegemonic masculinity to the hegemony of men'. *Feminist Theory* 5(1): 49–72.

Hearn, J., & D. Morgan, eds. 1990. *Men, Masculinities & Social Theory (Critical Studies on Men and Masculinities – 2).* Boston: Unwin Hyman.

Holt, D., & C. Thompson. 2004. 'Man-of-action heroes: the pursuit of heroic masculinity in everyday consumption'. *Journal of Consumer research* 31(2): 425–440.

Huber, J. 1982. *The Lost Innocence of Ecology: New Technologies and Superindustrial Development.* Frankfurt am Main: Fisher.

Hultman, M. 2013. 'The making of an environmental hero: a history of ecomodern masculinity, fuel cells and Arnold Schwarzenegger'. *Environmental Humanities* 2(1): 79–99.

Hultman, M. 2015. *Den inställda omställningen: svensk energi-och miljöpolitik i möj ligheternas tid 1980-1991.* Möklinta: Gidlund.

Hultman, M. 2017a. "Natures of Masculinities: Conceptualising Industrial, Ecomodern and Ecological Masculinities." In *Understanding Climate Change through Gender Relations*, edited by Susan Buckingham and Virginie Le Masson, 87-103. Abingdon: Routledge.

Hultman, M. 2017b. 'Exploring industrial, ecomodern, and ecological masculinities'. In S. MacGregor, ed., *Routledge Handbook of Gender and Environment.* Oxon: Routledge, 239–252.

Hultman, M., & J. Anshelm. 2017. 'Masculinities of global climate change: exploring ecomodern, industrial and ecological masculinities'. In M. Cohen, ed., *Climate Change and Gender in Rich Countries.* London: Routledge, 19–34.

Hultman, M., Björk A., & T. Viinikka. 2019. 'Neo-fascism and climate change denial. Analysing the political ecology of industrial masculinities, antiestablishment rhetoric and economic growth nationalism'. In B. Forchtner, C. Kølvraa and R. Wodak, eds., Contemporary Environmental Communication by the Far Right in Europe. London: Routledge. https://research.chalmers.se/en/publication/517398. Accesso em: 14 mar. 2022.

Hultman, M., & A. Yaras. 2012. 'The socio-technological history of hydrogen and fuel cells in Sweden 1978–2005: mapping the innovation trajectory'. *International Journal of Hydrogen Energy* 37(17): 12043–12053.

IPCC [Intergovernmental Panel on Climate Change]. 2014. 'Summary for policy makers'. In O. Edenhofer, R. Pichs-Madruga, Y. Sokona, E. Farahani, S. Kadner, K. Seyboth, A. Adler, I. Baum, S. Brunner, P. Eickemeier, B. Kriemann, J. Savo lainen, S. Schlömer, C. von Stechow, T. Zwickel & J. Minx, eds., *Climate Change 2014: Mitigation of Climate Change. Contribution of Working Group III to the Fifth Assessment Report of the Intergovernmental Panel on Climate Change.* Cambridge: Cambridge University Press, 1–32.

Jackins, H. 1999. *The Human Male: A Men's Liberation Draft Policy.* Seattle: Rational Island.

Jänicke, M. 1985. 'Preventive environmental policy as ecological modernisation and structural policy'. Discussion paper. Berlin: WZB.

Jhally, S., & J. Katz. 1999. *Tough Guise: Violence, Media and the Crisis in Masculinity* [Video]. Northampton: Media Education Foundation.

Johansson, N. 2016. *Landfill Mining: Institutional Challenges for the Implementation of Resource Extraction from Waste Deposits* (vol. 1799). Linköping: Linköping University Electronic Press.

Jorgenson, A., & B. Clark. 2012. 'Are the economy and the environment decoupling? A comparative international study, 1960–2005'. *American Journal of Sociology* 118(1): 1–44.

Katz, J. 2016. *Man Enough?: Donald Trump, Hillary Clinton, and the Politics of Presidential Masculinity.* Northampton: Interlink.Kimmel, M. 2008. *Guyland: The Perilous World where Boys become Men.* New York: HarperCollins.

Kindlon, D., & M. Thompson. 1999. *Raising Cain: Protecting the Emotional Lives of Boys.* London: Michael Joseph.

Kivel, P. 1999. *Boys Will Be Men: Raising Our Sons for Courage, Caring and Community.* Gabriola Island: New Society Publishers.

Kivel, P. 2003. 'The "act like a man" box'. In M. Hussey, ed., *Masculinities: Interdisciplinary Readings.* Englewood Cliffs: Prentice-Hall, 69–72.

Kivel, P. 2007. 'The act-like-a-man box'. In M. Kimmel & M. Messner, eds., *Men's Lives* (7th Edition). Boston: Pearson, 148–115.

Kivel, P. 2009. '"Adultism": getting together for social justice'. Accessed 10 December 2017. http:// paulkivel.com/wp-content/uploads/2015/07/getting_together_ 2009.pdf

Kivel, P. 2010[1992]. *Men's Work: How to Stop the Violence that Tears Our Lives Apart.* Center City: Hazelden.

Krebs, C. 2008. *The Ecological World View.* Collingwood: CSIRO.

Levy, D., & A. Spicer. 2013. 'Contested imaginaries and the cultural political economy of climate change'. *Organization* 20(5): 659–678.

Lægreid, O. 2017. *Drivers of Climate Change? Political and Economic Explanations of Greenhouse Gas Emissions.* Gothenburg: Gothenburgh University.

Little, J. 2002. 'Rural geography: rural gender identity and the performance of masculinity and femininity in the countryside'. *Progress in Human Geography* 26(5): 665–670.

Lockwood, M. 2018. 'Right-wing populism and the climate change agenda: exploring the linkages'. *Environmental Politics*, April: 1–21.

Lundqvist, L. 2004. *Straddling the Fence: Sweden and Ecological Governance.* Manchester: Manchester University Press

McCright, A., & R. Dunlap. 2003. 'Defeating Kyoto: the conservative movement's impact on US climate change policy'. *Social Problems* 50(3): 348–373.

MacGregor, S., ed. 2017. *Routledge Handbook of Gender and Environment.* Oxon: Routledge.

MacGregor, S., & N. Seymour, eds. 2017. *Men and Nature: Hegemonic Masculinities and Environmental Change.* Munich: RCC Perspectives.

McKinley, K. 1971. 'Survivorship in gracile and robust Australopithecines: A demo graphic comparison and a proposed birth model'. *American Journal of Physical Anthropology* May 34(3): 417–476.

McNeill, J. 2000. *Something New under the Sun.* New York: Norton.

Meeker, M. 2014. *Strong Mothers, Strong Sons: Lessons Mothers Need to Raise Extraordinary Men*. New York: Ballantine.

Merchant, C. 1980. *The Death of Nature: Women, Ecology and the Scientific Revolution*. New York: Harper-Collins.

Morton, T. 2016. 'The first draft of the future: journalism in the "Age of the Anthropocene"'. In J. Marshall & L. Connor, eds., *Environmental Change and the World's Future: Ecologies, Ontologies and Mythologies*. Oxon: Routledge, 33–47.

Nader, R. 1965. *Unsafe at Any Speed*. New York: Grossman.

Nayak, A. 2003. '"Boyz to men": masculinities, schooling and labour transitions in de industrial times'. *Educational Review* 55(2): 147–159.

Ni Laoire, C. 2002. 'Masculinities and change in rural Ireland'. *Irish Geography* 35(1): 16–28.

Oreskes, N., & M. Conway. 2010. 'Defeating the merchants of doubt'. *Nature* 465 (7299): 686–687.

Parrott, D., & A. Zeichner. 2003. 'Effects of hypermasculinity and physical aggression against women'. *Psychology of Men & Masculinity* 4(1): 70–78.

Pease, B. 2000. *Recreating Men: Postmodern Masculinity Politics*. London: SAGE Publishing.

Pease, B. 2016. 'Masculinism, climate change and "man-made" disasters: towards an environmental profeminist response'. In E. Enarson and B. Pease, eds., *Men, Masculinities and Disaster*. Oxon: Routledge, 21–33.

Peter, G., Bell, M., Jarnagin, S., & D. Bauer. 2000. 'Coming back across the fence: masculinity and the transition to sustainable agriculture'. *Rural Sociology* 65(2): 15–33.

Phillips, A. 1994. *The Trouble with Boys: A Wise and Sympathetic Guide to the Risky Business of Raising Sons*. New York: Basic Books.

Pollack, W. 2000. *Real Boys' Voices*. New York: Random House.

Pulé, P. 2003. 'Us and them: primate science and the union of the rational self with the intuitive self'. Master's diss., Plymouth University.

Pulé, P. 2013. 'A declaration of caring: towards an ecological masculinism'. PhD diss., Murdoch University.

Radetzki, M., & N. Lundgren. 2009. 'En grön fatwa har utfärdats'. Ekonomisk debatt 37(5): 57–65.

Reeser, T. 2010. *Masculinities in Theory*. Malden, MA: Wiley-Blackwell.

Requena-Pelegrí, T. 2017. 'Green intersections: caring masculinities and the environmental crisis'. In J. Armengol & M. Vilarrubias, eds., *Masculinities and Literary Studies: Intersections and New Directions*. New York: Routledge, 143–152.

Salleh, A. 2010. 'Climate strategy: making the choice between ecological modernisation or living well'. *Journal of Australian Political Economy* 66: 118–143.

Sherman, J. 2009. 'Bend to avoid breaking: job loss, gender norms, and family stability in rural America'. *Social Problems* 56(4): 599–620.

Simpson, M. 1994. *Male Impersonators: Men Performing Masculinity*. New York: Routledge.

Spaargaren, G., & A. Mol. 2008. 'Greening global consumption: redefining politics and authority'. *Global Environmental Change* 18(3): 350–359.

Stacey, J. 1990. *Brave New Families: Stories of Domestic Upheaval in Late-Twentieth Century America*. Berkeley: University of California Press.

Stahl, G., Nelson, J., & D. Wallace. eds. 2017. *Masculinity and Aspiration in the Era of Neoliberal Education: International Perspectives*. New York: Routledge.

Supran, G., & N. Oreskes. 2017. 'Assessing ExxonMobil's climate change communications (1977–2014)'. *Environmental Research Letters* 12(8). Acessado em 4 de novembro de 2017. http://iopscience.iop.org/article/10.1088/1748-9326/aa815f/pdf

Swyngedouw, E. 2010. 'Apocalypse forever?'. *Theory, Culture & Society* 27(2–3): 213–232.

Tesla. 2017. 'Tesla inventory'. Acessado em 4 de novembro de 2017. http://www.tesla.com/en_ AU/new

The Years Project (Producer). 2014. *Years of Living Dangerously* [TV Series]. Brooklyn: FilmRise.

Thompson, M. & T. Barker, 2000. *Speaking of Boys: Answers to the Most-Asked Questions about Raising Sons*. New York: Ballantine.

Umezurike, U. 2021. 'The eco(centric) border man: masculinities in Jim Lynch's Border Songs'. https://link.springer.com/chapter/10.1007/978-3-030-54486-7_22. Acesso em: 14 mar. 2022.

UNDP [United Nations Development Programme. 2015. *Human Development Report: Work for Human Development*. New York: United Nations Development Programme.

Vaccaro, C., & M. Swauger. 2016. *Unleashing Manhood in the Cage: Masculinity and Mixed Martial Arts*. London: Lexington Books.

Wade, L. 2016. 'Tesla electric cars aren't as green as you might think'. Acessado em 4 de outubro de 2017. http://www.wired.com/2016/03/teslas-electric-cars-might-not-green-think

Wallsten, B. 2015. 'The Urk world: hibernating infrastructures and the quest for urban mining'. PhD diss., Linköping University.

Whitman, K. 2013. 'Looking out for the "Aussie bloke": gender, class and contextualizing a hegemony of working-class masculinities in Australia'. PhD diss., University of Adelaide.

Woodward, W. 2008. '"The nature feeling": ecological masculinities in some recent popular texts'. In D. Wylie, ed., *Toxic Belonging? Identity and Ecology in Southern Africa*. Newcastle upon Tyne: Cambridge Scholars, 143–157.

York, R., Rosa, E., & T. Dietz. 2010. 'Ecological modernization theory: theoretical and empirical challenges'. In M. Redclift & G. Woodgate, eds., *The International Handbook of Environmental Sociology* (2nd Edition). Northampton: Edward Elgar, 77–90.

Zimmer, B. 2010. '"Man up" gets political'. *New York Times Magazine Online*. Acessado em 9 de fevereiro de 2011. http://www.visualthesaurus.com/cm/wordroutes/2458

SEGUNDA PARTE

Quatro Correntes

3 Homens e masculinidades:
um espectro de visões

> Para doutrinar os meninos nas regras do patriarcado, nós os
> forçamos a sentirem dor e a negarem seus sentimentos.
>
> (hooks, 2004: 22)

Homens e masculinidades

Os argumentos a seguir baseiam-se no entendimento de que homens e masculinidades são construídos e mutáveis. Mantendo o tema do contexto/ *situatedness* introduzido no prólogo, reiteramos que ambos os termos representam categorias pesquisáveis de várias configurações e aplicações, que têm impactos profundos no mundo (Haraway, 1988; ver também Frank, 2008; Hopkins; Noble, 2009; Hearn et al., 2012).[11] Com isso, estamos nos referindo às tradições de pesquisa pró-feministas que caracterizam os estudos críticos sobre homens e masculinidades (ECHM) em particular. Ao fazê-lo, expomos a notável ausência de uma análise coesa e rigorosa da ligação entre o homem, as masculinidades e a Terra. No Capítulo 1, reconhecemos a contribuição influente de Connell (1995) para a noção agora amplamente aceita de que não existe uma versão singular da masculinidade. No que se tornou uma publicação fundamental, Connell (1995: 37, 185) demonstrou de forma convincente a importância de reconhecer as masculinidades ocidentais modernas como plurais, construídas, subjetivas e examináveis como categorias discretas. Em uma elaboração das complexidades associadas às masculinidades, Connell (2001: 30-34) descreveu distinções essencialistas, positivistas, normativas e material-semióticas ao explorar a política de masculinidades, sugerindo que essas categorias equivalem a interpretações ativas, psicológicas, éticas e sim-

---

11 Para Roslyn Frank (2008: 1), *situatedness* se referia às "formas pelas quais as mentes individuais e os processos cognitivos são moldados por sua interação com as estruturas e práticas socioculturais" quando o assunto de qualquer posição (mas não a posição em si) se torna o foco de nossa atenção.

bólicas dos termos, respectivamente. Acrescentamos que uma pessoa pode não ser "biologicamente masculina", mas pode se comportar de forma competitiva, agressiva, egoísta e pragmática, que a cultura popular prontamente descreveria como comportamentos "masculinos" e por esta razão consideramos nossas análises aplicáveis, não apenas para homens, mas também para mulheres e pessoas não-binárias/*genderqueer*.

Embora as propostas neste livro possam ser mais aplicáveis a homens cis, elas têm a intenção de ser pertinentes a todas as pessoas. Pluralizando ainda mais o terreno das identidades de gênero, o comportamento e/ou as características físicas de um indivíduo, podem ser indistinguivelmente masculinos, femininos, transgêneros, andróginos etc. Essas pessoas podem ser "anatomicamente femininas", mas algumas das características que incorporaram podem ser tratadas como "masculinas" e, portanto, serem consideradas por outros mais parecidas com as de um homem e mais "masculinas" do que "femininas". Da mesma forma, um homem anatômico pode parecer com uma mulher ou "feminino" e pode se considerar uma mulher no corpo de um homem ou querer ser tratado por outros dessa maneira. Além disso, os indivíduos podem escolher relações íntimas com membros de identidade de gênero igual ou diferente e podem encontrar e/ou buscar intimidade sexual ou não sexual com outras pessoas que se identifiquem como "pansexual", "gênero-neutro", "questionando" ou "pós-gênero". Exploramos as complexidades dessa visão pluralizada sobre gênero ao discutirmos a comunidade LGBT-QIA+, ou também chamada comunidade arco-íris. Por enquanto, notamos que quando reconhecemos a granularidade dessas muitas maneiras diferentes de entender gênero, identidade e os impactos sobre os indivíduos e seus ambientes, vemos que, como Connell e outros demonstraram eruditamente, as categorias de gênero são variáveis, complexas e inevitavelmente plurais e nos chamam para celebrar a diferença, precisamente porque ela está inevitavelmente presente no mosaico de identidades que os indivíduos assumem (ou rejeitam) (Messerschmidt, 2012; Seymour, 2013; Christensen; Jensen, 2014). No entanto, como nosso foco principal ao longo deste livro é interrogar a interseccionalidade entre homens, masculinidades e a Terra, dedicamos este capítulo ao mosaico de visões que persistem no terreno politizado de estudos e práxis sobre homens e masculinidades ao qual nos referimos de modo abrangente como masculinidades políticas (Aboim, 2016).

O sociólogo australiano Bob Pease (1998: 77) forneceu uma visão geral de pesquisa nas seguintes atividades que apoiaram nossa compreensão texturizada, não apenas das teorias, mas da variedade de práticas que moldaram a política de masculinidades. São elas: grupos de apoio de homens, grupos de cura ritual; grupos de reeducação da violência; programas para meninos controlarem o comportamento errôneo ou para ajudar na transição para uma masculinidade saudável; programas de saúde masculina para aumentar o bem-estar e a longevidade dos homens; grupos de direitos dos homens para lidarem com a angústia que alguns expressam sobre a perda de conexão com seus filhos como resultado de rompimentos de relacionamento; grupos de reação antifeministas; grupos políticos de direita e de extrema direita; grupos de libertação dos homens da nova era; homens que apoiam teorias feministas; cursos sobre homens e masculinidades nas universidades; bem como grupos de ações sociais voltados especificamente para homens, que ele categorizou adequadamente como categorias pró-feministas, gays, espirituais e de direitos dos homens. (Pease, 2002: 33).

Jeff Hearn (1992: 6, 142-146, 208) argumentou de forma semelhante e detalhada que "homem" como um rótulo é estrutural e agente e, portanto, está sujeito à anomalia pública e privada dentro da sociedade civil, o que significa que diferentes identidades masculinas emergem à medida que sejam moldadas por variações nos sistemas de funcionamento social (ver também Hearn et al., 2012: 1, 6, 15, 23). Mais ainda, considere as quatro principais divisões de Michael Kimmel e Michael Messner (1989) dentro da política de masculinidades: antifeminista, direitos dos homens, mitopoética e pró-feminista, com Messner (1997) sugerindo posteriormente sete categorias específicas: *Promise Keepers* (Pagadores de Promessa, tendo como participantes atualmente os devotos da extrema direita e evangélicos do século XXI), mitopoetas, liberacionistas dos homens, ativistas dos direitos dos homens (ADHs), feministas radicais, feministas socialistas e liberacionistas gays. Levando em consideração essas várias perspectivas, nos inspiramos nas categorizações mais diretas postuladas por Kenneth Clatterbaugh (1997), sendo elas: socialistas, *queers*, gays, pró-feministas, negros, direitos dos homens e masculinidades cristãs. Combinamos a sabedoria coletiva dos estudiosos mencionados acima como nossos principais guias (ver também Pease, 2002; Heasley, 2005). Seguimos com nossa avaliação desse mosaico de visões que caracterizam a política das masculinidades, destacando suas implicações úteis, menos úteis e datadas, bem como examinando as maneiras como cada proposta é relevante para as masculinidades ecológicas, conforme as formulamos ao longo deste livro.

É importante ressaltar que, além das várias propostas de nomenclatura dos estudiosos mencionados acima, as categorias que postulamos abaixo não devem ser consideradas exaustivas ou mutuamente exclusivas, mas uma compilação destinada a capturar as complexidades nada discretas das masculinidades. Por exemplo, um indivíduo pode ser um ávido defensor do comunalismo e da coletivização do trabalho que se alinha com a *realpolitik*[12] das masculinidades socialistas, enquanto também se sente confortável com alguns elementos dos valores associados às masculinidades cristãs, como a crença em Deus ou a valorização dos homens como "chefes de família", embora essas tradições e categorias de pesquisa estejam em extremos opostos de um espectro político tradicional. Consequentemente, argumentamos que os indivíduos podem encontrar-se alinhados com elementos de múltiplas posicionalidades,[13] mesmo que as políticas dessas posicionalidades possam estar em desacordo – nossas vidas estão, afinal, repletas de contradições. Essa visão dinâmica é um ingrediente importante na formulação de nossa interpretação das masculinidades ecológicas. Portanto, consideramos a pesquisa abaixo como uma introdução versátil ao campo, ao invés de uma visão prescrita fixada em uma estrutura específica; em vez disso, postulamos uma avaliação dinâmica da política das masculinidades. Também sugerimos que o pluralismo estimule o surgimento de novas percepções, debates críticos e acesso a informações e práxis que, coletivamente, aumentarão o potencial para que consideremos os vários valores, conceitos e aplicações emergentes ao longo da política de masculinidades. Ao fazer isso, nossa intenção é criar a mais ampla das avaliações possíveis de homens e masculinidades; um pluralismo que consideramos vital se quisermos criar com sucesso um mundo sustentável.

---

12 Nota da tradução: "em alemão 'política realística', refere-se à política ou diplomacia baseada principalmente em considerações práticas, em detrimento de noções ideológicas. O termo é frequentemente utilizado pejorativamente, indicando tipos de política que são coercitivas, imorais ou maquiavélicas". Fonte: Wikipédia.

13 O termo "posicionalidades" refere-se à tomada de várias posições em relação a outras posições dentro de discursos de significado sociocultural. Consequentemente, "posicionalidades" é usado em referência a relatos culturais de fenômenos sociais que criam condições para um contexto/*situatedness* discreto.

Refletindo nossas visões políticas combinadas, alinhamos as masculinidades ecológicas com uma perspectiva pró-feminista, reconhecendo que outros contestarão isso (e intencionalmente acolherão um debate animado). Além disso, os eventos atuais em torno das noções de masculinidades tóxicas/extremas, por meio da exposição de homens em posições de destaque na sociedade a múltiplas acusações de má conduta ou agressão sexuais, juntamente com as consequências sociopolíticas da exposição dessas perpetrações, são agora mais visíveis e devem ser incluídos em análises contemporâneas da política de masculinidades (Sexton, 2016; Gleeson, 2017; Solnit, 2017a; Solnit, 2017b; Solnit, 2017c).

Essas questões trazidas à tona têm sido tradicionalmente recebidas com silêncio, negação e reações violentas daqueles que mais se beneficiam da hegemonização masculina. Por exemplo, os ativistas dos direitos dos homens (ADHs) e agendas políticas de extrema direita valorizaram os direitos domésticos dos homens, violência, cultura de estupro, misoginia, antifeminismo, supremacia branca, antissemitismo e islamofobia, novamente (Kimmel; Ferber, 2000; Kimmel, 2013; Conroy, 2017; Kelly, 2017). Com essas complexidades contemporâneas em mente, oferecemos nossas análises de sete temas de pesquisa, cada um dos quais influenciou nossas conceitualizações de masculinidades ecológicas. Eles são:

- masculinidades pró-feministas
- a economia de equidade de gênero
- masculinidades LGBTTTQQIAA-OHP (LGBTQIA+ ou não-binárias/*genderqueer*)
- descolonização de masculinidades
- mitopoesia masculina e criação de mitos da natureza
- tradições dogmáticas e ambientais cristãs
- grupos de direitos dos homens (masculinidades tóxicas/extremas fora de controle).

Oferecemos essa visão geral das posicionalidades ao longo da política das masculinidades como nossa resposta às erupções contemporâneas e debates animados sobre o estado das masculinidades ocidentais modernas.

Masculinidades pró-feministas

As masculinidades pró-feministas desempenham um papel crucial em nossas análises. Essa posicionalidade origina-se historicamente do apoio de alguns homens ao feminismo de segunda onda (Kimmel, 1987). Em meados da década de 1970, alguns homens buscaram formas mais organizadas de recorrerem a intervenções feministas da dominação masculina e isso resultou na formalização do pró-feminismo (isto é diferente de se declarar homem e feminista, pois efetivamente qualifica os esforços dos homens para desvendarem e reformularem as masculinidades, com alinhamento crítico associado ao feminismo, ao invés de se unirem às mulheres para defenderem seu empoderamento).

Fidelma Ashe (2007: 13, 47-48) observou que os pontos de vista formulados por pró-feministas têm sido fundamentais na criação de grupos de homens que abordam questões de poder e práticas de gênero com a intenção de apoiar a equidade e o aumento da atividade para todos por meio da democratização de relações de gênero. Para esclarecer, notamos que "equidade de gênero" e "igualdade de gênero" podem ser usados de forma intercambiável.[14] No entanto, para nossos propósitos, eles são considerados distintos, onde o primeiro se refere ao acesso equitativo a recursos e oportunidades por meio de estratégias variáveis e personalizadas (como a legislação de igualdade de oportunidades, direitos dos genitores em processos de tribunal de família, medidas orçamentárias para responder às diferenças específicas de gênero nas taxas de perpetração/vitimização de violência doméstica e familiar). O segundo, por outro lado, refere-se a uma determinação de garantir acesso igual a recursos e oportunidades para mulheres e homens (o que, notadamente, não analisa criticamente as fontes, *status* ou impactos desses diferenciais de gênero em mulheres e homens e – na melhor das hipóteses – visa simplesmente incluir as mulheres de forma acrítica no mundo dos homens em maior número para fechar a lacuna demográfica em prol do equilíbrio numérico – que consideramos inadequado devido à falta de sensibilidade a diferentes pontos de partida e acesso a oportunidades na vida).

Guiados por essas distinções, subscrevemos a primeira ao longo deste livro para dar suporte a mulheres e homens, não apenas para terem aces-

---

14 Para maiores esclarecimentos sobre os pontos de interseção e distinção entre "equidade" e "igualdade", ver também UNFPA (2005).

so igual a recursos e oportunidades, mas para que ambos os sexos recebam benefícios específicos, relevantes e apropriados de maneiras que não sejam idênticas em tudo, mas que sejam justas e reflitam as diferentes estatísticas, circunstâncias, juntamente com as trajetórias históricas e sociais que afetaram, afetam e continuarão a afetar a vida das mulheres e dos homens de forma diferente. É claro que, seguindo esse argumento até sua conclusão lógica, estendemos nossas interpretações de equidade também a análises não-binárias/*genderqueer*. Nossa intenção aqui é apoiar a noção de que não é adequado simplesmente trazer mulheres e outros humanos igualmente para o mundo dos homens, e sim reestruturar nossas maquinações sociais para criarmos um campo de atuação nivelado, que então facilite o surgimento de igualdade de gênero/identidade como reflexo das subjetividades de cada grupo. Nesse sentido, vemos a equidade de gênero como um precursor necessário para a igualdade de gênero. Consequentemente, e contrariando as expressões violentas de dominação masculina como produtos de sua hegemonização, reconhecemos que alguns homens têm buscado lealdade com várias formas de feminismo por mais de duas gerações (Seidler, 1991; Hill, 2007).

Desde a década de 1970, vimos o surgimento da *White Ribbon Campaign* (Campanha do Laço Branco), *National Organization for Men Against Sexism* – NOMAS (Organização Nacional para Homens Contra o Sexismo nos Estados Unidos), a *White Ribbon Campaign* no Canadá, o *Achilles Heel Collective* (Coletivo do Calcanhar de Aquiles) no Reino Unido, *MEN for Gender Equality* (HOMENS pela Igualdade de Gênero na Suécia), junto com *Men Against Sexual Assault* – MASA (Homens contra o ataque sexual) e *No to Violence* – NTV (Não à Violência) na Austrália. Esses são apenas alguns dos exemplos notáveis de iniciativas comunitárias e manifestações organizacionais de pró-feminismo que apoiam as práxis de equidade de gênero através das lentes das masculinidades. Eles criticam coletivamente as maneiras como as masculinidades hegemônicas são impregnadas com hipersensibilidades à falta de poder, que podem se desdobrar em um contraste gritante com os sentidos tradicionais de superioridade dos homens nas esferas públicas – um paradoxo que os pró-feministas reconhecem e examinam (Kaufman, 1994: 142).

Os pró-feministas são críticos ferrenhos da característica predominante das masculinidades hegemônicas. Um objetivo central de suas análises sobre homens e masculinidades tem sido expor e trabalhar para acabar com a violência masculina, particularmente contra as mulheres (Seidler, 2014;

Flood; Howson eds., 2015). O uso de violência para reforçar a primazia dos homens tem sido implementado por militares e policiais como agentes de políticas governamentais domésticas e internacionais, da mesma forma que homens têm perpetrado a violência doméstica e familiar em taxas alarmantes (Devries et al., 2013; Ross ed., 2014; ANROWS, 2016). É claro que a violência masculina tem sido usada como forma de intimidação, não apenas contra sociedades rivais, mulheres e outras comunidades marginalizadas ou no nível familiar, mas também contra outros homens. De acordo com Connell, essas são algumas das maneiras com que a dominação masculina rotineiramente se engaja para manter as pessoas e os sistemas em "seus lugares", protegendo e preservando a suposta santidade da hegemonização masculina (Connell, 1995: 81-86). Os pró-feministas expõem o condicionamento que leva os homens a se envolverem em comportamentos violentos em relação a todos os outros e aos próprios homens.

Uma das expressões mais alarmantes de violência perpetrada (quase) exclusivamente por homens tem sido a ocorrência praticamente rotineira de tiroteios em massa em casas, comunidades, escolas e universidades no Ocidente (a expressiva maioria ocorrendo nos EUA). Considere o tiroteio de Stephen Paddock, de 64 anos (que transformou seus rifles no equivalente a uma arma totalmente automática), resultando em 58 mortes em Las Vegas em 1º de outubro de 2017, enquanto disparava balas em um festival de música ao ar livre. Observamos também o ataque racialmente motivado a uma escola em Trollhättan, Suécia, por Anton Lundin Pettersson em 22 de outubro de 2015; a "rebelião dos celibatários involuntários (ou *incel*)" de Alek Minassian, em que uma van foi usada para atropelar e ceifar a vida de 10 pedestres (principalmente mulheres) em Toronto, Canadá, em 23 de abril de 2018; e o assassinato/suicídio de Osmington, Austrália Ocidental, de seis membros da família Miles por Peter Miles em 11 de maio de 2018; todos exemplos de recentes assassinatos em massa perpetrados por homens para além dos EUA. Aspectos de tiroteios em massa são paralelos ao terrorismo doméstico e internacional (particularmente aqueles de inspiração cristã ou islâmica) e hoje resultaram nessas tragédias, tornando-se eventos rotineiros, realizados por aqueles que buscam um propósito e expressam suas paixões através de atos extremos de violência que não apenas causam caos e destruição na vida de muitos, mas frequentemente resultam no suicídio, execução ou encarceramento vitalício do perpetrador.

O fato de a maioria desses perpetradores serem homens não é coincidência. Cada vez que esses eventos ocorrem, eles ressaltam a profundidade da pressão para se conformar e a intensidade dos sentimentos que podem se manifestar quando um homem não colhe as recompensas de sua suposta primazia socialmente sancionada (Hatty, 2000: 1-3; *Everytown for Gun Safety Support Fund*, 2015). Dadas as altas taxas de suicídio ou uso de força letal em resposta pelas autoridades, tem sido difícil desenvolver um perfil preciso das maquinações internas dos indivíduos que cometem esses crimes horrendos. Alguns dados alarmantes que parecem revelar padrões de perpetração demonstram que 16% dos atiradores recentes haviam sido anteriormente acusados de crimes de violência doméstica, com 54% dos alvos sendo parceiros íntimos, familiares e pessoas que o perpetrador conhecia (Everytown for Gun Safety Support Fund, 2017; Digg, 2017). É certo que os tiroteiros em massa ainda são incidentes muito raros, estatisticamente falando, especialmente quando comparados com as taxas globais de homicídio, vítimas de guerra ou mesmo pessoas mortas em acidentes de trânsito. No entanto, essa lacuna nas estatísticas de mortalidade (que tem sido usada com muita frequência para justificar leis frouxas sobre armas de fogo, especialmente nos Estados Unidos) está diminuindo; os EUA estão ficando bem à frente de outras nações do Norte Global nas estatísticas à medida que a frequência de fuzilamentos em massa e seus níveis de letalidade continuam a aumentar naquela nação (Kennedy, 2013; Quealy e Sanger-Katz, 2016).

Connell (1995: 83) identificou um padrão revelador de violência masculina que há muito permeia as sociedades *malestream*. Ela observou que homens privilegiados usam a violência não apenas para sustentarem seu domínio sobre os outros, mas também para classificarem os homens de acordo com seu acesso à capacidade de participar desse domínio, afirmando noções tradicionais de masculinidade que empurram os homens discriminados para baixo na hierarquia também. Anthony Synnott (2009: 46) sugeriu que a violência dos homens funciona de três formas principais, como expressão dominadora da masculinidade: o guerreiro que encarna a bravura (por exemplo, o soldado, bombeiro ou policial); o cavalheiro que personifica o refinamento e as boas maneiras (por exemplo, o aristocrata ou nobre caçador); e o *self-made man* que manifesta seu próprio sucesso (por exemplo, o estadista disposto a fazer guerra ou o empresário disposto a despojar terras para obter riquezas). Esses modelos violentos têm companheiros subversivos, que afirmam a primazia masculina de formas menos dramáticas, como a ideia do bom marido, o pai excepcional, o trabalhador incansável, o protetor e provedor, o cavaleiro de armadura que cuida da donzela em apuros e o cidadão da pólis.[15] Justapostos, nós os vemos como inflexões ocultas/claras da violência masculina, pois juntas, essas nuances de masculinidades tradicionais, abrigam versões expressivas e subversivas da "besta violenta" disposta e capaz de causar estragos àqueles que ameacem ou desafiem o solo sagrado da primazia masculina quando as coisas desmoronam ou quando adotam o fundamento moral em nome da justiça (Synnott, 2009: 46, 51). Quer seja oculta ou evidente na intenção e/ou resultado, em cada caso, as manifestações de violência masculina são enredadas dentro dos mecanismos estruturais da hegemonização masculina. As duas andam de mãos dadas.

Outro tema central para os pró-feministas é a eliminação do sexismo, particularmente no que diz respeito à perpetração de violência doméstica e familiar por parte dos homens (Flood, 2005). Além disso (e de particular importância para uma posicionalidade pró-feminista), consideram os direitos dos homens como elementos de masculinidade que têm lutado contra o feminismo, apoiando a cultura do estupro e/ou incentivando a misoginia por algum tempo (Kimmel, 1993). Os pró-feministas se posicionam como baluartes contra estas expressões de sexismo, defendendo a necessidade de que os homens reconheçam seus privilégios estruturais, eliminem sua superioridade internalizada e defendam a equidade de gênero. Publicações, fóruns, organizações e grupos de apoio pró-feministas facilitam coletivamente uma seção transversal de reformas comportamentais e paradigmáticas para homens e masculinidades, visando alcançar formas alternativas e pós-patriarcais de masculinidades que tratem mulheres e pessoas não-binárias/*genderqueer* como iguais e criem sistemas de suporte para esse objetivo. Elas desconstroem a superioridade internalizada dos homens, ao mesmo tempo que questionam as implicações estruturais do sexismo, nomeando e desmantelando as muitas formas conceituais e tangíveis de dominação masculina (Pease, 1999: 260).

Os teóricos da masculinidade pró-feminista são defensores sinceros da eliminação de formas mais amplas de opressão perpetradas pelos homens contra todas as pessoas marginalizadas também (com base no gênero, raça,

---

15 Nota da tradução: "modelo das antigas cidades gregas, desde o período arcaico até o período clássico, vindo a perder importância a partir do domínio romano". Fonte: Wikipédia.

classe, orientação sexual, idade, habilidade e assim por diante). Essa posicionalidade serve como caminho para a libertação estrutural das implicações desumanizantes da primazia masculina, educando, desenvolvendo a consciência e apoiando o ativismo para resistir ao engajamento masculino com pornografia, prostituição, militarismo, assédio sexual, estupro, violência doméstica e competitividade, ao mesmo tempo que também apoia o empoderamento das mulheres (e de outros) através, por exemplo, da equidade profissional e da defesa dos direitos reprodutivos (Pease, 1998:83–84; Pease, 2000: 43).

Michael Kimmel (1998:64) argumentou que a masculinidade pró-feminista desempenhou dois papéis importantes na política das masculinidades. Em primeiro lugar, o discurso reconhece a experiência dos homens, ao mesmo tempo que é crítico em relação a seus privilégios. Em segundo, os pró-feministas reconhecem que o sofrimento sentido pelos homens é, paradoxalmente, causado por seu próprio poder socialmente sancionado, observando ainda que a dominação masculina é concedida aos homens, com terríveis custos pessoais associados. Como os feministas, os pró-feministas argumentam que a dominação masculina é prejudicial aos homens e às masculinidades. Esta percepção destaca que a superioridade internalizada não apenas resulta em distribuição desigual de privilégios, poder e controle, mas também é atingida por doenças relacionadas ao estresse, inexpressividade emocional e a um declínio geral na saúde e bem-estar dos homens (Waldinger, 2016). Essas descobertas são irônicas, dados os esforços aplicados para proteger e preservar a primazia masculina (Pease, 2002: 3). Para que os homens cultivem maior cuidado com os comuns glocais, devemos estar dispostos a desenvolvermos vocabulários emocionais sintonizados com as conexões sentidas, não apenas entre as mulheres e os homens (e as pessoas não-binárias/*genderqueer*), mas também entre os homens.

Pró-feministas desafiam diretamente a homofobia, observando que "os homens tendem a não ter amizades do mesmo sexo que sejam tão satisfatórias para eles quanto as amizades do mesmo sexo são para as mulheres" (May et al., 1992: 95). A falta de laços fortes entre os homens reforça seu senso de independência, não-comunicação e aversão à proximidade e intimidade, o que, além de limitar a alfabetização emocional, pode deixar muitos homens com uma gama limitada de trocas humanas permissivas, substituindo-os por noções de direito e superioridade internalizadas, e um conjunto de vícios para aliviar seu isolamento (Waldinger, 2016). Entretanto, e apesar de suas elevadas intenções, perspectivas e práxis pró-feministas podem ser confrontadas por muitos homens que vivem dentro das normas *malestream*, sendo consideradas para muitos como uma espécie de "traição de gênero". Isso ajuda a explicar a resistência de muitos homens ao pensamento e às ações feministas e nos dá alguma percepção das razões pelas quais, por exemplo, a "conversa de vestiário" é permitida de forma selvagem e sem controle, até mesmo por homens que possam discordar silenciosamente de tais atitudes e comportamentos (Soloway, 2016). Negar a filiação exclusiva aos mais altos escalões da sociedade é, para muitos homens, simplesmente impensável. Pró-feministas desempenham um papel de liderança ao ajudarem a expor esta loucura.

Os pró-feministas também estão começando a prestar atenção ao terreno de interseção dos homens, da masculinidade e da Terra. Em um recente e pungente ensaio destinado a abordar precisamente esta união discursiva, Bob Pease (2016: 33) observou que:

> ... os homens pró-feministas, envolvidos na reconstrução ou saída de formas dominantes de masculinidade, podem ser capazes de prever novas maneiras não opressivas dos homens se relacionarem com a natureza, à medida que descobrem novas maneiras de se relacionarem com as mulheres, com outros homens e consigo mesmos.

A isto, acrescentamos que concepções mais flexíveis de cuidado também estão ganhando terreno (Elliott, 2016). Isto significa um desenvolvimento promissor, já que se alinha bem com alguns novos trabalhos que estão sendo promovidos através do feminismo ecológico contemporâneo e estudos sobre gênero e meio ambiente (Buckingham; Le Masson eds., 2017; Gaard, 2017). Neste sentido, as análises sociopolíticas que caracterizam masculinidades pró-feministas esclarecem tanto as viagens interiores dos homens, como também estão dando novos tons sobre masculinidades e preocupações ambientais. Entretanto, é importante notar que os pró-feministas não abordaram este terreno de interseção em nenhum sentido substancial além de algumas das publicações a que damos maior consideração no Capítulo 7. Por enquanto, continuamos a explorar as implicações econômicas da dominação masculina.

A economia da equidade de gênero

Acompanhando a ascensão do feminismo durante os anos 1960 e 1970, pesquisadores e ativistas começaram a responder a expressões hegemônicas cada vez mais óbvias de identidade masculina dentro das sociedades capitalistas. Eles propuseram uma *realpolitik* alternativa que enfrentasse os impactos do trabalho industrial e da produtividade na vida dos homens, inspirada em particular nos escritos de Karl Marx (Stacey, 1997: 108). Como contracapitalistas, estes teóricos da masculinidade buscavam algumas lealdades com o feminismo, analisando a natureza patriarcal das oligarquias orientadas para o mercado. Eles foram guiados pelo princípio central do socialismo para reconhecerem a agência de todos os povos oprimidos, para além de suas identidades de gênero (Hearn, 1987). Ao fazerem isso, enfatizaram os modos como os homens têm sido tradicionalmente posicionados como trabalhadores dispensáveis na esteira do crescimento empresarial que beneficia aqueles que possuem os meios de produção (um ponto que se traduz facilmente em impactos mais extremos sobre as mulheres e outros, especialmente aqueles que estão sendo explorados nos setores industriais do Sul Global). Esta observação correu paralelamente às formas como os governos historicamente utilizaram homens trabalhadores como buchas de canhão durante tempos de guerra, com mulheres e outros preenchendo as lacunas dos mercados de trabalho em sua ausência, para serem enviados para casa logo que os homens retornassem. Enfatizando a propriedade pública como alternativa à privatização, as análises de masculinidades econômicas privilegiaram a coletivização como caminho para uma maior liberdade (Clatterbaugh, 1997: 12-13). Esta percepção é relevante para o impacto da industrialização também sobre os corpos dos homens.

David Tacey (1997: 108-109) reconheceu que o socialismo deu importante contribuição conceitual à política de masculinidades ao exportar o impacto das pressões industriais sobre a saúde e o bem-estar dos homens dentro da sombra vaticinada das buscas corporativas e capitalistas pelo lucro (ver também Schumacher, 1973: 218; Hearn, 1992: 35). Este conjunto de pesquisas visava dissipar as distinções de classe entre os homens, sugerindo que para "entendê-los, temos que entender suas posições materiais e econômicas e suas práticas sociais tanto em casa quanto no trabalho". (Pease, 2002: 25). Através de uma lente socialista, homens (e mulheres) trabalhadores têm sido tradicionalmente vistos como vulneráveis a serem usados por aqueles que possuem os meios de produção (principalmente homens brancos ocidentais) para gerar lucro, muitas vezes com consideráveis prejuízos físicos, emocionais, financeiros e sociais para o próprio trabalhador. Em outras palavras, a industrialização tem tido impactos imediatos e profundos na vida social, cultural, econômica, política, emocional e física dos homens (e de outros). O capitalismo tem efetivamente permitido aos industriais ricos comprarem a mão-de-obra de outros homens (e de outros) através de arranjos sociais, econômicos e políticos que assegurem que lucrem enormemente com as empresas atendidas por um quadro de trabalhadores na produção primária e indústrias baseadas em combustíveis fósseis (Rickards et al., 2014; Malm, 2015). Através de tal análise, vemos que o gênero desempenha papel central na construção de identidades individuais ao longo das linhas tradicionais e binárias de identidade nas sociedades capitalistas em particular – em outras palavras, o capitalismo precisa de distinções como classe, raça, idade e gênero, a fim de estabelecer hegemonias de trabalhadores. Segundo Pease, esta tradição capitalista de exploração hegemônica expôs a necessidade de reavaliar a identidade de gênero através da construção de novas leis, valores, organizações e instituições que funcionem além das restrições do sexismo, com a intenção de ampliar o acesso ao mundo do trabalho também para mulheres e pessoas não-binárias/*genderqueer* (2002: 25). Estes estudiosos da masculinidade estabeleceram uma transformação social revolucionária que nos apontaria na direção de construções sociais pós-hegemônicas, observando também a severidade com a qual mulheres (e outros) foram impedidas de desempenhar papéis de colarinho azul e branco[16] fora de casa, em detrimento do progresso da sociedade durante grande parte da história ocidental (Fasteau, 1975: 60).

Infelizmente, em relação à equidade de gênero, as sociedades de inspiração socialista (particularmente os estados comunistas que surgiram e caíram durante a metade do século XX) implementaram muitos dos mesmos traços de hegemonização masculinista que sua retórica fundacional visava usurpar. O sexismo perseverou também nos estados comunistas, apesar da melhor das intenções de libertar todos os cidadãos através da industrialização coletiva (Zawisza et al., 2015). Além disso, apesar da ênfase nesse tipo

---

16 Nota da tradução: os termos se referem a trabalho mais intelectual, "de escritório", para os colarinhos brancos e os azuis, para trabalhos que requeiram mais ação ou força física, como o de operários por exemplo.

de industrialização, as sociedades comunistas emergentes deram pouca atenção ao cuidado com o meio ambiente. O triste histórico ambiental da industrialização comunista tem sido exposto há algum tempo (Goldman, 1972; Josephson et al., 2013). Por exemplo, o Cáucaso e a Ásia Central tinham uma história consagrada de devastação ecológica sistemática sob políticas e práticas de desenvolvimento econômico comunista (Cherp; Mnatsakanian, 2008). Apesar da retórica, o cuidado social e ambiental que foi implementado em (antigos) estados desse sistema provaram ser, na melhor das hipóteses, fraco (Komarov, 1978: 30; Bowers, 1993: 134). O comunismo resultou na replicação de visões e práticas binárias sobre a humanidade e a Terra, ao mesmo tempo em que defendeu visões binárias sobre os papéis do homem e da mulher nos mercados de trabalho, essencialmente criando uma versão diferente da mesma hegemonização problemática entre a Terra e a humanidade e entre os gêneros, assim como acontece com todos os estados capitalistas globais. Além disso, e indo mais ao ponto, seria justo dizer que o comunismo falhou, deixando-nos com uma industrialização desonesta que reflete as expressões brutas do capitalismo global. Dado que o sexismo e a destruição ambiental persistiram, tanto através do capitalismo quanto do comunismo, enquanto ambos os sistemas buscavam a modernização industrial, devemos tomar medidas para construir sociedades equitativas (tanto social quanto ambientalmente falando), buscando respostas para nossos problemas sociais e ambientais, para além dos dois sistemas econômicos. Consequentemente, encontramos poucas evidências de apoio intersetorial ao homem, à masculinidade e à Terra dentro de uma análise econômica das relações de trabalho dos homens, como exemplificado por aqueles teóricos da masculinidade que adotaram o socialismo como guia.

Isto nos leva a considerar outras posicionalidades de masculinidades que expandem nosso entendimento das definições de virilidade e masculinidade, indo além da modelagem econômica e em direção a análises críticas de heteronormatividade.

Masculinidades LGBTTEQQIAS-OHP (LGBTQIA+ ou não-binária/*genderqueer*)

Conforme nos dirigimos à ecologização masculina, honramos os *insights* sobre masculinidades apresentados por lésbicas, gays, bissexuais, transgêneros, transexuais, espíritos-duplos, *queer*, questionantes, intersexuais, assexuais e simpatizantes (além de outros-O, infectados com HIV-H, pansexuais-P) (LGBTTEQQIAS-OHP LGBTTTQQIAA-OHP), estudiosos e ativistas. Esse movimento é também conhecido como a comunidade arco-íris, reflexo da bandeira arco-íris, que teve origem no norte da Califórnia e se tornou símbolo internacional do orgulho lésbico, gay (e de outros). Referimo-nos à sigla mais complexa "LGBTTTQQIAA" em vez da comunidade arco-íris para enfatizar a diversidade que existe em toda sua extensão e o que consideramos ser o reconhecimento mais respeitoso às pessoas que são não-binárias/*genderqueer*. Ao longo deste livro e por uma questão de simplicidade, usamos a sigla abreviada LGBTQIA+ e o termo "não-binário/*genderqueer*" de forma intercambiável. Observamos que a heteronormatividade é um aspecto integral das restrições impostas às identidades das pessoas dentro dos limites das masculinidades hegemônicas. Isso é ferozmente defendido por muitos indivíduos não-binários/*genderqueer* e grupos comunitários. Como mencionamos em outra parte deste livro, assumimos nossa liderança da ecologia, honrando o fato de que a complexidade e a diversidade apoiam uma maior resiliência dos ecossistemas, como o fazem nas comunidades humanas. A ecologia nos ensina que (em geral) quanto mais ampla, profunda e abrangente for a teia de conexões relacionais, mais robusto será o ecossistema diante de perturbações. Relevante para esta posicionalidade são as contribuições dos teóricos e ativistas LGBTQIA+ que nos ajudam a ver a mesma biodiversidade em identidade de gênero que está presente em comunidades outras que não as humanas (Mortimer-Sandilands, 2005). Dado nosso foco em homens e masculinidades aqui, tiramos a maior parte de nosso entendimento da comunidade LGBTQIA+ de estudiosos gays e *queer*. Dito isto, reconhecemos que muitas outras vozes (algumas que extrapolam o escopo deste livro) também são dignas de reconhecimento dentro da comunidade LGBTQIA+.

Os teóricos das masculinidades gays têm dado contribuição substancial à evolução cultural ocidental desde os anos 60. Eles desafiaram abertamente tanto a viabilidade quanto a moralidade da dominação masculina, pois ela afeta os homens, através de críticas agudas de heteronormatividade (Connell, 2002: 7). No início dos anos 70, os homens gays – empatizando com a situação das mulheres e feministas que desafiavam o patriarcado – alinharam sua própria libertação com os valores e prioridades do feminismo antes da ascensão da maioria dos outros teóricos da masculinidade (Carrigan et al., 1987:

83). Observamos acima que a dominação masculina afeta tanto os homens quanto todos os outros, criando expectativas de que os homens marginalizados (especialmente os não-binários/*genderqueer*) juntamente com as mulheres e os outros humanos são identificados com aspectos corpóreos, encarnados e eróticos da natureza "selvagem", enquanto as expressões tradicionais de masculinidade estão mais alinhadas com a lógica, intelectualismo, pragmatismo, restrição emocional e a busca da cultura "civilizada" (Ortner, 1974; Griffin, 1978; Merchant, 1980; Eisenstein, 1983; Gaard, 2011). Tais pontos de vista destacam os traços distintivos das identidades de gênero masculinizadas e feminilizadas. Como todas as identidades, a homossexualidade é um processo de "tornar-se" – uma condição construída em si mesma e pode ser uma questão de preferência, predisposição genética, experiências iniciais, ou qualquer combinação destas (Connell, 2002: 4). Os esforços de libertação dos homossexuais há muito tempo têm como objetivo normalizar a homossexualidade como elemento central do repertório sociossexual humano, resultando em debates conflituosos sobre igualdade matrimonial, direitos parentais para casais do mesmo sexo e mudança em direção à normalização da homossexualidade, à medida que muitos países do Norte Global têm buscado representação igualitária das pessoas LGBTQIA+ aos olhos de suas respectivas leis conjugais. A Irlanda, os EUA, juntamente com muitas das nações da Europa, Canadá, Nova Zelândia, nações da América Central e do Sul, e agora a Austrália, legalizaram o casamento entre pessoas do mesmo sexo.

É difícil ser gay e não-político, mesmo que privadamente. Entretanto, a homossexualidade não predetermina automaticamente a visão política da pessoa a ser liberal ou progressista (considere, por exemplo, Milo Yiannopoulos). Ser discretamente crítico da hegemonização masculina, mas não desafiar a dominação masculina, é colher benefícios do sexismo como homem ou como indivíduo identificado como homem, que os humanos não identificados como masculinos não recebem. Isto é ainda mais evidente quando uma pessoa é branca, pois uma pessoa não marcada pode tomar como certo que se beneficiará de sua branquitude nas sociedades racistas nas formas que a privilegiem em relação às pessoas de cor, assim como as pessoas heterossexuais em relação às pessoas LGBTQIA+.

Connell (1995: 79) referiu-se a um "dividendo patriarcal", que garante que homens de todas as orientações sexuais recebam alguns benefícios como resultado direto da subordinação geral daqueles que se encontram fora da masculinidade e da heteronormatividade. Consequentemente, os homens gays recebem versões escalonadas de privilégios estruturais e pessoais masculinistas em comparação com seus pares heteronormativos, uma vez que sua masculinidade lhes dá acesso limitado aos benefícios das normas masculinas, apesar das opressões impostas a eles por sua homossexualidade (Connell, 1995: 79). Esse acesso "diluído" aos privilégios da dominação masculina coloca os homens gays (mesmo que abaixo dos homens heterossexuais) em posições de vantagem sociocultural e política sobre as mulheres e os outros não-binários/*genderqueer* (Hanmer, 1990: 30). Efetivamente, os homens gays (inadvertidamente) se unem aos homens heterossexuais em níveis limitados de intoxicação de gênero na esteira da dominação masculina (Brod, 2002: 162). Entretanto, as masculinidades são construídas por socializações hegemonizadas, o que significa que a distinção entre as identidades *malestream* e identidades gays masculinas também está presente. Para o teórico da masculinidade gay, o fenômeno da "vertigem de gênero" (a confusão dos privilégios sociais devido à identidade de gênero e orientação sexual) amplifica a marginalização dos gays e *queers*, sufocando ainda mais as capacidades heteronormativas dos homens para cuidar de outros homens e de si mesmos, acentuando o isolamento e a desconexão da proximidade relacional com os outros (Connell, 2000: 91). De forma correspondente, os estigmas ligados à homofobia não só reprimem os gays, mas também lésbicas e pessoas não--binárias/*genderqueer* de forma semelhante. Isto nos dá alguma visão do surgimento da teoria *queer* nos anos 90 como meio de responder criticamente às restrições da heteronormatividade, que se prestou a maior dicotomização da corporificação e da sexualidade no século XXI.

A teoria *queer* oferece contribuições úteis para uma teoria ecologizada da masculinidade que prioriza abordagens mais amplas do cuidado. Judith Halberstam (1998) em *Female Masculinity* (Masculinidade Feminina) discutiu a questão da identidade de gênero a partir de uma perspectiva *queer*, sugerindo que as definições de "masculinidade" vistas através de expressões sociais, culturais ou políticas do "eu" não deveriam ser restritas pelo corpo masculino e seus impactos no mundo. Ela observou as formas como socializações masculinas tradicionais colonizaram os corpos das mulheres, ampliando os direitos das masculinidades hegemônicas para incluir o acesso e controle sobre os direitos reprodutivos das mulheres, juntamente com políticas e práticas médicas e de saúde que as impactam (Halberstam, 1998: 1-2).[17] Isto é alarmante exatamente porque – como os teóricos *queer* atestam – "masculinidade" deve ser considerada uma construção que "envolve, modula e molda a todos" e "não é propriedade dos homens", mas, ao contrário, nos oferece formas de nos envolvermos com o mundo através de privilégios, poder e controle internalizados. Para os teóricos *queer*, a masculinidade é então algo fabricado com o propósito explícito de angariar ganhos sociais, econômicos e políticos (Halberstam, 1998: 13-14, 16).

A capacidade de refletir sobre o "eu" para além das categorizações é exercer o direito de ser ou escolher orientações sexuais ou de gênero à vontade, o que, argumenta a teoria *queer*, nos liberta para "criar uma sociedade que aceite a diferença, acolha a diversidade e defenda os direitos humanos", que é o reflexo do mais resistente dos ecossistemas (Kirsch, 2000: 8-9).

Halberstam (2005) previa expressões de identidades livres das influências da heteronormatividade – onde as pessoas e suas afiliações íntimas seriam bem-vindas e abraçadas através de um amplo mosaico de possibilidades. Neste sentido, a teoria *queer* desafia diretamente a dominação masculina como pouco mais do que "ilusões fabricadas" do "eu", firmemente unidas a ganhos hegemônicos. A teoria *queer* continua a aspirar à equanimidade social que não é apenas pós-gênero, mas também pós-heterossexual, buscando manifestar um mundo que abrace formas diferentes e não tradicionais de ser em relação aos outros seres humanos, tanto conceitual quanto visceralmente. Ao confrontar a base de poder das masculinidades hegemônicas através de abordagens coletivas e de conexão da autoidentidade, a teoria *queer* forja uma solidariedade que vai além dos binários tradicionais de mulher e homem, feminino e masculino, feminilidade e masculinidade, homossexual e heterossexual (Kirsch, 2000: 9). Neste sentido, a teoria *queer* é pós-estrutural, buscando avançar a individuação além da autodescoberta contemplativa em homens, mulheres e pessoas não-binárias/*genderqueer*, confrontando diretamente a heteronormatividade, usurpando efetivamente as prescrições tradicionais de identidade e orientação (Berlant e Warner, 1995: 344). Dadas as infinitas complexidades da

---

17 Isto é particularmente relevante nos EUA, pois o apoio governamental aos direitos reprodutivos das mulheres tem sido ameaçado de forma alarmante sob o governo Trump, apesar de gerações de ganhos duramente batalhados por eles.

natureza que ecoam nas sociedades humanas, esta plasticidade de gênero tem muitas implicações úteis também para os cuidados com a Terra.

Com o desenvolvimento do discurso, algumas interpretações da teoria *queer* extrapolaram o cuidado com outros humanos para além das diferenças, ao nível de cuidado ambiental também. Em seu livro *Strange Natures: Futurity, Empathy, and the Queer Ecological Imagination* (Naturezas estranhas: Futuridade, Empatia e a Imaginação Ecológica *Queer*), Nicole Seymour (2013) explorou criticamente as nuances do ambientalismo *queer* nas ficções contemporâneas. Seymour afirmou que estas ficções capitalizam a noção de natureza selvagem e o corpo humano *queer* como igualmente ameaçados pela domesticação capitalista. Ela argumentou que:

> ... a fuga de identidades, epistemologias e ontologias estáveis (movimentos pelos quais a teoria crítica e a teoria *queer*, em particular, são bem conhecidas e que têm provavelmente desencadeado uma cultura "pós-identidade") poderia se prestar mais efetivamente à defesa empática e politizada do mundo natural não-humano.
>
> (Seymour, 2013: 184)

A partir desta afirmação, concluímos que a masculinidade ecológica tem muito a ganhar com a teoria *queer*. Esta abordagem pluralista da aproximação entre os seres humanos, além das fronteiras tradicionais, facilita níveis de cuidados mais autênticos no contexto mais amplo (Mellström, 2014). Isto inclui as relações humanas que podem – quando levadas a suas conclusões lógicas – ser estendidas também à relação entre o ser humano e a natureza. Consequentemente, a teoria *queer* institui o cuidado com os seres humanos e outros não-humanos através da busca da proximidade íntima com companheiros seres humanos, indo além das interpretações tradicionais de identidade de gênero. Nossa noção de masculinidades ecológicas reconhece as demarcações entre categorias de homens e masculinidades – como as identidades de gênero e sexuais – como construções sociomateriais, cujos limites podem (e devem) ser confrontados e transformados. Como os teóricos *queer*, defendemos uma diversidade de visões e ações que reflitam a trajetória das discussões sobre a não-heteronormatividade à medida que reconfiguramos os entendimentos dos homens e das masculinidades em alinhamento com a ecologização masculina (Butler, 2017).

Naturalmente, as comunidades LGBTQIA+ têm estado na linha de frente das lutas contra as normas *malestream* ao lado das mulheres e da Terra. Eles têm desafiado os diferenciais de poder e afirmado seus direitos à igualdade de tratamento – cujos sucessos estão ganhando impulso globalmente. Um processo semelhante de desafiar as estruturas institucionalizadas de poder da hegemonização masculina tem se desdobrado para aqueles preocupados com a masculinidade e a raça, ao qual voltamos nossa atenção a seguir.

Decolonização de masculinidades

Alguns teóricos das masculinidades têm considerado as socializações masculinas no contexto das relações raciais. As construções sociais humanas há muito tempo têm sido hegemonizadas nas linhas binárias do claro e escuro, do bom e ruim, do digno e marginal, do desejável e repreensível, tanto no contexto físico quanto sociocultural (DiPiero, 2002: 13). Em cada instância dentro de binários como esses, ser branco, ocidental e masculino equivale a estar localizado como principal beneficiário.

Informados por uma definição de trabalho apresentada pelo *People's Institute for Survival and Beyond* – 2017 (Instituto do Povo para Sobrevivência e Além) – um coletivo para o fim do racismo em Nova Orleans, EUA – usamos aqui o termo "racismo" para nos referirmos a preconceitos raciais combinados com acesso desigual ao poder econômico, o que significa que apenas os brancos podem ser racistas. Esse tem sido um tema de disputa desde muito antes do movimento de direitos civis, onde os mecanismos de opressão associados ao racismo têm por vezes cauterizado até mesmo as causas mais benevolentes, priorizando o privilégio dos brancos e institucionalizando o acesso aos recursos, sistematicamente marginalizando as pessoas de cor ao longo da história humana.

Estudiosos e ativistas mais interessados em masculinidades e raças tornaram evidente que "branquitude" e "negritude" são categorias socialmente construídas que refletem mecanismos culturais, políticos, sexuais e étnicos de opressão (Connell, 2016). O racismo inventa imagens de homens de cor como sendo os "outros estranhos, residentes indesejáveis nos campos verdes e nos condados da comunidade [branca] imaginária", posicionando os homens negros, pardos e indígenas como ameaças à "virilidade" branca, procedendo a colonização destas ameaças e o esgado de quarentena da sociedade branca, utilizando genocídio, escravidão e marginalização pessoal/institucional através, inclusive, dos meios legais e socioculturais mais violentos (Marriott, 1996: 189; Dobratz; Shanks-Meile, 2000).

Mensagens explícitas e dissimuladas dentro de culturas de hegemonização masculina branca têm tradicionalmente reforçado as sugestões de que os homens colonizados são monstruosidades, que estão fora de lugar, não são bem-vindos e são inferiores; meros pagãos historicamente considerados "selvagens nobres" de segunda classe, na melhor das hipóteses, ou sub-humanos, na pior. A soberania de homens de cor e milhares de gerações de íntima sabedoria sociocultural e ecológica indígena têm sido agredidas pelos desejos coloniais de fazer deles "bons servos" para Deus(es), reis e economias, conforme os europeus desejam expandir o alcance de seus respectivos impérios espalhados pelo globo (Marriott, 1996: 189-190; Hughes, 2003[1986]; Zinn, 2003[1980]).

Noções de supremacia branca impulsionaram os esforços de expansão imperial europeia, enquanto os povos das Ilhas Britânicas e da Europa continental chegavam ao "novo" mundo, resultando em tentativas de eliminar a ameaça cultural que os homens de cor representavam para as hegemonias brancas (Stanovsky, 2007). A expulsão dos homens negros, pardos e indígenas da valorização do domínio masculino (branco) os subordinou como "brinquedos" na mão do homem branco ou uma amputação do corpo da normalidade branca (Fanon, 2002[1967]; Du Bois, 2007[1903]). A mensagem de tal retórica é fundamentalmente separatista e, recentemente, tem se apresentado em políticas racistas na Austrália, nos EUA e em toda a Europa. Tentativas de descolonizar masculinidades revelam as limitações impostas aos homens de cor como expressões particularmente agudas de racismo que permeiam o domínio masculino (Mac an Ghaill, 1994: 183). Neste sentido, as reações atuais às políticas de imigração em todo o mundo ocidental estão longe de ser novas. Ao contrário, podem ser consideradas versões mais novas das velhas e esgotadas manifestações pessoais e institucionais de racismo que permeiam o mundo ocidental há séculos, que ao se tornarem cada vez mais visíveis em relação às questões ambientais, estão sendo reinventadas (Rogers, 2008; Buckingham e Kulcur, 2009).

Estudiosos e ativistas negros, pardos e indígenas são preciosos por desafiarem em uníssono estas suposições arraigadas sobre as relações de gênero e raça, argumentando que quaisquer crises de masculinidades que tenham resultado na dizimação institucional de pessoas de cor foram geradas por expressões de opressão hegemônica que conspiravam com intenções imperiais e raciais (Franklin, 1987: 155; Marriott, 1996: 185-186). Por exemplo, na Austrália, o povo aborígine continua a ser marginalizado pela sociedade branca, dominada pelos anglo-saxões em termos raciais, econômicos, sociais e culturais. Na Suécia, os Sami estão simultaneamente sujeitos às maquinações da colonização como povo indígena sueco, estando sujeitos a opressões culturais, bem como sociais e ambientais na mesma linha de racismo que afetam o povo aborígine australiano do lado oposto do globo (Össbo; Lantto, 2011; Bird Rose, 2016; Sehlin MacNeil, 2017).

Estudiosos deste campo fizeram contribuições para nosso entendimento das estruturas étnicas, familiares e comunitárias colonizadas que revelam as nuances do "outro" masculino que não é branco (Marriott, 1996: 194). Recentemente, vários estudiosos do gênero introduziram a interseccionalidade em suas análises de questões ambientais, principalmente em relação aos impactos raciais das mudanças climáticas (Kaijser; Kronsell, 2014; para visões gerais, ver também Moosa e Tuana, 2014; Pearse, 2017). Consequentemente, temos muito a aprender com os teóricos da descolonização que trouxeram à nossa atenção discursos sobre raça e gênero que permanecem altamente relevantes até hoje (Tengan, 2002; Cariou et al., 2015). Observamos que alguns homens ocidentais, em sua maioria brancos, geraram grande riqueza no mundo e, ao fazê-lo, tipicamente exploraram o trabalho dos povos negros, pardos e indígenas colonizados, enquanto extraíam riquezas de recursos do interior da natureza colonizada. Observamos também que os movimentos ambientais contemporâneos que oferecem resistência a essas tendências também se tornaram, em grande parte, fenômenos brancos: não porque as pessoas colonizadas não se preocupem com o meio ambiente, mas porque o racismo cortou com muito sucesso as conexões ecológicas da maioria global e colocou as pessoas de cor (em grande parte urbanizadas) em uma posição ruim à medida que as colônias do Ocidente se tornaram Estados-nação. Esta persistente tendência de exploração foi combatida por alguns homens (mas principalmente mulheres) que querem se libertar da maldade da colonização que ainda está conosco até hoje (Whyte, 2014; Claeys; Delgado Pugley, 2017).

Naturalmente, a presença de cuidados ambientais profundamente considerados tem estado presente entre pessoas de cor e comunidades indígenas ao longo de suas histórias. O fluxo contemporâneo de refugiados ambientais (diferente dos refugiados políticos), enquanto escrevemos este livro, tem aumentado rapidamente, indicando relação direta entre circunstâncias ambientais e a subsistência de pessoas de cor do Sul Global, que também são a maioria global (ACNUR, 2017). Os povos indígenas e pessoas de cor têm vivido de forma sustentável e, diante da colonização, têm organizado resistência à sua própria exploração e a de suas nações por gerações, não apenas através de conflitos violentos/não-violentos, mas também através de defesa legislativa. Tomemos por exemplo milênios de gestão ambiental e imersão no ambiente vivo pelos povos indígenas do mundo inteiro, dos quais os aborígines australianos são um exemplo óbvio, tendo vivido dentro e com um monte de biomas naquele continente por mais de 60 mil anos (Lawlor, 1991).

Considere também os dezessete Princípios de Justiça Ambiental, que foram levantados na *First National People of Color Environmental Leadership Summit* (Primeira Cúpula Nacional de Liderança Ambiental de Pessoas de Cor), em Washington, DC, em outubro de 1991: um evento marcante, patrocinado pela *United Church of Christ* (Igreja Unida de Cristo), pela *Commission for Racial Justice* (Comissão de Justiça Racial) e pelo editor de procedimentos, Charles Lee (Lee, 1991).

Sugerimos que qualquer discussão sobre masculinidades ecológicas se beneficie de uma análise crítica da interação entre as instituições sancionadas pelo Estado, o racismo e a discriminação das pessoas de cor junto com os povos indígenas. Considere também: as implicações raciais e de gênero das catástrofes climáticas que se aproximam; as nações do Sul Global (não-europeias) que estão em maior risco; as políticas de mitigação (ou sua ineficácia) elaboradas principalmente por homens (e algumas mulheres), cativados pelas abordagens de modernização ecológica neoliberal que introduzimos no Capítulo 2 (Rivera; Miller, 2007). Os movimentos ambientalistas do Norte Global têm, consequentemente, lutado para assumir a mais ampla gama possível de experiências raciais (Di Chiro, 2008).

Consideramos importantes questões levantadas pela descolonização combinada com a pesquisa sobre masculinidades, reconhecendo que esta é apenas uma introdução às complexidades associadas a este tópico. Para exames mais aprofundados das noções de raça e masculinidades (que estão fora do escopo deste livro, dado seu foco em reconfigurações de masculinidades no Ocidente além das normas *malestream*), nós nos remetemos a estudiosos e ativistas de heranças colonizadas para um estudo mais aprofundado deste importante tópico. Adotamos esta abordagem respeitosa intencionalmente, reconhecendo que nenhum de nós tem heranças colonizadas na Suécia (Martin) e na Austrália (Paul). Observamos as sensibilidades necessárias para falar das preocupações com a descolonização, já que as questões de raça e imperialismo estão inundadas de pontos cegos socioculturais que, consequentemente, abrigamos. Reconhecemos que para fazer plena justiça a este tópico é necessário entendimento específico da apropriação cultural indevida, juntamente com os legados históricos dos povos colonizados e as tragédias que têm afligido suas comunidades sob o peso de séculos de racismo. Reconhecemos que os laços entre os homens indígenas, os homens de cor e os cuidados com a Terra são agudos, (pré)históricos e fundamentados em imensas sabedorias da Terra com as quais um discurso sobre ecologização masculina tem muito a aprender. As masculinidades ecológicas se beneficiarão muito com a atenção dada à relação humano-natureza das pessoas colonizadas e, como consequência, agradecemos as contribuições dos estudiosos e ativistas que possuem maior conhecimento sobre este tema do que nós.Além dessa introdução ao valor desta análise, damos alguma consideração à problemática presença da apropriação cultural indevida em nossa consideração do movimento de homens mitopoéticos na seção que se segue.

Mitopoesia masculina e criação de mitos da natureza

O movimento mitopoético dos homens tem origens diversas. Ele surgiu a partir dos princípios psicoespirituais das mitologias grega, romana e do Extremo Oriente, bem como dos contos de fadas euro-pagãos, do cânone arquetípico junguiano, juntamente com a psicologia transpessoal. O termo é uma derivação de "mitopoiesis" que significa re-mitologizar ou refazer, onde "mitopoeia" se refere à capacidade de criar mitos ou compartilhar uma história tradicional (Bliss, 1992: 95; Hoff, 1994; Bliss, 1995: 292-293; Hoff; Bliss, 1995). O movimento é creditado por tornar as questões dos homens visíveis através da cultura popular ocidental, empregando vários processos teatrais e dramáticos e técnicas pop-psicológicas que visam re-mitologizar noções de masculinidade, especialmente as de companheirismo, camaradagem, serviço, propósito e auto-empoderamento.

O movimento surgiu como resposta às preocupações sobre supostos impactos "emasculantes"[18] do feminismo da segunda onda ao impor o que alguns homens viam como discriminação sexual "reversa", que supostamente inferiorizou as masculinidades industriais/ganha-pão. Desde sua origem simples nos anos 60, o movimento ganhou impulso nos anos 80, atingindo um pico populista na década de 90, particularmente através da difusão internacional do Projeto *ManKind*, com variações contemporâneas residenciais e virtuais. Por exemplo, *Tomorrowman, the Shift Network's Ultimate Man Summit*, a Comunidade *Brotherhood*,[19] o Projeto *Crucible, Reclaim Your Inner Throne* (Reivindique seu trono interno) e o Programa *Authentic Man*, apenas para citar algumas trocas globais. Algumas abordagens do movimento são experimentação da identidade masculina, definições de masculinidade, ritos de passagem de inspiração religiosa, jornadas xamânicas/mundistas e treinamentos de namoro/sexualidade/intimidade (Gambill, 2005). Variações sobre esses temas continuam a se desdobrar.

O movimento de homens mitopoéticos foi formalizado pelos líderes masculinos americanos: Shepherd Bliss, Robert Bly, Robert Moore, Douglas Gillette, James Hillman e Michael Meade. Em sua essência, o movimento foi construído sobre as fundações junguianas e da gestalt, com base no quarteto de arquétipos composto por Rei, Guerreiro, Mago e Amante para dar início a uma libertação revisionista dos homens (Moore; Gillette, 1990). Com o crescimento do movimento, surgiram processos e práticas que foram desenhados para despertar de novo interpretações inspiradas mitopoeticamente, através de ritos de passagem contemporâneos (inicialmente em ambientes naturais, mas agora cada vez mais através de grupos internacionais on-line e treinamentos individuais), com a literatura popular masculina e protocolos focados no crescimento pessoal, liberação emocional e desenvolvimento terapêutico do homem (Bly, 1990; Ross, 1992). Em termos práticos, o movimento mitopoético masculino construiu rituais elaborados para apoiar o que muitos no movimento descrevem como uma ascensão do "masculino maduro" para a transição da "psicologia para garotos", imatura e insegura, para a "psicologia

---

18 Nota da editora: castradores.

19 Nota da editora: o grupo Brotherhood existente no Brasil não tem nenhum vínculo com este citado pelos autores.

para homens" madura e bem ajustada, onde uma vida dedicada a estar a serviço do bem maior possa ser alcançada (Moore; Gillette, 1990).

A mitopoesia masculina tem usado rotineiramente *sweat lodges* (cabanas para cerimônias do suor) e os círculos do bastão falante, adotando nomes de animais inspirados por um *potpourri* de tradições (emprestadas e em alguns casos roubadas) das *First Nations*, povos originários (especialmente das tradições indígenas norte-americanas), e a adaptação de ritos baseados na Terra através de retiros e reuniões de conscientização (Moore; Gillette, 1990: xvi-xix; Wicks, 1996: 63-79; Ashe, 2007: 69).

Os fundamentos do movimento foram construídos com a premissa de que o "homem selvagem" (a voz potente, instintiva e antiga do eu masculino autêntico e poderoso) deve ser despertado e sua potência canalizada na direção do apoio amoroso ao planeta, às pessoas e a subjetividade (Pease, 2002: 77). O movimento surgiu como resposta aos sinistros impactos das masculinidades hegemônicas (tanto no mundo quanto nos próprios homens) que socializaram os homens para alcançar a grandeza no mundo através da construção de si mesmos, mas, notadamente, não foi crítico das socializações masculinas que subjugam os outros.

O movimento de homens mitopoéticos ganhou notoriedade precoce através de um artigo no *Yoga Journal* de 1986, escrito por Shepherd Bliss. Lá, Bliss tentou explorar alternativas às masculinidades "tóxicas" ou "extremas" que há muito vêm caracterizando as normas *malestream*, buscando alternativas masculinas "reais" e "profundas", despertando uma abordagem mais campestre da vida. Bliss sugeriu que o movimento emergente abrigava um grande potencial para servir os homens e o mundo através de cura e recuperação interna, o que despertaria o aspecto "masculino profundo" – aquela parte do "eu" em uma missão de servir o planeta de forma personalizada, refletindo a história de vida e liderança únicas de cada homem (Bliss, 1995: 300-301, 302). O movimento visava cauterizar a arrogância do pensamento e dos comportamentos do "grande homem" sobre a vida dos homens. Comentários sociais contemporâneos em resposta a estes objetivos, como os oferecidos por Rebecca Solnit (2017 a; Solnit, 2017b; Solnit, 2017c) são instrutivos (ver Quadro 3.1).

Reconhecemos que Bliss introduziu o início de uma conversa pessoal/política ao então jovem movimento mitopoético dos homens (Bliss, 1987). Com isto, ele não os culpou pelos infortúnios do mundo. Afastando-se da condenação das masculinidades em uma entrevista com Bert Hoff, Bliss essencializou sua visão para uma masculinidade mais gentil, alegando que:

> ... o papel masculino histórico do Protetor, que quando tomado em excesso pode ser um problema, é uma imagem positiva. O Protetor, o Agricultor. Os homens que cultivam a Terra, cuidam da Terra, não como nutridores, mas como geradores. Há essa qualidade regeneradora. Eu faço uma distinção entre o nutrir das mulheres e o gerar dos homens. Precisamos pensar na biodiversidade da humanidade. Pensamos sobre isso principalmente em termos de vida selvagem e natureza. Mas os seres humanos fazem parte da natureza. Precisamos aplicar parte do pensamento nos círculos ambientais sobre Trabalho dos Homens e parte da mentalidade do Trabalho dos Homens aos círculos ambientais... Gostaria que trouxéssemos isso mais para a cultura de massa e para a consciência ambiental. Nós, como homens, tanto individualmente quanto em nosso movimento, temos muito a oferecer a nossa sociedade como um todo.
>
> (Hoff and Bliss, 1995)

Através de declarações como esta, Bliss expôs algumas das primeiras visões de "ecomasculinidade" e sua busca sincera por uma vida melhor para os homens e outros. Ele fez eco ao pronunciamento de Thoreau de que "[to]das as coisas boas são selvagens e livres... Dê-me a meus amigos e vizinhos homens selvagens, e não aos domesticados" (Bliss, 1989: 10). Efetivamente, os esforços de Bliss centraram-se em trazer os homens para a Terra, uns para os outros e para si mesmos. Ele acenou ao Pai da Terra de volta do céu (Pai nosso que está no céu); o Tio de volta ao sobrinho (aquele que ajuda, aconselha e inspira); o Marido de volta ao coração (aquele que protege e provê estando atento às necessidades familiares) (Bliss, 1989: 11). Este "ecohomem" Blissiano era fresco e espontâneo, vital e vivo – em oposição à selvageria brutal do soldado ou à passividade do trabalhador abatido – ele era um antídoto que oferecia grande alívio "à nossa sociedade supercivilizada, superurbanizada, superorganizada, demasiadamente racional [que] pode ser um fator de melhoria da vida e de proteção do planeta" (Bliss, 1989: 10).

Quadro 3.1 – Grande homem? Homem tóxico

Em um artigo no *The Guardian*, Rebecca Solnit (2017c) expôs as limitações de um ethos de "grande homem" a que ela também se referiu como uma masculinidade "tóxica" ou "extrema".

Lá, respondendo ao surgimento de alegações públicas contra o produtor de Hollywood Harvey Weinstein de ataque sexual (juntamente com alegações em curso contra Roger Ailes, Woody Allen, Bill Cosby, Peter Madsen, Bill O'Reilly, Roy Moore e outros) e destacando o aniversário de um ano de alegações semelhantes contra o então candidato, e no momento da publicação deste livro, Presidente dos EUA Donald Trump, Solnit examinou a propensão de alguns homens a se sentirem excitados por sua capacidade de infligir dor e humilhação às mulheres em particular. Ela observou ausência generalizada de empatia, uma atração viciante pela dominação, apetite insaciável pelo controle e completo descaso por causar danos a outros que alguns homens parecem dispostos a aceitar como seu dever. Solnit reconheceu o papel que a doença mental pode desempenhar em alguns casos, mas nos apontou para a consideração mais alarmante e mais ampla de que esses comportamentos podem, de fato, ser culturalmente incutidos em homens de forma disseminada; um meio perverso de afirmar o poder, elevar o *status*, rebaixar os outros e presumir que tal comportamento seja um direito para alguns de ferir e destruir aqueles a quem dominam, a fim de alcançar a grandeza socialmente sancionada.

O argumento de Solnit prosseguiu para elevar o centro do grande homem como exemplo de "masculinidade extrema". Ela argumentou que essa caracterização é algo com que vivemos há milênios e que proporciona veículos para levar o domínio masculino a uma suposta "conclusão lógica"; os produtos de grande isolamento e solidão que afligem os homens que os divorciam de seus cuidados com os outros e os despojam de sua capacidade de empatia, amor e abnegação, representando um coquetel tóxico de socializações que pode muito bem ser recompensado socioeconômica e politicamente, mas que é relacionalmente devastador e, em última instância, uma consequência de alguém cujo estado interior é, de fato, bastante frágil. Solnit sugeriu que quando os homens agem desta forma extrema, estão confinados dentro de sua própria perpetração, tanto quanto são punidores dos outros. Ela pediu um novo caminho para os homens, onde o medo de ser pego agindo mal seja substituído pela eliminação do desejo de que esses comportamentos surjam em primeiro lugar. Neste artigo em particular, ela não dá o próximo passo para compartilhar conosco sua visão sobre como os homens podem chegar lá.

No entanto, de acordo com a nossa visão que Bliss (e seus colegas) confiou demais na mitopoesia para resolver nossos problemas sociais e ecológicos. Embora ele tenha encorajado as atividades dos homens de preservação da Terra (tais como ativismo antinuclear, conservação ambiental e defesa dos direitos dos animais), essas aplicações mais amplas e mais sistêmicas do trabalho não ganharam impulso. Em vez disso, no auge do movimento nos anos 90, poucos encontros profundos com pessoas discriminadas e outros não-humanos foram formalizados. Havia oficinas de fim de semana para homens usando a natureza como "pano de fundo", para o teatro da cura dos homens a partir de suas feridas interiores, ao invés de reenquadrar o valor intrínseco e perceber outros que chamam a atenção para a necessidade de nosso maior cuidado com toda forma de vida. Um argumento central tem persistido dentro do movimento de que o feminismo tem desafiado com sucesso a dominação masculina a ponto de instigar a confusão em muitos homens sobre sua virilidade.

O movimento tem argumentado que o feminismo tem forçado os homens a atenderem a expectativas politizadas e aumentadas de algumas feministas, pressionando-os a se tornarem "brandos" em troca de aprovação e aceitação. Isto resultou em retrocessos para mulheres e feministas, assim como para homens pró-feministas dentro das fileiras da mitopoesia (Ross, 1992: 209-219). Retornamos a estas considerações no Capítulo 7.

Críticas adicionais se seguiram sobre as tendências apolíticas do movimento mitopoético masculino (Kimmel, 1996; Clatterbaugh, 1997). Embora aspire a ser relevante para homens de várias origens, o movimento tem permanecido particularmente atraente para homens de meia-idade, heterossexuais das classes ocidental, branca, trabalhadora e média (Pease, 2002: 77). Nos últimos 25 anos e com base na minha (Paul falando aqui) participação pessoal na mitopoesia em múltiplas ocasiões, encontrei pouquíssimas pessoas não-binárias/*genderqueer*, bem como um número mínimo ou de nenhum homem de cor representado entre os líderes e participantes do movimento, ou que encontraram um "lar" a longo prazo para si mesmos em tais comunidades. Essa é uma tendência demográfica que esteve presente no movimento desde seus primeiros dias e parece ter persistido até hoje.

Em uma observação astuta que ainda é verdadeira, Michael Kimmel e Michael Kaufman (1994: 284) sugeriram que o movimento se desviou convenientemente dos *insights* pessoais/políticos de feministas. Falando dos fundadores do movimento, Kimmel e Kaufman observaram que a mitopoesia masculina falhou:

> ... ouvir o que as mulheres têm dito aos homens... que a mudança pessoal é um elemento indispensável e uma ferramenta para a mudança social, e que a mudança social estrutural é um elemento indispensável para a mudança pessoal. É uma visão pessoal da mudança política e uma visão política da mudança pessoal que propomos como alternativa à [mitopoiese]... que permitirá que os impulsos selvagens e progressistas dos homens floresçam... O que impede Bly e seus seguidores de tomar esse rumo radical de mudança pessoal e social são seus protestos de que seu trabalho nada tem a ver com mulheres ou o feminismo... Mas tais afirmações são tendenciosas.
>
> (Kimmel; Kaufman, 1994: 274)

Além disso, Kimmel observou que a ausência de análises sociopolíticas para usurpar a misoginia de forma direta e estratégica também ignorou a natureza homogênea do movimento, instituindo "tudo, desde a reação antifeminista e a revisão do patriarcado até a apropriação racista, teologia enganosa, antropologia mal orientada e ideologia política misógina" como características do movimento, que coletivamente lançaram sombra sobre sua potência e potencial (Kimmel, 1995: xi-xii). Acrescentamos que, com algumas exceções, o movimento também não conseguiu construir uma ponte eficaz, respeitosa e mutuamente empoderadora entre o branco ocidental e os elementos culturais das *First Nations*, muitos dos quais moldaram seus ritos e rituais. Justapondo os mitopoetas contra uma abordagem mais politicamente engajada (pró-feministas) para revelar as masculinidades, Ashe (2007: 76-82) enfatizou que tanto mulheres quanto homens há muito tempo têm sido discriminados em função das políticas e práticas geradas pela dominação masculina na vida cotidiana, sugerindo que é do melhor interesse dos homens enfrentar as injustiças também em seu próprio benefício. Além disso, a segregação dos homens, em espaços exclusivamente para homens, para o desenvolvimento interpessoal pode, na ausência de análises sociopolíticas agudas para chamar a responsabilidade dos papéis dos homens nas opressões estruturais, deixar a misoginia e o sexismo fracamente desafiados, incontestados ou mesmo encorajados (pense aqui em uma conversa ininterrupta de "vestiário") – replicando, desta maneira, os próprios mecanismos de opressão que permeiam a sociedade masculina no mundo inteiro dentro dessas jornadas de conscientização bem intencionadas.

Refletindo essas contradições identificáveis, abundam as críticas ao movimento mitopoético dos homens. Connell (1995: 13) considerou os mitopoetas como um tipo de "terapia da masculinidade", reminiscente de uma crença de que as masculinidades ocidentais modernas estão quebradas e precisam de reparos urgentes. A monocultura demográfica da mitopoiesis masculina tem continuado a caracterizar o movimento. Com isso, identificamos dois problemas-chave: a apropriação cultural de ritos indígenas e rituais para melhorar a vida dos homens. Com isso, vimos também a reificação da heteronormatividade em todo o movimento – se não através da homofobia explícita, então, devido à natureza excludente das subculturas heteronormativas dos homens, transmitindo efetivamente a hegemonização em todo o movimento, cuja intenção sempre foi liberar os homens; libertá-los de seus vínculos com o desempenho mecanicista. Em outras palavras, a mitopoesia masculina tem lutado persistentemente para alcançar as profundezas da ecologização ontológica e prática que poderia ter nos apontado na direção de um futuro de ecologia profunda, de significado tanto social quanto ambiental; um futuro onde as igualdades sociais são dadas e as honras da Terra são dotadas e desenvolvidas com sensibilidades transculturais, incorporadas aos ritos e rituais praticados em conformidade e daí irradiadas para o mundo (Pulé; Hultman, 2019). Infelizmente, ainda há muito terreno a ser ganho em todo o movimento.

No entanto, estamos vendo alguns sinais de que estes tipos de mudanças estão ocorrendo através da mitopoesia masculina – pelo menos gradativamente. A interiorização pessoal da ecologia profunda discutida no Capítulo 4 sugere que, como resultado da participação de alguns homens em finais de semana de conscientização, os indivíduos estão detectando a importância precisamente desses níveis de transformação que têm consequências afirmativas pessoais e políticas. Como exemplo, consideremos este testemunho estimulante de Urs Blumer (comunicação pessoal, 19 de novembro de 2017) do processo interno de um retiro mitopoético de fim de semana no centro da costa de New South Wales (Austrália) do qual ele participou. Esse treinamento incorporou a cerimônia aborígine local compartilhada com os participantes pelos tradicionais guardiões indígenas que incorporaram ritos e rituais biocêntricos ao longo dos processos realizados:

> Estou partindo [terminando] com profunda gratidão por esta incrível terra que nos recebeu a todos tão generosamente. Senti uma poderosa conexão com o espírito através da Mãe, das plantas, do céu e do oceano. Honro a bela terra da Austrália e os povos que caminharam sobre o rosto da Mãe milhares de anos antes da chegada de qualquer aventureiro branco. Admiro a forma como aprenderam a viver em harmonia com a terra, os animais e as plantas, desejando que nós mesmos ainda pudéssemos aprender a ter um bom relacionamento hoje – temo que o homem moderno precise de muito mais tempo para entender... Quero expressar especialmente minha gratidão ao povo [aborígine australiano] do Gumbaynggirr por sua hospitalidade e generosa partilha de seus dons de tantas maneiras.

Naturalmente, a presença de uma metáfora da Mãe Terra sugere graus de essencialismo ainda fortes no movimento, mas como tais *insights* se traduzem em mudanças estruturais em nível pessoal ou organizacional ainda está para ser verificado. Certamente, o grau de mudança cultural que defendemos parece não estar presente em toda a mitopoesia masculina neste momento. Contudo, reconhecemos que as interpretações de cuidados com a Terra mais amplos, profundos e abrangentes podem ser possíveis através de formas mitopoéticas de trabalho masculino, dado o apoio suficiente aos níveis superiores da liderança internacional em todo o movimento (Dennis Beros, comunicação pessoal, 19 de novembro de 2017). A ausência de mudanças frontais nos impactos estruturais dos homens sobre o mundo perseverou em níveis organizacionais; os homens ao longo deste movimento têm permanecido, em grande parte, sem marcas na busca da autorreflexão e da reflexão comunitária e, como consequência, voltaram rotineiramente às suas vidas, onde a dominação masculina continua a atropelar as pessoas e o planeta sem intervenção adequada.

Claramente, as abordagens preliminares de Bliss à ecologização masculina não alcançaram os níveis de transformação planetária que ele esperava. O movimento tem agora aproximadamente 40 anos de idade e nossos problemas sociais e ambientais pioraram drasticamente. Sugerimos que, na tentativa de ajudar a vida dos homens a correr bem, a ecomasculinidade da mitopoesia blissiana e suas aplicações ao longo do movimento não entregaram o que se propuseram a fazer. Referindo-se ao artigo de Solnit, publicado no *Guardian*, resumido no Quadro 3.1, fica claro que a mitopoesia deixou de abordar abrupta e frontalmente a dominação masculina e seus impactos sobre os outros discriminados, não centralizando a reconfiguração das masculinidades, ficando longe dos sentimentos tóxicos do pensamento do grande homem. Falando por experiência própria, ambos testemunhamos esse fenômeno de diluição sociopolítica e negação que Solnit sugere em inúmeras ocasiões em eventos de mitopoesia masculina on-line e na Austrália, nos EUA, no Reino Unido e na Suécia. Em solidariedade com nossos colegas pró-feministas, problematizamos um sentimento geral de inércia que permeia o movimento mitopoético masculino com uma perspectiva socioambiental. Essas omissões demonstram como é difícil para os homens morderem a mão (da dominação masculina) que os alimenta.

Preocupações semelhantes também podem ser niveladas com as masculinidades cristãs.

Tradições dogmáticas e ambientais cristãs

As críticas intensivas feitas às pessoas cristãs (e aos homens cristãos em particular) as posicionaram como algumas das principais antagonistas da modernidade (White Jr., 1967; Merchant, 1980; Gray, 1982; Bullough, 1994; Gaard, 1997; Stearns, 2001).

Lynn White Jr. (1967) enfatizou as implicações antiecológicas de uma existência incorpórea, que tem sido defendida pelo dogma cristão por séculos. Quando vista no contexto da história ocidental, a teologia natural do cristianismo foi o produto da transcendência e do domínio sobre a natureza, não da integração com ela (White Jr., 1967: 1206).

Greta Gaard (1997) em *Toward a Queer Ecofeminism* (Rumo a um Ecofeminismo *Queer*) ofereceu uma sinopse útil do terror que recaiu sobre as mulheres, homossexuais, pagãos e outros, numa tentativa de instalar uma "ordem sagrada" sobre o mundo, com os homens cristãos em seu pináculo (depois apenas de Deus). Concordamos que a tradição cristã tem sido cúmplice fundamental na promoção da descorporificação do eu no mundo através da maior parte da história ocidental (Hitzhusen, 2007). Essa abordagem resultou em graves consequências para todos nós, especialmente para a população pobre, não-ocidental, feminina (feminilizadas e racialmente marginalizadas e indígenas) do mundo, juntamente com nossos outros compatriotas não-humanos em particular. É nosso argumento que as causas primárias de nossas lutas globais são econômicas e de gênero, mas também com origem religiosa (Kimmel; Ferber, 2000). Afinal, o cristianismo é cúmplice fundamental na formulação do antropocentrismo em detrimento da natureza, sustentado por uma suposição errônea de que a humanidade está mais próxima de Deus no céu do que das criaturas "mais simples" da Terra. Mas essa não é a história completa para uma análise cristã de gênero/Terra.

Desafiando uma presunção geral em quadros progressistas de que o cristianismo tem sido opressivo tanto para a humanidade quanto para a natureza, também consideramos algumas evidências que nos dão motivos para apreciar elementos de contribuições cristãs para a justiça social e ambiental (Moncrief, 1970; McCammack, 2007). Observamos que as masculinidades cristãs podem ser examinadas criticamente como outra variação dos cuidados com a Terra, embora mais antropocêntrica do que nossa visão para as masculinidades ecológicas. Consideremos as duas noções de mordomia e de ecoteologia. A mordomia tornou-se intrincadamente entrelaçada com a prática da extração de recursos da Terra, onde os homens em particular (com Adão como criação de Deus e Eva como um pensamento posterior tirado de sua costela a fim de acompanhá-lo na Terra) foram mandatários para pensar, supervisionar e cuidar das mercês de Deus na Terra, como posses a serem domadas e administradas, uma imagem reiterada para legitimar, por exemplo, a indústria nuclear sueca (Wardekker et al., 2009; Anshelm, 2010). A mordomia posiciona a natureza como recurso a serviço da humanidade (Lovelock, 1979: 119-123; Callahan 1981: 73-85; Golding 1981: 61-72). O conceito implica cuidado, mesmo que a partir do ponto de vista da separação humana do outro mundo que não o humano. Elementos de mordomia do dogma cristão são construídos sobre presunções tradicionais de que a existência humana é consequência de uma batalha dualizada entre a pureza divina e uma queda em desgraça no Jardim do Éden. Essa história cristã é uma história de florescimento humano contra a escuridão do mundo e a natureza selvagem; a luta entre o bem e o mal, o certo e o errado, o salvo e o pecador etc. Infelizmente, esses fundamentos binários do cristianismo conduziram os homens e as masculinidades na direção da separação em vez da comunhão, encarregando os indivíduos da tarefa de derrotar os poderes do Diabo, assumindo "toda a armadura de Deus" como se fosse uma guerra para vencer (Efésios 6:10-18).

Ao longo da história da modernidade, inúmeras guerras têm sido travadas em nome dos ideais cristãos (Keen, 1984; Nicholson, 2001). A justiça que fundamentava a batalha foi reificada pelas virtudes cavalheirescas do cristão durante a Idade Média, que surgiu como uma masculinidade idealizada, celebrada por sua capacidade de tornar sua espada, forjada à imagem do Crucifixo, em uma arma para a salvação cristã – uma forma de mordomia que foi infundida no imaginário e nas ações dos homens a serviço de Deus, tanto pela vida (amor ao soberano e à pátria) quanto pela morte (matar dragões míticos, pagãos e inimigos ou estar disposto a morrer fazendo isso). Apesar destas origens tensas, a mordomia tornou-se desde então uma sentinela do cuidado cristão da Terra, continuando a nos envolver com miríades de seres vivos com os quais compartilhamos nossas vidas corpóreas (Berry ed., 2006). O dogma cristão pode ser interpretado como o que encara uma natureza diferente da humana (um princípio feminino assumido) como uma "corrupção" ou "selvageria", que é sinônimo de impiedade, que consequentemente precisa de nosso grande cuidado, cultivo e administração para colher as mercês de Deus na Terra (Merchant, 1996: 75-79). Aqui, notamos um paralelo entre uma abordagem protetora para com as mulheres "mansas" e a natureza "frágil", ambas chamando a mão condescendente, firme e dirigente do homem (à imagem de Deus na Terra) para impor gerenciamento e controle. Como uma cultura dominada por valores cristãos, os princípios sociopolíticos e ecopolíticos do Ocidente têm sido significativamente guiados por lógicas de mordomia. A selvageria da natureza tem sido considerada há muito tempo algo a temer e dominar. A tarefa cristã de "frutificar e multiplicar-se, e encher a Terra, e sujeitá-la" (Gênesis, 1:28) forma a base de muitas nações do Norte Global e é (provavelmente) uma fonte original para a ordem de crescimento econômico irrestrito que caracteriza o capitalismo. Através de uma visão de mundo criacionista cristã, a Terra foi localizada como material para comer, cortar, arar, pescar e brincar em nosso caminho para o Céu, obrigando a humanidade a usar a natureza como trampolim para a salvação.

Os esforços combinados para casar o dogma cristão com o cuidado com a Terra foram pungentemente articulados pelo grande defensor da conservação ambiental dos EUA, Aldo Leopold (1966[1949]). Leopold foi um dos pais fundadores da preservação como prática ambiental. Seu texto clássico, que é sem dúvida um dos mais influentes textos ambientais de todos os tempos, Almanaque de Um Condado Arenoso e Alguns Ensaios Sobre Outros Lugares, iluminou a importância da reverência à Terra como aspecto integral de uma vida justa e piedosa. Como um cristão devoto cuidador da terra e gestor de recursos naturais, Leopold foi fundamental para estabelecer o tom para uma interpretação cristã dos princípios e práticas ocidentais de gestão de recursos naturais. Ele exaltou nossa necessidade de nos tornarmos estudantes conscientes da Terra que nos sustenta, desenvolvendo uma reverência, conhecimento e cuidado por ela, o que contradizia o materialismo crescente das nações industriais ocidentais e as ameaças sempre crescentes de destruição ambiental que as acompanhavam (1966[1949]: xxviii-xix). A preocupação do então jovem gerente de terras do Serviço Florestal dos Estados Unidos com a diminuição dos recursos naturais foi inicialmente manifestada. Mas, mais tarde na vida, a crescente relação íntima de Leopold com sua empobrecida fazenda em Minnesota rendeu o que ele veio a chamar de "Ética da Terra", que desde então se tornou o credo da mordomia: "Uma coisa é certa quando tende a preservar a integridade, estabilidade e beleza da comunidade biótica. É errada quando tende ao contrário" (1966[1949]: 262; Roach 2003: 18). Tal ética é convincente, mesmo que condescendente em relação a outros não-humanos, no suposto benefício de intervenções humanas cuidadoras.

Como outra abordagem cristã da natureza, a ecoteologia nos oferece pontos de partida adicionais que têm algumas semelhanças com feminismos materiais e abordagens pós-humanistas (O'Brien, 2004; Cappel et al., 2016).[20] Essa interpretação das escrituras cristãs atribui graus de valor inerentes a uma Terra heterogênea. Os ecoteólogos priorizam elementos do mito da Criação que sugerem que nossa tarefa é cultivar e cuidar da Terra (Gênesis, 1:28; 2:15). Traçando vínculos diretos com as tradições pagãs baseadas na Terra, a ecoteologia incentiva adaptações de celebrações baseadas na natureza, como por exemplo: o nascimento de Cristo correlacionado com o solstício de inverno, a Páscoa correlacionada com o equinócio da primavera, bem como o entrelaçamento há muito identificado de muitas outras tradições espirituais baseadas na Terra com as doutrinas e rituais da fé cristã (Herskovits, 1937). O apoio ecoteológico às questões de justiça social e ambiental foi, em muitos casos, tirado diretamente da instrução bíblica para se dedicar a uma vida de serviço voltada

---

20 Discutimos isso com mais detalhes no Capítulo 6.

para a melhoria da vida humana e das dádivas da Terra. Esse imperativo moral encontrou seu mais forte apoio nos ensinamentos do frade católico italiano Giovanni di Pietro di Bernardone (c.1181-1226 d.C.), que se tornou São Francisco de Assis, o mais renomado dos patronos cristãos dos animais e da natureza (Haluza-DeLay, 2008). Além disso, em *"Laudato Si": sobre o cuidado da casa comum*, o Papa Francisco (2015) proferiu uma encíclica comovente, apoiando um maior cuidado humano com a Terra considerada como resposta teológica aos problemas sociais e ecológicos globais. Chamando para uma "conversão ecológica", o pontífice fez a seguinte e ousada proclamação:

> ... a crise ecológica é um apelo a uma profunda conversão interior. Entretanto, temos de reconhecer também que alguns cristãos, até comprometidos e piedosos, com o pretexto do realismo pragmático, frequentemente se burlam das preocupações com meio ambiente. Outros são passivos, não se decidem a mudar seus hábitos e tornam-se incoerentes. Falta-lhes, portanto, uma conversão ecológica, que comporta deixar emergir, nas relac☐ões com o mundo que os rodeia, todas as consequências do encontro com Jesus. Viver a vocac☐ão de guardiões da obra de Deus não é algo de opcional nem um aspecto secundário da experiência cristã, mas parte essencial duma existência virtuosa.
>
> (Papa Francisco, 2015)

Em resposta aos diálogos multilaterais para tratar das preocupações sociais e ambientais globais levantadas na COP23, a *Bonn Climate Change Conference* (Conferência de Bonn sobre Mudança Climática), em novembro de 2017, o Papa Francisco expressou sua opinião de que o presidente americano Donald Trump e o negacionismo isolacionista de sua administração em relação à mudança climática estão em pé de igualdade com os "terraplanistas", expressando um decreto do pontífice implorando aos 1,2 bilhão de católicos para abraçar interpretações ecoteológicas responsáveis dos ensinamentos da Bíblia, olhando além do consumo desnecessário, das iniciativas destrutivas de desenvolvimento humano e das alarmantes ameaças que a humanidade e o meio ambiente enfrentam devido à perda de biodiversidade induzida pela ação humana e ao aquecimento global (Papa Francisco, 2015; ver também Li et al, 2016; Kuruvilla, 2017; Schuldt et al., 2017). É revelador o fato de que o Papa Francisco obteve suas maiores inspirações em São Francisco de Assis.

Tanto a mordomia quanto as tradições ecoteológicas continuam a desempenhar papéis importantes na formação do cânone cristão. Juntas, elas contribuem para nossa compreensão de nosso lugar dentro de uma miríade de sistemas vivos dos quais dependemos (mesmo que através de uma "Grande Cadeia do Ser" hegemonizada de Deus para o homem/mulher, para os animais, para as plantas e assim por diante). Vemos que o fundamentalismo de gênero do dogma cristão pode conjurar interpretações conservadoras da Bíblia que ampliaram a hegemonização das sociedades humanas como "jardineiros" de Deus na Terra que não só posicionam os homens acima das mulheres, mas também distanciam a humanidade de outra natureza que não a humana. No entanto, também observamos que a mordomia e, mais ainda, a ecoteologia proporcionam caminhos mais verdes, oferecendo um encorajamento considerável aos cristãos de todo o mundo para honrarem, celebrarem e cuidarem muito das dádivas terrestres de Deus, enquanto também cuidamos uns dos outros e de nós mesmos. É verdade que o lado dogmático da masculinidade cristã tem enfatizado o controle antropocêntrico (na verdade, androcêntrico) sobre a natureza, a sociedade, os seres humanos marginalizados e a subjetividade, em alinhamento com as normas *malestream*. Mas, como demonstramos aqui, estas restrições estão justapostas a visões politicamente mais progressistas de mordomia e ecoteologia. Dados esses elementos da visão cristã do mundo, as prioridades são a santidade, a completude e a interdependência, onde a vida além da humanidade tem agência. É possível que a mordomia e a ecoteologia possam encontrar algumas sinergias com a biocentricidade das masculinidades ecológicas que defendemos, o que significa que as masculinidades cristãs não podem ser inteiramente posicionadas como opostas às teorias e práticas que defendemos ao longo deste livro.

A última a ser considerada neste capítulo é a masculinidade dos direitos dos homens. Localizados na extrema direita da política de masculinidades, passamos a examinar essa posicionalidade a seguir.

Grupos de direitos dos homens
(masculinidades tóxicas/extremas fora de controle)

Os ativistas dos direitos dos homens (ou ADHs) surgiram através de ligações tensas entre "homens brancos raivosos", direito de família, extremismo político, terrorismo doméstico e reações contra os ganhos nos direitos das mulheres e LGBTQIA+ (Messner, 1997; Kimmel, 2013). Esses grupos argumentam que os homens são os grandes perdedores da sociedade contemporânea nas mãos do "sexismo reverso" e da erosão dos valores familiares tradicionais em um mundo dicotomizado (Clatterbaugh, 1997: 11- 12). As masculinidades desses grupos geralmente compartilham a oposição clara ao "politicamente correto" (Keskinen, 2013; Friedersdorf, 2017). Aqueles que subscrevem esta visão consideram que a sociedade está amolecendo ao feminismo e as mulheres estão se aproveitando dos homens, tanto pessoal quanto politicamente. Argumentam que esse problema é mais evidente nos alegados maus tratos de alguns pais que – dizem – foram privados de seus direitos paternos e sujeitos a discriminação sistemática nos tribunais de direito de família, com a intenção explícita de marginalizar os homens quando ocorrem separações conjugais (Boyd; Sheehy, 2016). Os grupos de direitos dos homens estão atualmente experimentando um ressurgimento internacional em grande parte em alinhamento com movimentos de extrema direita, celibatários involuntários (ou *"incels"*), grupos de homens seguindo seu próprio caminho (*Men going their own way* – MGTOW), guerreiros da cultura como Jordon Peterson, defensores da supremacia branca e grupos neofascistas em todo o Norte Global (Messner, 2016; Köttig et al. eds., 2017; Williams, 2018). Os mais extremos desses grupos se encontram nos EUA, onde as masculinidades dos direitos dos homens se formaram inicialmente para facilitar as reformas dos tribunais de família em oposição à legislação que – eles argumentam – favorece as mulheres injustamente e, em alguns casos, adotaram táticas de terrorismo doméstico como marcas registradas de suas respostas (Ashe, 2007: 57). A visão de vanguarda desses grupos é a percepção de que as reformas legais, culturais e econômicas que visam igualar o jogo entre mulheres e homens estão de fato resultando em opressão reversa, colocando os homens como vítimas que alguns defensores do ADH acham enfurecidamente reprensíveis.

Os grupos de direitos dos homens não estão organizados em um movimento coeso *per se*. Ao contrário, eles representam núcleos de políticas reativas que tendem a atrair homens que tenham se sentido injustiçados no trabalho ou em casa e queiram lutar na companhia de outros homens para restaurar seu senso de primazia. Esses grupos têm uma longa história (Dragiewicz; Mann, 2016). O panfleto de Charles V. Metz (1968), *Divorce and*

Custody for Men (Divórcio e Custódia para Homens), atacou frontalmente o feminismo e enfatizou os "papéis sociais tradicionais" de mulheres e homens no contexto da necessidade de retornar às tradições de gênero em casa e na sociedade. *Rape of the Male* (O estupro do macho) de Richard Doyle (1976) também foi influente, baseando-se na visão tradicionalista de Metz, argumentando que os homens são vitimizados e sujeitos à misandria e à discriminação masculina. Doyle argumentou que o medo e as falsas acusações permeiam a suposta propensão dos homens à má conduta sexual – mudando o foco dos dados de agressão sexual para os supostos convites da vítima, resultando em sua criação da *Men's Defense Association* (Associação de Defesa dos Homens). Em meados dos anos 80, a *National Coalition of Free Men* (Coalizão Nacional dos Homens Livres), *Divorce Reform Busters* (Demolidores da Reforma do Divórcio), a *Men's Rights Association* (Associação dos Direitos dos Homens), a *Lone Fathers Association* (Associação dos Pais Solo), *Coalition of American Divorce Reform Elements* (Coalizão dos Elementos da Reforma do Divórcio Americano) e *Men's Equality Now* (Igualdade dos Homens Já) – que se transformou na *Coalition of Free Men and Men's Rights Incorporated* (Coalizão dos Homens Livres e dos Direitos dos Homens Incorporados), surgiram como um quadro de defensores sinceros dos direitos dos homens. Essas organizações compartilhavam uma agenda comum que se concentrava na validação do determinismo biológico e com ele a proclamada "ordem natural" da dominação masculina. Elas também desafiavam a legitimidade política do feminismo, sugerindo que os homens foram – e longe de ser seus principais beneficiários – profundamente feridos pela sociedade ocidental contemporânea (Farrell, 1974). Com base em seus esforços anteriores no ADH, Doyle continuou trabalhando para publicar um livro recente intitulado *Doyle's War: Save the Males* – 2016 (A Guerra de Doyle: Salve os Machos) onde argumentou que o feminismo é uma farsa, o cavalheirismo dos homens foi perdido, e restaurar a igualdade de direitos dos homens é a única salvação para os valores tradicionais da família, virtudes masculinas e, de fato, a própria sobrevivência da civilização. Com o apoio de tais visões, esses grupos continuam a defender a dominação masculina encorajados pelo atual ressurgimento da política de direita em todo o Ocidente. Com as recentes revogações de políticas e práticas de apoio à equidade de gênero nos EUA sob a administração Trump, estamos testemunhando a reafirmação do controle sobre os direitos reprodutivos das mulheres com renovado vigor, particularmente pelos homens alinhados com esta posicionalidade, tornando o ativismo dos direitos dos homens um ataque em massa à justiça social.

Os grupos de direitos dos homens enfatizam a crença de que eles não importam mais e foram postos de lado, esquecidos, ignorados e culpados (Dragiewicz; Mann, 2016; Jordânia, 2016). Esta posicionalidade retrata a situação dos homens trabalhadores – que eles comumente enquadram como cumpridores da lei, pagadores de impostos e ativamente engajados em maquinações da sociedade – como alvos: evitados, envergonhados, perseguidos e esquecidos (Root, 2016). Sua narrativa comum é o produto de uma valorização do tradicionalismo de gênero, caracterizado pela defensividade e resistência à responsabilidade, prestação de contas e/ou tentativas de discussão sobre equidade de gênero. Consideramos esses sentimentos de defensividade e vitimização altamente destrutivos – acentuando as guerras culturais e afastando ainda mais as mulheres, os não-binários/*genderqueer* e os homens, dando prioridade às diferenças em vez da cooperação para a equidade de gênero, ao mesmo tempo em que pouco ou nada se menciona sobre os custos reais da dominação masculina nos comuns glocais. Essas diversas fontes de vitimização internalizada impulsionaram os membros de grupos de direitos masculinos a aplicarem todos os mecanismos de opressão à sua disposição para supostamente "virarem a maré" em favor dos homens (brancos) – para permitir que os ventos lhe sejam novamente favoráveis (Kimmel, 2008). A alegação de que os homens perderam todo privilégio é, naturalmente, nada mais do que uma conveniente "escolha seletiva". Gritos de sexismo reverso, racismo reverso e emasculação masculina são, de fato, reações a ganhos nominais limitados em gênero, raça e igualdade sexual; eles não têm base em análises factuais precisas, confiando em vez disso em contorções de agrupamentos de dados infundados para proferir inflexões de poder e controle perdidos por um sistema supostamente colocado contra os homens. Apesar disso, os proponentes desses grupos promoveram – às vezes – violentos retrocessos provocados por doses pesadas de "direito prejudicado" (Kimmel, 2013: 75). Eles ganharam popularidade através da conquista de simpatia e apoio aos homens que lutavam (muitas vezes silenciosamente e por algum tempo) contra um isolamento profundo. Sugerimos que seja mais provável que os recentes ressurgimentos da dominação masculina apoiados pelo ADH sejam pouco mais do que uma recusa flagrante de alguns homens que tradicionalmente têm sido os principais beneficiários da hegemonização masculina a "serem arrastados aos pontapés e gritos para o futuro inevitável" da heterogeneidade (Kimmel, 2013: xii). Em vez disso, os ADHs apelaram para um retorno à "idade de ouro" da hegemonização industrial/ganha-pão (Ashe, 2007: 61). Seus defensores afirmam que os privilégios dos homens e noções tradicionais de masculinidade não devam ser contestados. Eles justificam tais reivindicações citando "legado histórico, decreto religioso, destino biológico e legitimidade moral" dos homens ao longo da história ocidental ao forjarem a base de poder da dominação masculina a que muitos homens (brancos, trabalhadores e de classe média) são extremamente relutantes em renunciar (Kimmel, 2001: 27). Com o objetivo de desenvolver nossos argumentos em apoio às masculinidades ecológicas, consideramos os grupos de direitos masculinos como sendo amplamente antifeministas e manifestamente misóginos. A fim de articular uma teoria de masculinidades ecologizadas eficaz, é vital que ganhemos clareza sobre os motivadores desses sentimentos expressos de vitimização. Com esse conhecimento, podemos então posicionar mais efetivamente as masculinidades ecológicas como apoio aos crescentes esforços globais para alcançar a equidade de gênero e maior cuidado com a Terra como alternativas viáveis a essas formas extremas de masculinidades. Isso expõe o paradoxo de que muitos homens que se alinham com os argumentos dos direitos dos homens estão de fato projetando seus descontentamentos sobre aqueles subordinados por uma hegemonia industrializada sexista, racista e homofóbica, em vez de reconhecer que suas vidas estão de fato sendo prejudicadas pelos mesmos mecanismos sistêmicos que estão usando para reafirmar sua primazia. Neste sentido, uma análise crítica deste movimento é particularmente útil para nos ajudar a interrogar o colapso da vitimização dos homens com crenças e ações tóxicas/extremas que têm a capacidade de causar consideráveis danos globais, regionais, locais, interpessoais e pessoais. Também reconhecemos que os homens e as masculinidades associadas a esta posicionalidade são provavelmente algumas das masculinidades mais difíceis de se engajar em políticas de saída através de um processo de ecologização como formulamos aqui, uma vez que muitas das plataformas politizadas que caracterizam esta posicionalidade são antitéticas para os cuidados mais amplos, profundos e abrangentes que defendemos.

Colocando a Terra na pauta da política da masculinidade

Ao longo deste capítulo, examinamos um recorte transversal de tradições e categorias de pesquisa dentro da política de masculinidades. Observamos uma série de visões que expõem os modos como a dominação masculina consolida privilégios, riqueza, poder e controle sobre os meios de produção, mulheres, pessoas não-binárias/*genderqueer*, assim como homens discriminados. Cada análise que oferecemos considerou as características de determinada posicionalidade em relação a uma teoria emergente de masculinidades ecologizadas e suas práticas associadas. É notável, entretanto, que nenhuma oferece uma abordagem claramente definida da ecologização masculina; as referências à natureza e ao cuidado da Terra são, na melhor das hipóteses, incidentais e secundárias em relação a outras agendas que cada posicionalidade tem em elevada conta. Observamos que sob os auspícios da dominação masculina incontestada, os homens continuarão a ocupar papéis que penetram outros lugares que não o humano como homens da fronteira, inquisidores, investigadores e mestres sobre a natureza. Observamos também que, quando dentro das análises de masculinidades, a natureza tende a servir como um lugar para escapar da camisa de força da hegemonização masculina, afinal de contas, ir para o "mato" é frequentemente usado como uma aspirina para um senso persistente de insuficiência que pode acompanhar as masculinidades e vidas materialistas contemporâneas (Campbell; Mayerfield Bell, 2000).

Demonstramos aqui que as várias visões que caracterizam a política de masculinidades revelam os benefícios (para os homens) e os custos (para eles e outros) da hegemonização masculina. Isto é particularmente evidente quando nos posicionamos contra medidas de gênero, raça, política, religião e posição legal, às quais também podemos acrescentar questões de classe, sexualidade, violência, crime, educação, família, mídia popular e militarismo (Kimmel; Aronson, 2004; Connell; Pearse, 2014). Como as fissuras no substrato das masculinidades hegemonizadas crescem em toda a sociedade civil e em alinhamento com nossas crescentes crises sociais e ecológicas, voltando nossa atenção para a natureza puramente para o descanso, como feito em grande parte pelo movimento mitopoético, não será suficiente, pois, quando deixadas sem contestação, os homens e as masculinidades levam consigo para as fronteiras da natureza o mesmo mecanismo de dominação que pode violar as vidas daqueles que são discriminados. Como Kimmel e Kaufman (1994: 261) tão eloquentemente colocaram, nos espaços selvagens "indomados" da natureza não-humana, os homens e as masculinidades poderiam "reivindicar um novo clamor pela virilidade" em lugares naturais, mas, ao fazê-lo, tendem a engajar mecanismos semelhantes de conquista disfarçados de trajes verdes. As conquistas (tanto dentro do mundo civilizado como fora dele) levam consigo alguns bons sentimentos (pelo menos temporários) para o vencedor, uma vez que, na natureza selvagem, homens e masculinidades se divertem com a emoção da perseguição como um ensaio de domínio social através da experiência extasiante da matança bem-sucedida. Na fronteira natural, assim como nos arranjos sociais inundados pela dominação masculina, os homens e as masculinidades conseguem pontuar, ensacar, policiar, ganhar, rondar, perseguir, conhecer, ansiar, desejar, pilhar, arar e até estuprar, assim como fazem muito na sociedade em relação aos outros humanos. Deixados sem controle, esses padrões emergem prontamente independentemente da posicionalidade particular que uma discussão sobre homens e masculinidades possa examinar (Flannigan-Saint-Aubin 1994: 241). Para abordar isso adequadamente, uma teoria da masculinidade ecologizada deve ser formulada de forma que seja tanto pessoal quanto política, e que seja capaz de expandir e redefinir a vida dos homens e as masculinidades que os moldam.

As diferentes abordagens discutidas acima oferecem grande *insight* das complexidades de nosso entendimento dos homens e das masculinidades. Cada posicionalidade capta expressões de masculinidades que são exclusivas de suas políticas e práticas particulares. Aqui, expusemos a necessidade do seguinte: a importância de apoiar o feminismo (como apontado por estudiosos pró-feministas); a possibilidade fracassada de equidade social argumentada pelos anticapitalistas; o arco-íris das identidades que caracterizam masculinidades LGBTQIA+; a opressão racista que permeia as construções de masculinidade expostas pelos estudiosos da decolonização. Também identificamos o cruzamento colonial entre as masculinidades negra, parda e indígena, sinalizando a necessidade de ouvir mais sobre as experiências vividas pelos colonizados como homens marginalizados e seus pensamentos sobre virilidade, masculinidades e a Terra. Consideramos então a profunda conexão com o eu e outros homens na natureza que é característica dos mitopoetas; o cuidado com as comunidades e a Terra que encontrou voz através da mordomia e da ecoteologia cristãs e o cuidado reativo e defensivo com a vida dos homens – escandalosamente mal guiados por sentimentos de vitimização – que os ADHs comumente advogam. Claramente, o cuidado é evidente em todas as tradições discutidas ao longo deste capítulo, mas é um atributo humano infelizmente limitado e mal orientado na vida de muitos homens; as socializações tradicionais falharam em despertar as capacidades de cuidado mais amplas, profundas e abrangentes dos homens com os comuns glocais, que acreditamos ser possível estarem imbuídas em todos os homens.

Tendo pesquisado a política de masculinidades e notado a ausência de masculinidades ecológicas, voltamos nossa atenção para aqueles que têm abordado frontalmente a relação homem-natureza por algum tempo, explorando discursos sobre ecologia profunda, feminismo ecológico e teoria do cuidado feminista, a fim de nos ajudar ainda mais enquanto argumentamos em defesa das masculinidades ecológicas.

Referências

Aboim, S. 2016. *Plural Masculinities: The Remaking of the Self in Private Life*. Oxon: Routledge.

ANROWS [Australian National Research Organisation for Women's Safety]. 2016. *Horizons Research Report – October 2015 – Violence against Women: Additional Analysis of the Australian Bureau of Statistics' Personal Safety Survey, 2012* (Issue 01.01/2016). Sydney: ANROWS.

Anshelm, J. 2010. 'Among demons and wizards: the nuclear energy discourse in Sweden and the re-enchantment of the World'. *Bulletin of Science, Technology & Society*, 30(1): 43–53.

Ashe, F. 2007. *The New Politics of Masculinity: Men, Power and Resistance*. New York: Routledge.

Berlant, L., and M. Warner. 1995. 'What does queer theory teach us about x?'. *PMLA* 110(3): 343–349.

Berry, R., ed. 2006. *Environmental Stewardship: Critical Perspectives – Past and Present*. London: T&T Clark.

Bird Rose, D. 2016. 'Tag archives: Aboriginal walk-off (country for Yarralin)'. Accessed 1 July 2017. http://deborahbirdrose.com/tag/aboriginal-walk-off

Bliss, S. 1987. 'Revisioning masculinity: a report on the growing men's movement'. *Context: A Quarterly of Humane Sustainable Culture* 16 (spring): 21.

Bliss, S. 1989. 'The wildman, the earth father and my uncle Dale'. *Wingspan – Journal of the Male Spirit* (summer): 10–11.

Bliss, S. 1992. 'What happens at a mythopoetic men's weekend?'. In C. Harding, ed., *Wingspan: Inside the Men's Movement*. New York: St. Martin's Press, 95–99.

Bliss, S. 1995. 'Mythopoetic men's movement'. In M. Kimmel, ed., *The Politics of Manhood: Profeminist Men Respond to the Mythopoetic Men's Movement (and the Mythopoetic Leaders Answer)*. Philadelphia: Temple University Press, 292–307.

Bly, R. 1990. *Iron John: A Book About Men*. Boston: Addison-Wesley.

Bowers, C. 1993. *Education, Cultural Myths, and the Ecological Crisis: Toward Deep Changes*. Albany: State University of New York Press.

Boyd, S., and E. Sheehy. 2016. 'Men's groups: challenging feminism'. *Canadian Journal of Women and the Law* 28(1): 5–17

Brod, H. 2002. 'Studying masculinities as subordinate studies'. In J. Gardiner, ed., *Masculinity Studies and Feminist Theory: New Directions*. New York: Columbia University Press, 161–175.

Buckingham, S., and R. Kulcur. 2009. 'Gendered geographies of environmental injustice'. *Antipodes* 41(4): 659–683.

Buckingham, S., and V. Le Masson. eds. 2017. *Understanding Climate Change Through Gender Relations: Routledge Studies in Hazards, Disasters and Climate Change*. Oxon: Routledge.

Bullough, V. 1994. 'On being male in the Middle Age'. In C. Lees, ed., *Medieval Masculinities: Regarding Men in the Middle Ages*. Minneapolis: University of Minnesota, 31–45.

Butler, C. 2017. 'A fruitless endeavour: confronting the heteronormativity of environmentalism'. In S. MacGregor, ed., *Routledge Handbook of Gender and Environment*. Oxon: Routledge, 270–286.

Callahan, D. 1981. 'What obligations do we have to future generations?'. In E. Partridge, ed., *Responsibilities to Future Generations: Environmental Ethics*. Buffalo: Prometheus Books, 73–85.

Campbell, H., and M. Mayerfeld Bell. 2000. 'The question of rural masculinities'. *Rural Sociology* 65(4): 532–546.

Cappel, J., Clough, D., Deane-Drummond, C., Gottfried, R., Valentine, K., Jones, P., and A. Thompson. 2016. *Ecotheology and Nonhuman Ethics in Society: A Community of Compassion*. New York: Lexington Books.

Cariou, W., Tengan, T., Hokowhitu, B., Justice, D., Scofield, G., Sinclair, N., and R. Van Camp. 2015. *Indigenous Men and Masculinities: Legacies, Identities, Regeneration*. Winnipeg: University of Manitoba Press.

Carrigan, T., Connell, R., and J. Lee. 1987. 'Hard and heavy: toward a new sociology of masculinity'. In M. Kaufman, ed., *Beyond Patriarchy: Essays by Men on Pleasure, Power, and Change*. New York: Oxford University Press, 139–192.

Cherp, A., and R. Mnatsakanian. 2008. 'Environmental degradation in Eastern Europe, Caucasus and Central Asia: past roots, present transition and future hopes'. In D. Heaney, ed., *Eastern Europe, Russia and Central Asia*. London: Routledge, 38–42.

Christensen, A., and S. Jensen. 2014. 'Combining hegemonic masculinity and intersectionality'. NORMA: International Journal for Masculinity Studies 9(1): 60–75.

Claeys, P., and D. Delgado Pugley. 2017. 'Peasant and indigenous transnational social movements engaging with climate justice'. *Canadian Journal of Development Studies/Revue canadienne d'études du développement* 38(3): 325–340.

Clatterbaugh, K. 1997. *Contemporary Perspectives on Masculinities*. Boulder: Westview Press.

Connell, R. 1995. *Masculinities*. Berkeley: University of California Press.

Connell, R. 2000. *The Men and the Boys*. St. Leonards: Allen & Unwin.

Connell, R. 2001. 'The social organization of masculinity'. In S. Whitehead and F. Barrett, eds., *The Masculinities Reader*. Oxford: Blackwell, 30–55.

Connell, R. 2002. *Gender*. Cambridge: Polity.

Connell, R. 2016. 'Masculinities in global perspective: hegemony, contestation, and changing structures of power'. *Theory and Society* 45(4): 303–318.

Connell, R., and R. Pearse. 2014. *Gender: In World Perspective*. Cambridge: Polity.

Conroy, J. 2017. '"Angry white men": the sociologist who studies Trump's base before Trump'. *The Guardian Online*. Accessed 2 November 2017. http://www.theguardian. com/world/2017/feb/27/michael-kimmel-masculinity-far-right-angry-white-men

Devries, K., Mak, J., Garcia-Moreno, C., Petzold, M., Child, J., Falder, G., and C. Pallitto. 2013. 'The global prevalence of intimate partner violence against women'. *Science* 340(6140): 1527–1528.

Di Chiro, G. 2008. 'Living environmentalisms: coalition politics, social reproduction, and environmental justice'. *Environmental Politics* 17(2): 276–298.

Digg. 2017. 'They got their hands on guns anyway: the perpetrators of America's worst mass shootings have one glaring thing in common'. Accessed 19 November 2017. http://digg.com/2017/mass-shooters-domestic-violence

DiPiero, T. 2002. *White Men Aren't*. Durham: Duke University Press.

Dobratz, B., and S. Shanks-Meile. 2000. *White Power, White Pride: The White Separatist Movement in the United States*. Baltimore: Twayne Publishers/Johns Hopkins University Press.

Doyle, R. 1976. *Rape of the Male*. St. Paul: Poor Richard's Press.

Doyle, R. 2016. *Doyle's War: Save the Males*. Minnesota: Forest Lake.

Dragiewicz, M. and R. Mann. 2016. 'Special Edition: fighting feminism–organised opposition to women's rights; Guest editors' introduction'. *International Journal for Crime, Justice and Social Democracy* 5(2): 1–5.

Du Bois, W. 2007[1903]. *The Souls of Black Folk*. Sioux Falls: NuVisions.

Eisenstein, H. 1983. *Contemporary Feminist Thought*. Boston: G. K. Hall.

Elliott, K. 2016. 'Caring masculinities: theorizing an emerging concept'. *Men and Masculinities* 19(3): 240–259.

Everytown for Gun Safety Support Fund. 2015. 'The real story of mass shootings in America: between January 2009 and July 2015, there were at least 133 mass shootings in the U.S. Not all of them make headlines – and the story the data tells is different from the one that mass media would have you expect'. Accessed 1 July 2017. http://everytownresearch.org/mass-shootings

Everytown for Gun Safety Support Fund. 2017. 'Using FBI data and media reports, Everytown for Gun Safety developed an analysis of mass shootings that took place between January 2009 and December 2016'. Accessed 1 July 2017. https://everytownresearch.org/reports/mass-shootings-analysis

Fanon, F. 2002[1967]. 'The fact of blackness'. In R. Adams, and D. Savran, eds., *The Masculinity Studies Reader*. Oxford: Blackwell, 232–244.

Farrell, W. 1974. *The Liberated Man*. New York: Random House.

Fasteau, M. 1975. *The Male Machine*. New York: Delta.

Flannigan-Saint-Aubin, A. 1994. 'The male body and literary metaphors for masculinity'. In H. Brod and M. Kaufman, eds., *Theorizing Masculinities*. Thousand Oaks: SAGE Publishing, 239–258.

Flood, M. 2005. 'Men's collective struggle for gender justice: the case of antiviolence activism'. In M. Kimmel, J. Hearn and R. Connell, eds., *Handbook of Studies on Men and Masculinities*. Thousand Oaks: SAGE Publishing, 458–466.

Flood, M., and R. Howson. eds. 2015. *Engaging Men in Building Gender Equality*. Newcastle upon Tyne: Cambridge Scholars.

Frank, R. 2008. 'Introduction: sociocultural situatedness'. In R. Frank, R. Dirven, T. Ziemke and E. Bernárdez, *Body, Language and Mind: Sociocultural Situatedness* (Volume 2). Berlin: Mouton de Gruyter, 1-18.

Franklin, C. 1987. 'Surviving the institutional decimation of black males: causes, consequences, and interventions'. In H. Brod, ed., *The Making of Masculinities: The New Men's Studies*. London: Allen & Unwin, 160-176.

Friedersdorf, C. 2017. 'The politically correct presidency of Donald Trump'. Accessed 17 April 2017. http://www.theatlantic.com/politics/archive/2017/02/the-alt-politica l-correctness-of-donald-j-trump/515856

Gaard, G. 1997. 'Toward a queer ecofeminism'. *Hypatia* 12(1): 114–137.

Gaard, G. 2011. 'Ecofeminism revisited: rejecting essentialism and re-placing species in a material feminist environmentalism'. *Feminist Formations* 23(2): 26–53.

Gaard, G. 2017. *Critical Ecofeminism (Ecocritical Theory and Practice)*. Lanham: Lexington.

Gambill, E. 2005. *Uneasy Males: The American Men's Movement (1970-2000)*. Lincoln, NE: iUniverse.

Gleeson, H. 2017. 'Toxic masculinity: Will the "war on men" only backfire?'. *ABC News Online*. Accessed24 June 2017. http://www.abc.net.au/news/2017-01-28/toxic-masculinity-war-could-backfire/8207704

Golding, M. 1981. 'Obligation to future generations'. In E. Partridge, ed., *Responsibilities to Future Generations: Environmental Ethics*. Buffalo: Prometheus Books, 61–72.

Goldman, M. 1972. *The Spoils of Progress: Environmental Pollution in the Soviet Union*. Cambridge: MIT Press.

Gray, E. 1982. *Patriarchy as a Conceptual Trap*. Wellesley: Roundtable Press.

Griffin, S. 1978. *Woman and Nature: The Roaring Inside Her*. New York: Harper & Row. Halberstam, J. 1998. Female Masculinity. Durham: Duke University Press.

Halberstam, J. 2005. *In a Queer Time and Place: Transgender Bodies, Subcultural Lives*. New York: New York University Press.

Haluza-DeLay, R. 2008. 'Churches engaging the environment: an autoethnography of obstacles and opportunities'. *Human Ecology Review* 15(1): 71–81.

Hanmer, J. 1990. 'Men, power, and the exploitation of women'. In J. Hearn and D. Morgan, eds., *Men, Masculinities and Social Theory*. London: Unwin Hyman, 21–42.

Haraway, D. 1988. 'Situated knowledges: the science question in feminism and the privilege of partial perspective'. *Feminist Studies* 14 (3): 575–599.

Hatty, S. 2000. *Masculinities, Violence and Culture*. Thousand Oaks: SAGE Publishing.

Hearn, J. 1987. *The Gender of Oppression: Men, Masculinity, and the Critique of Marxism*. New York: St. Martin's Press.

Hearn, J. 1992. *Men in the Public Eye*. London: Routledge.

Hearn, J., Nordberg, M., Andersson, K., Balkmar, D., Gottzén, L., Klinth, R., Pringle, K., and L. Sandberg. 2012. 'Hegemonic masculinity and beyond: 40 years of research in Sweden'. *Men and Masculinities* 15(1): 31–55.

Heasley, R. 2005. 'Queer masculinities of straight men: a typology'. *Men and Masculinities* 7(3): 310–320.

Herskovits, M. 1937. 'African gods and Catholic saints in new world negro belief'. *American Anthropologist* 39(4): 635–643.

Hill, H. 2007. 'Befria mannen: idéer om förtryck, frigörelse och förändring hos en svensk mansrörelse under 1970-och tidigt 1980-tal'. PhD diss., Lund University.

Hitzhusen, G. 2007. 'Judeo☐Christian theology and the environment: moving beyond scepticism to new sources for environmental education in the United States'. *Environmental Education Research* 13(1): 55–74.

Hoff, B. 1994. 'Warriors and the planet: an interview with Jed Diamond'. *M.E.N. Magazine: A Publication of Seattle Men's Evolvement Network* 5(6): 1, 15–20.

Hoff, B., and Bliss, S. 1995. 'Interview with Shepherd Bliss'. Accessed 11 February 2011. http://www.menweb.org/blissiv.htm

hooks, b. 2004. *The Will to Change: Men, Masculinity, and Love*. New York: Washington Square Press.

Hopkins, P., and G. Noble. 2009. 'Masculinities in place: situated identities, relations and intersectionality'. *Social & Cultural Geography* 10(8): 811–819.

Hughes, R. 2003[1986]. *The Fatal Shore*. London: Vintage.

Jordan, A. 2016. 'Conceptualizing backlash: (UK) men's rights groups, anti-feminism, and postfeminism'. *Canadian Journal of Women and the Law* 28(1): 18–44.

Josephson, P., Dronin, N., Mnatsakanian, R., Cherp, A., Efremenko, D., and V. Larin. 2013. *An Environmental History of Russia*. Cambridge: Cambridge University Press.

Kaijser, A., and A. Kronsell. 2014. 'Climate change through the lens of intersectionality'. *Environmental politics* 23(3): 417–433.

Kaufman, M. 1994. 'Men, feminism, and men's contradictory experiences of power'. In H. Brod and M. Kaufman, eds., *Theorizing Masculinities*. Thousand Oaks: SAGE Publishing, 42–164.

Keen, M. 1984. *Chivalry*. New Haven: Yale University Press.

Kelly, A. 2017. 'The alt-right: reactionary rehabilitation for white masculinity'. *Soundings* 66: 68–78.

Kennedy, K. 2013. 'Death rated from guns, traffic accidents converging'. Accessed 19 November 2017. http://www.usatoday.com/story/news/nation/2013/01/09/guns-traffic-deaths-rates/1784595

Keskinen, S. 2013. 'Antifeminism and white identity politics'. *Nordic Journal of Migration Research* 3(4): 225–232.

Kimmel, M. 1987. 'Men's responses to feminism at the turn of the century'. *Gender & Society* 1(3): 261–283.

Kimmel, M. 1993. 'Clarence, William, Iron Mike, Tailhook, Senator Packwood, Spur Posse, Magic... and us'. In E. Buchwald, P. Fletcher, and M. Roth, eds., *Transforming a Rape Culture*. Minneapolis: Milkweed Editions, 119–138.

Kimmel, M. 1995. 'Preface'. In M. Kimmel, ed., *The Politics of Manhood: Profeminist Men Respond to the Mythopoetic Men's Movement (And the Mythopoetic Leaders Answer)*. Philadelphia: Temple University Press, xi–xiii.

Kimmel, M. 1996. *Manhood in America: A Cultural History*. New York: Free Press.

Kimmel, M. 1998. 'Who's afraid of men doing feminism?'. In T. Digby, ed., *Men Doing Feminism*. New York: Routledge, 57–68.

Kimmel, M. 2001. 'Global masculinities: restoration and resistance'. In B. Pease and K. Pringle, eds., *A Man's World: Changing Men's Practices in a Globalized World*. London: Zed Books, 21–37.

Kimmel, M. 2008. *Guyland: The Perilous World Where Boys Become Men*. New York: HarperCollins.

Kimmel, M. 2013. *Angry White Men: American Masculinity at the End of an Era*. New York: Nation Books.

Kimmel, M., and A. Aronson. 2004. *Men and Masculinities: A Social, Cultural, and Historical Encyclopedia*. Santa Barbara: ABC-CLIO.

Kimmel, M., and A. Ferber. 2000. '"White men are this nation": right☐ wing militias and the restoration of rural American masculinity'. *Rural Sociology* 65(4): 582–604.

Kimmel, M., and M. Kaufman. 1994. 'Weekend warriors: the new men's movement'. In H. Brod and M. Kaufman, eds., *Theorizing Masculinities*. Thousand Oaks: SAGE Publishing, 259–288.

Kimmel, M., and M. Messner. 1989. *Men's Lives*. New York: Macmillan.

Kirsch, M. 2000. *Queer Theory and Social Change*. London: Routledge.

Komarov, B. 1978. *The Destruction of Nature in the Soviet Union*. London: Pluto.

Köttig, M., Bitzan, R., and A. Petö. eds. 2017. *Gender and Far Right Politics in Europe*. Cham: Springer.

Kuruvilla, C. 2017. 'Pope Francis blasts "perverse attitudes" of climate change deniers'. Accessed 19 November 2017. http://www.huffingtonpost.com.au/entry/pop e-francis-climate-change_us_5a0f5525e4b0e97dffed3e0d

Lawlor, R. 1991. *Voices of the First Day: Awakening in the Aboriginal Dreamtime*. Rochester, VT: Inner Traditions International.

Lee, J. 1991. *At My Father's Wedding: Reclaiming Our True Masculinity*. New York: Bantam.

Leopold, A. 2019[1949]. *Almanaque de Um Condado Arenoso e Alguns Ensaios Sobre Outros Lugares*. Belo Horizonte: Editora UFMG.

Li, N., Hilgard, J., Scheufele, D., Winneg, K., and K. Jamieson. 2016. 'Cross-pressuring conservative Catholics? Effects of Pope Francis' encyclical on the US public opinion on climate change'. *Climatic Change* 139(3–4): 367–380.

Lovelock, J. 1979. *Gaia: A New Look at Life on Earth*. Oxford: Oxford University Press.Mac an Ghaill, M. 1994. 'The making of black English masculinities'. In H. Brod and M. Kaufman, eds., *Theorizing Masculinities*. Thousand Oaks: SAGE Publishing, 183–199.

Malm, A. 2015. *Fossil Capital: The Rise of Steam Power and the Roots of Global Warming*. London: Verso.

Marriott, D. 1996. 'Reading black masculinities'. In M. Mac an Ghaill, ed., *Understanding Masculinities: Social Relations and Cultural Arenas*. Buckingham: Open University Press, 185–201.

May, L.Strikwerda, R., and P. Hopkins. 1992. 'Male friendship and intimacy'. In L. May and R. A. Strik-werda, eds., *Rethinking Masculinity: Philosophical Explorations in Light of Feminism*. Lanham: Rowman & Littlefield, 79–94.

McCammack, B. 2007. 'Hot damned America: evangelicalism and the climate change policy debate'. *American Quarterly* 59(3): 645–668.

Mellström, U. 2014. 'Multidimensional masculinities'. *NORMA: International Journal for Masculinity Studies* 9(2): 81–83.

Merchant, C. 1980. *The Death of Nature: Women, Ecology and the Scientific Revolution*. New York: Harper-Collins.

Merchant, C. 1996. *Earthcare: Women and the Environment*. New York: Routledge.

Messerschmidt, J. 2012. 'Engendering gendered knowledge: assessing the academic appropriation of hegemonic masculinity'. *Men and Masculinities* 15(1): 56–76.

Messner, M. 1997. *Politics of Masculinities: Men in Movements*. Lanham: AltaMira Press.

Messner, M. 2016. 'Forks in the road of men's gender politics: men's rights vs feminist allies'. *International Journal for Crime, Justice and Social Democracy* 5(2): 6–20.

Metz, C. 1968. *Divorce and Custody for Men*. New York: Doubleday.

Moncrief, L. 1970. 'The cultural basis for our environmental crisis'. *Science* 170 (3957): 508–512.

Moore, R., and D. Gillette. 1990. *King, Warrior, Magician, Lover: Rediscovering the Archetypes of the Mature Masculine*. New York: HarperCollins.

Moosa, C., and N. Tuana. 2014. 'Mapping a research agenda concerning gender and climate change: a review of the literature'. *Hypatia* 29(3): 677–694.

Mortimer-Sandilands, C. 2005. 'Unnatural passions? Notes toward a queer ecology'. In L. Uddin and P. Hobbs, eds., *Invisible Culture: An Electronic Journal for Visual Studies (Issue 9: Nature Loving)*. Accessed 1 June 2017. http://www.rochester.edu/in_visible_culture/Issue_9/issue9_sandilands.pdf

Nicholson, H. 2001. *The Knights Hospitaller*. Suffolk: Boydell.

O'Brien, K. 2004. 'An ethics of natureculture and creation: Donna Haraway's cyborg ethics as a resource for ecotheology'. *Ecotheology: Journal of Religion, Nature & the Environment* 9(3): 315–337.

Ortner, S. 1974. 'Is female to male as nature is to culture?'. In M. Rosaldo and L. Lamphere, eds., *Women, Culture, and Society*. Stanford: Stanford University Press, 68–87.

Össbo, Å., and P. Lantto. 2011. 'Colonial tutelage and industrial colonialism: reindeer husbandry and early 20th-century hydroelectric development in Sweden'. *Scandinavian Journal of History* 36(3): 324–348.

Papa Francisco. 2015. CARTA ENCÍCLICA *LAUDATO SI'* DO SANTO PADRE FRANCISCO SOBRE O CUIDADO DA CASA COMUM. Acesso em: 14 mar. 2022. https://www.vatican.va/content/dam/francesco/pdf/encyclicals/documents/papa-francesco_20150524_enciclica-laudato-si_po.pdf

Pearse, R. 2017. 'Gender and climate change'. *Wiley Interdisciplinary Reviews: Climate Change* 8(2): 451.

Pease, B. 1998. 'Dividing lines: the politics of the men's movement'. *Community Quarterly: A Journal Focusing on Community Issues* 47: 77–88.

Pease, B. 1999. 'Deconstructing masculinity–reconstructing men'. In B. Pease and J. Fook, eds., *Transforming Social Work Practice: Postmodern Critical Perspectives*. St. Leonards: Allen &; Unwin, 97–112.

Pease, B. 2000. *Recreating Men: Postmodern Masculinity Politics*. London: SAGE Publishing.

Pease, B. 2002. *Men and Gender Relations*. Croydon: Tertiary Press.

Pease, B. 2016. 'Masculinism, climate change and "man-made" disasters: towards an environmental profeminist response'. In E. Enarson and B. Pease, eds., *Men, Masculinities and Disaster*. Oxon: Routledge, 21–33.

People's Institute for Survival and Beyond. 2017. 'Undoing racism'. Accessed 17 November 2017. http://www.pisab.org

Pulé, P., and M. Hultman. 2019. 'Men and nature: a critical analysis of the mythopoetic men's movement'. In R. Cenamor and S. Brandt, eds., *Ecomasculinities: Men and masculinities in Real and Fictional North America: The Flourishing of New Men*. Lanham: Lexington Books [Rowman & Littlefield]. https://research.chalmers.se/en/publication/514387. Acesso em: 14 mar. 2022.

Quealy, K., and M. Sanger-Katz. 2016. 'Comparing gun deaths by country: the U.S. is in a different world'. *New York Times Online*. Accessed 19 November 2017. http://www.nytimes.com/2016/06/14/upshot/compare-these-gun-death-rates-the-us-is-in-a -different-world.html

Rickards, L., Wiseman, J., and Y. Kashima. 2014. 'Barriers to effective climate change mitigation: the case of senior government and business decision makers'. *Wiley Interdisciplinary Reviews: Climate Change* 5(6): 753–773.

Rivera, J., and D. Miller. 2007. 'Continually neglected: situating natural disasters in the African American experience'. *Journal of Black Studies* 37(4): 502–522.

Roach, C. 2003. *Mother Nature: Popular Culture and Environmental Ethics*. Bloomington: Indiana University Press.

Rogers, R. 2008. 'Beasts, burgers, and hummers: meat and the crisis of masculinity in contemporary television advertisements'. *Environmental Communication* 2(3): 281–301.

Root, W. 2016. *Angry White Male: How the Donald Trump Phenomenon Is Changing America – and What We Can All Do to Save the Middle Class*. New York: Skyhorse.

Ross, A. 1992. 'Wet, dark and low, eco-man evolves from eco-woman'. *Feminism and Postmodernism* 19(2): 205–232.

Ross, L., ed. 2014. *Continuing the War Against Domestic Violence*. Boca Raton: CRC Press.

Schuldt, J., Pearson, A., Romero-Canyas, R., and D. Larson-Konar. 2017. 'Brief exposure to Pope Francis heightens moral beliefs about climate change'. *Climatic Change* 141(2): 167–177.

Schumacher, E. 1973. *Small Is Beautiful: Economics as If People Mattered*. New York: HarperTorch.

Sehlin MacNeil, K. 2017. 'Extractive violence on indigenous country: Sami and Aboriginal views on conflicts and power relations with extractive industries'. PhD diss., Umeå University.

Seidler, V. 1991. *Recreating Sexual Politics: Men, Feminism, and Politics*. London: Routledge.

Seidler, V. 2014. 'Moving ahead: alternative masculinities for a changing world'. In A. Carabí and J. Armengol, eds., *Alternative Masculinities for a Changing World*. New York: Palgrave Macmillan, 219–234.

Sexton, J. 2016. 'Donald Trump's toxic masculinity'. *New York Times Online*. Accessed 12 November 2017. http://www.nytimes.com/2016/10/13/opinion/donald-trumps-tox ic-masculinity.html

Seymour, N. 2013. *Strange Natures: Futurity, Empathy, and the Queer Ecological Imagination*. Urbana: University of Illinois Press.

Solnit, R. 2017a. *The Mother of All Questions*. Chicago: Haymarket Books.

Solnit, R. 2017b. 'Rebecca Solnit: let this flood of women's stories never cease'. Accessed 15 November 2017. http://lithub.com/rebecca-solnit-let-this-flood-of-womens-stories-never-cease

Solnit, R. 2017c. 'The fall of Harvey Weinstein should be a moment to challenge extreme masculinity'. *The Guardian*. Accessed 15 November 2017. http://www.theguardian.com/commentisfree/2017/oct/12/challenge-extreme-masculinity-harvey-wein stein-degrading-women

Soloway, J. 2016. 'Jill Soloway on Donald Trump, locker rooms and toxic masculinity'. Accessed 17 November 2017. http://time.com/4527277/jill-soloway-donald-trumplocker-rooms-toxic-masculinity

Stanovsky, D. 2007. 'Postcolonial masculinities'. In M. Flood, J. Gardiner, B. Pease and K. Pringle, eds., *International Encyclopaedia of Men and Masculinities*. London: Routledge, 34–47.

Stearns, P. 2001. *Consumerism in World History: The Global Transformation of Desire*. London: Routledge.

Synnott, A. 2009. *Re-thinking Men: Heroes, Villains and Victims*. Surrey: Ashgate.

Tacey, D. 1997. *Remaking Men: Jung, Spirituality and Social Change*. London: Routledge.

Tengan, T. 2002. '(En)gendering colonialism: masculinities in Hawai'i and Aotearoa'. *Cultural Values* 6(3): 239–256.

UNFPA. 2005. 'Frequently asked questions about gender equality'. United Nations Population Fund. Accessed 17 November 2017. http://www.unfpa.org/resources/frequently-asked-questions-about-gender-equality

UNHCR. 2017. 'Climate change and disaster'. Accessed 14 April 2017. http://www.unhcr.org/en-au/climate-change-and-disasters.html

Waldinger, R. 2016. 'How do we move forward after the election? Lean in!'. Accessed 1 July 2017. http://robertwaldinger.com/move-forward-election-lean

Wardekker, J., Petersen, A., and J. van Der Sluijs. 2009. 'Ethics and public perception of climate change: exploring the Christian voices in the US public debate'. *Global Environmental Change*, 19(4): 512–521.

White Jr., L. 1967. 'The historical roots of our ecologic crisis'. *Science* 155(3767): 1203–1207.

Whyte, K. 2014. 'Indigenous women, climate change impacts, and collective action'. *Hypatia* 29(3): 599–616.

Wicks, S. 1996. *Warriors and Wildmen: Men, Masculinity, and Gender*. Westport: Bergin & Garvey.

Williams, Z. 2018. '"Raw Hatred": why the "incel" movement targets and terrorises women'. *The Guardian* [online]. Accessed 26 April 2018. http://www.theguardian.com/world/2018/apr/25/raw-hatred-why-incel-movement-targets-terrorises-women.

Zawisza, M., Luyt, R., and A. Zawadzka. 2015. 'Societies in transition: are they more sexist? A comparison between Polish, South African and British samples'. *Journal of Gender Studies* 24(1): 38–55.

Zinn, H. 2003[1980]. *A People's History of the United States: 1492–Present* (3rd Edition). Oxon: Routledge.

4 Conectando a natureza interna e externa: uma ecologia mais profunda para o Norte Global

> ... o mundo participa daquilo que eu sinto, e o contrário. O mundo e eu não estamos assim tão distantes, talvez nem mesmo por um milímetro. Não tenho uma ideia muito clara de quais são os limites do eu; talvez ele flua para fora e se expanda, ou se contraia dentro de si. Nunca é a mesma coisa. Parece mais como um *fluxo* do que qualquer coisa sólida. Será que a diversidade de sentimentos que eu registro apenas dentro de mim está em uma espécie de caixa? A consciência é como uma espécie de recipiente com imagens de coisas *externas*? Isso me parece *nonsense*, como uma alienação do mundo lá fora e uma degradação do grande fluxo de consciência [aqui dentro].
>
> (Næss; Haukeland, 2002: 23)

Uma "visão total" mais profunda

Desde os anos 1960, as ligações entre as atitudes ecocidas do Norte Global em relação à natureza (juntamente com o aumento das desigualdades sociais) têm se tornado cada vez mais visíveis em todo o mundo. O termo ecocídio foi usado pela primeira vez por políticos em um grande evento público na Conferência das Nações Unidas sobre o Meio Ambiente Humano em Estocolmo (1972), quando o primeiro-ministro sueco, Olof Palme, acusou os EUA de travar uma guerra desse tipo no Vietnã (Andersson, 2006; Handl, 2012; Crook; Short, 2014). Duas escolas principais de pensamento surgiram em resposta ao conhecimento do ecocídio: uma ligeiramente verde, ou "rasa", mais ou menos como a abordagem do *business-as-usual* que, na melhor das hipóteses, propiciou mudanças marginais para evitar a decadência ecológica e social e se tornou a precursora da modernização ecológica. Isto foi justaposto contra o que ficou conhecido como um profundo futuro verde, que visava adotar uma "visão total mais profunda" da vida (Næss, 2005a: 24-

25). Como atestamos no Capítulo 2, a modernização ecológica se mostrou ineficaz para criar um mundo sustentável, demonstrando que algo mais do que uma reforma é necessária. Essa realidade reveladora nos obriga a assegurar que nossa formulação de ecologização masculina ressoe com essa visão total mais profunda.

Uma tradição que formalizou isto em seu próprio discurso distinto é conhecida como o profundo, de longo alcance (ou simplesmente o profundo), movimento ecológico, que surgiu a partir das reflexões de seu fundador, o filósofo ambiental norueguês Arne Næss (27 de janeiro de 1912 – 12 de janeiro de 2009) (Næss, 1973; Drengson, 1992).

Næss introduziu o termo "ecologia profunda" na Terceira Conferência Mundial de Pesquisa do Futuro, em Bucareste, em 1972, através de seu artigo de referência, *The Shallow and the Deep, Long-Range Ecology Movement: A Summary* (O raso e o profundo, de longo alcance movimento ecológico: um resumo), que promoveu o uso da "filosofia e do pensamento filosófico para ajudar os seres humanos a superar a crise ecológica e, finalmente, para restaurar a Terra a um estado de rica e próspera diversidade biológica e cultural" (Næss, 2005a: xlv). A ecologia profunda cresceu em um movimento internacional além da formulação desse trabalho de Næss, sendo defendida por inúmeros poetas, estudiosos e ativistas que assumiram seus ensinamentos, expandindo-os e refinando-os conforme o movimento evoluía (Snyder, 1974; Devall; Sessions, 1985; Zimmerman, 1987; Cheney, 1987; Drengson, 1988; LaChapelle, 1988; Seed et al, 1988; Macy, 1989; Fox, 1990; Rothenberg, 1993; Glasser, 1995; Hallen, 1999; Harding, 2011). Um ponto bem negativo entre os críticos deste movimento foi o debate considerável que se seguiu em relação à falta de considerações diretas sobre gênero na ecologia profunda – críticas sobre esta limitação sendo particularmente vocalizadas por ecofeministas (Salleh, 1984; Biehl, 1988; Salleh, 1992; Plumwood, 1993; Mathews, 1994; Slicer, 1995; Naess, 1999a; Warren, 1999; Twine, 2001; Plumwood, 2002). Outras críticas à ecologia profunda em referência a sua potencial misantropia também foram levantadas por ecologistas sociais (Bookchin, 1987; Bookchin, 1995; Salleh, 1996). No final deste capítulo, damos a essas críticas nossa mais completa consideração, no entanto, não atendemos explicitamente às críticas sobre ecologia profunda feitas aqui pelos ecologistas sociais, posicionando esse discurso como uma influência tácita em nosso pensamento.

Nosso interesse particular em uma visão crítica da ecologia profunda é de gênero e, por esta razão, mantemos nosso foco em visões do movimento inspiradas no ecofeminismo.. Um quadro de estudiosos e ativistas nos ajudou a moldar as masculinidades ecológicas, proporcionando-nos importantes pistas sobre os pontos fortes e fracos do pensamento ecológico profundo, no contexto de uma análise de gênero. Mas antes de nos lançarmos em críticas de gênero sobre o movimento, consideramos vital celebrar e examinar as formas como Næss formulou e promoveu a ecologia profunda.

Næss definiu a ecologia profunda como uma nova forma de ambientalismo. Ele considerou-a uma forma necessária de interagir com a natureza e identificar nosso lugar dentro dela. Ao aprofundar, Næss tinha como objetivo ir direto àquelas suposições sobre o mundo e nossa relação particular com ele para que conhecêssemos, sentíssemos, confiássemos e nos identificássemos com essa relação de maneira que cada um de nós pudesse apoiar de todo o coração e de forma única (Naess; Haukeland, 2002: 7). Næss não pretendia que sua visão total mais profunda fosse fixada a uma posição particular como uma verdade absoluta sobre a vida. Ao contrário, ele se referiu a uma estrutura conceitual que enfatizava a importância do sentido único da realidade de um indivíduo. Ao fazer isso, Næss observou que existe um perigo na visão singular, uma vez que ela pode deixar uma questão subexaminada e subarticulada, especialmente se posições de privilégio acompanham essa visão. A ecologia profunda, como ele a formulou, visava enfrentar a crescente evidência dos danos causados à Terra, às comunidades e aos indivíduos no Ocidente industrializado do pós-Segunda Guerra Mundial. Sua abordagem foi intencionalmente pluralizada. O teórico integral norte-americano, Michael Zimmerman (1993: 198), observou o seguinte sobre a visão total mais profunda e pluralizada da ecologia profunda:

> Ecologistas profundos sustentam que... a humanidade deve passar a uma nova compreensão do que a humanidade e a natureza *são*, uma compreensão que seja ecocêntrica, não-antropocêntrica e não-dualista. Enfatizar a necessidade de uma mudança ontológica diferencia os ecologistas profundos dos éticos que procuram estender a "consideração moral" aos seres não-humanos. Ecologistas profundos argumentam que uma mudança na ontologia deve preceder uma mudança nas atitudes éticas. Uma compreensão não--dualista e ecocêntrica do que as coisas são nos levaria a tratar os seres não-humanos com compaixão e cuidado.

Como Næss, Zimmerman apoiou uma compreensão mais profunda da relação entre o ser humano e a natureza. Ele observou que a ecologia profunda defendia compreensões profundas de nossas ontologias únicas (formas de ser), sugerindo que os *insights* pessoais sobre nossas relações com a natureza eram precursores necessários para nossas respectivas epistemologias (formas de saber) (Zimmerman, 1987: 21).

Falando carinhosamente de Næss (o homem, e a ecologia profunda no contexto de suas origens na vida e cultura norueguesa), a amiga íntima, compatriota norueguesa e mestre de Qigong Pamela Hiley (comunicação pessoal, 8 de maio de 2017) notou a impaciência de Næss com os paradoxos da abundância. Ela citou a tensa relação que muitos noruegueses experimentam entre a celebração das magníficas expressões selvagens daquela terra nórdica, justaposta contra a dependência da nação em relação à indústria petrolífera. Ela compartilhou que nos últimos dez anos de sua vida, Næss ficou cada vez mais preocupado com o grande conflito enfrentado por muitos noruegueses para encontrar o equilíbrio entre suas próprias formas únicas e simples (de ser um com a natureza) e as amplas vidas que seu país rico em petróleo há muito vinha lhes proporcionando como povo. Essa foi uma visão que ecoou do estudo de um ano de Kari Marie Norgaard (2011) sobre os cidadãos de uma cidade norueguesa no qual ela expôs as complexidades da vida local, uma vez que eles, por um lado, vivem bem do rendimento do petróleo, que, quando queimado cria emissões tóxicas, e, por outro lado, afirmam amplamente que a Noruega é um país ecologicamente correto.

Esse padrão duplo – dois pesos e duas medidas – reverbera o total controle da monocultura que as hegemonias masculinas comumente colocam sobre nossas vidas. Afinal, é fácil deixar de lado a celebração da natureza multifacetada da diferença quando estamos operando dentro de nosso próprio privilégio, que pode ser considerado como verdades fundamentais ou simplesmente a forma como as coisas são – efetivamente descartando a heterogeneidade inescapável (na verdade, as complexidades paradoxais) da vida. Para enfatizar ainda mais este ponto, considere o exemplo mencionado acima de como as masculinidades modernas industriais ocidentais são extensivamente infundidas pelo sexismo, onde os homens podem facilmente evitar examinar sua própria superioridade internalizada, já que o privilégio de gênero tipicamente os cega aos custos da dominação masculina sobre todos os outros e sobre si mesmos. Da mesma forma, em um mundo impregnado de antropocentrismo, nós humanos somos rápidos em colocar nossas próprias necessidades, vontades e desejos acima do direito à vida para os outros que não os humanos. Parecemos estar muito dispostos a viver inteiramente com base em nossas contradições, privilegiando os nossos confortos como nosso objetivo final, o que nos distrai ou nos dessensibiliza.

Næss procurou usurpar estes paradoxos. Ele sugeriu que a visão total da ecologia profunda adere a um contexto pluralista e enfatiza a necessidade de examinarmos nossas crenças, ideias, valores, conceitos e categorias internas, coerentes e que se apoiam mutuamente (Næss, 1989: 37; Riggio, 2015: 77-80). Teoricamente falando, o movimento foi construído sobre fundamentos espirituais, literários e sociais/científicos e filosóficos. Næss fez um balanço das tradições nativas americanas, das filosofias budistas e taoístas, dos princípios cristãos, das filosofias ióguicas e védicas do *Bhagavad-Gita*, bem como das espiritualidades pré-socráticas do paganismo europeu. Ele abarcou Henry David Thoreau, John Muir, Aldo Leopold, Rachel Carson, juntamente com Mohandas Gandhi, Benedict Spinoza e James Lovelock. Como prática, a ecologia profunda formou a base para processos corporificados que foram desenvolvidos e aprimorados para demonstrar êxitos consideráveis ao promover que os indivíduos recuperassem energia, criatividade e empoderamento, e que se reconectassem uns com os outros, com a natureza mais ampla e com vida cósmica, proporcionando a determinação necessária para agir em prol da Terra ao fazer parte dela se expressando em forma humana através de cada um de nós, considerando nossas respectivas singularidades. Embora não seja um foco do movimento, notamos que a práxis da "natureza única" que a ecologia profunda defendeu tem particular relevância para a masculinidade, uma vez que a ecologia profunda defendeu uma visão mais humilde do mundo, desafiando a superioridade internalizada da dominação da natureza pela humanidade, implorando-nos a desafiar de forma similar a superioridade internalizada da dominação masculina sobre todos os outros seres. Næss argumentou que nenhum ser humano tem o direito de reduzir a riqueza e a diversidade de uma vida não-humana. Entretanto, ele sugeriu que temos o direito de tirar recursos da Terra para satisfazer as necessidades vitais – aquelas que mantêm a vida *e* lhe dão um significado mais profundo. Claramente, ao defender uma visão total, a ecologia profunda se inspirou em uma gama muito ampla de influências conceituais e práticas. Næss foi um mestre do distanciamento das coisas (*zoom out)*, bem como da aproximação (*zoom in)*.

Seguindo os passos de Næss, a visão total mais profunda que estamos subscrevendo aqui se baseia em muitos princípios orientadores, sistemas de crenças, filosofias etc., que compreendem os fundamentos únicos das sabedorias internas e não dogmáticas de um indivíduo. Quando nos sintonizamos com eles, essas sabedorias internas podem ser essenciais para converter os princípios fundamentais da ecologia profunda em práticas personalizadas que se manifestam de muitas maneiras diferentes – e social e ecologicamente benéficas (Quick, 2006: 59-60). Levamos esse princípio a sério, adaptando a noção de teorias complexas e práxis pluralistas simultâneas em nossa formulação de masculinidades ecológicas. A partir daqui, passamos a analisar mais de perto os princípios fundamentais da ecologia profunda, a fim de iluminar o importante papel que o movimento desempenha em nossa conceituação de masculinidades ecológicas. A fim de enriquecer nossa compreensão da relação entre o homem e a natureza no que diz respeito aos homens e masculinidades ocidentais modernos, consideramos Næss, o homem, e as formas como sua persona moldou o movimento, pois isto nos dá alguma visão do brilhantismo e das insuficiências da ecologia profunda para nossos propósitos.

Næss, o homem

Nascido em 1912, Arne Dekke Eide Næss foi o quarto, e não planejado, filho de uma rica família Bergen que vivia em Slemdal, na periferia de Oslo. Ele perdeu seu pai para o câncer antes de seu primeiro aniversário e foi entregue aos cuidados da governanta da família, Mina, que atendeu a todos os seus caprichos enquanto sua mãe, Christine, sofria. Quando Næss tinha quatro anos de idade, Mina foi demitida por tê-lo mimado demais, estabelecendo uma cisão entre o pequeno Arne e sua mãe que se tornou um profundo sentimento de perda, alienação e desconfiança das emoções que tiveram grande influência em seu desenvolvimento pessoal e filosófico – um nível de masoquismo autodestrutivo que mais tarde afligiria tanto suas relações mais íntimas assim como direcionaria seu brilho ecofilosófico futuro. Ele se apoiava em seus irmãos mais velhos para conforto familiar, cada um contribuindo com sua propensão para "meios simples" com "fins ricos" que refletiam seu desejo de segurança que a riqueza da herança de sua família concedia. Em resposta a estes primeiros desafios, o jovem Arne foi mais saciado pelos tempos sozinho na natureza, inventando experimentos, desenvolvendo hipóteses, aprendendo a suspender o julgamento e se apaixonando por outras coisas que não as humanas. Næss era um colecionador de rochas, carimbos, que subia em árvores destemidamente e aos 8 anos de idade havia adotado *Hallingskarvet* como a montanha de seu pai, o que lhe gerou uma paixão vitalícia por paisagens expansivas a partir das quais ele podia investigar o mundo lá em baixo; escalando os 106 picos mais altos da Noruega aos 17 anos de idade. Nesses primeiros anos ele se tornou um alpinista, pianista, foi apresentado às obras de Spinoza e aperfeiçoou suas habilidades como um leitor exaustivo em uma ampla gama de disciplinas. Sua busca pelo conhecimento sobre o cosmos foi intuitivamente filosófica, bem como precisa, empírica e científica, valorizando tanto o engajamento experiencial quanto o epistemológico. Tal abordagem o fascinou tanto que ele completou notavelmente seu doutorado aos 24 anos de idade sobre a ciência como comportamento, usando uma metodologia empírica. Com um mundo em erupção em conflito global em 1939, Næss, 27 anos de idade e recém-saído de um pós-doutorado na Universidade da Califórnia (Berkeley), foi nomeado Chair de Filosofia na Universidade de Oslo. Um ano depois, sua pátria foi ocupada pela Alemanha nazista. Durante esses anos tensos, Næss dedicou-se a seu ensino e pesquisa e por volta de 1943 desempenhou um papel crucial na prevenção de deportações de estudantes para "reeducação" em campos de concentração nazistas que resultaram no fechamento de seu campus universitário. A partir dessas experiências, Næss ganhou grande afeição pelas noções de Gandhi de cumprimentar seu adversário potencial ou real com comunicação calma e verdadeira; uma moralidade que o obrigou ao fim da guerra a desempenhar um papel crucial na reconciliação entre os colaboradores nazistas e as vítimas de sua tirania. Sua intelectualidade do pós-guerra perseguia a filosofia da ciência, a semântica empírica e o ceticismo zeloso de Pirro e terminou com a aposentadoria antecipada em 1969, a partir de quando ele se dedicou ao ativismo pela justiça social e ambiental e a ecologia profunda nasceu (Næss, 2005a: xxxi-xxxix).

É importante notar que Næss não era um misantropo, mas um produto de sua própria jornada psicanalítica e estimulado por profunda empatia pelo sofrimento da humanidade, ele se ofereceu para ajudar no tratamento de pacientes psiquiátricos, enquanto ele mesmo, em psicanálise intensiva, era um homem mais jovem. Fiel também ao seu amor pela natureza, Næss tinha uma visão de sustentabilidade global que preservaria uma qualidade de vida para todos os seres humanos como espécie, juntamente com outros não-humanos.

De fato, seu desejo de criar as melhores condições para que a humanidade desenvolva uma visão total mais profunda do cosmos necessariamente precedeu a sustentabilidade ecológica. Ele direcionou seu foco para as consequências sociais e ambientais do padrão de vida médio para as sociedades ricas contemporâneas – não para as pessoas como indivíduos (Næss, 1999c: 467). Ele argumentou que havia recursos suficientes na Terra para assegurar uma boa qualidade de vida para todas as espécies, sem diminuir as necessidades vitais humanas:

> *É* possível estender o cuidado, reforçá-lo e cultivá-lo. O cuidado não é constante ou imutável. É por essa razão que propus o lema "Cuidado prolongado para seres não-humanos, cuidado aprofundado para os seres humanos". Este último é um lembrete de que há pessoas que vivem em uma miséria completamente inaceitável, não apenas na pobreza comum. Por toda parte há privações que *devem* ser erradicadas... Tais privações são simplesmente inaceitáveis.
>
> (Næss e Haukeland, 2002: 107)

A profunda ecologia næssiana marcou a necessidade da humanidade de tomar uma posição por toda forma de vida, inclusive a nossa, uma vez que "o potencial humano de cuidado não é estático ou limitado – ele pode ser tanto ampliado quanto aprofundado", priorizando, de fato, nossa necessidade de cuidarmos profundamente uns dos outros e de nós mesmos através da cooperação e colaboração à medida que avançamos em direção à paz, igualdade e sustentabilidade (Næss, 2005a: xiv). É interessante notar que a ecologia profunda como Næss a posicionou dependia fortemente do poder da razão – esse traço humano muito masculinizado. Este foi um vestígio do Næss mais jovem, que considerava que os caprichos emocionais do corpo sensível acabavam por nos oferecer distrações da dor inevitável do pensamento, que não pode ser evitada quando nos engajamos plenamente com nosso mundo (Rothenberg, 1993). Næss possuía um *Panzercharakter* austero.[21] Ele encarnava

---

21 *Panzercharakter* é emprestado do termo freudiano definido como a concha impenetrável que um homem usa para se proteger dos caprichos da vida, e, ao fazê-lo, mantém os outros à distância de um braço. Næss adotou o termo para descrever o Eu, a subjetividade, como um produto de extensa psicanálise freudiana (Næss, 2005a: xxxi).

o forte prêmio escandinavo atribuído à contenção, onde a vulnerabilidade de alguém era reconhecida como terreno maduro para compartilhar, mas através de maquinações privadas que ele considerava bastante distintas das enormes capacidades da lógica humana (Hiley, comunicação pessoal, 8 de maio de 2017).[22] Como um professor estabelecido, Næss considerava devidamente as "dificuldades de suprimir o significado do desenvolvimento dos sentimentos nos assuntos humanos e, ao mesmo tempo, adorar a razão. Ambas são constantemente necessárias" (Næss; Haukeland, 2002: xi). Seu profundo amor pela natureza e um sentido de experimentação duradouro eram minimalistas, fleumáticos, distantes e independentes; ele possuía uma enorme capacidade de ser "charmoso, sombrio e alegre, responsável e despreocupado" (citando a "Introdução" de Harold Glasser, em Næss; Haukeland, 2002: ix-x, xxiv). Næss era um paradoxo – ele vivia pela máxima: "Fique quieto como uma montanha | Mova-se como um grande rio" (Hiley, comunicação pessoal, 8 de maio de 2017). Ele foi descrito por seus amigos e família como previsível e evasivo, sábio e jovem, sério e jovial, enraizado na Terra e ao mesmo tempo etéreo como uma ninfa; um verdadeiro "filósofo da vida" que era "o equivalente a um caçador-coletor usando sua inteligência e intuição para buscar alimento (para pensar) em uma paisagem fecunda" (Næss, 2005a: xix). Alguns de seus compatriotas mais próximos se referiam a ele como um buscador, vidente, profeta menor, um pluralista radical, distante e charmoso, responsável e despreocupado, arrogante e modesto, escorregadio e preciso (Næss, 2005a: xxvi). Sua abordagem refletiu um amor pela natureza que resultou em sentimentos positivos ou suas *emoções ativas* preferidas que despertam nossa maior capacidade de se importar com os outros como parte integrante de nós mesmos (Næss; Haukeland, 2002: 2, 9; Næss, 2008: 84). De todas estas

---

22 Usado como princípios obrigatórios do treinamento filosófico norueguês, Næss escreveu seis recomendações para comunicação e argumento que se centravam em torno da noção de contenção: evitar a irrelevância tendenciosa (ataques pessoais, alegações de motivação dos oponentes, explicação das razões de um argumento); evitar citações tendenciosas (as citações não devem ser editadas em relação ao tema do debate); evitar ambiguidade tendenciosa (a ambiguidade pode ser explorada para apoiar críticas); evitar o uso tendencioso de espantalhos (atribuir pontos de vista ao oponente que ele ou ela não tem); evitar declarações tendenciosas de fatos (as informações apresentadas nunca devem ser falsas ou incompletas e não se deve reter informações relevantes); evitar tons tendenciosos de apresentação (ironia, sarcasmo, pejorativos, exagero, ameaças sutis ou abertas).

formas, Næss tinha um sentido aguçado do poder da conectividade. Para alguns afortunados o suficiente para experimentar sua vida pessoal, ele era um homem de "vibrações mais elevadas" (Hiley, comunicação pessoal, 8 de maio de 2017). Ele vivia na intemporalidade, na consciência, na luxúria e na simplicidade. Ele é lembrado por aqueles que o conheceram como um ser humano que alcançou além dos binários da identidade e não definhava nas complexidades e dramas da vida cotidiana.

Em um nível, é compreensível que Næss tenha se distraído de prestar atenção especial aos aspectos de gênero da justiça social e ambiental. Seu pensamento estava voltado para o horizonte muito mais amplo e profundo da relação humano-natureza. Seguindo a profunda ecologia de Næss a suas conclusões lógicas, era menos necessário se deter nas minúcias das iniquidades sociais quando todas as pessoas são amigas em potencial, porque todos nós estamos em última instância conectados, mesmo que às vezes nos encontremos engajados como adversários, ou nos encontremos em posições sociopolíticas muito diferentes. Næss considerou esta sensibilidade à nossa imutável conexão uns com os outros não só como inevitável, mas desejável.

Voltando novamente à crescente polarização global de visões sobre a sociedade e o meio ambiente que estamos vivenciando agora, nos beneficiaríamos de prestar especial atenção à generosidade, sabedoria e encarnação de Næss sobre este ponto em particular. Ele buscou uma sabedoria ecológica mais profunda, nutrindo os aspectos positivos da inteligência emocional, encorajando a ascensão do eu superior por meio de "uma forma de razão mais ampla e rica que incorpora amor, compaixão e identificação com toda forma de vida", aspectos do eu sentido que ele sugeriu que poderia criar uma relação simbiótica de reforço mútuo como essencial para a vida humana mais saudável, o que tornou seu trabalho material das ontologias gestaltistas (Næss, 2005a). Essa foi a *Autorrealização!* de Næss (Næss, 2005a: xxiii).

É importante notar que as perspectivas de Næss sobre as emoções humanas não se destinavam a demonizar a corporeidade. Pelo contrário, e desafiando a divisão cartesiana que separa os indivíduos humanos do mundo, ele considerou a experiência humana tanto emocional quanto racional, na medida em que não era possível ficar fora do eu, uma vez que nossos pensamentos, sentimentos e relacionamentos eram, em sua opinião, inescapavelmente parte de nossas experiências momentâneas de vida; o aspecto emocional da experiência humana proporciona a cada um de nós uma oportunidade de "recuperarmos o autocontrole" a fim de nos libertarmos das garras dos sentimentos negativos e dos impactos que eles têm sobre o mundo (Næss; Haukeland, 2002: 15). Næss argumentou que devemos reconhecer e lutar contra o sofrimento dos paradoxos que habitam dentro de cada um de nós, a fim de cultivar uma calma ou "serenidade dentro de si mesmo", que – ele acreditava – a natureza poderia melhor ajudar cada um de nós a encontrar dentro de si, especialmente durante os anos impressionáveis dos 5 aos 15 anos (Næss; Haukeland, 2002: 13, 21, 85). Idealmente, conseguiríamos isso por conta própria, mas Næss reconheceu que para a maioria, a ajuda externa (como terapia ou contato com a natureza) era de incalculável valor para nos levar ao longo do caminho para tal objetivo (Næss; Haukeland, 2002: 38).

A Ecologia profunda examinada

Acima de tudo, a formação filosófica de Næss moldou-o em um profundo questionador e pensador. Ele usou estes talentos para criar um movimento global que defendia o cuidado da Terra como igual ao cuidado humano e ao autocuidado (Næss, 2008: 20, 27). A ecologia profunda foi intencionalmente justaposta contra as tendências reformistas do ambientalismo "superficial" (que, conforme atestamos anteriormente, formaram as bases da modernização ecológica), que ele considerava, na melhor das hipóteses, como um refinasmento dos compromissos humanos com a natureza, sem abordar os verdadeiros dilemas filosóficos, econômicos, sociais, políticos e espirituais de nosso tempo (Fox, 1990: 37-39; Næss; Haukeland, 2002: xxv-xxvi; Næss, 2008: 27). Como um ávido apoiador deste movimento, Alan Drengson (1997: 2) observou que a ecologia profunda reiniciou:

> ... a conversa com a natureza e entre comunidades de seres que tem sido em grande parte interrompida por certos desenvolvimentos na sociedade industrial moderna. Como caminho para uma vida ecologicamente correta, são necessários três elementos: experiência, prática e teoria.

Lemos esses três elementos como interiores, exteriores e ideológicos – respectivamente. Em vez de dar prioridade às necessidades e desejos humanos sobre as necessidades vitais de outros não-humanos, a ecologia profunda subscreveu uma crença no valor intrínseco de toda forma de vida com a intenção de colocar os seres humanos em pé de igualdade com o resto da vida na Terra. A ecologia profunda revelou um ambientalismo consciente que visava acomodar o direito à existência de todos os seres vivos (Rothenberg, 1993: 129, 145). Esse ambientalismo mais profundo nos orienta a adquirir "um sentimento pela natureza que vê a crise ambiental como um sintoma de uma doença psicológica ou espiritual que aflige a humanidade moderna nas sociedades tecnológicas" (Seed, 2006: 96). O movimento explora as formas de pensar e interagir com toda forma de vida, com a intenção de criar harmonia entre todas as espécies (Devall, 1988: 11). Para dois importantes porta-vozes do biocentrismo, o ativista e filósofo australiano John Seed e a ecologista budista estadounidense Joanna Macy, o potencial transformacional da ecologia profunda foi um aspecto essencial do ativismo como práxis pessoais. Seguindo o exemplo de Næss, Seed e Macy consideraram a conceitualização da ecologia profunda como uma ferramenta poderosa para uma mudança de comportamento tangível (Seed, 2006: 99; Næss, 2008: 140-141). As verdades mais profundas da ecologia profunda promoveram a linguagem e a corporificação que facilitaram o compartilhamento autêntico e a mudança. O movimento permitiu que indivíduos e comunidades descobrissem o silêncio, a profunda conectividade com o importante s-"Self" de Næss e, ao fazê-lo, descobrissem nossos respectivos e muito personalizados encontros com a Terra. Imploraram aos ecologistas profundos para não permanecerem teóricos, mas a se tornarem também praticantes, sendo guiados a cruzar o fiorde que divide teoria e prática a fim de despertar um diálogo mais verdadeiro sobre como é ser humano na e da Terra. Seed e Macy foram fundamentais na criação de práticas ecológicas profundas como meios para percebermos as emoções entrelaçadas e, assim, curarmos e recuperarmos nossos eus plenos, para agirmos de forma decisiva no despertar de gerações de separação e perda de conexão com outra natureza além da humana (Seed et al., 1988: 14). A ecologia profunda como corporificação priorizou sentir essas emoções através do que Macy e Seed chamavam de "O Trabalho que Reconecta" – moldado pelos três processos seguintes:

1 "Desespero e Empoderamento" – ou trabalhar com todo o espectro de emoções humanas frente as urgentes crises planetárias

2 "Tempo Profundo, Lembrança Evolutiva, A Caminhada Cósmica" – onde nos lembramos de nosso lugar no cosmos

3 "O Conselho de Todos os Seres" – no qual encarnamos e empatizamos com uma miríade de criaturas com as quais compartilhamos a Terra (Seed et al., 1988; Seed, 2006: 100).

O aspecto corpóreo da ecologia profunda foi projetado para despertar o Eu identificado *com* os outros, o que requer uma prática contínua para identificar e depois evitar que nossas relações ligadas à natureza se desvaneçam com o tempo (Bragg, 1996: 96). Com base no trabalho *Despair and Empowerment* (Desespero e Empoderamento) de Macy e em estreita colaboração com Seed, a terapeuta australiana e ambientalista Ruth Rosenhek é creditada como outra ativista fundamental, dedicada à conversão de processos ecológicos profundos em práticas. Ela desenhou atividades específicas para nos reconectar com a unicidade universal da vida e despertar um apaixonado senso de cuidado por todos os seres vivos, para que possamos – mais uma vez – "pensar como uma montanha" (Seed et al., 1988: 8-9).

Em suas tentativas de preencher esta lacuna entre teoria e prática, Næss escreveu um "Diagrama do Avental" para ilustrar a internalização do caminho conceitual da ecologia profunda conforme surgiam praticantes de suas teorias (Næss, 2005a: 75-77). As quatro "dobras" do diagrama foram concebidas para representar pontos de interseção entre distintos níveis de incorporação da ecologia profunda em nossas vidas. Esses quatro níveis de incorporação nos levam das crenças 'absolutas' iniciais que temos, desafiadas pela plataforma de oito pontos de ecologia profunda,[23] que então moldam nosso discer-

---

23   Sendo fundamental na formação de nossa teoria das masculinidades ecologizadas, a plataforma de oito pontos da ecologia profunda, desenvolvida por Næss e pelo ecologista americano George Sessions, é assim resumida: (1) O florescimento da vida humana e de outros seres humanos na Terra tem um valor intrínseco. O valor de um outro que não o humano é independente de sua utilidade para fins humanos; (2) A riqueza e diversidade de formas de vida justifica seu valor intrínseco e são valores em si (3) Os humanos não têm o direito de reduzir esta abundância e diversidade, exceto para satisfazer necessidades vitais; (4) O florescimento da vida e culturas humanas é compatível com uma redução considerável da população humana e o florescimento de outros não-humanos exige que haja menos recursos sendo consumidos por humanos e mais para serem consumidos por outros não-humanos (nota dos autores: é claro que os diferenciais econômicos entre as pessoas do Norte e do Sul Global colocam este ponto em questão, pois é fácil sugerir que deveria haver menos pessoas

nimento *a priori* sobre o que concluímos como fatos, a se tornarem decisões e ações *a posteriori*. Estas então estimulam o questionamento profundo e, ao fazê-lo, transformam nossas crenças fundamentais sobre o mundo e sobre nós mesmos (Clark, 1996: 196; Drengson, 1997: 3; Drengson 2001: 5; Næss, 2003: 270; Næss 2005a: 75- 83; Næss 2005b: 63-64; Notario, 2006: 108; Devall, 2010: 5; Drengson; Devall, 2010: 61). Næss foi intencionalmente vago sobre a forma exata de questionamento profundo que defendia, submetendo-se, ao invés disso, a manifestações personalizadas de ecologia profunda ("ecosofias" ou sabedorias ecológicas pessoais) que venham a emergir dentro do indivíduo (Næss, 2005a: 61; Harding, 2011). Desta forma, seu Diagrama do Avental foi projetado para permitir que o indivíduo se mova em ambas as direções, a partir de suas premissas pessoais e fundamentais para a forma como as aplica em sua vida particular com ações, despertando efetivamente o Eu mais profundo que está firmemente acoplado à natureza mais ampla (Næss, 2008: 107-111, 168-170). A ecologia profunda foi então uma "articulação das normas básicas dentro do movimento ecológico e uma aplicação do treinamento analítico [de Næss] para falar de forma burocrática. Não para inspirar, mostrar estilo ou ser poético" (Rothenberg, 1993: 133).

De fato, a previsão næssian para o século XXI indicava que devemos necessariamente nos voltar para a sustentabilidade (Glasser, 1999: 379). No entanto, Næss estava convencido de que isto provavelmente só aconteceria depois de termos sofrido uma enorme agitação ecológica e social, advindos de abusos impostos por humanos (Anker, 1999: 439-440). Ele estava convencido de que a única chance que tínhamos de assegurar um futuro sustentável, que fosse social e ecologicamente esclarecido, era problematizar os aspectos

---

no planeta quando as taxas de natalidade estão inversamente correlacionadas com a riqueza, a educação e a "boa vida" material concedida às pessoas do Norte Global, cujas taxas de consumo per capita excedem em muito as do Sul Global); (5) Nossa interferência atual com outras vidas que não a humana não só é excessiva, mas também insustentável e a situação está se agravando rapidamente; (6) As mudanças políticas devem provocar transformações nas estruturas políticas, sociais, econômicas, tecnológicas e ideológicas. Se essas mudanças fossem realizadas, o estado de coisas resultante seria diferente do "tamanho" do presente consideravelmente e faria uma experiência mais alegre da "grandeza" e em que a conectividade de todas as coisas fosse possível; (7) Essa mudança ideológica prioriza a qualidade de vida em vez de um padrão de vida cada vez mais elevado. (8) Aqueles que defendem esta plataforma tem a obrigação de garantir que estas mudanças aconteçam (Devall; Sessions, 1985: 70; Næss, 1986a: 509-510; Drengson, 1992: 4-5; Drengson, 1997: 3-4; Næss; Haukeland, 2002: 108; Naess, 2008: 11–12, 28–31).

egoístas das nações industrializadas e desafiá-los diretamente através de ações diretas não-violentas que facilitassem as transformações éticas, econômicas, políticas e ecológicas. Esta visão foi formativa para a defesa da política verde, que surgiu como uma fonte de mudança radical e um baluarte crucial contra a beligerância econômica e militar dos governos dominados principalmente por homens (Næss, 1999b: 445). Tais proclamações são friamente aplicáveis aos nossos tempos. Tomemos por exemplo a retórica estadunidense que declara o fim da suposta "guerra ao carvão" junto com o petróleo e o gás natural, projetada para alcançar a "independência energética" para aquela nação e assinada como um decreto pelo presidente dos EUA, Donald Trump (29 de março de 2017). Trump citou empregos e geração de riqueza como sua prioridade previsível à frente do meio ambiente (ao mesmo tempo em que também dilacerou muitas das energias renováveis dos EUA juntamente com programas médicos e de bem-estar social), assinando o decreto cercado por um grupo encantado de homens brancos, de meia idade e mais velhos, das indústrias de hidrocarbonetos dos EUA, tendo ignorado o capital econômico, social, político e ecológico do investimento em energia limpa apoiado pela anterior administração de Obama (ABC News, 2017). Tais lutas ideológicas detiveram o apelo de Næss por um futuro biocêntrico. Embora houvesse pouca menção à dominação masculina ou política de gênero na ecologia profunda de Næss, que ele formulou muito antes dos discursos políticos hegemônicosda direita/social conservadora que estamos experienciando, suas previsões inquietantes sobre um mergulho do século XXI em direção a mais tumultos sociais e ecológicos globais estão agora se concretizando. Precisamos mais do que nunca de uma ecologia profunda – mas ela deve ser traduzida em termos que sejam relacionáveis para aqueles homens e masculinidades que se encontram dentro do paradigma *malestream* da hegemonização, a fim de serem revividos e atualizados para se tornarem mais efetivos na facilitação das mudanças sociais e ambientais necessárias. Para Næss, o pluralismo é essencial para alcançar este objetivo.

Ecosofia T

Næss recusou-se a seguir um único caminho de investigação. Ele estava mais interessado em "ver como as coisas estão ruins e ainda ser capaz de sorrir para elas... [como] o mais sólido tipo de alegria" (Rothenberg, 1993:

84). Ele fez um grande esforço para fundamentar a ecologia profunda "em um reconhecimento do fato metafísico da interconectividade" que é algo inevitável quando nos sintonizamos verdadeiramente com a natureza e conosco mesmos, precisamente porque a visão total da ecologia profunda está inatamente presente em todos nós e está simplesmente esperando para ser despertada (Mathews, 1991: 148). Com essa afeição pelo pluralismo, ele abriu um caminho para cada um de nós harmonizar nossas muitas e variadas crenças e experiências com a Terra.

Para nos ajudar nesta jornada pessoal, Næss desenvolveu o conceito de uma ecosofia personalizada para desenvolver normas customizadas, que servem a cada um de nós como guias morais em nossas respectivas vidas. Um ecosofista é alguém que reconhece a necessidade não acidental de se elevar acima de qualquer norma, alcançando uma unidade perceptível com o todo inseparável da vida – em outras palavras, de nos vermos como um (e integral) aspecto da natureza (Anker, 1998; Seed et al., 1988). Elaborando em cima da ecosofia de Næss, Peder Anker (1998: n.p.) sugeriu que o humano ecosofizado estava no caminho para alcançar "uma compreensão adequada de si mesmo como parte da natureza, uma compreensão que pode ser vista... como uma reentrada epistemológica na natureza criativa".

O desenvolvimento de uma ecosofia permite que cada um de nós preste atenção aos sentimentos positivos sobre a natureza que emergem quando comungamos com um local familiar. Neste sentido, o Eu ecosofisado interpenetra com os aspectos localizados do todo coletivo, adquirindo um grau respeitoso e cuidadoso de pensamento e ação consistente com os sentimentos que vêm de experiências de imersão personalizada na natureza. Esta abordagem mais profunda da relação humano-natureza surge quando estendida a um determinado lugar natural que passamos a experimentar como uma entidade viva e amiga de si mesma, com a qual desenvolvemos uma relação imediata e íntima. A ecosofização de Næss deu origem ao "eu ecológico", que representava um estado interno de ser, alcançado pelo indivíduo através de várias identificações profundas com ambientes específicos (Næss, 1986a: 3; Naess, 1986b). O eu ecológico foi construído a partir da crença de que somos seres na, da e para a natureza, desde nosso início como espécie e isso "segue *natural* e belamente as normas de ética ambiental rigorosa", resultando em terapias comunitárias que curam nossas relações com todos os seres vivos (Seed et al., 1988: 29; Næss, 1995: 14).

O termo ecosofia vem dos termos gregos *oikos* (residência familiar) e *sophia* (sabedoria), que Næss definiu como a individualizada "disciplina sábia de nossas próprias ações, vivendo em harmonia com a natureza para não prejudicar a integridade da Terra" (Drengson, 1995: 147). Ele argumentou que adotar uma ecosofia individualizada capturaria a diversidade mais verdadeira, de visões totais mais profundas, e que ao reconhecê-las como únicas, aumentaríamos a possibilidade de maiores percepções sobre a humanidade e o mundo dos seres não-humanos. Næss argumentou que nossas respectivas ecosofias facilitam um processo saudável de reavaliação constante de ideias (Quick, 2006: 63). Sua ecosofia particular, ou Ecosofia T, nasceu de seu próprio comprometimento com sua cabana na montanha chamada *Tvergastein*, ou "pedras cruzadas"/"cruzes de pedra", que se refere às características rochosas de sua amada e adotada montanha, *Halingskarvet*, que contêm padrões cristalinos distintos usados como marcadores guias, para não perder o caminho em condições de brancura pela neve, comuns àquela cadeia de montanhas norueguesa. Foi a partir de seu retiro na montanha que Næss escreveu mais extensivamente sobre ecologia profunda (Drengson, 1992: 3-4).

A Ecosofia T nos convida a descobrir um (re)despertar ecosófico para nós mesmos, "sempre escavando para chegar às raízes das questões e problemas" e, dessa forma, manifesta uma prática ecocêntrica refletindo uma pluralidade de experiências e *insights* pessoais ou "valores fundsmentais " (Drengson, 1992: 3). Neste sentido, a Ecosofia T não foi apenas uma manifestação intensamente pessoal de ecologia profunda, mas foi apresentada por Næss como um exemplo de como cada um de nós pode manifestar também nossas relações pessoais com a natureza (Riggio, 2015: 84). Ele encorajou cada um de nós a desenvolver um amor único pela Terra, razão pela qual ele não prescreveu uma ecosofia para todos, mas apresentou a sua própria como um modelo para nos ajudar a guiar. Através da Ecosofia T, Næss acreditava que era vital que cada um de nós encontrasse nossas sabedorias ecológicas individuais como parte integrante para alcançar sua noção de *Autorrealização!* (Drengson, 1992; Drengson, 1999). Alan Drengson e Bill Devall (2010: 58) explicaram esta nuance correspondentemente:

> Næss estava fazendo algo mais sutil do que muitos pensavam. Ele não estava apresentando uma única visão de mundo e filosofia de vida que todos deveriam aderir em apoio ao movimen-

to ecologista internacional. Em vez disso, ele estava fazendo uma afirmação empírica baseada em evidências esmagadoras de que os movimentos sociais globais, desde a base, consistem em pessoas com orientações religiosas, filosóficas, culturais e pessoais muito diversas. No entanto, eles podem chegar a um acordo sobre certas linhas de ação e certos princípios amplos, especialmente em nível internacional. Como apoiadores de um determinado movimento, eles se tratam uns aos outros com respeito mútuo.

Consequentemente, Næss indicava que o indivíduo acrescentasse seu sufixo único à sua ecosofia pessoal como identidade distintiva e não imitasse seu sufixo – "T", embora ecologistas profundos posteriores, como Warwick Fox (1990), tenham defendido a concordância total com a Ecosofia T em homenagem à capacidade única de transcendência de Næss. Por exemplo, com aqueles mais atraídos em explorar o tema de homens e masculinidades, como Martin e eu (Paul falando aqui), onde questões como gênero ou afins, como raça e orientação sexual, estão em pé de igualdade com os cuidados com a Terra, emerge uma manifestação única da ecosofia – por razões argumentativas, uma Ecosofia M (para masculinidades) – como diferente de uma Ecosofia T næssiana. Com isso em mente, existem algumas limitações identificáveis à ecologia profunda que são dignas de menção, reflexo de nosso interesse particular pelo homem e pela masculinidade.

Ecosofia M

Uma importante lição a ser extraída da ecologia profunda é seu compromisso com a não-dualidade. O discurso foi intencionalmente projetado para honrar o individual *e* o biológico/universal, o sujeito *e* o objeto, o ego *e* o metafísico, a razão *e* a emoção. Apesar disso, os princípios fundamentais da ecologia profunda têm – provavelmente – tido dificuldade para desafiar a própria essência da dominação masculina. A razão da ecologia profunda não ter confrontado de frente a hegemonização masculina se deu precisamente pelo fato de que a Ecosofia T de Næss refletia Næss, o homem. A Ecosofia T foi mapeada como uma jornada não específica de gênero e solitária, que melhor se adaptava a sua personalidade e paixões. Næss era, afinal, um produto de seu ambiente sociocultural tanto quanto suas casas aristocráticas e montanhosas. O privilégio pode ser cegante. Næss evitou um dos problemas centrais que afligem os homens – o de ser o ensaio consciente ou subconsciente de "passar por isso sozinho" para despertar uma sabedoria terrestre mais profunda dentro de si. Ele o fez precisamente por causa de sua história; ele abordou a ecosofização como um homem isolado, ocidental, rico, branco, reverenciado, efetivamente emudecendo a presença de uma análise sociopolítica no coração da ecologia profunda, uma vez que as questões de hegemonização não o impactaram negativamente – muito pelo contrário. Curiosamente, Næss personificava muitos dos mesmos padrões que estão levando a ataques ferozes contra a Terra e outros seres humanos hoje. Se pensarmos nisso no contexto de socializações de masculinidades tradicionais, as aventuras solo na natureza são típicas formas "masculinas" de comungar. É verdade que o desenvolvimento de uma ecosofia alinhada com a intenção de Næss pode funcionar bem para aqueles de nós que desfrutam de sua própria companhia quando imersos em seu ambiente. No entanto, a busca solitária não confronta as maneiras que os homens estão amplamente condicionados a se desligar dos outros e do mundo – essa nuance particular da ecologia profunda corre o risco de realmente reforçar o isolamento dos homens. Tem sido nossa experiência ao trabalhar com homens que o isolamento é uma das causas fundamentais da hegemonização masculina – os homens dominam mais facilmente quando não estão ligados ao outro que dominam. Em outras palavras, seguir os passos de Næss e ficarmos isolados no topo de uma montanha (ou em algum outro lugar da natureza onde sentimos reverência), contemplar a vida e despojar-nos de nossas comunidades de relações humanas íntimas ao fazê-lo, é pedir-nos que operemos, pelo menos até certo ponto, dentro dos parâmetros das normas *malestream*. De fato, nossa leitura de suas biografias sugere que Næss estava, como a maioria dos homens, sujeito a suas próprias variações de contenção emocional em alinhamento com as mesmas narrativas masculinistas que afligem a maioria dos homens ocidentais modernos – neste sentido, Næss era apenas mais um cara (Fox, 1990; Rothenberg, 1993; Glasser, 1999; Næss; Haukeland, 2002; Drengson; Devall, 2010).

Não estamos problematizando o tempo contemplativo em si mesmo. No entanto, construir o discurso ecológico profundo em torno desta prática de despertar pessoal foi, em nossa análise, muito limitado para ser de grande poder transformador para muitos homens, precisamente porque esta nuance particular era mais do mesmo. Esta pode ser, de fato, uma razão pela qual a ecologia profunda diminuiu de importância à medida que a economia global do século XXI se agitou às custas da Terra e de nossas comunidades – ela se esforçou para oferecer aos homens (em particular) um novo caminho para uma conexão mais profunda com a Terra e não conseguiu recrutar e manter muitos homens, particularmente homens hegemonizados, como agentes para acabar com a dominação masculina; homens que poderiam acentuar a equidade de gênero e um maior cuidado ecológico de forma sistêmica e pessoal. Sugerimos, portanto, que a ecologia profunda de Næs foi muito branda na superioridade interiorizada dos homens ao não enfrentar diretamente a dominação masculina; uma crítica que compartilha alguma semelhança com as deficiências que revelamos em relação ao movimento mitopoético dos homens. Note que estamos argumentando que a ecologia profunda não desafiou os padrões de superioridade internalizada nos homens, que caracterizam, e ao mesmo tempo afligem, interpretações tradicionais ocidentais de masculinidades e, ao fazê-lo, deixou de abordar um elemento crucial de subversão de uma das causas fundamentais dos padrões de opressão que Næss trabalhou incansavelmente para erradicar.

Observamos, também, que ser orientado para uma ecosofia internalizada no sentido næssiano traz o risco de pregar aos convertidos e os convertidos não são os que precisam tanto da mensagem da ecosofização næssiana quanto aqueles que, de outra forma, se dedicam a seus negócios destruindo a Terra e dominando os marginalizados para ganho pessoal. Finalmente, a ecologia profunda estava muito isolada para se aconchegar atrás dos homens e das masculinidades, a fim de oferecer apoio personalizado – em comunhão com a natureza – para ajudar os homens a renunciar aos privilégios intoxicantes de dominar outros, tidos como dever masculino por milênios.

Consequentemente, sugerimos que a ecologia profunda næssiana poderia ter servido melhor a Terra, as comunidades humanas e nossas vidas individuais se ela tivesse incluído uma estrutura específica e intencional que tornasse o desmantelamento das normas *malestream* integral à ecologização dos homens e das masculinidades (especialmente aqueles que mais se beneficiam da hegemonização). Tal lapso custou caro à biosfera global e a nossas comunidades, pois os debates sobre a mudança climática geram fúria; a perda da biodiversidade agita; as consequências sociais e políticas do (m)antropoceno se tornam batatas quentes políticas; as desigualdades de gênero se exacerbam; a cidadania global se rompe; os conflitos internacionais descem o abismo da retidão, populismo, isolacionismo, protecionismo e o peso militar e paramilitar contra o terrorismo internacional e doméstico; e tudo isso se tornou lugar-comum. Em conjunto, esses desafios parecem reacender noções tradicionais e sexistas de homens como protetores e provedores, confundindo ainda mais o que significa ser um homem no mundo de hoje. Ironicamente, a maioria desses desafios são produtos de dominação masculina, pois impactam mecanismos institucionais estruturais globais, nacionais, regionais e locais. Eles destacam o terrível preço pessoal que a Terra, as mulheres, as pessoas não-binárias/*genderqueer* e os homens marginalizados pagam por manifestações industriais/ganha-pão ou ecomodernas de dominação masculina. Embora esta nuance não tenha sido incluída nas análises de Næss, masculinidades ecológicas seguem alguns dos princípios fundamentais da ecologia profunda, olhando mais além e aprimorando o foco específico no homem e na masculinidade como nossa contribuição única para conciliarmos nossos problemas sociais e ambientais.

Isso não é, de modo algum, para culpar a ecologia profunda por nossos problemas atuais e futuros. Não é nossa intenção desqualificar Næss, que foi de fato um filósofo prolífico, influente e amado. Consideramos suas ofertas extremamente valiosas e dignas de nossa reverência. Reconhecemos que Næss amou profunda e claramente a natureza *e* a humanidade. No entanto, é importante perceber que a ecologia profunda de Næss foi o trabalho de um filósofo felizmente viciado na alegria e no sossego de lugares selvagens, que paradoxalmente ele compartilhou com muitos companheiros em arroubos pontuais de maravilhamento gregário. Sua jornada para a verdadeira natureza do coração humano foi em grande parte uma viagem através da mente humana. Se quisermos alcançar uma ampla mudança em direção a um futuro profundamente verde, devemos encontrar uma maneira de trazer o maior número possível de seres humanos conosco, de maneira sentimental e com o poder da razão. Devemos, então, permanecer vigilantes, acentuando nosso ceticismo em relação ao isolamento sob todas as suas formas; buscando alternativas a estes artefatos de normas *malestream*; encorajando e apoiando homens e masculinidades, em particular, de maneiras que centralizem a subjetividade sentida – e para muitos homens isto significa ir além daquela emoção masculina permissiva –, a raiva (especialmente expressa como violência). Devemos também aumentar a consciência do valor e da majestade da Terra e de uma miríade de seres vivos. Ao fazermos isso, devemos imbuir essas consciências em nossas psiques que a ecosofização næssiana nos demonstrou, abraçando a celebração voluntária da vida em todas as suas formas como um atributo desejável das masculinidades ocidentais modernas. Desta forma, estendemos a importância da ecologia profunda ao nível da plena humanidade, onde os homens e as masculinidades são reconfigurados para apoiarem o estar a serviço dos comuns glocais. Se prestarmos atenção aos elementos das lições eruditas daqueles que vieram antes de nós, tais como os elementos úteis da ecologia profunda, avaliarmos os pontos cegos emergentes que detectamos, aguçarmos nossas análises dos homens e das masculinidades em todo o espectro político de visões e tomarmos medidas ativas para subvertermos as mensagens da hegemonização masculina, então poderemos de fato viver as vidas verdadeiramente sustentáveis que Næss e outros ecologistas profundos têm defendido de forma tão convincente.

Ecologia profunda e normas *malestream*

É interessante considerar que Næss evitou a força total de seus críticos. Ele permaneceu ao longo de sua vida "bastante sensível às questões de identidade e diferença, e constantemente alerta contra formas de holismo que neguem a diferença" e, como consequência, não estava pessoalmente sujeito à intensa ira que a ecologia profunda geraria em alguns de seus oponentes (Diehm, 2003: 30). Næss (1989: 195) não foi avesso a abraçar nossa individualidade enquanto nos esforçamos para alcançar a *Autorrealização!*, sugerindo que não nos "dissolvemos facilmente como gotas individuais no oceano", uma vez que "nosso cuidado continua a ter como referência os indivíduos, não qualquer coletividade", mas continuou a notar também que "o indivíduo não é, e não será isolável", embora sua prática de ecologia profunda e muitas experiências vividas pelos homens tenham sugerido o contrário. Isso foi um lapso precisamente porque os indivíduos eram, na opinião de Næss, separados *e* conectados a redes relacionais de vida, pelo menos conceitualmente. Esse fato moldou seu Eu relacional (Deihm, 2003: 31-32). Tais visões do liame Eu □ outros vinculou o interesse próprio com interesse no bem-estar geral de toda forma de vida que, neste ponto particular, levaram Næss a um alinhamento direto com a estudiosa ecofeminista radical australiana Val Plumwood. Esse compatriotismo não intencional não era indicativo de todas as interpretações ecofeministas da ecologia profunda, nem, no caso, Plumwood teria se sentado em silêncio se tal avaliação fosse levada a refletir suas visões mais amplas sobre a ecologia profunda – que às vezes eram mordazes (Plumwood, comunicação pessoal, 19 de maio de 2005). A partir disso, podemos entender melhor porque os dois discursos colidiram tão calorosamente, particularmente desde os anos 90. Em *Nature Ethics: An Ecofeminist Perspective* – 2008 (Ética da Natureza: Uma Perspectiva Ecofeminista), Marti Kheel argumentou que a miopia de gênero predominante dos líderes ambientais masculinos marcou a necessidade de o feminismo ecológico ser posicionado como uma revolução ambiental de inspiração feminista, que a ecologia profunda, para além da intenção næssiana, se esforçou para abraçar.

Nossa tarefa neste livro é problematizar persistentemente "homens" como uma categoria binária (adicionando socializações ocidentais e brancas para refinar ainda mais nosso foco). Ao fazer isso, também reconhecemos que homens e masculinidades também estão sujeitos aos efeitos negativos da hegemonização masculina. Observamos também que suas consequentes angústias crônicas são os principais motivos para sua persistente perpetração de comportamentos sexistas e ecocidas. O esmorecimento da ecologia profunda desde seu apogeu nos anos 90 parece ser, pelo menos em parte, uma consequência de o movimento não ter antecipado adequadamente o impacto que a marginalização das análises de gênero teria em seu apelo e longevidade internacionais (Salleh, 1998). Olhando para além de sua sabedoria terrestre, temos argumentado ao longo deste capítulo que muitos homens são manipulados pelas socializações da hegemonização masculina em papéis rígidos que são *contrários* ao que consideramos serem suas naturezas humanas mais completas. Eles estão sujeitos à violência em grande parte pelas mãos de outros homens, assim como as mulheres e a Terra. Eles são pressionados para o serviço militar e preparados desde muito jovens para resolverem diferenças de opinião e conflitos com agressão e violência. Eles continuam a ser a maioria dos trabalhadores explorados por meios de produção capitalistas corporativos. Eles realizam trabalhos pesados e arriscados em maior número do que as mulheres, sofrendo de longe os mais graves acidentes industriais. Como meninos e homens, eles são mais isolados socialmente e do contato humano real do que as meninas e mulheres. Rapazes e homens são distanciados de sua humanidade pelo medo do ridículo, principalmente por outros rapazes e homens. É provável que morram em média sete anos mais jovens do que as mulheres (em todo o mundo) como consequência de uma seção transversal de desafios de saúde para os quais eles mal procuram assistência preventiva ou precoce. Eles são treinados para exercer opressão sobre os outros em troca de e para preservar os privilégios de serem homens (Balser, 1985: 49; Shmerling, 2016). Estes são apenas alguns dos impactos trágicos da superiorização internalizada e das normas ecocidas da hegemonização masculina. Além disso, o decreto de crescimento duradouro do capitalismo não conseguiu proporcionar maior prosperidade aos trabalhadores e às pessoas de classe média, achatando a renda de muitas famílias aos níveis dos anos 90, o que alimentou o ressentimento crescente entre os homens desses grupos em particular (Long; Gillespie, 2016). A demografia da população está mudando rapidamente em escalas culturais, raciais, religiosas e geracionais. A imigração (legal, ilegal e como consequência de crises) está aumentando, ao mesmo tempo em que a segurança nas fronteiras está avançando e isso está tendo impacto sobre os homens, ameaçando aparentemente seu senso de identidade, viabilidade, potência e propósito. Enquanto o desemprego dos homens brancos é menor do que o dos homens negros, tem havido declínios constantes em posições seguras de emprego para homens brancos, o que, pelo menos em parte, proporciona uma explicação para sentimentos populistas, racistas e xenófobos que correm raivosamente por todo o Ocidente. O fosso entre ricos e pobres dentro e entre sociedades globais continua a crescer. Tem havido um declínio acentuado nos níveis de confiança na capacidade do grande governo de ir além dos conflitos internos, a fim de conseguir coisas que melhorem a vida dos homens e a vida daqueles com quem mais se importam – isto está sendo prontamente tomado por alguns homens como indicativo de sistemas que falham com eles e seus entes queridos. Os homens podem e desenvolvem prontamente sentimentos construídos de declínio de poder como consequência de importantes ganhos em equidade de gênero e proteção ambiental. Algo que tem sido ainda mais agravado pelos desafios do declínio econômico associado com a exportação de empregos de manufatura para mercados de trabalho estrangeiros e mais baratos. Também se tornou comum que muitas mulheres e homens se sintam menos seguros em um mundo onde o terrorismo doméstico e internacional está aumentando as ameaças à segurança global e local. As opções militares continuam sendo uma moeda de troca central na mesa de negociações internacionais gerando uma dúvida acentuada sobre a capacidade dos governos de mudar essas situações para melhor (OECD, 2015; Barford, 2016; Long; Gillespie, 2016).

É justo dizer que, à luz de tais circunstâncias terríveis, a ecologia profunda, como foi aplicada às necessidades glocais nos anos 90, precisa se tornar mais relevante para as circunstâncias do século XXI; ela precisa ser reatualizada em termos de gênero e de estrutura.

Em grande parte, este capítulo foi escrito a partir da perspectiva de que temos com a ecologia profunda Næssiana uma dívida de muita gratidão. Reconhecemos que o movimento desempenhou um papel crucial – e até favorável – para dar vida a um profundo ambientalismo que mudou muito os modos de ser do Norte Global com a natureza. Entretanto, Næss deu origem a um movimento que refletiu sua própria preferência por uma visão contemplativa do mundo; uma ativa e engajada "mudança gestalt" ou de "realismo ontológico" que insistiu na experimentação do mundo espontaneamente e, ao fazê-lo, abraçar nossas comunhões individuais com a natureza (Næss, 2005ª: xxii). Em alinhamento com a crítica de Karen Warren (1999) à ausência de sensibilidade de gênero na ecologia profunda, demonstramos que a ecologia profunda Næssiana não foi além do *business-as-usual* para homens e masculinidades. Os escritos de Næss e as práticas que ele defendia não pretendiam que os homens e as masculinidades em particular ecosofizassem tanto quanto a humanidade em grande escala. Ao acentuar a empatia, o cuidado e o reconhecimento do valor intrínseco para toda forma de vida, a ecologia profunda de Næss efetivamente saltou sobre a questão de gênero, deixando-a para aqueles obrigados a incorporá-la e lidar com ela em sua Ecosofia particular.

Consequentemente, as contribuições da hegemonização masculina que estão no cerne de nossos crescentes problemas sociais e ambientais continuam a corroer a fecundidade dos comuns glocais. Para os homens que já lutam com o isolamento e a desconexão de sua alfabetização emocional, a ecologia profunda não proporcionou um caminho específico além das constrições estruturais da hegemonização. Isto nos levanta duas questões: será que a ecologia profunda desdenhava das contribuições de gênero às desigualdades sociais e ecológicas? E, em caso afirmativo, será que livrou a barra das masculinidades hegemonizadas? Estas questões não devem ser subestimadas, pois as masculinidades ocidentais modernas abrigam todo o potencial de visão total mais profunda, que consideramos inatamente humana, além das identidades de gênero. Entretanto, argumentamos que a ecologia profunda reforçou inadvertidamente alguns dos elementos centrais da dominação masculina que têm sido fundamentais para nos impulsionar para crises sociais e ecológicas, personalizando as complexidades que acompanham as identidades de gênero, em vez de trazer essas percepções para o próprio cerne de suas análises – o que o feminismo ecológico tem visado abordar desde seu início. Ao escrever este livro, abordamos os cuidados com a Terra através de uma lente de gênero.

Observamos que os homens brancos das classes trabalhadora, média e proprietária em particular têm pouco incentivo para defender a equidade social e/ou ecológica ou para abdicar de sua primazia e, quando solicitados a fazê-lo, podem apresentar níveis de resistência poderosos e eloquentes. Vemos isso com mais fervor naqueles que se juntaram às fileiras dos movimentos de políticas de choque de extrema direita, em particular, encontrando justificativa em sua resistência a um cuidado mais amplo, mais profundo e mais abrangente na esteira do sentimento de ter sido deixado para trás. O planeta está, consequentemente, no auge de um período precário da história, com impactos de longo alcance, na revogação de políticas e práticas pelas quais os movimentos progressistas têm lutado com o objetivo de abordar gerações de preocupações sociais e ambientais. As preocupações dos homens brancos ocidentais também são dignas de nossa consideração, juntamente com todas as outras, mas elas devem ser levadas em consideração proporcionalmente; um ponto de devida diligência que os movimentos de retrocesso ignoram em grande parte. A fim de abordar essa preocupação contemporânea, desenvolvemos caminhos para a ecologização masculina que Næss e outros ecologistas profundos deixaram passar. Por estas razões, nos baseamos e olhamos além da ecologia profunda, voltando nossa atenção para o complexo e diversificado terreno da política de gênero em relação ao cuidado com a Terra como importante precursor das masculinidades ecológicas que a ecologia profunda não foi capaz de proporcionar. Com estas deficiências da ecologia profunda ao lado de suas grandes sabedorias, olhamos com mais detalhe agora para o feminismo ecológico e suas práticas ecofeministas associadas.

Referências

ABC News. 2017. 'Donald Trump's executive order on energy raises questions about the future of Paris climate deal'. Accessed 21 April 2017. http://www.abc.net.au/news/2017-03-29/did-donald-trump-just-kill-the-paris-climate-change-deal/8396158

Andersson, J. 2006. 'Choosing futures: Alva Myrdal and the construction of Swedish futures studies, 1967–1972'. *International Review of Social History*, 51(2): 277–295.

Anker, P. 1998. 'On the ultimate norms in Ecosophy T'. *Trumpeter: Journal of Ecosophy* 15(1). Accessed 15 August 2017. http://trumpeter.athabascau.ca/index.php/trumpet/article/view/152/1323

Anker, P. 1999. 'Remarks on the history of deep ecology'. In N. Witoszek and A. Brennan, eds., *Philosophical Dialogues: Arne Næss and the Progress of Ecophilosophy*. Lanham: Rowman & Littlefield, 431–443.

Balser, D. 1985. Women: Summary Report of the International Women's Conference of Re-evaluation Counseling Communities held in the Netherlands, October 12–17, 1984. Seattle: Rational Island.

Barford, V. 2016. 'Why are Americans so angry?' *BBC News*. Accessed 19 November 2016. http://www.bbc.com/news/magazine-35406324

Biehl, J. 1988. 'What is social ecofeminism?'. *Green Perspectives: A Left Green Publication* 11: 1–8.

Bookchin, M. 1987. 'Social ecology versus "deep ecology": a challenge for the ecology movement'. *Green Perspectives: Newsletter of the Green Program Project* 4–5: 1–23.

Bookchin, M. 1995. *Re-enchanting Humanity: A Defense of the Human Spirit against Anti-Humanism, Misanthropy, Mysticism and Primitivism*. London: Cassell.

Bragg, E. 1996. 'The ecological self: deep ecology meets constructivist self theory'. *Journal of Environmental Psychology* 16(2): 93–108.

Cheney, J. 1987. 'Eco-feminism and deep ecology'. *Environmental Ethics* 9(2): 115–145.

Clark, J. 1996. 'How wide is deep ecology?'. *Inquiry* 39(2): 189–201.

Crook, M., and D. Short. 2014. 'Marx, Lemkin and the genocide–ecocide nexus'. *International Journal of Human Rights* 18(3): 298–319.

Devall, B. 1988. *Simple in Means, Rich in Ends: Practicing Deep Ecology*. Salt Lake City: Peregrine Smith.

Devall, B. 2010. 'Relationship with Arne Næss'. *Trumpeter: Journal of Ecosophy* 26(2): 3–5.

Devall, B., and G. Sessions. 1985. *Deep Ecology: Living as if Nature Mattered*. Layton: Gibbs Smith.

Diehm, C. 2003. 'The self of stars and stone: ecofeminism, deep ecology, and the ecological self'. *Trumpeter: Journal of Ecosophy* 19(3): 31–45.

Drengson, A. 1988. 'Deep ecology: living as if nature mattered by Bill Devall and George Sessions' [book review]. *Environmental Ethics* 10(1): 83–89.

Drengson, A. 1992. 'The long-range deep ecology movement and Arne Næss'. *Trumpeter: Journal of Ecosophy* 9(2). Accessed 1 July 2017. http://trumpeter.athaba scau.ca/index.php/trumpet/article/view/425/694

Drengson, A. 1995. *The Practice of Technology: Exploring Technology, Ecophilosophy, and Spiritual Disciplines for Vital Links*. Albany: SUNY Press.

Drengson, A. 1997. 'A model for community economic systems based on ecoforestry'. In A. Drengson and D. Taylor, eds., *Ecoforestry: The Art and Science of Sustainable Forest Use*. Gabriola Island: New Society Publishers, 239–242.

Drengson, A. 2001. 'Education for local and global ecological responsibility: Arne Næss's cross-cultural, ecophilosophy approach'. *Canadian Journal of Environmental Education* 5 (spring): 63–75.

Drengson, A., and B. Devall. 2010. 'The deep ecology movement: origins, development and future prospects'. *Trumpeter: Journal of Ecosophy* 26(2): 48–69.

Fox, W. 1990. *Towards a Transpersonal Ecology: Developing New Foundations for Environmentalism*. London: Shambhala Publications.

Glasser, H. 1995. 'Deep ecology clarified: a few fallacies and misconceptions'. *Trumpeter: Journal of Ecosophy* 12(3): 138–142.

Glasser, H. 1999. 'Næss's deep ecology approach and environmental policy'. In N. Witoszek and A. Brennan, eds., *Philosophical Dialogues: Arne Næss and the Progress of Ecophilosophy*. Lanham: Rowman; Littlefield, 360–390.

Hallen, P. 1999. 'The ecofeminism–deep ecology dialogue: a short commentary on the exchange between Karen Warren and Arne Næss'. In N. Witoszek and A. Brennan, eds., *Philosophical Dialogues: Arne Næss and the Progress of Ecophilosophy*. Lanham, MD: Rowman; Littlefield, 274–280.

Handl, G. 2012. 'Declaration of the United Nations Conference on the Human Environment (Stockholm Declaration), 1972 and the Rio Declaration on Environment and Development, 1992 (United Nations Audiovisual Library of International Law)'. Accessed 6 November 2017. http://legal.un.org/avl/ha/dunche/ unce.html

Harding, S. 2011. 'What is deep ecology?' Schumacher College. Accessed 6 August 2011. http://www.schumachercollege.org.uk/learning-resources/what-isdeep-ecology

Kheel, M. 2008. *Nature Ethics: An Ecofeminist Perspective*. Lanham: Rowman; Littlefield.

LaChapelle, D. 1988. *Sacred Land, Sacred Sex: Rapture of the Deep: Concerning Deep Ecology and Celebrating Life*. Asheville: Kivakí Press.

Long, H., and P. Gillespie. 2016. 'Why Americans are so angry in 2016'. *CNN Money*. Accessed 19 November 2016. http://money.cnn.com/2016/03/09/news/economy/dona ld-trump-bernie-sanders-angry-america/index.html

Macy, J. 1989. 'Awakening the ecological self'. In J. Plant, ed., *Healing the Wounds: The Promise of Ecofeminism*. Santa Cruz: New Society, 201–211.

Mathews, F. 1991. *The Ecological Self*. Savage: Barnes; Noble.

Mathews, F. 1994. 'Relating to nature: deep ecology or ecofeminism?'. *Trumpeter: Journal of Ecosophy* 11(4): 159–166.

Næss, A. 1973. 'The shallow and the deep, long-range ecology movement: a summary'. *Inquiry* 16: 95–100.

Næss, A. 1986a. 'Intrinsic value: will the defenders of nature please rise?'. In M. Soulé, ed., *Conservation Biology: The Science of Scarcity and Diversity*. Sunderland: Sinauer Associates, 504–515.

Næss, A. 1986b. 'Self-realization: an ecological approach to being in the world'. Paper presented at the Keith Roby Memorial Lecture in Community Science, Murdoch University, March 12.

Næss, A. 1989. *Ecology, Community and Lifestyle*, trans. D. Rothenberg. Cambridge: Cambridge University Press.

Næss, A. 1995. 'The systematization of the logically ultimate norms and hypotheses of Ecosophy T'. In A. Drengson and Y. Inoue, eds., *The Deep Ecology Movement: An Introductory Anthology*. Berkeley: North Atlantic Books, 8–30.

Næss, A. 1999a. 'The ecofeminism versus deep ecology debate'. In N. Witoszek and A. Brennan, eds., *Philosophical Dialogues: Arne Næss and the Progress of Ecophilosophy*. Lanham: Rowman; Littlefield, 270–279.

Næss, A. 1999b. 'Response to Peder Anker'. In N. Witoszek and A. Brennan, eds., *Philosophical Dialogues: Arne Næss and the Progress of Ecophilosophy*. Lanham: Rowman; Littlefield, 444–465.

Næss, A. 1999c. 'Is deep ecology vision a green vision or is it multicolored like the rainbow: an answer to Nona Witoszek'. In N. Witoszek and A. Brennan, eds., *Philosophical Dialogues: Arne Næss and the Progress of Ecophilosophy*. Lanham: Rowman; Littlefield, 466–472.

Næss, A. 2003. 'The deep ecological movement: some philosophical aspects'. In A. Light and H. Rolston III, eds., *Environmental Ethics: An Anthology*. Malden: Blackwell, 262–274.

Næss, A. 2005a. *The Selected Works of Arne Næss: Interpretation and Preciseness (A Contribution to the Theory of Communication)*. Dordrecht: Springer.

Næss, A. 2005b. 'The basics of deep ecology'. *Trumpeter: Journal of Ecosophy* 21(1): 61–71.

Næss, A. 2008. *The Ecology of Wisdom: Writings by Arne Næss*. Berkeley: Counterpoint.

Næss, A., and P. Haukeland. 2002. *Life's Philosophy: Reason and Feeling in a Deeper World*. Athens: University of Georgia Press.

Norgaard, K. 2011. *Living in Denial: Climate Change, Emotions, and Everyday Life*. Cambridge: MIT Press.

Notario, M. 2006. 'Meeting with a giant: an informal conversation with Arne Næss'. *Trumpeter: Journal of Ecosophy* 22(1): 101–112.

OECD. 2015. *In It Together: Why Less Inequality Benefits All*. Paris: OECD.

Plumwood, V. 1993. *Feminism and the Mastery of Nature*. London: Routledge.

Quick, T. 2006. 'In praise of Næss's pluralism'. *Trumpeter: Journal of Ecosophy* 22(1): 52–68.

Riggio, A. 2015. *Ecology, Ethics, and the Future of Humanity*. New York: Palgrave Macmillan.

Rothenberg, D. 1993. *Is It Painful to Think? Conversations with Arne Næss*. Minneapolis: University of Minnesota Press.

Salleh, A. 1984. 'Deeper than deep ecology: the eco-feminist connection'. *Environmental Ethics* 6 (winter): 339–345.

Salleh, A. 1992. 'The ecofeminism/deep ecology debate: a reply to patriarchal reason'. *Environmental Ethics* 14 (Fall): 195–216.

Salleh, A. 1996. 'Social ecology and "the man question"'. *Environmental Politics* 5(2): 258–273.

Salleh, A. 1998. 'Deeper than deep ecology: the ecofeminist connection'. In M. Zimmerman, J. Callicott, G. Sessions, K. Warren, and J. Clark, eds., *Environmental Philosophy: From Animal Rights to Radical Ecology*. Upper Saddle Valley: Prentice Hall, 339–345.

Seed, J. 2006. 'Ecopsychology'. Accessed 9 April 2010. http://www.schumachercollege. Org.uk/learning-resources/ecopsychology

Seed, J., Macy, J., Fleming, P., and A. Næss. 1988. *Thinking Like a Mountain: Towards a Council of All Beings*. Philadelphia: New Society Publishers.

Shmerling, R. 2016. 'Why men often die earlier than women'. Harvard Health Publications, Harvard Medical School. Accessed 29 April 2017. http://www.health.harvard.edu/blog/why-men-often-die-earlier-than-women-201602199137

Slicer, D. 1995. 'Is there an ecofeminism–deep ecology "debate"?'. *Environmental Ethics* 17 (summer): 151–169.

Snyder, G. 1974. *Turtle Island with 'Four Changes'*. New York: New Directions.

Twine, R. 2001. 'Ma®king essence-ecofeminism and embodiment'. *Ethics and the Environment* 6(2): 31–58.

Warren, K. 1999. 'Ecofeminist philosophy and deep ecology'. In N. Witoszek and A. Brennan, eds., *Philosophical Dialogues: Arne Næss and the Progress of Ecophilosophy*. Lanham: Rowman; Littlefield, 255–269.

Zimmerman, M. 1987. 'Feminism, deep ecology, and environmental ethics'. *Environmental Ethics* 9(1): 21–45.

Zimmerman, M. 1993. 'Rethinking the Heidegger–deep ecology relationship'. *Environmental Ethics* 15(3): 195–224.

5 Lições do feminismo ecológico

> Reduzir a subjetividade humana ou moderna a uma tendência dominante violenta e violadora, ou a uma força coletiva essencial e inevitavelmente prejudicial, é deturpar uma minoria de toda a humanidade e identificar as ideologias de dominação e desprezo pela natureza como paradigmáticas e definitivas de toda a humanidade... Embora existam padrões de gênero nas relações com a natureza... sexo e gênero são entrelaçados com detalhes de classe, raça, cultura e outros fatores, e por isso também são diversos.
>
> (Cuomo, 2017: 288-289)

Gênero e meio ambiente

Nem todos são tratados igualmente. Da mesma forma, como indivíduos, não estamos tendo impactos iguais no planeta. Alguns são mais cúmplices dos males do mundo e outros são mais severamente afetados. Esta é uma noção que os feminismos radicais e estruturais têm defendido há algum tempo. Enquanto existe uma história de filosofia feminista que visa extrair as mulheres e as socializações femininas das associações com a natureza, existe também uma longa história ao contrário, onde "investigações mais variadas das complexas relações materiais, simbólicas e éticas entre as mulheres, animais e a terra têm sido proeminentes nas literaturas feministas" (Cuomo, 2017: 290). Os esforços dos estudiosos feministas que defenderam ambas as perspectivas facilitaram a ascensão do discurso eminente conhecido como feminismo ecológico. Chris Cuomo (1998: 6) distinguiu o "feminismo ecológico" do "ecofeminismo" e dos "ecofeministas", observando que o primeiro termo é um subconjunto do pensamento feminista, enquanto o segundo termo vincula o empoderamento das mulheres com as preocupações com a Terra através de uma variedade de perspectivas e práticas encarnadas e politizadas. Para esclarecer nossa aplicação de cada termo neste capítulo, usamos "feminismo ecológico" ao discutirmos as implicações discursivas do pensamento ecológico que surgiu dentro do feminismo como um corpo único e rico de trabalho conceitual sobre gênero e ambientes que formou um discurso distinto e importante. Usamos os termos "ecofeminismo" e "ecofeminista" aqui ao discutirmos indivíduos e suas respectivas interpretações do feminismo ecológico, acompanhados por uma pluralidade de aplicações (ou recomendações de ação) que tenham resultado em um mosaico de manifestações no mundo real. Neste capítulo, alinhamos nosso trabalho de ecologização masculina com alguns elementos do feminismo ecológico, enquanto nos distanciamos de outros.

Como subconjunto da metanarrativa feminista, o feminismo ecológico é uma terceira corrente que informa as masculinidades ecológicas. Além de nossa introdução superficial a algumas ideias feministas ecológicas apresentadas no Capítulo 1, examinamos as formas como o feminismo ecológico responsabilizou os homens e a masculinidade por nossos desafios sociais e ambientais. Reconhecemos que as conceitualizações e manifestações de nossos entendimentos sobre os homens e a masculinidade (especialmente as industriais/ganha-pão) pode e deve mudar. Em segundo lugar, reconhecemos que as perspectivas essencialistas em ambas as extremidades de um binário feminino-masculino são expressões polarizadas (e problemáticas) de um espectro de visões sobre as formas como o gênero afeta a relação homem-natureza. Também observamos que o essencialismo não é representativo de todos os teóricos feministas ecológicos nem de todos os praticantes ecofeministas que apresentaram opiniões e ações em todo o nexo gênero-natureza. Em terceiro lugar, celebramos o feminismo ecológico como a conversa mais abrangente de nossas quatro correntes escolhidas sobre o gênero e o meio ambiente. Compartilhamos uma visão material-semiótica, inspirada – como Donna Haraway diz – pelo conhecimento objetivo adquirido através de corpos biológicos em pontos históricos no tempo (Haraway, 1991). Fazemos isso para reconhecer as subjetividades e também para evitar generalizar sobre a resistência de mulheres ou homens ou a conformidade com injustiças sociais e ambientais, observando que a conversa é muito mais diversificada do que qualquer essencialismo de gênero poderia encorajar. Em vez disso, procuramos uma abordagem política/pessoal combinada, examinando as críticas sistêmicas juntamente com o comprometimento e a responsabilidade pessoais como as estratégias mais úteis para a mudança, mantendo nosso foco naquelas que são específicas aos homens e às masculinidades e no que o feminismo ecológico pode nos ajudar a aprender e nos preparar para a elaboração emergente de um discurso de masculinidades ecologizadas. Naturalmente, reconhecemos as análises desconstrutivas em relação às formas como as mulheres, as socializações femininas e a Terra também são afetadas por nossas crises sociais e ecológicas – embora de formas únicas. Duas publicações notáveis e muito recentes e recursos recomendados que nos ajudam a obter mais informações sobre este campo são a antologia de Sherilyn MacGregor (2017) intitulada *Routledge Handbook of Gender and Environment* (Guia Routledge Sobre Gênero e Meio ambiente); e uma antologia editada por Susan Buckingham e Virginie Le Masson (2017) intitulada *Understanding Climate Change through Gender Relations* (Compreendendo as Mudanças Climáticas através de Relações de Gênero). Um ponto de partida importante para nosso exame refinado do feminismo ecológico é honrar a pesquisa na vanguarda da intelectualidade sobre gênero e meio ambiente como estes, pois eles oferecem abordagens inovadoras para criar um lugar na mesa de discussão sobre homens, masculinidades e a Terra para emergir na esteira de uma intelectualidade (eco)feminista convincente.

Como já reconhecemos anteriormente, homens e masculinidades estão localizados na origem de nossos males sociais e ambientais. Entretanto, tem havido uma notável ausência de conversas sobre a redefinição das socializações masculinas, de modo que a masculinidade pode ser reconfigurada para apoiar os homens que se aliem com ecofeministas e outros para corrigirem esses erros. Estes desenvolvimentos recentes são dignos de alguma atenção antes de continuarmos. A antologia de MacGregor (2017: 5, 7, 15) nos oferece *insights* convincentes sobre as limitações das tendências originais da tipologia ecofeminista (especificamente: ecofeminismos culturais, socialistas, sociais e do que se chamava terceiro mundo), argumentando que passamos a perspectivas que abrangem o campo mais amplo de gênero e ambientes, dos quais fazem parte as discussões sobre homens, masculinidades e a Terra (juntamente com ecologias *queer*). Em suas declarações introdutórias, Mac-Gregor (2017: 7) sugeriu que as classificações históricas da erudição feminista ecológica estão agora emudecidas (e de fato têm sido contestáveis o tempo todo), mudando seu foco para encontrar linhas de pensamento e práticas que reflitam o pluralismo que há muito tempo é característico das multiplicidades ecofeministas. Para os editores de Buckingham e Le Masson (2017: 2), a consideração das complexidades e subtítulos de gênero tem sido alarmantemente ausente nos debates sobre a poluição global por carbono e como as nações poderiam reagir. Essa ausência ameaça mitigar esforços com fracasso, a menos e até que aceitemos que as desigualdades de gênero sejam parte integrante das previsões alarmantes da ciência climática (Buckingham; Le Masson eds., 2017: 2). As implicações sociais e ambientais para contornar os debates sobre gênero parecem ser terríveis. Não ofereceremos uma análise aprofundada desses assuntos, mas deixaremos MacGregor, Buckingham e Le Masson (junto com outros que têm maiores habilidades nestes campos de investigação do que qualquer um de nós) para uma visão mais informada dessas discussões. Da mesma forma, nosso principal objetivo ao escrevermos este capítulo não é fazer um novo estudo sobre o terreno completamente cultivado dos ecofeminismos. Ao contrário, examinamos a trajetória dos ecofeminismos que se uniram (às vezes com alguma tensão entre si) em torno de uma preocupação central com a mútua opressão das mulheres e da natureza por um mundo dominado pelos homens, apresentando cinco fios notáveis que reconhecemos, sendo eles: ecologias políticas feministas (EPF); estudos científicos feministas, feminismos materiais e pós-humanidades; ecofeminismos binários; ecofeminismos equitativos de gênero; ecofeminismos não-binários/ *genderqueer*. Esses cinco fios influenciam os blocos de construção para nossa conceitualização da ecologização masculina e sua pluralidade de expressões práticas emergentes. Examinamos cada um deles para nos ajudarem a prever a provável trajetória textual de um discurso emergente sobre homens, masculinidades e a Terra. Oferecemos uma resposta a esta variedade de discussões sobre as mulheres, as socializações femininas e a Terra como uma análise espelhada para nos ajudar a desembrulhar os conceitos e práticas associados às considerações sobre o homem, a masculinidade e a Terra. Ao fazê-lo, reconhecemos que a diversidade de visões apresentadas por estes cinco fios são produtos de mais de 40 anos (ou possivelmente de mais de um século) de animados debates feministas que resultaram na rica tapeçaria que se tornou o feminismo ecológico.

Herstory: a história da ecologização feminista

É difícil compilar uma história abrangente de contribuições feministas para o terreno de interseção das mulheres, das socializações femininas e da Terra. Afinal de contas, uma grande variedade de visões em evolução simultânea pontuou esses tópicos por algum tempo. Seria também uma deturpação dos compromissos de gênero com questões sociais e ambientais simplesmente oferecer uma cronologia de visões em evolução, uma vez que os impactos sobre estas discussões emergentes têm sido iterativos. Muitas feministas primitivas e proeminentes reconheceram as implicações social e ambientalmente destrutivas das noções tradicionais industriais e modernas de virilidade e masculinidades (Laula, 1904; Gilman, 1979[1915]; Wägner, 1941; Carson, 1962). A ativista de direitos humanos Elsa Laula (1904) proporcionou uma visão indígena sueca precoce sobre justiça social e ambiental, confrontando os impactos da colonização sobre sua herança Saami, já que homens brancos e ricos (principalmente) da administração nacional, e indústrias suecas pilhando minerais e recursos hídricos de sua terra natal, a posicionaram como um ícone da resistência das mulheres indígenas corajosas do mundo inteiro que permanece relevante até hoje. *Herland* (A terra dela) de Charlotte Perkins Gilman (1979[1915]) fala de uma utopia fictícia das mulheres que não tinham necessidade de homens, criando sistemas idealizados e libertos daquelas características masculinas de violência e dominação. Seu romance expôs os modos como as mulheres são reverenciadas ou desejadas pelos homens, postulando novas formas de exaltar a maternidade enquanto redefinem os papéis de gênero; servindo como um tratado feminista à frente de seu tempo. Elin Wägner (1941) escreveu sobre a trajetória da Suécia rumo a uma modernização industrial destrutiva dos anos 1930 aos anos da guerra. Os estudiosos feministas consideram sua *Väckarklockan* como uma precursora pós-humana de pensamento feminista ecológico (Leppänen, 2008; Leppänen; Svensson, 2016). Além disso, considere a monumental influência de Rachel Carson (1962), cuja exposição revolucionária da bioacumulação de produtos químicos sintéticos tóxicos foi uma das contribuições mais visíveis para as preocupações de gênero e ambientais antes do surgimento formal de um discurso feminista ecológico. Como Joni Seager (2017: 28) demonstrou, Carson era mais uma ecofeminista do que alguém com largo reconhecimento, uma vez que desafiou "a visão ascendente de que o progresso humano dependia de um controle cada vez mais poderoso sobre a 'natureza' ". Substâncias tóxicas, como o dicloro-difenil-tricloroetano (DDT), não só eram amplamente utilizadas em escala industrial, mas tinham também sido efetivamente comercializadas nos mercados domésticos, com homens fotografados, aparelhos de pulverização na mão, distribuindo livremente o que hoje é amplamente aceito como sendo uma das substâncias mais letais e ecologicamente nocivas que a humanidade fabricou para comunidades de cuidado de gramados, lares sem insetos, prevenção da poliomielite em crianças, juntamente com a aceleração da produção de alimentos agroindustriais nos anos do pós-guerra.

No final dos anos 60, a liderança ambiental feminina tornou-se cada vez mais influente. Isto resultou, por exemplo, no *Green Belt Movement* – GBM (Movimento Cinturão Verde) originário de Nairóbi, Quênia, que defendeu abordagens holísticas para estratégias localizadas de desenvolvimento. O GBM enfatizou que o cuidado ambiental está intimamente relacionado ao desenvolvimento comunitário, capacitação e empoderamento, resiliência climática, democracia deliberativa e estratégias de desenvolvimento sustentável, particularmente para meninas e mulheres em todo o Sul Global (Maathai, 2004; Green Belt Movement, 2017). O ativismo feminino foi central nos movimentos antinucleares também no Norte Global (Caldicott, 2006; Kall; Hultman, 2018). A liderança das mulheres corajosamente ultrapassou as restrições das normas *malestream* para construir as bases conceituais dos feminismos ecológicos por meio de ações de base (ecofeministas). Essas contribuições surgiram espontaneamente em todo o mundo em resposta ao colonialismo e à modernização industrial. Neste sentido, o ativismo ecofeminista (indiscutivelmente) pré-datou a teoria feminista ecológica (Salleh, comunicação pessoal, 2 de janeiro de 2013).

Com essas complexidades fundamentais iluminadas, olhamos agora para o início do feminismo ecológico como um campo teórico emergente. A estudiosa feminista francesa Françoise d'Eaubonne cunhou o termo ecofeminismo em seu livro principal: *Le féminisme ou la mort* (O feminismo ou a morte) em 1974 (que criou um guarda-chuva conceitual para ideias ativas e precursoras similares mencionadas acima). Ali, d'Eaubonne argumentou a necessidade das mulheres assumirem um papel de liderança em uma revolução ecológica para derrubar o domínio masculino em resposta a seus terríveis e específicos impactos sobre elas e a Terra (d'Eaubonne, 1974: 213-252; d'Eaubonne, 1980: 64; Warren, 2000: 21). D'Eaubonne foi tanto uma estudiosa feminista quanto ativista da igualdade de gênero. Ela posicionou o termo ecofeminismo para ajudar a pôr um fim à violência épica das civilizações falocráticas viciadas na dominação masculina. Seu trabalho deu origem a movimentos sociais e ambientais que se tornariam expressões poderosas da liderança intelectual e tangível da mulher, que cresceu para o agora internacionalmente reconhecido discurso, o feminismo ecológico (d'Eaubonne, 1980: 64). Notavelmente, d'Eaubonne não explicou como seria sua visão para uma liderança alternativa de gênero. Em vez disso, ela enfatizou que os homens são diretamente responsáveis pela "situação demográfica deplorável de hoje, e não apenas pelo poder masculino; o homem em todos os níveis... na raiz de todos os males da sociedade... a origem é masculina" (d'Eaubonne, 1980: 64). Ela argumentou que a culpabilidade do homem era evidente em todas as construções sociopolíticas ocidentais modernas que se sustentam e são sustentadas por *malestreams* ocidentais. Notavelmente, uma multiplicidade de ideias dentro do feminismo ecológico tem surgido desde então – contribuidores que se desviam das opiniões fundamentais e misândricas de d'Eaubonne (Salleh, 1984; Warren, 1987; Archambault, 1993; Roth-Johnson, 2013). Do outro lado do Atlântico, as contribuições preliminares de d'Eaubonne ao discurso feminista ecológico emergente estimularam a publicação de Rosemary Radford Ruether (1975), *New Woman, New Earth* (Uma nova mulher, uma nova Terra), juntamente com os cursos de Ynestra King (1976) sobre ecofeminismo que surgiram no *Institute for Social Ecology* (Vermont, EUA) (King, 1983; Merchant 2006: 514), *Gin/Ecology: The Metaethics of Radical Ecology* (Gin/Ecologia: a metaética da ecologia radical) de Mary Daly (1978) e *Woman and Nature* (A mulher e a natureza) de Susan Griffin (1978). Para construir um mundo verdadeiramente justo e sustentável, a tarefa à frente era evidente:

> As mulheres devem ver que não pode haver libertação para elas e nenhuma solução para a crise ecológica dentro de uma sociedade cujo modelo fundamental de relações continue a ser o de dominação. Elas devem unir as demandas do movimento das mulheres com as do movimento ecológico para vislumbrar uma remodelação radical das relações socioeconômicas básicas e dos valores subjacentes a esta sociedade [dominada pelos homens].
>
> (Ruether, 1975: 204)

Declarações feministas ecológicas como esta enfocaram a solução dos problemas da sociedade e do meio ambiente através de análises agudas dos impactos das socializações de gênero nas mulheres e na Terra pelos homens (Griffin,1978: xv; Spretnak, 1990: 9). Ruether (1992: 266), posteriormente argumentou que "a libertação das mulheres" não deveria ser apenas a incorporação de sua sabedoria na suplência da dominação masculina conceitualmente falando. Ela sugeriu que o feminismo ecológico também poderia nos afastar tangivelmente dos padrões de isolamento em relação a nosso mundo, aos outros seres humanos e a nós mesmos (o que a ecologia profunda não pôde). Ela observou:

> ... é impossível acrescentar plenamente as mulheres a esta vida alienada dos homens, uma vez que o estilo de vida alienada dos homens só é possível pela exploração das mulheres que permanecem ligadas à "natureza". Ao contrário, o que é necessário é uma dupla transformação tanto das mulheres quanto dos homens em sua relação um com o outro e com a "natureza"... Os modos de ser uma pessoa para os outros e de ser uma pessoa para si mesmo precisam se unir como recíprocos, em vez de serem divididos entre os estilos de vida feminino e masculino... Somente quando os homens estiverem plenamente integrados na cultura do sustento diário da vida é que homens e mulheres juntos poderão começar a remodelar sistemas maiores de vida econômica, social e política.
>
> (Ruether, 1992: 215-216)

Esta integração dos princípios femininos e masculinos dentro de todos nós que Ruether defendeu foi uma "mutualidade biofílica" com grande potencial para manifestar autêntica segurança interna e externa através da aceitação, vulnerabilidade, estabelecimento de limites e reconhecimento da interdependência, ao invés da dominação, poder e controle (Owusu, 2006: 178-179). Para Ruether, este é um processo humano necessário que tanto mulheres quanto homens devem adotar com intenção e propósito. Com base nestes pontos de vista, Griffin desafiou a suposta fragilidade, luxúria e foco no corpo das mulheres contra a suposta robustez de uma "realidade final" hipermasculinizada; uma proclamação sem desculpas de que "a face da Terra é um registro dos pecados do homem" (Griffin 1978: 8-9, 28). O tom de tais declarações ecofeministas fundamentais é reconhecidamente binário, se não essencialista. Com este fato, reconhecemos nestes dias de reavivamentos de masculinidades tóxicas/extremas e retrocessos neofascistas, juntamente com o ressurgimento do extrativismo industrial e abordagem desdenhosa das preocupações climáticas contemporâneas pela administração Trump dos EUA, que um novo exame discursivo dos homens, das masculinidades e da Terra dá aos avisos de Ruether relevância renovada.

Estas perspectivas pioneiras sobre o feminismo ecológico lançaram um processo global de ecologização feminista. O discurso foi, de fato, construído através de uma frente ampla de análises materialistas, pós-humanistas e interseccionais do capitalismo, ciência redutora, história imperial e colonial, raça, heteronormatividade, descolonização e estudos (andro)antropocentristas (Plumwood, 1993; MacGregor ed., 2017: 1). O feminismo ecológico continua contribuindo com argumentos provocativos e convincentes sob os auspícios de estudos mais neutralizados sobre gênero e meio ambiente. Seus proponentes buscam conceitualizações e ações para ajudarem a resolver as tensões inerentes que existem há muito tempo entre nosso entendimento de gênero e nosso uso (devido ou indevido) da natureza (MacGregor ed., 2017: 2). Consistente em toda a *herstory* do feminismo ecológico há um princípio unificador de que (como a ecologia profunda) as multiplicidades oferecem um bom caminho para proteger e preservar toda forma de vida. Este é um detalhe importante a considerar, já que posicionamos as masculinidades ecológicas como companhia discursiva do feminismo ecológico, observando, como já atestamos anteriormente, que sua trajetória de desdobramento está provavelmente sujeita a complexidades semelhantes.

Pluralidades ecofeministas

O feminismo ecológico tem trabalhado em uma ampla frente para investigar as condições para as mulheres e a Terra nos níveis teórico, político, prático e psicoespiritual (Alaimo, 1994: 133; Warren, 2002: 39). Para alguns de seus primeiros apoiadores, o discurso celebrou a aparente relação inseparável das mulheres com a natureza (especialmente através da menstruação e do nascimento dos filhos) que nenhum homem poderia compartilhar, enquanto outros destacaram a propensão masculina para comoditizar o corpo das mulheres de formas semelhantes à industrialização e à comoditização ecomoderna dos recursos da Terra, pedindo aos homens que se unissem ao projeto ecofeminista ou, melhor ainda, aos binários de gênero *"queerizados"*, a fim de irem além dessas limitações (Gaard, 1997). Tais sugestões não se destinavam a produzir "homens femininos" no sentido *Schwarzeneggeriano* que levantamos no Capítulo 2. Em vez disso, estes convites mostraram que os homens poderiam, através de um processo de feminização ecologizada, reconectar-se com suas capacidades de cuidado para além de limitações que, de outra forma, a linguagem essencializada nos faria acreditar que é coisa exclusiva de mulheres. O feminismo ecológico cresceu em uma estrutura conceitual diversa que encorajava práticas para manifestar ideais feministas de empoderamento para as mulheres e respeito pela natureza.

Estamos mais interessados em apresentar nossas análises acima de uma visão granular dos ecofeminismos específicos. O discurso evocou o potencial psíquico humano de intelecto, sentimento, atividade e receptividade, advogando experiências relacionais mais ricas e holísticas entre a Terra e a humanidade e entre todos nós também como espécie. Este pluralismo emergente representou uma ética de gênero e ambiental distinta que caracteriza o discurso até os dias de hoje. Vários ecofeminismos emergentes iluminaram uma série de caminhos relacionados para enfrentar os desafios do pensamento contra-hegemônico, unidos na causa comum de restaurar a equidade para toda forma de vida através de "intercâmbios relacionais cuidadosamente considerados", especificamente entre a Terra e as mulheres, entre as mulheres e entre as mulheres e os homens (Plumwood 2ª02a: 167). Eles compartilharam suas críticas conjuntas sobre a hegemonização que acompanha as masculinidades industriais/ganha-pão e ecomodernas, com abordagens lógicas e dualistas da realidade, que são as marcas da dominação masculina. Um compromisso comum une estes vários fios de percepção para acabar com os maus tratos mútuos das mulheres e da Terra, a partir de uma variedade de perspectivas, sendo essa a necessidade de os homens e das masculinidades estarem mais atentos às questões globais, regionais e locais – simultaneamente. Para Karen Warren (2000: 97), isso criou condições maduras para o surgimento de nós teóricos e éticos (em vez de reivindicações pouco organizadas), vinculados por uma "ética sensível aos cuidados" que imita uma colcha de retalhos:

> As "condições necessárias" de uma teoria (digamos, a teoria filosófica ecofeminista [feminismo ecológico]) são como as fronteiras de uma colcha de retalhos: Elas delimitam as condições-limite da teoria sem ditar de antemão o que o interior (o design, os padrões reais) da colcha faz ou como deve parecer. O desenho real da colcha surgirá a partir da diversidade de perspectivas dos artesãos que contribuirem, com o tempo, para sua confecção. A teoria não é algo estático, pré-ordenado ou esculpido em pedra; é sempre *teoria-em-processo*.

Inspirada pelo *Names Project Quilt* (Projeto Colcha de Nomes) que costura os nomes de vidas perdidas por causa da AIDS durante os primeiros anos daquela epidemia sem definir como qualquer remendo individual simboliza a pessoa falecida, esta analogia enfatizou que as colchas são – como a teoria – autocríticas e mutáveis. Seu propósito é capturar momentos no tempo que necessariamente mudam com as condições de alternância que elas representam. Elas podem ser reparadas, substituídas ou removidas se não forem mais úteis para a colcha maior, ou, como era a analogia pretendida por Warren, representam esses momentos dentro da evolução teórica que não se alinham mais com a teoria dentro da qual se originaram. As colchas (*quilts*) também são contextuais, pois refletem influências históricas, sociais, econômicas e políticas; elas podem generalizar dentro de si mesmas, mas desempenham papel ainda mais importante em um quadro mais amplo (Warren, 2000: 68). Em outras palavras, as colchas, como as teorias, contam histórias.

Os ecofeminismos examinados por Warren (1997: 13-14; Warren, 2000: 98-101) obedecem a oito condições de limite necessárias a que ela se referiu como "características" de suas implicações empíricas e linguísticas coletivas. Elas são:

1 As generalizações dentro dos ecofeminismos abrigam um conjunto de crenças, valores, atitudes e suposições comuns sobre os modos como a destruição ambiental afeta desproporcionalmente mulheres e crianças.

2 Todos os ecofeminismos tomam partido contra o sexismo, o racismo, o classismo, o naturismo, de fato qualquer "ismo de dominação social" para assegurar que as tentativas teóricas e práticas de tornar as necessidades das mulheres e da Terra invisíveis ou sem importância (tanto consciente quanto inconscientemente) sejam desafiadas.

3 Cada ecofeminismo é inevitavelmente contextual, afetado por histórias e identidades à medida que são impactados por trocas relacionais humano--humano e humano-outros não-humanos, expressando narrativas sobre a psicologia, necessidades e *insights* que cada um deles oferece, significando que a subjetividade e a história estão inextricavelmente ligadas para contradizer a invisibilidade da mulher.

4 A ética diferente capturada por cada ecofeminismo dá voz à variedade de necessidades retratadas pelas mulheres e outros não-humanos, priorizando o reconhecimento respeitoso da diferença, desafiando efetivamente as principais suposições sobre a racionalidade masculinizada e a Terra feminilizada.

5 Cada um acentua as narrativas dos humilhados e oprimidos (especificamente mulheres e a Terra) para assegurar que suas respectivas generalizações sejam precisamente representativas, aleatórias, de tamanho certo e replicáveis a fim de minimizar os preconceitos – particularmente aqueles que privilegiem os homens – dando prioridade aos esforços e protestos comunitários liderados por mulheres que contestam a dominação masculina.

6 Mensagens despercebidas, subestimadas e deturpadas sobre as mulheres e a Terra são valorizadas e priorizadas dentro de cada ecofeminismo, enfatizando sua importância coletiva ética e empírica apesar das diferenças individualizadas.

7 Todos os ecofeminismos, os nós dentro do feminismo ecológico, necessariamente redefinem o que significa ser humano, colocando presunções livres ou neutras de gênero sob o microscópio para assegurar que a política, os políticos e as filosofias se afastem das presunções sexistas e ecocidas.

8 O discurso feminista ecológico considera suspeita a comunicação dominante, especialmente nas formas em que possa atribuir suposições sobre as mulheres, as socializações femininas e a Terra, enquanto privilegia os homens e as masculinidades.

Warren considerou as distinções éticas destes nós ecofeministas dentro do feminismo ecológico como narrativas distintas de seres em relacionamentos, criando uma diversidade de veículos valiosos para encontros humanos com outros não-humanos, que nos afastam da arrogância e encorajam percepções amorosas ("carinhosas") da diferença. Ela argumentou que isto resultaria nas três características de sua "ética sensível ao cuidado", onde os ecofeminismos:

1 abrigam o imperativo moral de cuidar dos outros e de si mesmos;

2 são "situados" em vez de a-históricos, transcendentes ou absolutos; e

3 centralizam considerações de cuidado, resultando em uma condição de "práticas de cuidado".

Estes princípios éticos celebram a utilidade, o interesse próprio, o dever e os direitos como potencialmente superiores, se não inevitavelmente conspícuos (Warren, 2000: 104- 105, 107-108). Seguindo sua analogia de colcha de retalhos, Warren comparou estas éticas com uma "fruteira", onde frutas diferentes se adequam a diferentes propósitos, desejos ou resultados pretendidos de um princípio ético compartilhado de cuidar de todos os outros e de si – simultaneamente e como antídoto para a hegemonização masculina (Warren, 2000: 108-109). Como Greta Gaard (2016: 168), consideramos as condições de limite e a ética sensível aos cuidados de Warren como cruciais à medida que caminhamos em direção à masculinidade ecológica inspirada pela feminilidade ecológica. Dado o significado do feminismo ecológico para nosso trabalho, o discurso pode ser visto não apenas como uma "colcha" discursiva composta de uma variedade de "frutos" éticos, mas também pode ser considerado um "ecossistema" – onde os respectivos ecofeminismos interagem como organismos ligados em intrincadas teias relacionais – assegurando que cada um se engaje com o outro em trocas pulsantes de tensão e apoio que variem de acordo com as condições inter-relacionáveis ao longo do discurso, em qualquer momento particular do tempo. Além disso, seus valores, interesses e expressões podem se manifestar em qualquer indivíduo ecofeminista em relação aos outros.

Em tipologias anteriores de ecofeminismos, um agrupamento de três ramos distintos (revolucionário – social, reformista/científico – espiritual/essencialista) apareceu frequentemente na literatura acadêmica (Spretnak, 1990: 5-6; Hallen, 1988: 18; Lahar, 1991: 34-43; Carlassare, 1992: 53-58; Merchant, 1992: 183-210; Adams, 1993: 1-9; Mies; Shiva, 1993: 13-21, Plumwood, 1993: 8-9, 35-36; Davion, 1994:17-28; Warren, 1994: 119-123; Sturgeon, 1997: 3-5, 23-58; Warren, 1997: 4; Warren, 2000: 21-41; Buckingham, 2004: 146-154; Norgaard; York, 2005: 506-522; Kheel, 2008: 207-274; Pulé, 2013). Como mencionado anteriormente, tais categorizações do ecofeminismo em três ramos foram agora substituídas por uma teia "mais expansiva e caleidoscópica" (mantendo aqui a analogia com o ecossistema) de relações discursivas compostas de vários tópicos sobre estudos de gênero e meio ambiente, que também incluem estudos de masculinidades junto com a descolonização, interseccionalidade, feminismo material e ecologias *queer* (MacGregor ed., 2017: 5, 15). Esta dicotomia de ecofeminismos gerou tensões politizadas através do discurso feminista ecológico. O exame destas tensões tornou-se central para as investigações que a ecologia política feminista (EPF) centralizou.

Ecologia política feminista

A EPF é uma estrutura que encontra sua origem na ecologia política, buscando conexões entre injustiças sociais e ecológicas, com especial atenção aos processos de desenvolvimento no Sul Global, no que diz respeito à política, economia e experiências das mulheres (Rocheleau et al., 1996; Nightingale, 2006; Arora Jonsson, 2013). A EPF surgiu como reação contra a hegemonização masculina através de um foco agudo na mulher, no meio ambiente e no desenvolvimento (MMD) em escalas globais, regionais e locais. As investigações neomarxistas sobre as mulheres e a Terra influenciaram fortemente estes ecofeministas, expondo construções sociais coloniais e burguesas, argumentando que os homens são cúmplices na escravização das mulheres e da Terra para fazerem avançar o crescimento industrial e o desenvolvimento econômico em seu próprio benefício e em detrimento de todos. Tais discussões visavam não apenas expor os padrões de opressão masculina, mas também construir "comunidades igualitárias, descentralizadas, biorregionais" que capturassem idealizações contraculturais da Europa Ocidental de uma *politick* comunitária (Biehl, 1988: 62-63, 67-69; Gruen, 1997: 356-374; Salleh, 1998: 323). Baseando-se em princípios ecossocialistas e na trajetória do bem-estar global e da história humana ao longo do tempo, as ecofeministas neomarxistas notaram o impacto dessas pressões sobre a vida dos homens, juntamente com outras pessoas (Mellor, 1992b: 255). Elas tomaram posições eloquentes para se afastarem de um mundo que prejudica as mulheres e a Terra através do redesenho sociopolítico de maquinações sistêmicas e apontando radicalmente suas mudanças políticas associadas para uma maior coletivização e cuidado (Mellor, 1992b: 249; Mellor, 1997: 63; Salleh, 1997: 1; Salleh, 2006: 32-37).

Mary Mellor sugeriu que um mundo de "nós" deveria substituir as hegemonias masculinistas, onde cuidar dos outros e de si mesmos sejam tarefas compartilhadas igualmente entre mulheres e homens (Mellor, 1ª92a: 255, 261). Estas noções destacaram a necessidade de cauterizar a corporativização e acabar com as desigualdades associadas ao extrativismo industrial para o benefício mútuo das mulheres e da Terra, argumentando que fazê-lo também seria bom para os homens (von Werlhof, 2007: 13). A EPF é caracterizada pela visão de que enquanto as vidas de todos os seres humanos estão enraizadas na natureza, os homens estão enraizados em papéis de liderança na criação e gestão de práticas infraestruturais e sistêmicas e se tornaram menos sintonizados com as formas como as decisões mecanicistas impactam as encarnações humanas (e outras não humanas) (Mellor, 1997: 60; Mellor, 2017: 93).

Este foco nas questões mais relevantes para a MMD nos oferece um caminho alternativo em direção a um mundo mais justo. A MMD iluminou as injustiças sociais e ambientais, especialmente nas formas como colidem com a industrialização do Norte Global juntamente com aqueles que possuem os meios de produção em todo o Sul Global. Este grupo de ecofeministas também deu atenção ao desmantelamento das construções sociais ocidentais existentes através de revisões das relações de trabalho. Isto se traduziu em engajamento político ativo direto através de sistemas sociais alinhados com o enfrentamento do capitalismo (especificamente: socialismo, marxismo e anarquismo), que podem apoiar melhor sistemicamente a descentralização, localização, coletivização, auto-organização, vida intencional, inovações tecnológicas, sistemas locais de intercâmbio comercial (SLIC), ativismo antinuclear e paz, juntamente com os movimentos de libertação das mulheres, economia alternativa, e outros mais. Eles têm apoiado amplamente os engajamentos ativos das mulheres na preservação de sua soberania, subsistência e de suas famílias, para liberar o domínio da comoditização capitalista global sobre a vida das mulheres e os recursos da Terra dos quais elas dependem. A ligação entre estas ideias e uma visão anticolonial e pós-imperialista distinta para o mundo é óbvia. Tais estratégias enquadraram este quadro de ecofeminismos como sinônimo de um "novo internacionalismo", que se tornou particularmente relevante à medida que os estados e ideologias socialistas nos últimos estágios do século passado entraram em colapso. Eles observaram que "uma política global invisível na qual as mulheres do mundo inteiro estejam enredadas em sua vida cotidiana; e uma convergência de pensamento decorrente... [d]os esforços das mulheres para manter vivos os processos que [as] sustentam" é necessária se quisermos melhorar a vida e a saúde das meninas e das mulheres de todo o planeta (Mies e Shiva, 1993: 1-2). Ampliando ainda mais o alcance deste fio do ecofeminismo, os privilégios compartilhados entre as elites governantes (tanto homens quanto mulheres) do Norte Global e os indivíduos ricos do Sul industrializado foram reconhecíveis e destacaram o alcance global das hegemonias capitalistas ocidentais em todo o planeta. Surgiu uma intenção de transformar as sociedades modernas que se submeteram às cosmologias e antropologias dos povos estruturalmente oprimidos, das quais as mulheres oferecem uma visão alternativa tangível. O objetivo desta alternativa às hegemonias masculinistas era expor a superiorização interiorizada dos homens, traduzir as divisões estruturais entre a Terra, as mulheres e os homens e, ao fazê-lo, buscar sociedades pós-industriais, pós-coloniais, pós-imperiais e pós-estruturais que se harmonizassem com seus ambientes imediatos e globais (tanto naturais quanto construídos) (Ortner, 1974: 68). A intenção central da MMD tem sido a de provocar uma mudança social radical desde as bases, onde a saúde e a fecundidade das mulheres e da Terra possam se opor estrategicamente ao domínio masculino em todo o planeta, observando que as mulheres nas nações do Norte Global devem ser responsabilizadas de forma semelhante pelos impactos do consumo transnacional sobre suas irmãs no Sul Global, juntamente com suas consequências ecológicas (Bari, 1992: 84).

Construindo sobre legados da MMD, mas questionando as metáforas e suposições essencialistas – por vezes – utilizadas, alguns estudiosos da EPF contestaram a forma como as conexões entre mulheres e gênero e meio ambiente foram examinadas em toda a literatura. Por exemplo, Rebecca Elmhirst (2011) protestou contra a ausência da EPF em artigos científicos antes de 2011, não devido à anulação desses pontos de vista, uma vez que muitos estudos tinham os mesmos *insights* e análises da EPF. Ao contrário, a EPF não foi devidamente creditada por estas ideias. No início do século XXI, o feminismo e os estudos de gênero evoluíram claramente, Elmhirst sugerindo que a EPF tinha que ser revitalizada. Ela continuou a mostrar que a teoria da interseccionalidade, onde as identidades sociais em relação ao poder, opressão e discriminação se encontram, também pode contribuir com perspectivas importantes, especialmente se ampliarmos as análises de gênero (Elmhirst, 2011). Para outros, trazer o conhecimento da EPF para o coração das análises do Norte Global significa que somos mais capazes de levar os argumentos de volta "à barriga da besta" *malestream* (Arora-Jonsson 2013). Recentemente, surgiu um interesse renovado nas interseções entre a política de masculinidades e a EPF, questionando o papel que os homens e as masculinidades poderiam desempenhar num futuro verde profundo. Como exemplo, considere os estudos de Noémi Gonda (2017), que expôs as formas como as masculinidades são construídas na Nicarágua e seus impactos nas políticas de mitigação da mudança climática.

Consequentemente, a EPF é uma importante fonte de inspiração para nós. Isto é especialmente verdadeiro quando consideramos as formas como as relações desiguais de poder moldam as consequências sociais e ecológicas do extrativismo industrial (em relação às masculinidades industriais/ganha-pão em particular). Para além destas considerações, alguns estudiosos também estão investigando a política da ciência, o materialismo e os estudos pós-humanos através de lentes feministas (Sehlin MacNeil, 2017; Persson et al., 2017).

Estudos da ciência feminista, feminismos materiais e pós-humanidades

Novos interesses em organismos, espécies, biodiversidade, resíduos, mudanças climáticas etc. têm encorajado novas investigações feministas sobre as preocupações ambientais. Richard Twine (2010) observou que as ciências feministas, os feminismos materiais e as pós-humanidades têm historicamente evitado o feminismo ecológico. Twine afirmou que a nova intelectualidade materialista não reconhece suficientemente as contribuições ecofeministas importantes, na verdade fundamentais, para nosso entendimento da relação humano-natureza, mesmo embora elementos do feminismo material transmitam muitas ideias semelhantes (Twine, 2010). Concordamos com Twine, observando que sob a bandeira dos estudos científicos feministas, e feminismos materiais e pós-humanidades, encontramos algumas das mais importantes fontes de inspiração para o futuro do feminismo ecológico do século XXI.

A ciência e a tecnologia feministas, as feministas materiais e os estudiosos das pós-humanidades se baseiam em cinco diferentes tradições de conhecimento que merecem ser aqui mencionadas. São elas: descolonização, física quântica, microbiologia, anti-humanismo e estudos científicos e tecnológicos (Alaimo; Hekman ed., 2008; Bennett, 2010; Coole; Frost eds., 2010; Braidotti, 2013; Chen et al. eds., 2013). Os estudos de decolonização visam libertar os povos indígenas das influências da colonização, deslocando assim "a geografia do raciocínio" de um "decreto" de Bacon-Newton-Descartes dando a natureza como morta/mecanicista/separada da cultura, para entidades enredadas de matéria viva (Tiostanova; Mignolo, 2012: 10, 174). Os estudos de descolonização contemporânea foram moldados por algumas teóricas feministas que analisaram a resistência à mineração e outras práticas extrativistas (Plumwood, 2002b; Valladares; Boelens, 2017; Öhman, 2016; Schulz, 2017; Yazzie; Baldy eds., 2017). Como uma segunda tradição que inspira estas visões aprofundadas dos problemas globais, a física quântica coloca a noção de cordas vibratórias como as menores e imprevisíveis partes do universo. Estudiosas feministas como Karen Barad sugeriram que elementos, tecnologias e partículas centrais para a pesquisa quântica só são compreensíveis no contexto de análises de relacionamento (Barad, 2003). Em seu influente artigo sobre como "a matéria vem à matéria", Barad (2003) enfatizou que a luz é tanto partícula quanto onda ao mesmo tempo, dependendo de sua interação com outros elementos em diferentes arranjos. Notavelmente, nem práticas discursivas nem fenômenos materiais podem ser explicados em termos do outro, mas somente quando explicados em conjunto. Em terceiro lugar, materialistas feministas como as editoras Stacy Alaimo e Susan Heckman (2008) insistiram que nossos entendimentos microbiológicos de linguagens que afirmam a materialidade do corpo como ativo podem ser tanto relutantes quanto forças a serem consideradas (Alaimo; Hekman ed., 2008). Curiosamente, algumas ecofeministas compartilharam esta visão, tornando assim possível reconceitualizar a natureza dentro do corpo humano como tudo, menos como mecanicista e morto (Merchant, 1980; Bennett, 2010). Uma quarta fonte de conhecimento que inspira este fio condutor do trabalho acadêmico é o anti-humanismo, que surgiu com a "morte do homem", como homem foi compreendido da Renascença em diante. Este foi um conceito proferido por Michel Foucault. É importante que não confundamos "a morte do homem" com a misantropia cínica e niilista sob a forma de negação da mudança climática ou neofascismo. Além disso, o anti-humanismo não deve atrair nossa atenção na direção errada, pois devemos olhar "mais afirmativamente para novas alternativas" e "criar formas alternativas de conceituar o sujeito humano" (Braidotti, 2013: 37). Desistir do humanismo (ou da primazia racionalista da importância humana) não significa desistirmos de nós mesmos. Afinal de contas, "onde a subjetividade começa e termina está muitas vezes ligado a fantasias de uma singularidade humana aos olhos de Deus, de fuga da materialidade, ou de domínio da natureza" (Bennett, 2010: ix). Compreender a interconectividade da vida é, de fato, uma ampliação do cuidado com nós mesmos. Finalmente, consideramos os argumentos dos estudos de caso aprofundados e associados aos estudos científicos e tecnológicos. Esse discurso enfatiza a materialidade constantemente e já parte de valores, ideias, política etc., tornando obsoleta a reivindicação moderna sobre a separação entre cultura e natureza (Haraway, 1988; Latour, 2004). Por esta tese, a imprevisibilidade não é completamente imprevisível, nem completamente previsível, mas repousa sobre uma combinação de estabilidade e contingência como matéria vibrante (Bennett, 2010).

A partir destas várias discussões influentes, reconhecemos que é dupla a ideia ontológica central dos estudos científicos feministas/feminismos materiais/pós-humanidades. Em primeiro lugar, que os objetos e os sujeitos são heterogêneos. Em segundo lugar, eles se tornam o que são em relação a outros; chamemos provincianamente de quase-objetos. Os quase-objetos (como por exemplo os corpos que podem ser chamados de masculinos) não podem preexistir como tais, mas tampouco sua existência pode ser puramente ideológica ou socialmente construída (Serres, 2007). Esta posição caminha para uma concepção de construir conhecimento como uma negociação entre conjuntos humanos e outros não-humanos. De fato, devemos entender a realidade como um campo contingente e antagônico preenchido por quase-objetos materiais heterogêneos (ou no contexto deste livro: homens) que são estruturados por processos hegemônicos (novamente, no contexto deste livro: normas *malestream*). A identidade de cada elemento é dividida constitutivamente e quando um elemento como o homem faz parte de uma cadeia de equivalência, outras possibilidades são canceladas: homem parado de terno, dinheiro, ganância, bolsa de valores, exploração global até a local etc. Isto sugere que o significado do homem em tal sequência é estabelecido em uma rede de relações além de uma única materialidade referencial (Latour, 1993; Latour, 2004). Essas linhas de investigação têm semelhanças com a ecologia como ciência e a sabedoria da Terra como movimento social, tiradas de: A "corrente de conexão" do Barão von Humboldt na história natural; o "panteísmo" de Nicolau de Cusa; a "cosmologia da evolução" de Pierre Teilhard de Chardin; a "concepção do organismo" de Ludwig von Bertalanffy; os trabalhos de teóricos de sistemas gerais como Ilya Prigogine sobre autorregulação cibernética, auto-organização, ciclos de *feedback*, evolução no limite do caos, criatividade emergente, dinâmica de sistemas; a "biologia teórica" de Brian Goodwin; a "Teoria Gaia" de James Lovelock e Lynn Margulis. No início, Charlene Spretnak (1999: 12, 15) lançou o alarme sobre nosso colapso em massa, a mando de ideologias mecanicistas e de suas divisões associadas da mente. Ela nos pediu que ajudássemos mente-corpo a se curarem através de técnicas holísticas como meditação, oração e esforços para centrar o eu em comunhão e conectividade com a Terra. É compreensível que Bruno Latour (2017), em seu livro *Facing Gaia: Eight Lectures on the New Climatic Regime* (Encarando Gaia: oito palestras sobre o novo regime climático), também tenha se voltado para estes tipos de sistemas de conhecimento ao tentar encontrar significado no Antropoceno.

Uma visão importante desta devoção de estudiosos investigadores **é que devemos tratar o gênero como se fosse** "matéria". Esta não é uma visão essencialista, pré-determinada. Ao contrário, buscamos formas contínuas e heterogêneas de justificar as complexidades plurais da existência para toda forma de vida como uma abordagem pós-patriarcal crucial para as masculinidades ecológicas. A suposição sobre características pré-determinadas entre os sexos tornou as mulheres sinônimo de Terra através da retórica da Mãe Natureza. Essa forma de pensar levou à objetificação das mulheres e distanciou seu acesso à cultura – espaço esse amplamente ocupado pelos homens (Alaimo, 2009; Alaimo, 2010). A partir disso, começamos a ganhar uma sensação de matéria texturizada que impregna as identidades de gênero. Infelizmente, e de acordo com Gaard, vemos que a ciência e a tecnologia feministas, o feminismo material e a erudição pós-humana tendem a se concentrar mais em conceitos e proliferações teóricas do que em autorreflexões políticas e ações de justiça ambiental, pois:

> Fazer conexões entre os pós-humanismos, estudos críticos com animais, estudos interdisciplinares de gênero, novos materialismos feministas e a maior crítica ecocultural de um ecofeminismo vegano pós-colonial exigirá a extensão da teoria do domínio puramente intelectual para o político. Em muitos casos, tais conexões expõem nosso próprio papel em estruturas opressivas – como consumidores de sofrimento, contribuidores para a mudança climática, patrocinadores da escassez global de alimentos – e tal exposição não é lisonjeira.
>
> (Gaard, 2017: 126)

O feminismo ecológico tem centralizado várias interpretações desta coleção de ideias desde seu início. No entanto, o discurso foi creditado por alguns como a fonte de uma "volta linguística" dentro de uma erudição feminista mais ampla, com Gaard (2017: 118-119) observando que por mais de 20 anos, o espectro do essencialismo assombrou o ecofeminismo, afastando muitos teóricos e ativistas por medo de que seu trabalho fosse manchado com esse "pincel". Isto está agora oscilando para trás à medida que as discussões sobre a mudança climática e o Antropoceno em particular ganham impulso, chamando nossa atenção – com ainda maior urgência – para as preocupações sociais e ambientais nos principais debates políticos, apoiados por novos fundos de pesquisa.

Retornando a algumas primeiras contribuições ecofeministas para as investigações sobre a relação humano-natureza, notamos menção específica à corporificação, cuidado e senso de lugar como elementos recorrentes do discurso ecológico feminista. Por exemplo, buscando caminhos para alimentar as necessidades vitais de toda forma de vida de sua casa adotada na Austrália Ocidental, a filósofa ambientalista canadense Patsy Hallen (1988: 15-16; ver também Hallen, 1989; Hallen, 1994: 18-19; Hallen, 2001; Hallen, 2003) desenvolveu teorias e práticas para despertar a "Ética da Terra Viva". Os esforços de Hallen para ensinar e implementar sua versão de ecofeminismo foram uma resposta visceral a uma profunda preocupação de que "como moderados tardios, habitamos um mundo privado, de artifícios e simulação, prazeres engendrados e vistas produzidas eletronicamente, onde somos distraídos, adormecidos e atraídos para sermos espectadores passivos" (2001: 224). Ela refugou a "ética de fronteira" das masculinidades industriais/ganha-pão, observando que nós temos sido:

> ... levados a acreditar que existem fronteiras sem limites. Podemos sentir a Terra tremer sob a pressão das más práticas humanas, mas ainda confiamos que a biotecnologia ou a ciência espacial, alguma teoria ou invenção, fornecerá as respostas a qualquer crise ambiental. Podíamos ter sido forçados a abandonar o "mito da superabundância", mas este foi substituído pelo "mito da supremacia científica". Esta postura de vanguarda é o exemplo de negação ecológica... A natureza não é apenas mais complexa do que sabemos. Ela é mais complexa do que podemos saber. Precisamos de uma ciência eticamente responsável e humilde, que seja autorreflexiva, não-redutora e respeitosa da intencionalidade, agência e poderes fantásticos do mundo "mais que humano".
>
> (Hallen, 2003: 60)

Respondendo à etimologia da ecologia – um estudo que ela argumentou ser especialmente acessível e, de fato, necessário para as mulheres – Hallen (1988: 10) buscou um sentido de realidade generativo, reunificador e completo. Ela resumiu assim sua visão de Ética da Terra Viva:

> Se desejamos descobrir o que é, em vez de impor o que não é, se desejamos reconhecer e permitir que floresça a complexidade dos sistemas interativos (incluindo nós mesmos), se desejamos ser existentes em vez de insistentes, se desejamos "deixar as coisas serem"... do jeito que são, se desejamos unir nossa cabeça, mão e coração, precisamos cuidar.
>
> (Hallen 1989: 7)

A sabedoria de Hallen expôs os efeitos prejudiciais de nossa perda de cuidados com os comuns glocais (Hallen, 2001: 225). Ela forjou com seu erotismo contracultural como central para as práticas, o que expôs os benefícios das percepções pós-gênero de nós mesmos na sociedade e no meio ambiente como cruciais para nossa libertação de todos os sistemas de opressão. Ela também nos orientou no sentido de honrar as coisas simples da vida como contribuições vitais (intensamente corporificadas e psicossensuais) para enfrentar nossa necessidade urgente de recuperar uma "cidadania ecologicamente alfabetizada" através de práticas diárias ligadas à Terra, que abrigam grande potência para reconstruir uma autoidentidade ecologicamente relacional e ampliar nossa compreensão sociocientífica da Terra (Warren, 1987: 18; Hallen, 1988: 10; Hallen, 2001: 218, 226-22).

Hallen foi, como outras ecofeministas pioneiras alinhadas com este fio do feminismo ecológico, fortemente influenciada pela ecologia profunda. Ela louvou a noção de "igualitarismo biocêntrico", valorizando aqueles que buscavam respostas para problemas globais urgentes através de interesses compartilhados em proteção, identificação com a natureza mais ampla e mudanças intencionais em relação à "ética do dever", que são peculiares às masculinidades hegemonizadas. Tal pensamento se submeteu à "ética do cuidado" que se baseia no sentimento moral da justiça, onde tiramos da Terra apenas o que vai atender nossas "necessidades vitais" e não mais; fazendo isso nos permite (re)aterrar através das realidades tangíveis de nossa reabilitação cosmológica (Gilligan, 1982; Mathews, 1991: 47, 147, 150).

O reconhecimento das implicações internas e lógicas da conectividade de todos os seres vivos é peculiar a este ramo de ecofeministas (Mathews, 2005: 69). Para outra filósofa ambiental australiana, Freya Mathews, esta foi uma tentativa sincera de reunificar "mentalidade com materialidade" que honrou as dimensões psíquicas de nosso ser físico, ajudando-nos a chegar a uma unidade psicofísica com o cosmos – uma metafísica ecofeminista. Rigorosa em sua busca de tal metafísica, Mathews argumentou que os esforços humanos epistemológicos, ontológicos e espirituais se tornam inseparáveis da agência que permeia uma Terra "tomada como certa" sob nossos pés (Mathews, 2005: 4-5). Mas esta noção de sinergias mais amplas com o mundo ao nosso redor não nega a presença de impactos humanos sobre a Terra e vice-versa, pois com tempo suficiente:

> ... tudo é tocado pelos processos da vida e, eventualmente, tomado por eles para ser alimentado no ciclo de decadência e renascimento. Deixado a si mesmo, o mundo vivo recupera o que é seu. Coisas que inicialmente pareciam discordantes e fora de lugar gradualmente caem no mesmo ritmo que o resto da Criação. Carros velhos tomam seu lugar ao lado de cães velhos e árvores velhas; a antiguidade naturaliza até mesmo o lixo mais chocante.
>
> (Mathews, 1999: 124)

O cuidado panpsíquico mais amplo (para a humanidade *e* para a Terra) que Mathews formulou, exigiu a necessidade de nos rededicarmos para proteger o mundo e a nós mesmos concomitantemente (Mathews, 2005: 79). Isto é indicativo dos elementos científicos, materiais e pós-humanos de algumas ecofeministas que buscavam um "retorno à natureza" como rendimento/ produto; uma vontade generalizada de "deixar o mundo seguir seu próprio caminho" para que pudéssemos reabitar o lugar, observar que pertencemos a ele e com ele e, ao fazê-lo, fundir nossas próprias identidades com ele como lar, apegando-se com segurança a ele da mesma forma com que nos apaixonamos (Mathews, 1999: 124; 2005: 19). Esta foi uma interpretação ocidental moderna das sabedorias indígenas, inspirada pelas grandes quantidades de lixo que Mathews viu espalhadas sobre uma remota comunidade nativa que visitou no interior australiano – lembrando-nos que nossos itens descartados fazem parte da Terra e que, ao finalmente voltarem à Terra, ainda devem ser visíveis para que mantenhamos nossa consciência sobre a causa e os efeitos do desperdício.

A prisão dos vínculos entre a opressão que os homens dirigem às mulheres e aos indígenas também permeou as várias perspectivas ecofeministas. A filósofa ecofeminista australiana Val Plumwood (2ª02a: 104) observou que o homem é "estabelecido como culturalmente universal", relegando a mulher como uma "exceção, negação ou falta da virtude do Um", sendo assim, completamente transformada em um "desvio", uma "diferença", uma "deficiência" a ser "controlada", "contida" e "governada" por mecanismos de exclusão hierárquica – sem surpresas, gerenciada pelos homens. Citando o comentário seminal de Edward Said (1978) sobre o "orientalismo" e a visão de Benita Parry (1995) sobre a "teoria da resistência", Plumwood tirou conclusões comparáveis para as pessoas colonizadas quando se colocava contra os colonizadores (particularmente os masculinos). Ela observou que o colonizado se torna um "dependente", um "frustrado ilegítimo e refratário", uma "falta", uma "negatividade", "desordenado", "deficiente", "inferior", "desvalorizado", uma "ausência das principais qualidades do colonizador", uma ofensa à "razão, beleza e ordem" (Plumwood, 2ª02a: 105).

Claramente, as feministas científicas, materiais e pós-humanas nos proporcionaram uma infinidade de alternativas à hegemonização masculina. Consideramos que já é hora de a humanidade (os homens brancos e ocidentais em particular) ouvir estes apelos, não para simplesmente acolher mais mulheres no envólucro da hegemonização masculina, mas para usurpar ativamente os velhos e cansados elementos socialmente falidos e ecologicamente lacerantes das normas *malestream*. Ao fazê-lo, pretendemos substituí-los por alternativas muito encorajadas por nossos compatriotas de pensamento profundo, que abordem o engajamento mundial a partir de perspectiva completamente diferente; priorizamos um cuidado mais amplo, mais profundo e mais abrangente que as (eco)feministas científicas, materiais e pós-humanas vêm defendendo há algum tempo. Ir muito além dos confins do essencialismo de gênero, nos obriga a buscar sua orientação, o que nos fornece alguns dos ingredientes mais vitais ao formularmos uma teoria efetiva de masculinidades ecologizadas.

Ecofeminismos binários

Como observado no Capítulo 1 e revisitado nos estágios iniciais deste capítulo, algumas ecofeministas enfatizaram análises ligadas a funções biológicas e ideias polarizadas de sexo. Nós nos referimos a este tópico como "ecofeminismos binários". Os essencialismos que caracterizam os ecofeminismos binários capturam as atitudes daqueles que focalizaram sua atenção no corpo da mulher e nos estereotipados traços femininos, considerados distintos e opostos aos dos homens e das masculinidades. Este fio está em alguma tensão com os quatro fios anteriores, reforçando a crença de que as mulheres estão inerentemente mais próximas da natureza do que os homens, atribuindo formas fundamentais de ser, pensar e fazer aos papéis e corpos de gênero. Consideramos este fio condutor como contraponto ecofeminista aos entendimentos essencialistas dos homens e das masculinidades defendidos por seu movimento mitopoético que discutimos no Capítulo 3. Elaboramos aqui nossa tipologia de ecofeminismos binários para considerar as características apresentadas por estas ecofeministas em detalhes mais finos. Fazemos isso para preparar o terreno à nossa frente, já que interpretações semelhantes de homens, masculinidades e da Terra já estão presentes na política de masculinidades e provavelmente ganharão circulação à medida que as masculinidades ecológicas ganhem força – mais sobre isso no Capítulo 8. Através do exame a seguir, expomos as limitações do essencialismo de gênero binário, abrindo caminho para noções mais frutíferas de ecofeminismo que apoiam enfoques equitativos de gênero e não-binários/*genderqueer* para a ecologização masculina.

Os ecofeminismos binários são caracterizados por tradições pagãs que celebram a adoração de deusas. Eles encontram ligações com a bruxaria Wicca, ritos e rituais terrestres e afirmam que o cuidado e o amor são qualidades biológicas femininas que não só são oposicionistas, mas que melhor substituiriam as características hierarquizantes e ecocidas habituais das masculinidades hegemônicas. Este fio condutor oferece às mulheres oportunidade de recuperarem orgulho especial em nossas sociedades, valorizando-as como capazes de conceberem filhos, de serem coletoras de alimentos primários e celebrando seus papéis cruciais no funcionamento social (Godfrey, 2008). Há uma crença amplamente difundida de que as mulheres (diferente dos homens) têm uma forte ligação com a natureza desde que seus ciclos menstruais (eufemisticamente chamados de "ciclos da lua"), como os impactos das marés sobre os movimentos da água, são determinados pelas fases da lua. Essas noções apontam para a regulação lunar da menstruação das mulheres, desencadeando a ovulação, afetando seus humores e emoções, enquanto também governam comportamentos e atitudes através de impactos em seu sangue, hormônios e suas almas (Macleod, 2015). A cultura popular não costuma atribuir reivindicações semelhantes à neurobiologia, etologia ou fisiologia do homem.

As ligações entre a mulher e a Terra foram acentuadas pelas capacidades da mulher de dar à luz. Isso proporcionou às ecofeministas binárias conexões incorporadas a ciclos mais amplos de vida e morte, supostamente qualificando-as para se sintonizarem com a natureza e, portanto, falarem por ela de maneiras que homens não podem (Daly, 1978; Spretnak, 1986). Para as ecofeministas essencialistas que surgiram nos anos 1960 e 1970, a natureza era uma quantidade espiritual e pessoal que problematizava as abordagens dominantes, científicas e tecnológicas das convenções masculinistas (Merchant, 1992: 187). Argumentando a favor da elevação e libertação da mulher através do renascimento de ritos e rituais antigos, estas ecofeministas dramatizaram noções *pre-herstoric* (da pré-história das mulheres) da natureza como grávidas, maduras e plenas, que se correlacionavam com as celebrações das mulheres como presságios da vida (Musawa, 2010). Monica Sjöö e Barbara Mor (1987: 34) citaram evidências neolíticas para apoiar as entonações de que a civilização ocidental inicial era de fato defendida por mulheres (cerca de 10.000 a.C.), que haviam tecido relações intrincadas entre as sociedades humanas e seu entorno, baseadas na vida comunitária. Além disso, foi argumentado que as mulheres (e não os homens) ganhavam acesso ao amor por outras mulheres ao saborear a suntuosa plenitude das deusas da Terra; o feminismo oferecendo um despertar da unidade universal e da infinita individualidade que muitos homens ainda negam a si mesmos e negam nas mulheres através do sexismo. Desta forma, as ecofeministas binárias afirmam que os homens destronaram e subordinaram as mulheres e a Terra sob os deuses masculinos, degradando o organismo e nutrindo as qualidades de ambos com ontologias e epistemologias tecnológicas e mecanicistas controladas pelos homens, que serviram como seus preenchimentos de lacunas. A ética do cuidado, a reificação do eu intuitivo, as trocas relacionais de inspiração ecológica e um tratado do ser humano como biologicamente e socialmente sexuado caracterizam este fluxo de ecofeminismos (Merchant, 1992: 191).

Entretanto, as características distintas das ecofeministas binárias passaram por um intenso escrutínio. O nexo Mãe Terra-Terra Mãe que se regozija em relação sincrônica entre a menstruação e os ciclos lunares (particularmente correlacionados com a lua nova) permanece discutível, tendo sido substanciado por algumas análises de dados investigativos, experimentos de laboratório e observações clínicas, enquanto contestado por outras (Lei, 1986; Rose, 1991; Münster et al., 1992; Chakraborty, 2013). A controvérsia sobre a natureza binária de alguns ecofeminismos continuou até o século XXI, com base em interrogatórios iniciais e críticos levantados por Sherry Ortner (1974) e Carolyn Merchant (1980) que interrogaram seus colegas essencialistas (MacGregor, 2006; MacGregor ed., 2017). Elas sugeriram, em uma crítica semelhante que fizemos ao movimento mitopoético masculino, que as convicções essencialistas, ironicamente, permitem a mútua desvalorização e subordinação das mulheres e da Terra, uma vez que o trabalho feminino, como os recursos da Terra e seus papéis semelhantes em dar vida, atribui a elas termos como "virgem", "fértil" e "estéril" capturando a advertência duplicada de toda aquela sociedade patriarcal que a considera, há muito, inferior aos homens (Milner-Barry, 2015).

Susan Prentice (1988: 9) repreendeu o idealismo dos ecofeminismos essencialistas. Ela observou que ao examinar as fontes de nossos problemas sociais e ambientais, podemos desvendar os fundamentos do pensamento masculino. No entanto, existe o risco de que também, direta ou indiretamente, tornemos os homens inatamente maus e errados, defendendo efetivamente vínculos biológicos das mulheres com a Terra de forma que banalizem as possibilidades de expiação da natureza em meninos e homens. Janet Biehl (1988) compartilhou pontos de vista semelhantes ao criticar o determinismo biológico do essencialismo por não usurpar as injustiças do Estado. Ela argumentou que a natureza, as mulheres e os homens foram negativamente afetados pela opressão de raça, classe e gênero. Biehl demonstrou que, elevando a libertação das mulheres acima da dos homens, nós efetivamente contornamos a luta histórica e lógica para libertar os comuns glocais dos caprichos do capitalismo, do estado e da subjugação étnica em massa, que é realizada por homens e masculinidades por milênios (Biehl, 1991: 50; Merchant, 1992: 194; Otto, 2012: 18). Procuramos análises alternativas àquelas oferecidas pelas ecofeministas binárias, buscando perspectivas sociopolíticas informadas, focadas em apoiar uma libertação mais verdadeira para todos. Acrescentamos que há muitos perigos nas perspectivas essencialistas mulheres/Terra, dando aos homens poucas razões para priorizar a Ética da Terra Viva, a qual poderia contribuir de outra forma para a desmantelamento do domínio masculino (Seager, 1993; Sturgeon, 1997; Merchant, 2006).

Nossa advertência sobre os ecofeminismos binários é ainda informada por Catherine Roach (2003: 8) em *Mother Nature: Popular Culture and Environmental Ethics* (Mãe Natureza: Cultura Popular e Ética Ambiental). Assim, Roach ofereceu suas reflexões sobre uma metáfora da Mãe Terra em colapso. Ela escreveu a partir da perspectiva dos caminhos *bom* e *mau* e do *mal* que o homem pode invocar com relações ambíguas e desconfortáveis com a natureza, desafiando a presunção de que as mulheres e a Terra estejam confundidas de maneiras que os ecofeminismos binários presumem que os homens não estão. As críticas de Roach (2003: 45) ao essencialismo foram pragmáticas e fundamentadas de formas que transcendem as polarizações de gênero, já que:

> No nível biológico, embora os homens não menstruem, tenham filhos ou amamentem, eles compartilham todos os outros processos biológicos humanos (comer, dormir, eliminar dejetos, adoecer, morrer); e em sua ejaculação de sêmen, os homens têm uma experiência dos aspectos tangíveis da reprodução da vida. Além disso, há muitas mulheres que não geram filhos e muitas mais que não amamentam.

Ao considerar o *slogan* ambiental "Ame sua Mãe", Roach (1991: 47; 2003: 39-41) criticou a presunção de gênero de que as mulheres, como geradoras de filhos e como as principais criadoras deles, são "programadas" para comungar com a Mãe Natureza através de maneiras e jeitos que os homens não podem e não querem. O imperativo *malestream*, como ela o destacou, de fato parece ser uma compulsão a "controlar sua mãe" (Roach, 2002: 84). Roach observou que uma presunção que imagina o feminismo ecológico como mais capaz de conectar as mulheres com a natureza e acentuá-las como mais atenciosas e pacíficas, o que também retrata os homens como mais agressivos e destrutivos, era fundamentalmente falha. Em vez disso, ela apoiou o seguinte tipo de investigação:

> Se cada vez que alguém balança uma bandeira de "Ame sua Mãe", isso desencadear e reforçar suposições, mantidas pelo menos até certo ponto na imaginação cultural, de que as mulheres se importam mais, ou mais facilmente, com a natureza, então que efeito essas suposições têm sobre a vida das mulheres (e dos homens)? E elas são verdadeiras?... o problema na verdade reside em uma falsa oposição hierárquica entre as categorias da natureza e da própria cultura.
>
> (Roach, 2002: 40).

Roach sugeriu que devemos olhar para o binário natureza-cultura, além das análises de mulheres e homens como gêneros únicos, para transcender as limitações do essencialismo. Consistente com essas crescentes preocupações sobre os ecofeminismos binários, concordamos que o essencialismo oferece abordagem simplificada do aspecto de gênero da relação humano-natureza (Roach, 2003: 45). Perspectivas essencialistas retratam as mulheres como "faxineiras e os homens como bagunceiros" de maneira que afirmam estereótipos que colocam "as mulheres de volta no papel tradicional de arrumar a casa, pois dos homens não se pode esperar que o façam" e "deixam os homens livres e aprisionam as mulheres como empregadas domésticas, cuidadoras e enfermeiras" (Roach, 2003: 44). De Roach (2003: 4), concluímos que "a destruição ambiental é autodestruição", independente da origem do gênero a partir do qual as normas *malestream* possam se originar. O imaginário cultural essencialista da metáfora da Mãe Terra não é suscetível de nos salvar, nem a Terra, precisamente porque tais mensagens se alimentam de separação e diferença em vez de colaboração e equidade entre mulheres e homens, ampliando efetivamente o fosso entre os humanos e a Terra, enquanto acentua artificialmente a natureza primordial das mulheres (agravada pelo fato de que muitos homens marginalizados são impactados de forma igualmente negativa pela hegemonização masculina, assim como as mulheres e as pessoas não-binárias/*genderqueer*). Os ecofeminismos binários são caracterizados por imagens potentes de homens no mundo que matam, escavam, estripam e mutilam o corpo da Mãe Natureza. Eles assumem que, enquanto a Terra estiver "conceitualizada como viva e sensível, poderia ser considerada uma violação do comportamento ético humano realizar atos destrutivos contra ela" (Merchant, 1980: 43). Essa é uma causa nobre, mas que não se manifestou na prática. Esta tendência a "tipologizar sexualmente" a Terra, mulheres e homens, exclui homens e masculinidades de um discurso ecologizado de maneira que outros fios exploradores, mulheres, socializações femininas e a Terra não fazem (Hallen, 1994: 21).

Naturalmente, noções de maternidade são uma das frentes mais evidentes da opressão sexista imposta às mulheres através de persistentes difamações, desvantagens sociopolíticas e tentativas associadas de controlar os direitos reprodutivos das mulheres (Gaard, 1993: 302; Wolf, 2003). Complicando ainda mais o papel das mulheres como mães, Roach interrogou as percepções da "Mãe Perigosa", a cruel e tortuosa devoradora de homens que pode despojá-los do básico em um instante e à vontade. Ela também considerou a "Mãe Magoada", que clama desesperadamente por ajuda, esperando que alguém a salve da destruição. O movimento ambiental foi construído – pelo menos em parte – sobre esta presunção, de que podemos e devemos restaurar a Mãe Terra à saúde depois de tê-la exaurido através da exploração gratuita de suas riquezas, devastando seu corpo da mesma maneira que os corpos das mulheres (e de outros) são violados (Roach, 2003: 72, 76, 119, 125).

Essas abordagens essencialistas de várias camadas, por parte de algumas mulheres, as configuram um "gênero solúvel" em vez de "separadas", reafirmando a percepção de que nem todas as pessoas têm a mesma responsabilidade ou compromisso de deter a destruição humana do meio ambiente. Não podemos presumir que todas as pessoas se comportem de forma cuidadosa em relação à Terra ou umas às outras. Da mesma forma, não podemos colocar tais prisões sobre as mulheres. Embora possa ser verdade que alguns homens – os ocidentais modernos, em particular – estejam mais alienados da natureza do que muitas mulheres, é errado presumir que eles não possam e não irão também cuidar de todos os outros e de si mesmos (Roach, 2003: 59). Da mesma forma, embora a degradação ambiental persista, reconhecemos que a reticência dos homens em fazer as mudanças necessárias para apoiar um futuro verde profundo é egoísta e irrefletida, se não maliciosa. Tais nuances são os produtos da ambivalência de gênero. Ao refletir sobre a natureza mais verdadeira da natureza humana, Roach (2003: 6, 8) argumentou de forma convincente que:

Os seres humanos não são apenas amorosos, mas também não são inevitavelmente brutais. Não somos apenas seres racionais, cujas boas intenções determinam nossas ações, mas também não somos cegamente controlados por agendas escondidas e egoístas que nunca podemos esperar acessar ou mudar. Sondar as raízes profundas de nossa resposta ambivalente à natureza pode ajudar a mitigar os sentimentos de ódio em relação a ela.

Para Roach, precisamente essa ambivalência e seus impactos sobre a justiça social e ambiental contemporânea que foram de extrema preocupação.[24]Outras estudiosas feministas se uniram às preocupações manifestadas sobre as atitudes ecofeministas binárias. Voltando-se aos *insights* científicos sociais sobre maternidade, a antropóloga, primatologista e teórica evolutiva Sarah Blaffer Hrdy (1999), em *Mother Nature: natural selection and the female of the species* (Mãe Natureza: Seleção Natural e a Fêmea da Espécie), problematizou o condicionamento social para que as mulheres sejam modestas, complacentes, não-competitivas e sexualmente reservadas – de fato abraçando seu destino na vida para "conceber, gestar e amamentar os bebês, ponto final" –, na esteira de preconceitos masculinos dentro da ciência (especialmente a biologia). Ao fazer isso, ela levantou um ponto de advertência adicional sobre as armadilhas do essencialismo de gênero (Hrdy, 1999: xiv, 16, 27, 308, 495-496). Em *Beyond Mothering Earth: Ecological Citizenship and the Politics of Care*, (Para Além da Mãe Terra: cidadania ecológica e a política do cuidado) Sherilyn MacGregor (2006: 5) ofereceu uma afirmação concisa de que as ecofeministas deveriam trazer suas experiências privadas para seu ativismo político como rica contribuição para a cidadania expressiva. Efetivamente, MacGregor nos deu instruções politizadas para o ativismo como práticas. Considere também os indígenas Saami, na Suécia, que rotineiramente se lançam contra as explorações de mineração, com as mulheres na linha de frente, fundindo firmemente a herança indígena com escolhas tecnológicas e visuais estratégicas de "artivismo" poderoso, ultrapassando os limites do essencialismo (e alavancando o *slogan* "somos natureza protegendo a nós mesmos") (Sjöstedt Landén, 2017).

---

24 Este é um ponto que eu (Paul falando aqui) explorei através de uma revisão de literatura e estudo de campo de chimpanzés (*Pan troglodytes*) e bonobos (*Pan pan paniscus*) que conduzi para a pesquisa do meu mestrado (Pulé, 2003).

Através de análise detalhada das opiniões da feminista francesa Luce Irigaray sobre o essencialismo em *Ética de Eros: A Re-escrita de Irigaray dos Filósofos*, Tina Chanter (2016) apresentou um ponto convincente. Ela observou que alguns filósofos tropeçaram nas preocupações sobre o essencialismo a tal ponto que é comum que o impacto de deturpações infundadas e universalismos nas análises feministas pós-estruturalistas seja encoberto. Para isso, ela sugeriu que deveríamos:

> ... falar sobre e encontrar maneiras de combater o sexismo, o racismo, o heterossexismo e todos os outros "ismos" [incluindo o ecocídio] para os quais a acusação de essencialismo foi permitida. Na medida em que o essencialismo mistifica estes problemas urgentes e insistentes, ele cobre não apenas a importância de pensar através da questão da diferença sexual, mas também a dinâmica prejudicial e desumanizante e as múltiplas faces do imperialismo. Estas dinâmicas precisam ser confrontadas em seus próprios termos – diretamente, especificamente, com força e precisão – e não através do discurso vago do essencialismo.
>
> (Chanter, 2016: 254)

O apoio essencialista a um nexo mulher-natureza é problemático, já que apoiar as mulheres e as socializações femininas como fundamentalmente "cuidados" restringe a capacidade dos homens e das masculinidades de levarem tais qualidades à tona em suas trocas com a Terra, além de colocar expectativas injustas e irrealistas sobre as mulheres e generalizar excessivamente sobre suas capacidades de cuidados, juntamente com a suposta falta deles por parte dos homens.

A associação Mãe Terra-Terra Mãe capta restrições tanto para mulheres quanto para homens. Consequentemente, os ecofeminismos binários estão em considerável tensão com os outros fios de feminismos ecológicos que exploramos. Em última instância, os problemas que enfrentamos em nível global nos impactam a todos e juntos devem ser problemas que resolvamos coletivamente. A acentuação das diferenças de gênero pouco faz para nos ajudar a avançarmos nessa direção. Por estas razões, consideramos o essencialismo de gênero como sendo excludente e problemático para a Terra, mulheres e homens. Precisamos nos conectar com nossas próprias naturezas internas, bem como com a natureza, além de nossas fronteiras corporais.

Evidentemente, o estereótipo em ambos os extremos do espectro de gênero é problemático, precisamente porque negamos a muitas mulheres e homens sua soberania para se desviarem das normas socializadas e, dessa forma, são os humanos e outros marginalizados que continuam a sofrer mais.

Ecofeminismos com equidade de gênero

Outros feminismos ambientais, mais sociopolíticos, procuraram mudanças ideológicas e estruturais nos mecanismos de dominação que permeiam as indústrias extrativistas. As pesquisas mais visíveis deste tipo se concentraram em políticas públicas, pesquisas qualitativas/quantitativas, tecnologias verdes e a implementação de representação igualitária em várias organizações reguladoras. Para estas, o que chamamos de equidade de gênero, as ecofeministas sugerem que precisamos de abordagens mais ponderadas e temperadas para políticas e práticas de desenvolvimento, onde o sexismo e a insensibilidade ambiental possam ser corrigidos por regulamentações que apoiem a equidade para todos os seres humanos, juntamente com o uso atencioso dos recursos da Terra. Essas ecofeministas priorizaram a equidade de gênero como o elo crucial que faltava na criação de um mundo social e ecologicamente justo e sustentável.

Não tão explícito quanto as ecofeministas binárias que foram discutidas acima, as proponentes deste tópico encorajam o exame crítico de categorias discretas, dentro dos discursos da natureza de gênero, para expor as diferentes influências que impactam tanto mulheres quanto homens ativamente engajados em políticas ambientais. Estudos que apoiam este tópico examinaram, por exemplo, diferentes padrões de consumo por mulheres e homens; destacando que em geral os homens têm uma pegada ecológica muito mais pesada do que as mulheres (Hanson, 2010; Räty; Carlsson-Kanyama, 2010). Quando confrontadas com a questão do consumo material, ecofeministas como Ines Weller (2017: 336) observaram que "como regra, mais mulheres do que homens expressam vontade de fazer escolhas de consumo sustentável". Nesse estudo, Weller mostrou que as mulheres, em média, consomem de maneiras mais amigáveis ao meio ambiente do que os homens. Outros expuseram que os homens em geral não se importam tanto com o ambiente quanto as mulheres (McCright e Sundström, 2013), sugerindo que uma medida das diferenças de gênero sobre as preocupações ambientais explica por que os homens, em média, estão menos envolvidos do que as mulheres nos movimentos ambientais (Grasswick, 2014). Estas tendências expõem uma reticência geral dos homens para desmantelarem as estruturas que criam e sustentam sua primazia, uma tendência que parece não gerar resistência nas mulheres tão profundamente. Por outro lado, elas, especialmente no Norte Global, também desempenham papéis significativos como consumidoras; os impactos sociais e ambientais desse consumo também não devem ser ignorados nem deixados de lado, pois examinamos as complexidades dessas questões.

Da mesma forma, as organizações ambientais permanecem inundadas com a presença e os impactos da dominação masculina. Os homens tendem a se tornarem os líderes das organizações ambientais, trazendo consigo um conjunto de socializações *malestream* conscientes e inconscientes, com diferentes níveis de disposição para terem seus padrões dominadores desafiados (Buckingham; Kulcur, 2009; Stoddart; Tindall, 2011). O mesmo tem se mostrado verdadeiro em toda política verde, onde a liderança masculina também é comum e com ela a presença do sexismo – mesmo que não intencional (Jackson, 2017). Como exemplo adicional, considere os esforços de combate ao "monotema de gênero" nos níveis de governança global, que o Conselho Econômico e Social das Nações Unidas (Ecosoc) definiu como:

> ... o processo de avaliação das implicações para mulheres e homens de qualquer ação planejada, incluindo legislação, políticas ou programas, em todas as áreas e em todos os níveis. É uma estratégia para tornar as preocupações e experiências de homens e mulheres uma dimensão integral da concepção, implementação, monitoramento e avaliação de políticas e programas em todas as esferas políticas, econômicas e sociais para que mulheres e homens se beneficiem igualmente e a desigualdade não seja perpetuada. O objetivo final é alcançar a equidade de gênero.
>
> (Nações Unidas, 2002: v)

Recomendações como esta visam nivelar o campo de atuação com a melhor das intenções para assegurar que tanto os interesses das mulheres quanto os dos homens sejam integrados em políticas e práticas nos mais altos níveis de governança em igual medida. Mas tais definições não incluem uma reconfiguração do campo em si. As mulheres continuam subrepresentadas nos debates de desenvolvimento de políticas; condicionadas durante toda sua carreira a aderirem a visões masculinistas que se encaixam com as pressões e os dividendos das normas *malestream* (Buckingham, 2017). Apesar de algum movimento em direção à equidade de gênero, ainda se espera que as mulheres se achatem no mundo dos homens.

Tal inconsistência não é nova. Podemos rastrear a disparidade entre a retórica e as realidades da equidade de gênero nos níveis mais altos das negociações ambientais transnacionais até a ECO-92 (Cúpula da Terra, 1992). Na época deste evento marcante, havia uma janela estreita de grande oportunidade para institucionalizar a equidade de gênero juntamente com controles adequados dos gases de efeito estufa. Mas esta oportunidade foi tristemente perdida, pois representantes femininas em agências comerciais e governamentais associadas assumiram papéis ao lado dos homens de forma a emular as masculinidades ecomodernas – como diluídas talvez por "feministas ecomodernas". Não assistimos a um recrudescimento de estruturas masculinizadas em relação aos tipos de inovações materiais, éticas ou comportamentais para o qual o feminismo ecológico advoga. Parece que o sucesso do empoderamento das mulheres, especialmente desde este encontro no Rio de Janeiro, tornou-se sinônimo de ecomodernização das mulheres, fazendo-as entrarem nas fileiras dos "*boomers* da economia verde" que são, e há muito tempo, masculinistas – uma tendência que permanece conosco até hoje, apesar do crescente apoio para resolver questões sociais e ambientais globais e empoderar as mulheres (Foster, 2017: 220). Estas políticas econômicas verdes, que tradicionalmente favoreceram os interesses comuns dos homens em buscar mitigações de engenharia a partir de uma perspectiva ecomoderna, têm sistematicamente marginalizado as abordagens relacionais, sociológicas e sistêmicas, deixando de lado as transformações paradigmáticas rumo a um futuro verde profundo (Littig, 2017: 324).

Além disso, considere a forma como interagem o gênero e a mobilidade. Estudos destas medidas mostram que a gama de mobilidade das mulheres é notavelmente menor do que a dos homens (Hanson, 2010). As mulheres também tendem a ter menor emissão de carbono correlacionada com as restrições de sua mobilidade espacial, usam transporte público em maior número, viajam distâncias mais curtas e estão mais dispostas a depender do transporte de bicicleta ou a pé, todos eles com benefícios ambientais notáveis (Hanson, 2010). Através da lente de um paradigma de desenvolvimento, isto é ainda mais visível no Sul Global, onde fatores culturais e socioeconômicos afetam significativamente a mobilidade das mulheres, tais como restrições para deixarem suas casas, falta de renda própria e acesso a dinheiro, ao mesmo tempo em que têm maiores encargos domésticos a suportar. A pesquisa de Susan Hanson (2010) também expôs as complexidades envolvidas na análise precisa dessas diferenças, já que as mulheres podem optar por trabalhar mais perto de casa, por motivos de cuidados domésticos, ou podem optar por pegar o ônibus, porque estão mais preocupadas com o meio ambiente etc. Em consonância com Ines Weller (2017: 337), reconhecemos que os argumentos a favor da equidade de gênero desempenham papel importante nas relações desiguais de poder, na conscientização sobre as diferenças de gênero nos padrões de consumo e no esclarecimento de moralidades associadas à representação e influência sociopolíticas iguais. Mas a mobilidade e a representação se tornam mais complexas (e mais urgentes) quando existem limites planetários a serem respeitados. Dentro da estrutura da modernidade industrial, a energia das mulheres e o crescimento do PIB – particularmente nos segmentos Norte Global e mais ricos das comunidades do Sul Global – poderiam ser "acrescentados" às mesmas avaliações que os homens, piorando os problemas para as massas enquanto a vida de algumas mulheres melhora. Entretanto, quando existem recursos restritos e progressões lineares em direção à modernização que consideramos neutra em termos de gênero, devemos nos perguntar como podemos lidar com a equidade de gênero de uma forma ecofeminista? As estratégias postas em prática para alcançar a integração do gênero ao estilo da ONU fracassaram categoricamente, já que, na melhor das hipóteses, apenas trouxeram mais mulheres para o mundo dos homens, com os riscos de que os padrões hipermasculinistas se repitam independentemente do gênero e apesar do aumento da liderança das mulheres em todo o Norte Global. Nossa argumentação é que uma abordagem equitativa de gênero para as preocupações com as mulheres, as socializações femininas e a Terra simplesmente não são suficientemente robustas. Na melhor das hipóteses, parece resultar em um simples "embaralhamento das cadeiras do convés no Titanic" através do aumento da representação feminina na ausência de mudanças sistêmicas; dificilmente será a estratégia política ideal, para nos afastar de catástrofes sociais e ambientais, se simplesmente tivermos mais mulheres (e para esse fim pessoas não-binárias/*genderqueer*) projetando e mantendo abordagens masculinistas de *business-as-usual* para a gestão glocal. É necessária uma revolução estrutural em grande escala; uma revolução que seja equitativa em termos de gênero e sistemicamente transformadora.

Na seção anterior, observamos que os ecofeminismos binários ignoram a importância da heterogeneidade de gênero da humanidade. Aqui, argumentamos que abordagens gênero-equitativas para nossa compreensão das mulheres, das socializações femininas e da Terra correm grande risco de sub-analisarem as relações estruturais – mesmo que sejam ecomodernizadas, em vez de industrializada/ganha-pão – e não evitando, efetivamente, o compromisso *malestream* (Arora-Jonsson, 2011). Com estas inadequações consideradas, procuramos ecofeminismos pós-gênero para buscar mais orientação.

Ecofeminismos não-binários/*genderqueer*

Finalmente, consideramos os exames não-binários/*genderqueer* das mulheres, as socializações femininas e a Terra. Há uma discussão crescente, mas ainda marginal, que está emergindo e que está agora olhando para além de um foco nas preocupações de gênero e ambientais, à medida que elas se relacionam com os interesses das mulheres. *Evolution's Rainbow* (O arco-íris da evolução), de Joan Roughgarden (2004), explorou o orgulho e a diversidade *queer* desde o final dos anos 70. Como bióloga evolucionista, Roughgarden apresentou evidências de uma ampla gama de diferentes formas de atividade sexual e papéis de gênero que existem fora dos entendimentos tradicionais e binários de gênero entre os humanos e em outros não-humanos. Prestando muita atenção às espécies não-humanas que – como a humanidade – têm mais de dois sexos biológicos, juntamente com as que mudam de sexo e gênero sob condições ecológicas específicas, Roughgarden explorou a noção de grupos de gêneros múltiplos que ela organizou em famílias. Seu livro demonstrou que grande variedade de interações de gênero pode ser normalizada dando-nos justa causa para celebrar a diversidade e heterogeneidade nas identidades humanas e mais além (Roughgarden, 2004). Alguns estão agora explorando criticamente o binário "cis masculino/feminino" (onde "cis" é latim para "deste lado de" e se refere a identidades de gênero que correspondem a uma preferência sexual pelo gênero oposto; considerado a alternativa diametral ao termo "trans"). Estes termos são parte integrante da pesquisa de gênero que também incluiu estudos sobre ecologias *queer*, transecologias, assim como ecomasculinidades contra*malestream*, que estão introduzindo novas linhas de investigação enquanto esticam os limites das tradições ecológicas feministas (e outras ecofilosóficas) estabelecidas (MacGregor ed., 2017: 15). Alcançando mais longe do que os ecofeminismos equitativos de gênero discutidos acima, também notamos um importante desenvolvimento de ecofeminismos *queer* postos por Greta Gaard (1997) que agora está ganhando impulso, o que consideramos longamente no Capítulo 7 (ver também Gaard, 2017). Nicole Seymour (2013) também contribui de maneira valiosa para a ecologização não-binária/*genderqueer* (ver também Seymour, 2017). Seus conhecimentos nos fornecem lições importantes sobre o conhecimento que podemos ganhar com a *queer*/transmarginalização à medida que buscamos maior cuidado com os comuns glocais. Seymour (2017: 255) desafiou os preconceitos que enquadram as pessoas trans como " 'não-naturais' – não apenas geralmente contra o plano da 'Mãe Natureza', pois as pessoas lésbicas, gays e bissexuais são frequentemente consideradas, mas também literalmente, construídas fisicamente através da medicina, tecnologia, ou mesmo toxicidade". Ela reconheceu a influência positiva do feminismo material, mas lutou contra o que considerava ser a tendência problemática naquele discurso de nos chamar de volta ao corpo "real" de mulheres e homens que podem ignorar as realidades vividas das pessoas trans. Em vez disso, ela se voltou para o "transgênero orgânico" como possibilidade que "emerge de uma consciência ecológica e ética ambiental expandida" (Seymour, 2017: 257). Concordamos que se a humanidade quiser atingir uma transição inclusiva e orientada para a justiça "de um ponto de vista ciscêntrico e antropocêntrico (*a maioria dos humanos é cisgênero e, portanto, o cisgênero deve ser natural por toda forma de vida*) para um ponto de vista inclusivo e ecocêntrico (*muitos animais são transgêneros, transexuais ou intersexuais; como isso poderia mudar a forma como pensamos de nós mesmos como animais humanos?*)" (Seymour, 2017: 260). Seguimos a liderança de estudiosas como Roughgarden, MacGregor, Gaard e Seymour, resumindo o que consideramos serem ideias transformadoras muito bem-vindas sobre gênero e ambientes que agora estão surgindo. O significado ideológico de tais visões para um estudo sobre homens, masculinidades e a Terra é extenso.

Cameron Butler (2017) discutiu a necessidade de enfrentar a heteronormatividade que corrompe o ambientalismo. Olhando além da história dos parques nacionais (especialmente nos EUA), Butler não foi meramente crítica de preservar a natureza intrinsecamente, mas intencionalmente visou a tendência de usar áreas naturais "para garantir que homens brancos héteros tivessem um espaço para recuperarem sua masculinidade" (Butler 2017: 274; Di Battista et al., 2015; para um estudo histórico no contexto sueco, ver também Hjulman, 2017). Ela insistiu que devemos buscar "um profundo senso de cuidado com o meio ambiente e ao mesmo tempo questionar como 'o ambiente' é conceitualizado". Reconhecemos que estes pontos de vista perseguem ideias e compromissos liberatórios com identidades de gênero e seus pontos de interseção com outros não-humanos. Estas contribuições adicionais e recentes iluminam as capacidades dos movimentos de justiça social e ambiental para construir solidariedades através de frentes amplas e diversas. Tais são as ricas respostas contra*malestream* e pro-*queer* que estão simultaneamente emergindo em várias comunidades marginalizadas e/ou chamadas de "linha de frente", incluindo acadêmicos e ativistas expostos ao extrativismo e às crescentes implicações da mudança climática (Di Chiro, 2008; Gaard, 2015; Quinn-Thibodeau; Wu, 2016). Como o populismo do século XXI misturado com masculinidades tóxicas/extremas reverbera ao redor do globo, açoitado pela política de choque de extrema direita/neofascista, os descontentamentos das populações dominantes (brancas) das nações estão se tornando mais visíveis e, alarmantemente, os paralelos entre o fascismo do século XX e o autoritarismo nazista dos anos 30 são evidentes (Sexton, 2016; McQuade, 2017). Essa tendência exige comunidades progressistas e socialmente engajadas para formarem alianças em resposta proativa à dogmatização *malestream* com furor e pressa. Ecologias não-binárias/*genderqueer* nos apresentam uma frente convergente nessas margens, obrigando-nos a buscar e encontrar o poder na heterogeneidade, onde tipos e identidades sexuais (ou a falta delas) em todas as espécies criam trampolins dinâmicos para a ecologização masculina pós-heteronormativa que apoiamos aqui.

Fios de uma colcha criativa

Este livro não seria possível sem os *insights* do feminismo ecológico e os esforços das ecofeministas. Neste capítulo, enfatizamos que existe um conhecimento indizível, que discutimos através de nossa consideração dos cinco fios ecofeministas. Ganhamos terreno de cada uma delas de maneiras únicas, pois elas têm enfrentado, respectivamente, nossa situação social e ambiental, trazendo uma resposta coletiva às lutas do mundo como (principalmente, mas não exclusivamente) problemas de masculinidade. Através de estudos de caso aprofundados e avanços teóricos, as ecologistas políticas feministas continuam a expor as formas pelas quais grupos de homens adquirem liderança social através de processos extrativos que têm raízes coloniais e visões imperiais para um futuro de gênero e hegemonia. As ciências/materiais/pós--humanidades feministas têm sido fundamentais para reafirmar a necessidade de responsabilização do Norte Global, expondo a culpabilidade dos homens ricos do mundo na ascensão do (m)Antropoceno. Os ecofeminismos binários têm confiado demais nos estereótipos de gênero para expor os modos como os homens e as masculinidades estão emaranhados com a modernidade industrial e um ethos protetor/provedor ganha-pão, mesmo observando corretamente os modos como estão corroendo as condições de vida para toda forma de vida (quer seja avidamente ou não). Os ecofeminismos equitativos de gênero examinam as formas como as relações de poder e as desigualdades sociais estão entrelaçadas com as políticas ambientais, buscando a justiça através de estratégias sensíveis ao gênero que simplesmente não desafiem adequadamente o *status quo malestream* – exigindo um lugar igual à mesa da hegemonização masculina, mas lutando para derrubar essa mesma mesa em sua cabeça e substituí-la por algo novo que seja mais deliberadamente democrático. Os ecofeminismos não-binários/*genderqueer* nos trouxeram a um grande momento crítico, onde as coisas que nos definem como indivíduos e como espécie são necessariamente compostas, lembrando-nos, assim como a ecologia, que a resiliência é mais assegurada quando nossos ambientes são tecidos com teias de complexidade. Expressamos nossa profunda gratidão pela diversidade de visões do discurso feminista ecológico. Eles têm fornecido coletivamente importantes fontes de inspiração para um discurso emergente sobre a ecologização masculina.

Ao concluir nossa análise do feminismo ecológico, observamos que, embora esta corrente de pensamento levante questões muito importantes sobre masculinidades e as formas que os homens adotam nessas socializações, sua visão alternativa que contraria as pressões estruturais, os valores pessoais e as encarnações da hegemonização masculina não se concretizaram. As ecofeministas foram astutas em expor as contribuições dos homens e das masculinidades ao nevoeiro da hegemonização masculina, oferecendo uma variedade de interpretações, aspectos dos quais nos ajudam a criar algo, mas elas não levaram os homens e as masculinidades diretamente – em princípio – para lá. De fato, este não é o trabalho de indivíduos que falem em nome de outras pessoas. Para qualquer conversa sobre ecologização masculina, é de se esperar que as ecofeministas sejam de fato mais do mesmo – homens e masculinidades confiando nas mulheres e no feminismo para fazê-los se sentirem melhor, agirem melhor e/ou produzirem melhores resultados para o planeta. A masculinidade ecologizada que imaginamos presta uma homenagem crítica ao mosaico de percepções pessoais, políticas e ambientais do feminismo ecológico, levando em conta muitos de seus princípios e ao mesmo tempo buscando conceitualizações e práticas únicas, geradas por e para os homens e masculinidades à medida que prestamos atenção à sabedoria coletiva deste discurso.

Reconhecemos que as estratégias feministas ecológicas, para nosso futuro comum, pararam intencionalmente e corretamente de "limpar a loja" para homens e masculinidades. No entanto, uma consequência infeliz disto foi o distanciamento inadvertido adicional dos homens e masculinidades dos papéis de aliados e compatriotas ecofeministas em apoio a um futuro profundamente verde.

As ecofeministas prestaram compreensivelmente uma atenção crítica às explorações e à destrutividade das masculinidades hegemônicas e suas estruturas de apoio. Enquanto isso, essas estruturas continuam a resistir a cuidados mais amplos, profundos e abrangentes. Contudo, como o discurso feminista ecológico cresceu e se diversificou, as políticas pessoais ecofeministas refinaram análises, pressionando as fronteiras das identidades de gênero como alguns dos ingredientes necessários no cuidado da Terra, ajudando-nos a ver que todos os homens cisgêneros não são de fato culpados por nossos desafios sociais e ambientais como indivíduos, ajudando-nos a concentrar toda a força deste livro na mudança estrutural. Esta é uma linha complicada para caminhar entre exposições de opressão e responsabilidade por opressões equilibradas contra a construção de lealdade para além das guerras de gênero. É evidente que os homens (como todos os outros) devem ser responsabilizados quando agem dentro das estruturas opressivas da hegemonização masculina (ou de qualquer opressão, por exemplo). Isto destaca a necessidade de centralizar a bondade e a compaixão para com todos os que se unem a um esforço comunitário em apoio aos comuns glocais. Mas o que dizer daqueles que não são desta opinião? Como tirar os indivíduos das ilusões de sua própria primazia em apoio a toda forma de vida? De nossas colegas ecofeministas, podemos ver que um aspecto significativo na resposta a esta pergunta deve ser direcionar nossa atenção para melhorar as formas de apoio aos homens e as masculinidades, para que se envolvam mais em soluções para os problemas sociais e ambientais que enfrentamos.

Se o feminismo ecológico tem nos proporcionado caminhos que nos apontam na direção de um futuro profundamente verde, notamos que agora é hora de os homens seguirem seu exemplo. Precisamos de masculinidades ecológicas que sejam proativas, produtivas e atinjam o mais amplo espectro político e de gênero possível, tal como surgiu ao longo do feminismo ecológico ao longo do tempo. Para conseguir isso, devemos estar dispostos a procurar outras opções para os homens e masculinidades além das ofertas de hegemonização industrial/ganha-pão e/ou ecomoderna, que têm acompanhado a dominação masculina. Ao apresentar uma abordagem tão matizada deste trabalho, que tende às maquinações dos homens e das masculinidades, mas que se concentra na socialização estrutural da superioridade internalizada que os aflige, divergimos daquelas (particularmente essencializadas) ecofeministas que não atenderam a separação analítica entre a crítica sistêmica das socializações e a culpa pessoal do determinismo biológico. É nossa crença que algumas ecofeministas expressaram, compreensivelmente, grande raiva, frustração e mesmo dor pelas feridas que homens e masculinidades infligiram à Terra e a outros seres humanos (mulheres em particular), mas fundiram a responsabilidade estrutural e pessoal e, ao fazer isto, construíram algumas interpretações de feminismo ecológico como um discurso que muitos homens acham difícil de se relacionar e abraçar.

Certamente, os homens não só podem causar grandes danos, mas também podem ter grande cuidado com a Terra, com os outros humanos e consigo mesmos... Seguindo em frente, a tarefa como a vemos é ir além dos binários de gênero e enfatizar as possibilidades de cuidado que transcendam seus estereótipos associados. Este livro é um passo nessa direção, explorando a possibilidade de análises críticas pós-gênero da relação humano-natureza, ao mesmo tempo em que tende à importância da política de gênero para homens e masculinidades. A partir daqui, continuamos a examinar mais de perto a noção de cuidado através de nossa consideração da teoria do cuidado feminista.

Referências

Adams, C. 1993. 'Introduction'. In C. Adams, ed., *Ecofeminism and the Sacred*. New York: Continuum, 1–12.

Alaimo, S. 1994. 'Cyborg ecofeminist interventions: challenges for an environmental feminism'. *Feminist Studies* 20(1): 133–152.

Alaimo, S. 2009. 'Insurgent vulnerability and the carbon footprint of gender'. *Kvinder, Køn & Forskning* 3–4: 22–35.

Alaimo, S. 2010. 'The naked world: the trans-corporeal ethics of the protesting body'. *Women and Performance: A Journal of Feminist Theory* 20(1): 15–36.

Alaimo, S., and S. Hekman, eds. 2008. *Material Feminisms*. Bloomington: Indiana University Press.

Archambault, A. 1993. 'A critique of ecofeminism'. *Canadian Woman Studies* 13(3): 19–22.

Arora-Jonsson, S. 2011. 'Virtue and vulnerability: discourses on women, gender and climate change'. *Global Environmental Change* 21(2): 744–751.

Arora-Jonsson, S. 2013. *Gender, Development and Environmental Governance: Theorizing Connections*. Oxon: Routledge.

Barad, K. 2003. 'Posthumanist performativity: toward an understanding of how matter comes to matter'. *Signs: Journal of Women in Culture and Society* 28(3): 801–831.

Bari, J. 1992. 'The feminization of earth first!' *Ms.* May/June: 84.

Bennett, J. 2010. *Vibrant Matter: A Political Ecology of Things*. Durham: Duke University Press.

Biehl, J. 1988. 'What is social ecofeminism?' *Green Perspectives: A Left Green Publication* 11: 1–8.

Biehl, J. 1991. *Rethinking Ecofeminist Politics*. Boston: South End Press.

Braidotti, R. 2013. *The Posthuman*. Cambridge: Polity.

Buckingham, S. 2004. 'Ecofeminism in the twenty-first century'. *Geographical Journal* 170 (2 June): 146–154.

Buckingham, S. 2017. 'Gender and climate change politics'. In S. MacGregor, ed., *Routledge Handbook of Gender and Environment*. Oxon: Routledge, 384–397.

Buckingham, S., and R. Kulcur. 2009. 'Gendered geographies of environmental injustice'. *Antipodes* 41(4): 659–683.

Buckingham, S., and V. Le Masson. eds. 2017. *Understanding Climate Change through Gender Relations: Routledge Studies in Hazards, Disasters and Climate Change*. Oxon: Routledge.

Butler, C. 2017. 'A fruitless endeavour: confronting the heteronormativity of environmentalism'. In S. MacGregor, ed., *Routledge Handbook of Gender and Environment*. Oxon: Routledge, 270–286.

Carlassare, E. 1992. 'An exploration of ecofeminism'. Master's diss., University of California, Berkeley.

Caldicott, H. 2006. *Nuclear Power Is Not the Answer*. New York: The New Press.

Carson, R. 1962. *Silent Spring*. Boston: Houghton Mifflin.

Chakraborty, U. 2013. 'Effect of different phases of the lunar month on humans'. *Biological Rhythm Research* 45(3): 383–396.

Chanter, T. 2016. *Ethics of Eros: Irigaray's Re-writing of the Philosophers*. Oxon: Routledge.

Chen, C., MacLeod, J., and A. Neimanis, eds. 2013. *Thinking with Water*. Ontario: McGill-Queen's University Press.

Coole, D., and S. Frost. 2010. eds. *The New Materialisms: Ontology, Agency, and Politics*. Durham: Duke University Press

Cuomo, C. 1998. *Feminism and Ecological Communities: An Ethic of Flourishing*. London: Routledge.

Cuomo, C. 2017. 'Sexual politics in environmental ethics: impacts, causes, alternatives'. In S. Gardiner and A. Thompson, eds., *The Oxford Handbook of Environmental Ethics*. New York: Oxford University Press, 288–300.

d'Eaubonne, F. 1974. *Le féminisme ou la mort*. Paris: Pierre Horay.

d'Eaubonne, F. 1980. 'Feminism or death'. In E. Marks and I. de Courtivron, eds., New *French Feminisms: An Anthology*. Amherst: University of Massachusetts Press, 64–67.

Daly, M. 1978. *Gyn/Ecology: The Metaethics of Radical Feminism*. London: Women's Press.

Davion, V. 1994. 'Is ecofeminism feminist?'. In K. Warren, ed., *Ecological Feminism*. New York: Routledge, 8–28.

Di Battista, A., Haas, O., and D. Patrick. 2015. 'Conversations in queer ecologies: an editorial'. *UnderCurrents: Journal of Critical Environmental Studies* 19: 3–5.

Di Chiro, G. 2008. 'Living environmentalisms: coalition politics, social reproduction, and environmental justice'. *Environmental Politics* 17(2): 276–298.

Elmhirst, R. 2011. 'Introducing new feminist political ecologies'. *Geoforum* 42(2): 129–132

Foster, E. 2017. 'Gender, environmental governmentality and the discourse of sustainable development'. In S. MacGregor, ed., *Routledge Handbook of Gender and Environment*. Oxon: Routledge, 216–228.

Gaard, G. 1993. 'Ecofeminism and Native American cultures: pushing the limits of cultural imperialism?'. In G. Gaard, ed., *Ecofeminism: Women, Animals, Nature*. Philadelphia: Temple University Press, 295–314.

Gaard, G. 1997. 'Toward a queer ecofeminism'. *Hypatia* 12(1): 114–137.

Gaard, G. 2015. 'Ecofeminism and climate change'. *Women's Studies International Forum* 49: 20–33.

Gaard, G. 2016. 'From "cli-fi" to critical ecofeminism: narratives of climate change and climate justice'. In M. Phillips and N. Rumens, eds., *Contemporary Perspectives on Ecofeminism*. Oxon: Routledge, 169–192.

Gaard, G. 2017. 'Posthumanism, ecofeminism, and inter-species relations'. In S. MacGregor, ed., *Routledge Handbook of Gender and Environment*. Oxon: Routledge, 115–130.

Gilligan, C. 1982. *In a Different Voice: Psychological Theory and Women's Development*. Cambridge: Harvard University Press.

Gilman, C. 1979[1915]. *Herland*. New York: Pantheon.

Godfrey, P. 2008. 'Ecofeminist cosmology in practice: genesis farm and the embodiment of sustainable solutions'. *Capitalism Nature Socialism* 19(2): 96–114.

Gonda, N. 2017. 'Revealing the patriarchal sides of climate change adaptation through intersectionality: a case study from Nicaragua'. In S. Buckingham and V. le Masson, eds., *Understanding Climate Change through Gender Relations*. Oxon: Routledge, 173–189.

Grasswick, H. 2014. 'Climate change science and responsible trust: a situated approach'. *Hypatia* 29(3): 541–557.

Green Belt Movement. 2017. 'The Green Belt movement'. Accessed 8 November 2017. http://www.greenbeltmovement.org

Griffin, S. 1978. *Woman and Nature: The Roaring Inside Her*. New York: Harper & Row.

Gruen, L. 1997. 'Revaluing nature'. In K. Warren, ed., *Ecofeminism: Women, Culture, Nature*. Bloomington: Indiana University Press, 356–374.

Hallen, P. 1988. 'Making peace with the environment: why ecology needs feminism'. *Canadian Women's Studies (Les cahiers de la femme)* 9(1): 9–19.

Hallen, P. 1989. 'Careful of science: a feminist critique of science'. *Trumpeter Journal of Ecosophy* 6(1): 3–8.

Hallen, P. 1994. 'Reawakening the erotic'. *Habitat Australia* February: 18–21.

Hallen, P. 2001. 'Recovering the wildness in ecofeminism'. *Women's Studies Quarterly* 29(1/2): 216–233.

Hallen, P. 2003. 'The art of impurity'. *Ethics and the Environment* 8(1): 57–60.

Hanson, S. 2010. 'Gender and mobility: new approaches for informing sustainability'. *Gender, Place & Culture* 17(1): 5–23.

Haraway, D. 1988. 'Situated knowledges: the science question in feminism and the privilege of partial perspective'. *Feminist Studies* 14(3): 575–599.

Haraway, D. 1991. *Simians, Cyborgs, and Women: The Reinvention of Nature*. London: Routledge.

Hjulman, T. 2017. 'Ett med naturen: En studie av hur naturen omförhandlades i mellankrigstidens konflikter mellan naturskydd och samiska rättigheter'. PhD diss., Luleå tekniska universitet.

Hrdy, S. 1999. *Mother Nature: Natural Selection and the Female of the Species*. London: Chatto & Windus.

Jackson, S. 2017. 'Gender politics in Green parties'. In S. MacGregor, ed., *Routledge Handbook of Gender and Environment*. Oxon: Routledge, 304–317.

Kall A-S and M. Hultman. 2018. 'Women for peace and small scale renewables. Anti-nuclear mobilization in 1970s Sweden'. In *La Camera Blu*. Federico II Open Access University Press: Napoli.

Kheel, M. 2008. *Nature Ethics: An Ecofeminist Perspective*. Plymouth: Rowman & Littlefield.

King, Y. 1983. 'The ecofeminist imperative'. In L. Caldecott and S. Leland, eds., *Reclaim the Earth: Women Speak out for Life on Earth*. London: Women's Press, 9–14.

Lahar, S. 1991. 'Ecofeminist theory and grassroots politics'. *Hypatia: A Journal of Feminist Philosophy* 6(1): 28–45.

Latour, B. 1993. *We Have Never Been Modern*. Cambridge: Harvard University Press.

Latour, B. 2004. *Politics of Nature: How to Bring the Sciences into Democracy*. Cambridge: Harvard University Press.

Latour, B. 2017. *Facing Gaia: Eight Lectures on the New Climatic Regime*. Cambridge: Polity.

Laula, E. 1904. *Inför lif eller död?: sanningsord i de lappska förhållandena*. Gaaltije.

Law, S. 1986. 'The regulation of menstrual cycle and its relationship to the moon'. *Acta Obstet Gynecol Scand*. 65(1): 45–48.

Leppänen, K. 2008. *Elin Wägner's Alarm Clock: Ecofeminist Theory in the Interwar Era*. Lanham: Lexington.

Leppänen, K., and T. Svensson. 2016. 'Om naturupplevelser hos Elin Wägner och Hagar Olsson. Lästa i eko-och vithetskritisk belysning'. *Tidskrift för genusvetenskap*, 37(1): 11–31.

Littig, B. 2017. 'Good green jobs for whom? A feminist critique of the green economy'. In S. MacGregor, ed., *Routledge Handbook of Gender and Environment*. Oxon: Routledge, 318–330.

Maathai, W. 2004. *The Green Belt Movement: Sharing the Approach and the Experience*. New York: Lantern Books.

MacGregor, S. 2006. *Beyond Mothering Earth: Ecological Citizenship and the Politics of Care*. Vancouver: University of British Columbia Press.

MacGregor, S., ed. 2017. *Routledge Handbook of Gender and Environment*. Oxon: Routledge.

Macleod, N. 2015. 'Moon cycles and women'. Accessed 2 May 2017. http://www.men struation.com. au/periodpages/mooncycles.html

Mathews, F. 1991. *The Ecological Self*. Savage: Barnes & Noble.

Mathews, F. 1999. 'Letting the world grow old: an ethos of countermodernity'. *Worldviews: Environment, Culture, Religion* 3(2): 243–271.

Mathews, F. 2005. *Reinhabiting Reality: Towards a Recovery of Culture*. Sydney: University of New South Wales Press.

McCright, A., and A. Sundström. 2013. 'Examining gender differences in environmental concern in the Swedish general public, 1990–2011'. *International Journal of Sociology* 43(4): 63–86.

McQuade, J. 2017. 'Can we compare Trump's USA to Nazi Germany?'. Accessed 12 November 2017. http://www.gatescambridge.org/multimedia/blog/can-we-comparetrump%E2%80%99s-usa-na-zi-germany

Mellor, M. 1992a. *Breaking the Boundaries: Towards a Feminist Green Socialism*. London: Virago.

Mellor, M. 1992b. 'Green politics: ecofeminine or ecomasculine?'. *Environmental Politics* 1(2): 229–251.

Mellor, M. 1997. *Feminism and Ecology*. New York: New York University Press.

Mellor, M. 2017. 'Ecofeminist political economy: a green and feminist agenda'. In S. MacGregor, ed., *Routledge Handbook of Gender and Environment*. Oxon: Routledge, 86–100.

Merchant, C. 1980. *The Death of Nature: Women, Ecology and the Scientific Revolution*. New York: Harper-Collins.

Merchant, C. 1992. *Radical Ecology: The Search for a Liveable World*. New York: Routledge.

Merchant, C. 2006. 'The scientific revolution and the death of nature'. Isis 97(3): 513–533.

Mies, M. and V. Shiva. 1993. 'Introduction: why we wrote this book together'. In M. Mies and V. Shiva, eds., *Ecofeminism*. Halifax: Zed Books, 1–21.

Milner-Barry, S. 2015. 'The term "mother nature" reinforces the idea that both women and nature should be subjugated'. Accessed 2 May 2017. https://qz.com/562833/the-term-mother-nature-reinforces-the-idea-that-both-women-and-nature-should-be-subjugated

Münster, K., Schmidt, L., and P. Helm. 1992. 'Length and variation of menstrual cycle – a cross-sectional study from a Danish county'. *British Journal of Obstetrics and Gynaecology* 99(5): 422–429.

Musawa. 2010. *In the Spirit of We'moon: Celebrating 30 Years: An Anthology of Art and Writing.* Wolf Creek: Mother Tongue Ink.

Nightingale, A. 2006. 'The nature of gender: work, gender, and environment'. *Environment and Planning D: Society and space* 24(2): 165–185.

Norgaard, K., and R. York. 2005. 'Gender equity and state environmentalism'. *Gender and Society* 19(4): 506–522.

Öhman, M. 2016. 'TechnoVisions of a Sámi cyborg: reclaiming Sámi body-, land-, and waterscapes after a century of colonial exploitations in Sábme'. In A. Hussenlus, K. Scantlebury, K. Anderssone, and A. Gulberg, eds., *Interstitial Spaces: A Model for Transgressive Processes.* New York: Springer, 63–98.

Ortner, S. 1974. 'Is female to male as nature is to culture?'. In M. Rosaldo and L. Lamphere eds., *Women, Culture, and Society.* Stanford: Stanford University Press, 68–87.

Otto, E. 2012. 'Ecofeminist theories of liberation in the science fiction of Sally Miller Gearhart, Ursula K. Le Guin, and Joan Slonczewski'. In D. Vakoch, ed., *Feminist Ecocriticism: Environment, Women, and Literature.* Lanham: Lexington, 13–38.

Owusu, R. 2006. *Kwame Nkrumah's Liberation Thought: A Paradigm for Religious Advocacy in Contemporary Ghana.* Asmara: Africa World Press.

Parry, B. 1995. 'Problems in current theories of colonial discourse'. In B. Ashcroft, G. Griffiths, and H. Tiffin, eds., *The Post-Colonial Studies Reader.* London: Routledge, 36–44.

Persson, S., Harnesk, D., and M. Islar. 2017. 'What local people? Examining the Gállok mining conflict and the rights of the Sámi population in terms of justice and power'. *Geoforum* 86: 20–29.

Plumwood, V. 1993. *Feminism and the Mastery of Nature.* London: Routledge.

Plumwood, V. 2002a. *Environmental Culture: The Ecological Crisis of Reason.* London: Routledge.

Plumwood, V. 2002b. 'Decolonisation relationships with nature'. *PAN: Philosophy Activism Nature* 2: 7–30.

Prentice, S. 1988. 'Taking sides: what's wrong with eco-feminism?'. *Women and Environments* 10 (spring): 9–10.

Pulé, P. 2003. 'Us and them: primate science and the union of the rational self with the intuitive self'. Master's diss., Schumacher College, Plymouth University.

Pulé P. 2013. 'A declaration of caring: towards an ecological masculinism'. PhD diss., Murdoch University.

Quinn-Thibodeau, T. and B. Wu. 2016. 'NGOs and the climate justice movement in the age of Trumpism'. *Development* 59(3–4): 251–256.

Räty, R., and A. Carlsson-Kanyama. 2010. 'Energy consumption by gender in some European countries'. *Energy Policy* 38(1): 646–649.

Roach, C. 1991. 'Loving your mother: on the woman–nature relation'. *Hypatia* 6(1): 46–59.Roach, C. 2002. 'Getting back at mother nature'. *Sierra* 87(3): 84.

Roach, C. 2003. *Mother Nature: Popular Culture and Environmental Ethics.* Bloomington: Indiana University Press.

Rocheleau, D., Thomas-Slayter, B., and E. Wangari. 1996. *Feminist Political Ecology: Global Issues and Local Experience.* London: Routledge

Rose, E. 1991. 'The good mother: from Gaia to Gilead'. *Frontiers: A Journal of Women Studies* 12(1): 77–97.

Roth-Johnson, D. 2013. 'Back to the future: Françoise d'Eaubonne, ecofeminism and ecological crisis'. *International Journal of Literary Humanities* 10(3): 51–61.

Roughgarden, J. 2004. *Evolution's Rainbow: Diversity, Gender, and Sexuality in Nature and People*. Berkeley: University of California Press.

Ruether, R. 1975. *New Women New Earth: Sexist Ideologies and Human Liberation*. Minneapolis: Winston Press.

Ruether, R. 1992. *Gaia and God: An Ecofeminist Theology of Earth Healing*. New York: HarperCollins.

Said, E. 1978. *Orientalism*. New York: Pantheon.

Salleh, A. 1984. 'Deeper than deep ecology: the eco-feminist connection'. *Environmental Ethics* 6 (winter): 339–345.

Salleh, A. 1997. *Ecofeminism as Politics: Nature, Marx and the Postmodern*. London: Zed Books.

Salleh, A. 1998. 'Deeper than deep ecology: the ecofeminist connection'. In M. Zimmerman, J. Callicott, G. Sessions, K. Warren, and J. Clark, eds., *Environmental Philosophy: From Animal Rights to Radical Ecology*. Upper Saddle Valley, NJ: Prentice Hall, 339–345.

Salleh, A. 2006. 'Towards an inclusive solidarity on the left: editor's introduction'. *Capitalism Nature Socialism* 17(4): 32–37.

Schulz, K. 2017. 'Decolonizing political ecology: ontology, technology and "critical" enchantment'. *Journal of Political Ecology* 24: 126.

Seager, J. 1993. *Earth Follies: Coming to Feminist Terms with the Global Environmental Crisis*. New York: Routledge.

Seager, J. 2017. 'Rachel Carson was right – then, and now'. In S. MacGregor, ed., *Routledge Handbook of Gender and Environment*. Oxon: Routledge, 27–42.

Sehlin MacNeil, K. 2017. 'Extractive violence on indigenous country: Sami and Aboriginal views on conflicts and power relations with extractive industries'. PhD diss., Umeå University.

Serres, M. 2007. *The Parasite*. Minneapolis: University of Minnesota Press.

Sexton, J. 2016. 'Donald Trump's toxic masculinity'. *New York Times Online*. Accessed 12 November 2017. http://www.nytimes.com/2016/10/13/opinion/donald-trump s-toxic-masculinity.html

Seymour, N. 2013. *Strange Natures: Futurity, Empathy, and the Queer Ecological Imagination*. Urbana: University of Illinois Press.

Seymour, N. 2017. 'Transgender environments'. In S. MacGregor, ed., *Routledge Handbook of Gender and Environment*. Oxon: Routledge, 253–269.

Sjöö, M., and B. Mor. 1987. *The Great Cosmic Mother: Rediscovering the Religion of the Earth*. San Francisco: HarperSanFrancisco.

Sjöstedt Landén, A. 2017. 'En berättelse om motstånd mot gruvexploatering-en berättelse om Norrland'. *Brännpunkt Norrland*, redigerad av A. Öhman, and B. Nilsson. Umeå: H: Ströms.

Spretnak, C. 1986. *The Spiritual Dimension of Green Politics*. Rochester: Inner Traditions/Bear.

Spretnak, C. 1990. 'Ecofeminism: our roots and flowering'. In I. Diamond and G. Orenstein, eds., *Reweaving the World: The Emergence of Ecofeminism*. San Francisco: Sierra Club Books, 3–14.

Spretnak, C. 1999. *The Resurgence of the Real: Body, Nature and Place in a Hypermodern World*. New York: Routledge.

Stoddart, M., and D. Tindall. 2011. 'Ecofeminism, hegemonic masculinity, and environmental movement participation in British Columbia, Canada, 1998–2007: "women always clean up the mess"'. *Sociological Spectrum* 31(3): 342–368.

Sturgeon, N. 1997. *Ecofeminist Natures: Race, Gender, Feminist Theory, and Political Action*. New York: Routledge.

Tiostanova, M., and W. Mignolo. 2012. *Learning to Unlearn: Decolonial Reflections from Eurasia and the Americas*. Columbus: Ohio State University Press.

Twine, R. 2010. 'Intersectional disgust? Animals and (eco)feminism'. *Feminism & Psychology* 20(3): 397–406.

United Nations. 2002. *Gendering Mainstreaming: An Overview*. New York: Office of the Special Adviser on Gender Issues, Department of Economic and Social Affairs.

Valladares, C., and R. Boelens. 2017. 'Extractivism and the rights of nature: governmentality, "convenient communities" and epistemic pacts in Ecuador'. *Environmental Politics* 26(6): 1015–1034.

von Werlhof, C. 2007. 'No critique of capitalism without a critique of patriarchy! Why the left is no alternative'. *Capitalism Nature Socialism*, 18(1): 13–27.

Wägner, E. 1941. *Väckarklocka*, Stockholm: Bonniers.

Warren, K. 1987. 'Feminism and ecology: making connections'. *Environmental Ethics* 9 (Spring): 3–20.

Warren, K. 1994. 'Towards an ecofeminist peace politics'. In K. Warren, ed., *Ecological Feminism*. New York: Routledge, 179–199.

Warren, K. 1997. 'Taking empirical data seriously: an ecofeminist philosophical perspective'. In K. Warren, ed., *Ecofeminism: Women, Culture, Nature*. Bloomington: Indiana University Press, 3–20.

Warren, K. 2000. *Ecofeminist Philosophy: A Western Perspective on What It Is and Why It Matters*. Lanham: Rowman & Littlefield.

Warren, K. 2002. 'Response to my critics (defending Ecofeminist Philosophy)'. *Ethics and the Environment* 7(2): 39–59.

Weller, I. 2017. 'Gender dimensions of consumption'. In S. MacGregor, ed., *Routledge Handbook of Gender and Environment*. Oxon: Routledge, 331–344.

Wolf, N. 2003. *Misconceptions: Truth, Lies, and the Unexpected on the Journey to Motherhood*. New York: Anchor.

Yazzie, M., and C. Baldy, eds. 2017. 'Decolonization: indigeneity, education & society'. *Home Page Online*. Accessed 15 July 2017. http://decolonization.org/index.php/des/index

6 Cuidando dos "comuns glocais"

> Todo mundo cuida... a sobrevivência humana depende de cuidados. Os bebês são totalmente indefesos e pereceriam sem algum grau de cuidado. Como resultado, podemos dizer que todos nós... temos estado envolvidos em uma relação de cuidado.
>
> (DeFalco, 2016: 6)

As possibilidades de cuidado

O cuidado é um conceito contestado (Clement, 2007: 301). O termo é derivado do inglês antigo *caru* que refletia sofrimento, tristeza, lamentação ou luto e passou a ser associado a noções de preocupação, atenção, consideração, cautela e o fardo da responsabilidade inescapável. Embora as noções de cuidado sejam tradicionalmente associadas a mulheres e socializações femininas, a primatologista Sandra Blaffer Hrdy (1999: 207) argumentou que " 'instintos' de cuidado dormem nos corações dos machos primatas, incluindo os homens", o que significa que o cuidado foi integrante da masculinidade desde o início de nossa espécie também.

Amplamente usado como substantivo e verbo, cuidar é um termo complexo. Considerado uma virtude humana emaranhada e justaposta às discussões sobre justiça, o cuidado abriga valores sociais de significação pública e privada que dependem de quem o determina, como é mediado, que qualidade dele é oferecida e como é recebido (Curtin, 1991; Tronto, 1993a; Benner et al., 1996). O cuidado pode ter grandes consequências, proporcionando sustento material, emocional ou psíquico a alguns, ao mesmo tempo que enfraquece aqueles que são alterizados. O cuidado surge por meio de dar e receber. Ele pode proporcionar uma sensação de realização e de cumprimento de obrigações ou pode fazer com que nos sintamos usados (Bubeck, 1995: 150). É um elemento comum em nossa vida diária, ultrapassando a fronteira entre os outros e nós mesmos, instigando uma variedade de ações de cuidado. Na verdade, "é provavelmente o valor mais profundamente fundamental" para os seres humanos assumirem (Held, 2006: 17). Consequentemente, o cuidado tem muitos significados e aplicações para nosso dia a dia. No contexto da hegemonização masculina, a capacidade de cuidar dos outros e de nós mesmos continua a ser confundida com a justiça. Por exemplo, o cuidado foi recentemente enredado com mecanismos de justiça, juntamente com apelos por uma melhor educação e saúde para todos (Hart, 2013; Patrick et al., 2016; Fernandes-Jesus et al., 2017). Mas essa dissonância não precisa corroer a potência das conversas sobre o cuidado.

Ao longo deste livro, voltamos à noção de que a vida dos homens é, na verdade, mais rica, mais significativa, mais diversa e vivida por mais tempo quando eles estão conectados com outras pessoas. Isso é particularmente verdadeiro se essas trocas relacionais forem inundadas de cuidados de ambos os lados (para os homens e dos homens para os outros), resultando em homens que vivem vidas muito melhores. Considere o estudo sobre o desenvolvimento adulto que acompanhou 268 graduados de Harvard nas aulas de 1939 a 1944, em comparação com 456 homens que cresceram no centro de Boston com idade semelhante. Esse estudo é considerado o mais longo projeto de pesquisa focado em descobrir o segredo para a felicidade real (Harvard Second Generation Study, 2017). Examinando o envelhecimento, indicadores relacionais e neurocientíficos, o professor de psiquiatria de Harvard Robert Waldinger demonstrou que relacionamentos íntimos, relacionamentos de alta qualidade e aqueles que são os mais estáveis resultaram nos melhores resultados emocionais e fisiológicos para os homens (Lewis, 2015). Considere esta declaração de Waldinger et al. (2015: 23) falando sobre "lições sobre a boa vida" que apresenta um forte argumento para o valor de cuidados copiosos para os homens em particular:

> O sentimento de que se pode contar com um parceiro íntimo em momentos de necessidade tende a promover uma maior sensação de bem-estar em face dos estresses e incertezas diárias da vida e esse sentimento provavelmente informará a avaliação de quão satisfeitos os parceiros estão em seus relacionamentos. Por outro lado, a falta de conforto em dar carinho ou cuidar de alguém e a sensação de que não se pode contar com o apoio de um parceiro podem contribuir para conflitos mais frequentes no casamento, particularmente à medida que a necessidade de apoio aumenta com a idade.

É verdade que os resultados positivos para o bem-estar geral são evidentes quando recebemos cuidados. No entanto, a forma de cuidado estudada acima pode ir bem para aqueles que o recebem, mas diz pouco sobre os efeitos propagadores desse cuidado sobre os outros ou os impactos negativos de transmitir o cuidado 'miopemente', quando é disseminado de forma desigual. As masculinidades hegemônicas promovem o cuidado precisamente dessas formas predeterminadas. Como argumentamos, o cuidado 'míope' dos homens tem consequências sociais e ambientais destruidoras. Tomemos, por exemplo, homens em serviços militares e paramilitares (práticas socialmente devastadoras e ecocidas), as paixões desenfreadas de homens que apoiam times nacionais de futebol (seu esporte depende de combustíveis fósseis) ou as implementações administrativas de cuidado por um funcionário público que ocupa posição influente no governo (atolando pessoas e processos na burocracia que pode acontecer a eles de forma profundamente indiferente). Examinando ainda mais essas permutações no cuidado, considere que os homens possuem inteligência emocional, proporcionando-lhes capacidades de empatia com os outros, passando sua avaliação das situações por filtros éticos que os auxiliam no cuidado. Tais qualidades são consideradas reflexivas de alguém que se sinta confortável consigo mesmo, com o mundo ao seu redor e com as redes sociais nas quais está imerso (Goleman, 1995: 45). Essas são algumas das principais qualidades de uma pessoa emocionalmente alfabetizada.

Os homens também podem desenvolver "inteligência ecológica". Eles podem fazer isso naturalmente e junto com os apelos para aumentar a inteligência emocional:

> as ameaças de hoje exigem que aprimoremos uma nova sensibilidade, a capacidade de reconhecer a teia oculta de conexões entre a atividade humana e os sistemas da natureza e as complexidades sutis de suas interseções. Esse despertar para novas possibilidades deve resultar em uma abertura coletiva dos olhos, uma mudança em nossas suposições e percepções mais básicas, que irá conduzir a mudanças no comércio e na indústria, bem como em nossas ações e comportamentos individuais.
>
> (Goleman, 2009: 43)

É importante enfatizar que o termo "ecológico" que Goleman usou aqui se referia a uma compreensão íntima da Terra viva e nosso papel nela, enquanto "inteligência" falava de nossa capacidade de aprender e se adaptar a estímulos do ambiente para que possamos lidar efetivamente com os desafios que nos confrontam (Goleman, 2009: 43). Novas ondas de defesa acadêmica e ativista da jurisprudência da Terra estão respondendo aos ecocídios induzidos por humanos. Eles representam os benefícios psicológicos que ganhamos com o cuidado com a Terra para evitar a *solastalgia* – o sofrimento psíquico e existencial causado por danos ambientais que nos afetam precisamente porque estamos conectados à Terra como um lar (Albrecht, 2005). Os movimentos pelos direitos da natureza estão agora estabelecendo estruturas para impor obrigações legais de cuidar dos comuns glocais (e isso significa cuidar das necessidades sociais e ecológicas locais em nossas vidas imediatas e arredores, que então se irradiam para as preocupações globais). Essas respostas estão inescapavelmente ligadas a nosso próprio autocuidado (Stone, 2010 [1972]; Higgins et al., 2013). Este é um desenvolvimento revolucionário, com os procedimentos legais agora mudando e moldando a relação humano-natureza por meio, por exemplo, de recente determinação histórica de que o rio Whanganui da Ilha do Norte da Nova Zelândia fosse premiado como "personalidade" ancestral e legal, representando uma grande vitória internacional para a sabedoria global indígena da Terra. Isso abriu caminho para o tribunal Uttarakhand na Índia seguir o exemplo em nome do poderoso rio Ganges, mesmo que algumas seções de ambos os rios sejam consideradas ecologicamente "mortas" neste momento (Roy, 2017; Safi, 2017). À medida que essas inovações se desdobram, como seriam as expressões mais ecologizadas de cuidado masculino? Retornando a referência de Waldinger ao apego carinhoso como central para "a boa vida" e a "nova sensibilidade" de Goleman a fim de alcançar inteligência ambiental elevada, homens e masculinidades estão sendo chamados a combinarem de forma proativa as glocalizações internas e externas do cuidado – distanciando-se de masculinidades industriais/ganha-pão e ecomodernas e rumando para masculinidades ecológicas. Mas essa vida de apego carinhoso mais amplo, essa nova sensibilidade, continua sendo a exceção alusiva e não a regra, especialmente para os homens ocidentais. Ser homem e cuidar continua a ser não apenas míope, mas também uma expressão carregada de masculinidades.

Cuidado utilitarista

A hegemonização masculina apoia expressões de cuidado por outros selecionados e por nós mesmos, mas de maneiras que protejam e preservem a dominação masculina. Infelizmente, o cuidado está impregnado de uma tradição utilitarista há tanto tempo que tem efeito normalizador nas formas como conceitualizamos e estendemos o cuidado aos outros. Essa manifestação de cuidado pelo outro oferece, na melhor das hipóteses, uma perspectiva distorcida de como esse cuidado pode beneficiar quem está cuidando ao estendê-lo àquele que está sendo cuidado. Isso revela o cerne da questão. Homens e masculinidades estão sujeitos a uma "miopia de cuidado", que pode contradizer as noções tradicionais de masculinidade e deve ser transformada. Vamos considerar as abordagens industriais/ganha-pão de cuidados à medida que busquemos novos horizontes de cuidado para homens e masculinidades.

Tradicionalmente, o cuidado está embutido nos debates sobre a moralidade do certo e do errado e do bom e do mau. Shelley Taylor (2002: 123) argumentou que o isolamento dos homens tende a vinculá-los ao dever, à honra e à justificativa de sua própria existência para fazer a diferença no mundo a partir de um lugar egocêntrico em vez de um lugar sem ego, o que significa que os homens são amplamente socializados para serem menos relacionais que as mulheres – ou seja, os homens possuem uma ética do cuidado, mas a forma como isso se manifesta é definido pela identidade de gênero, pelos relacionamentos e pelas experiências vividas pelos indivíduos. O cuidado míope dos homens é produto de uma longa história de condicionamento.

Henry Sidgwick (1901) sugeriu que nossas tendências hedonísticas nos obrigam a buscarmos e mantermos a beleza a fim de atormentar a mente humana. Ele seguiu os passos dos filósofos utilitaristas como Jeremy Bentham e John Stuart Mill, fazendo eco a Bentham com "maior felicidade para o maior número", observando que:

> ... quando estamos computando quanta felicidade um determinado estado do mundo envolve, devemos dar o mesmo peso a quaisquer duas pessoas igualmente felizes. E é bastante óbvio por que geralmente conduz à felicidade geral que cada indivíduo distribua sua beneficência nos canais marcados por laços e reivindicações comumente reconhecidas.
>
> (Sidgwick, 1901: 210).

Ao longo da história, esse cuidado proximal tem sido aplicado de forma desigual – direcionando o cuidado para alguns além de nós mesmos. Essa distribuição desigual de cuidados permanece comum nas tradições ocidentais; nosso virtuosismo para com os outros tem sido uma equação – um imperativo funcional que, na melhor das hipóteses, serviu a si mesmo, com obrigações especiais de bondade, sendo estendidas àqueles que estão em estreita relação conosco (Sidgwick, 1901: 242; Schneewind, 1977). Estudos mais contemporâneos sobre serviços ecossistêmicos demonstram uma visão semelhante de cuidado utilitário (Kosoy; Corbera, 2010; Jackson; Palmer, 2015; Puig de la Bellacasa, 2015). Se problematizarmos esse raciocínio, notaremos as justificativas tradicionais para que essa extensão condicional de cuidado, a algo ou alguém fora de nós mesmos, se alinhe perfeitamente aos imperativos egoístas do capitalismo, que é obviamente criado, administrado e mantido por masculinidades hegemônicas. Em alinhamento com a tradição utilitarista que moldou o Ocidente, normalmente cuidamos de alguém apenas para receber algo em troca. Efetivamente, o cuidado humano foi posicionado como um balanço, onde estender o cuidado aos outros depende e responde à nossa própria agência interna, obtendo benefícios com isso. Nós nos comportamos de maneira admirável quando nos importamos, esperando silenciosamente que o cuidado possa compensar nossos caprichos com atos que, em última análise, servem a nós mesmos. Esse racional subjetivo para o nosso cuidado continua a se estabelecer em nos sentirmos bem conosco mesmos através de nossa busca do bem para os outros e é opcional, sendo executada apenas se estivermos inclinados a isso (Slote, 1997: 228; Darwall, 2002: 36-37, 49). Essas visões sobre o cuidado não são meramente condicionais. Elas também estão localizadas no contexto das construções redutivas que permeiam a hegemonização masculina no contexto do cuidado, que separam a mente humana das trocas corporificadas entre os outros e nós mesmos, dando pouca ou nenhuma consideração às noções de valor intrínseco e direitos iguais de toda forma de vida que discutimos acima. Ao relegar o cuidado à abstração, o exercício lógico de cuidar para além de nós mesmos opera independentemente da felicidade, perfeição ou excelência que podemos obter quando oferecemos nosso cuidado aos outros como forma de honrar seu valor intrínseco. Essa condicionalidade não é o tipo de cuidado no qual estamos interessados.

Neste capítulo, vamos além das abordagens utilitárias de cuidado, priorizando o direito de existência para toda forma de vida em alinhamento com as políticas de masculinidades pró-feministas, bem como com nossas ancestrais feministas ecológicas e ecológicas profundas. Concordando com Tammy Shel (2009: 122), notamos que "aqui devem existir condições para o pleno desenvolvimento do ser humano e a satisfação de suas necessidades básicas como indivíduo, [...] cuidando de uma educação exploratória, criativa e crítica" para além da "ideologia de desempenho da sociedade unidimensional", provendo cuidado simultâneo a todos os outros e a nós mesmos, um passo vital para um futuro sustentável. Consequentemente, buscamos *insights* não-utilitários para nos ajudarem a localizar o cuidado no cerne da ecologização masculina. Para tanto, descobrimos que a teoria feminista do cuidado oferece grande orientação para as noções tradicionais de cuidado. Prosseguimos apoiando o (re)despertar de capacidades masculinas mais amplas de cuidar.

Teorias feministas sobre o cuidado

Virginia Held elaborou a nossa compreensão da distinção, postulada pela primeira vez por Nel Noddings, entre "ser cuidadoso com" (um estado de nutrir ideias e intenções de cuidado) e "cuidar de" (a aplicação prática de cuidar de) algo ou alguém. Held (1995: 102-105) observou que:

> Se cuidar envolve um compromisso, então cuidar deve ter um objeto. Assim, cuidar é necessariamente relacional. Dizemos que nos importamos com ou sobre algo ou alguém. Podemos distinguir "ser cuidadoso com" de "cuidar de" com base nos objetos de cuidar. "Ser cuidadoso com" se refere a objetos menos concretos; é caracterizado por uma forma mais geral de compromisso. "Cuidar de" implica um objeto específico e particular que é o foco do cuidar. Os limites entre "ser cuidadoso com" e "cuidar de" não são tão evidentes quanto essas declarações sugerem. No entanto, essa distinção é útil para revelar algo de como pensamos sobre o cuidado em nossa sociedade.

Essas distinções são significativas. Elas também foram minuciosamente interrogadas por Held e outros estudiosos (Chodorow, 1978; Ruddick, 1980; Gilligan, 1986; Friedman, 1993; Plumwood, 1993; Tronto, 1993a; Tronto, 1993b; Noddings, 1995; Ruddick, 1995; Held, 2006; Shel, 2007). Não pretendemos dar uma visão geral total deste campo de estudo aqui. Por conveniência e para manter nosso foco na ecologização masculina, eliminamos essas distinções, usando os termos "cuidar" e "cuidado" ao longo deste capítulo para nos referirmos a ambas as aplicações diferenciadas no contexto mais amplo. Fazemos isso a fim de incluir as noções conceituais de cuidar "eticamente" falando e noções tangíveis e aplicadas de cuidar no sentido "social" honrando as extensas contribuições oferecidas por teóricas feministas do cuidado cujo trabalho precedeu o nosso (Held, 1993: 9–10; Noddings, 2002: 2).

O pragmatismo moral associado ao cuidado estreita, efetivamente, a amplitude dos comportamentos de cuidado permitidos em alinhamento com as constrições das hegemonias masculinas. O cuidado foi relegado não apenas como interesse próprio, mas também privado do investimento emocional no bem-estar mais amplo dos outros – um alinhamento muito conveniente com as socializações *malestream* de homens e masculinidades. Isso é compreensível se olharmos o mundo pelas lentes da hegemonização masculina. Afinal, há pouco incentivo para estender cuidado mais amplo a outras pessoas não próximas quando estamos imersos em noções tradicionais de masculinidades hegemônicas. Contrariamente a essa miopia de cuidado, alguns homens se encontram desempenhando papéis de cuidado no trabalho ou em casa que testam os limites das expressões tradicionais de cuidado masculino. Por exemplo, Peter Singer (1993: 90-91) observou que muitos pais se preocupam profundamente com seus filhos, mas ainda são limitados por expressões desse cuidado por meio de papéis de protetor/provedor em vez de valorizar a alfabetização emocional. Está longe de ser incomum os homens servirem como enfermeiros, professores, cuidadores da terra, ativistas socioambientais e assim por diante; todos sendo papéis que os exortam a se engajarem, não apenas em suas capacidades utilitárias de cuidar, mas também em sua conectividade ativa, incorporada e emocionalmente guiada com os outros; sua empatia levando-os a agir com cuidado de maneiras muito tangíveis. Como consequência, reconhecemos que as expressões permissíveis de cuidado, ao impactarem os homens e as masculinidades, vão além dos limites das noções utilitárias de cuidado, embora as maneiras pelas quais mulheres e homens demonstrem cuidado possam ser diferentes.

Considere os primeiros trabalhos sobre cuidados feminizados. Agradecemos a Mary Wollstonecraft (1792), Catharine Beecher e Harriet Stowe (1869) e Charlotte Perkins Gilman (1979[1915]) que ofereceram elucidações instrumentais que desafiaram suposições estereotipadas sobre mulheres e cuidados. Quarenta anos atrás, através de seu influente livro *The Reproduction of Mothering* (A reprodução da maternidade), Nancy Chodorow (1978) colocou a relação mãe-filha sob o microscópio, analisando criticamente as maneiras como as mulheres são socializadas para assumirem papéis de mães e cuidadoras primárias. Usando ligações notáveis entre a psique e a cultura humana, bem como a psicanálise e a sociologia, Chodorow explorou os mecanismos sociais que determinam como as mulheres se consideram heterossexuais por que têm desejos de serem mãe, quais traços de personalidade são específicos da mulher e como a dominação masculina pode ser questionada e transformada para abraçar um cuidado maior para ajudar a compartilhar a carga de cuidar. Ela observou que os limites do ego das mulheres são menos firmes do que os dos homens e que isso explicava a predisposição psicológica imposta às mulheres para se tornarem mães e cuidadoras primárias em detrimento de suas liberdades econômicas e sociais – essas liberdades sendo ocupadas em um número muito maior por homens. No entanto, nossa atenção primária neste capítulo está voltada para as contribuições mais recentes para nossa compreensão do cuidado (construção de *momentum* desde a década de 1980).

Essas interrogações acadêmicas são fundamentais para o que passou a ser referido como teoria do cuidado feminista. Atribuímos o surgimento formal desse discurso principalmente a Carol Gilligan e Nel Noddings, cujas investigações sobre o cuidado instigaram consideráveis pensamentos e aplicações adicionais de cuidado, dos quais extraímos grande sustentação para as teorias e práticas que defendemos ao longo deste livro. Embora considerado controverso por conta de um aparente essencialismo, Gilligan (1982) em *Different Voice: Psychological Theory and Women's Development* (Uma voz diferente: a teoria psicológica e o desenvolvimento das mulheres) proporcionou uma importante contribuição feminista para nossas compreensões de cuidado. Assim, Gilligan atribuiu diferentes engajamentos femininos e masculinos com cuidado, não à biologia de nossos corpos. Em vez disso, ela considerava articulações distintas de cuidado como questões de tema; sua pesquisa demonstrou que tanto as mulheres quanto os homens nutriam o cuidado, com as mulheres tendendo a adotar complexidades relacionais para articular o cuidado e os homens racionalizando o cuidado como uma equação governada pela retidão. A partir dessas investigações, Gilligan concluiu que o cuidado com a sociedade atrofiaria sem o cuidado das mulheres. Ela demonstrou que o cuidado das mulheres era uma perspectiva alternativa que exigia reconhecimento como forma igualmente legítima de raciocínio moral. Isso, ela afirmou, era comumente obscurecido pelas tradições de justiça liberal fabricadas e controladas principalmente por homens, que ofuscavam o cuidado das mulheres com mecanismos de avaliações autônomas e independentes de quem cuidar, quando cuidar e como esse cuidado seria expresso e aplicado. O ponto central do argumento de Gilligan era sua observação de que esse diferencial de cuidado de gênero entre mulheres e homens encontrou suas raízes nas maneiras como meninas e meninos são tratados de forma diferente quando bebês e crianças pequenas, resultando em experiências diferentes para crianças de ambos os sexos. Isso, por sua vez, colocou meninas e meninos em cursos distintos para expressar cuidado de maneiras notavelmente diferentes quando adultos. Ao fazer tais afirmações, Gilligan tornou-se uma das primeiras defensoras de uma visão que pode ser definida vagamente como "teoria da diferença".

Com base no trabalho de Gilligan, a educadora e filósofa feminista Nel Noddings (1984) escreveu outra importante contribuição feminista sobre o cuidado no contexto da educação moral intitulada *Caring: A Feminine Approach to Ethics and Moral Education* (Cuidado: Uma Abordagem Feminina da Educação Ética e Moral). Ela observou que as mulheres entram na ação moral (e, portanto, nas práxis do cuidado) por "portas diferentes" das dos homens. Reconhecendo que as mulheres e as abordagens feminilizadas do cuidado são caracterizadas por abordagens deliberativas, diretas e texturizadas para cuidar, Noddings ligou o cuidado das mulheres a estados de sofrimento mental ou "envolvimento" predeterminados por nossos fardos, nossas fontes de ansiedade e as limitações de nossos medos. A partir dessas origens, ela argumentou, somos motivados a agir com cuidado em relação a algo ou alguém, além de nós mesmos, de maneiras diferenciadas, onde aquele que cuida define os termos em que estende seu cuidado àquele que está sendo cuidado (Noddings, 1984: 9). Desse modo, Noddings considerou o cuidado contextual, sendo um conceito receptivo, sujeito a controle compartilhado e trocas mútuas entre quem cuida e quem é cuidado. Ela argumentou que o início do cuidado pode ocorrer ao estarmos disponíveis para oferecer cuidado, seja como sentimento, seja por precisar ou não receber atos de carinho. Na verdade, Noddings (1984: 148) dedicou um capítulo em seu livro ao cuidado de plantas, animais, coisas e ideias, argumentando que o cuidado mais amplo era um aspecto implícito do cuidado humano também.

É verdade que podemos sentir níveis semelhantes de cuidado em relação aos outros não-humanos, assim como podemos sentir em relação a nossa própria espécie. Este cuidado mais amplo inclui nosso cuidado com os animais e plantas como "pessoas" não-humanas (Singer, 1979: 93, 97; ver também Singer, 1975; Singer, 1993; Regan, 1995; Webster, 2005; Spira; Singer, 2006). No entanto, Noddings atribuiu receptividade, parentesco e responsividade como consequências morais intratáveis do cuidado, sugerindo que a obrigação de quem cuida se dissipa apenas quando aquele que está sendo cuidado (seja humano ou não) não recebe ou não possa receber esse cuidado. Nesse sentido, Noddings contestou o apelo de Singer para acabar com o especismo, sugerindo, em vez disso, que o cuidado com os animais só se estende àqueles que estão suficientemente próximos de quem cuida para completar ou retribuir seu cuidado. Ela argumentou que nosso reconhecimento de anseio por um parentesco primitivo com a vida em grande escala gera satisfação e alegria, que, por sua vez, sustenta aquele que se preocupa (Freedberg, 1993: 536). Rita Manning (1992a, ver também Manning, 1992b; Manning, 1996) estendeu os argumentos de Noddings, sugerindo que nossas obrigações de cuidar de outras pessoas além de humanos, como animais de estimação, gado e animais selvagens, eram predeterminadas pelas trocas relacionais personalizadas que temos com aquelas criaturas que compartilhamos nossas respectivas vidas. As análises de Carol Adams (1990) da política sexual da carne anteciparam esse argumento, priorizando amplas aplicações de amor e empatia por outros não-humanos sobre o racionalismo e pragmatismo de argumentos baseados em direitos. Daniel Engster (2006) lutou com o emaranhado entre cuidado e dependência, considerando esse delineamento como definitivo ao argumentar que os animais que não são dependentes de humanos não precisam de nossos cuidados, embora as práticas de pecuária industrial muitas vezes fiquem muito aquém dessa marca. A feminista ecológica Marti Kheel (2008) questionou o cuidado com os animais através da lente da obrigação moral, afirmando que todos os animais são únicos como espécie e como indivíduos e que as masculinidades industriais/ganha-pão construíram a racionalização, mecanização e abstração da pecuária e devem ser contestadas como consequência.

É notável que Noddings, ao contrário de Gilligan, deu alguma consideração aos cuidados que não eram humanos. Ela então revisou e expandiu suas afirmações anteriores sobre o cuidado humano e não-humano por meio de um livro mais recente intitulado *Starting at Home* (Começando em casa) (Noddings, 2002). Nesse exame revisado do cuidado, ela respondeu aos julgamentos sobre o cuidado como uma "bela teoria doméstica", designando a ética do cuidado conforme aprendida em casa (particularmente entre pai(s) e filho(s)), que então possuía grande poder de irradiar para " 'macroquestões' em larga escala" nos níveis social e global. Noddings postulou que, a fim de abordar efetivamente alguns de nossos problemas planetários mais urgentes, devemos olhar para a arena doméstica para orientação – nossa ética de justiça global nascendo de nossa ética domiciliar de cuidado. Ela convocou o "eu relacional" para substituir o "eu autônomo", ampliando a consideração por *todos* aqueles incluídos em uma rede de cuidados. Noddings (2002: 3) afirmou o conceito de "cuidar de" como um importante estágio motivacional para inspirar a justiça local e global. Ela argumentou que embora seja impossível cuidar de todos, especialmente dos outros distantes, devemos nos esforçar para a interdependência e, a partir daí, reconhecer que é impossível para nós nos esquivarmos da responsabilidade por danos infligidos a outros e a nós mesmos, gerando efetivamente uma motivação potente para políticas e práticas que atendam às necessidades de todos. Infelizmente, Noddings parou de considerar os desafios enfrentados por esse cuidado mais amplo. Um exame terciário do cuidado foi deixado para outros estudiosos feministas que expandiram o *corpus* de conhecimento do tópico para além dos fundamentos do discurso, dando considerável substância adicional às aplicações da teoria feminista do cuidado.

Cuidado aplicado

O cuidado aplicado pode ser egoísta ou benevolente. Em um gesto desafiador de resistência à consolidação de poder dos homens, Joan Tronto (1995: 102) explicou que o cuidado é muitas vezes acompanhado por um senso simultâneo de aceitação de nós mesmos, bem como de responsabilidade pelo bem-estar dos outros, quer voluntariamente/obedientemente imposto ou inato. Ela argumentou que o cuidado não se restringia apenas às interações humanas, mas poderia ser aplicado às trocas relacionais entre os humanos e nosso mundo (Tronto, 1993a: 102-103). Tronto demonstrou que o cuidado reflete os esforços que expressamos para sustentar o melhor dos resultados para os outros e é, notavelmente, desvalorizado, mal pago e consolidado nos setores desempoderados da sociedade, em consequência – e não surpreendentemente – revestido de feminização (Tronto, 1995: 113) Ela sugeriu que, quando cuidamos, estamos dispostos a trabalhar pelos outros, fazer sacrifícios, adquirir e despender recursos materiais, expressar conexão emocional e investir energia naquele que está sendo cuidado. Para Tronto (1993a: 105-108), o cuidado proporciona um conjunto de atividades que mantêm, contêm e reparam o mundo humano a fim de ajudar a torná-lo mais habitável, integrando ambientalmente atos corporais e de autocuidado. Ela argumentou que o cuidado tem faces conceituais e práticas expressas por meio de quatro fases que refletem uma ampla seção transversal da ética do cuidado:

- Ter cuidado com: "consciência de" e atenção à necessidade de que o cuidado seja estendido a humanos e outros não-humanos

- Cuidar de: assumir a responsabilidade pelas necessidades dos humanos e outros não-humanos que representa uma forma preliminar de cuidar

- Cuidar: atender a algumas ou todas as necessidades de cuidado dos outros como a forma mais substancial e assertiva de cuidar

- Receber cuidados: o receptor responde ao cuidado oferecido, sua resposta potencialmente exigindo mais cuidado

(Tronto, 1998: 16-17).

A filósofa feminista Peta Bowden localizou o cuidado em um amplo espectro de interpretações, relacionamentos e circunstâncias que refletem a maternidade, amizade, cuidado/alimentação e cidadania; cada qualidade abrigando características corporais distintas dentro do cuidador. Bowden (1997: 1–2) considerou a natureza do cuidado como reflexos dicotômicos de objetivos e resultados pluralizados. Ela enfatizou os *insights* epistemológicos sobre o cuidado como prática, que vão além da teoria do cuidado. Bowden investigou teorias morais de justiça que abrangem o cuidado. Ela comparou o cuidado em uma escala mais ampla, que reflete a tendência masculina de focar a atenção em instituições desapaixonadas, com as supostas rotinas mundanas de cuidar de alguém ou algo diariamente, argumentando que o cuidado pessoal é complexo, relacional e localizado no coração de nossas interações com todos os humanos e outros não-humanos. O cuidado de Bowden foi intensamente subjetivo e intrincadamente conectado a considerações éticas conflitantes de responsividade, autocompreensão, reciprocidade, confiança, respeito, abertura e vulnerabilidade (Bowden, 1997: 16-17).

William S. Hamrick (2002: 75-76) localizou seus pensamentos sobre o cuidado junto a um *continuum* entre se importar com o outro e cuidar dele (sinônimo do uso que Noddings faz dessas distinções do inglês *care*). Esta abordagem diferenciada de cuidado foi originalmente definida por Max Scheler (1954) como "sentimento de companheirismo", que operava através da seguinte escala de quatro partes:

1 Uma comunidade imediata de sentimento: simpatia e cuidado pelas alegrias e tristezas do outro que não é sensorial, dado que nunca podemos realmente sentir os sentimentos dos outros por eles

2 Sentimento de "solidariedade" genuíno: cuidado com os humanos e os outros não--humanos por meio da redução de seu sofrimento ou celebração de suas alegrias, caracterizado por sentir-se vicariamente com eles ou participar ativamente de seus sentimentos por meio da comiseração

3 Mero contágio emocional: preocupar-se com a experiência do outro por meio do contágio de sua tristeza ou alegria, mas fazê-lo desprovido de direcionamento intencional de sentimento ou participação nos sentimentos do outro

4 Autêntica "identificação emocional": onde o cuidado involuntário e inconsciente resulta na capacidade de se identificar com a experiência do outro, o que requer se importar e cuidar dele – simultaneamente.

Para Virginia Held (2006: 18), o cuidado era o mais básico dos valores morais, tradicionalmente relegado a maquinações paternalistas dentro de domicílios privados, que há muito tempo é atribuído ao reino das mulheres. Tanto como trabalho quanto como ideal, ela argumentou que o cuidado é limitado pelo patriarcado. Ela lançou luz sobre o cuidado masculino, que tem sido amplamente confinado aos imperativos de cuidado corporativo, militar, legal ou governamental, além de ser localizado como "atividades superiores" do que, por exemplo, criar filhos, educação, responder às necessidades de outros, alcançar a paz e valorizar o meio ambiente. Para Held, as relações de carinho foram fundamentais para forjar sociedades civis globais e interdependentes com base na paz, respeito, melhores condições para as crianças e sustentabilidade ambiental; que, ao contrário do interesse próprio, o cuidado é fundamental para promover relações sociais saudáveis e criar laços comunitários fortes. Marilyn Friedman argumentou que o cuidado em escala global tem se manifestado tipicamente por meio de ajuda estrangeira, assistência social, socorro em desastres e serviços sociais, todos projetados para aliviar o sofrimento de outras pessoas por meios sistêmicos – em grande parte administrados por homens (1993: 266-267). Notavelmente, suas análises de aplicações globais de cuidados não se estendem ao cuidado com a Terra.

Para Tammy Shel (2007), cuidar dos outros reflete o significado que atribuímos aos nossos relacionamentos com eles. Shel categorizou o cuidado em ação de acordo com os seguintes critérios:

- Cuidado inclusivo: cuidado idealizado que deriva do amor por todos os outros (cuidado pela humanidade, natureza – toda a Terra e a vida dentro dela), resultante da humanização de todas as pessoas, todos os gêneros, e inclui a vontade de compartilhar com a Terra e com a natureza não-humana também;

- Cuidado seletivo: cuidado estendido àqueles de quem somos mais próximos, nosso discernimento orientado por preconceitos, preconceitos e restrições das normas *malestream*, com vários graus de inclusão e exclusividade;Cuidado adaptativo e resistente: cuidado que está em conformidade com normas *malestream*, ou trabalha intencionalmente contra elas para garantir que outros alterizados se empoderem

- Cuidado cultural: cuidado que é encorajado dentro de um contexto cultural específico que pode variar consideravelmente entre uma sociedade e a próxima

- Cuidado autêntico e estético: cuidado e nutrição entre professores e alunos com base em testes e desempenho acadêmico, que é medido pelas performances dos alunos em reflexão sobre o cuidado efetivo dispensado a eles por seu/sua professor/a, de modo que ganhem mais oportunidades e, assim, promovam suas perspectivas de futuro (Shel, 2007: 12-14).

Cientes dessas várias permutações no cuidado, notamos outros subelementos que surgiram ao longo do discurso. Stan van Hooft (1995: 29-30) concordou com Noddings que o cuidado pode implicar um fardo, uma disposição motivacional, uma preocupação; onde estar atento aos comportamentos, agir se importando com os outros, cuidar deles ou gostar deles – tudo isso exige esforço. Como Bowden, Uma Narayan (1997) viu a colonização e a subjugação do colonizado como motivadas pelo cuidado, embora vinculadas a ganhos egoístas. Em *Love's Labor* (Amor ao trabalho), Eva Kittay (1999) examinou a natureza instrutiva do cuidado para pessoas com deficiências graves. Lá, Kittay defendeu o princípio de que as teorias de justiça, em alinhamento com aquelas defendidas por John Rawls, são dependentes dos princípios e práticas de cuidado. Buscando um caminho para além do essencialismo, Kittay sugeriu que as reformas conceituais e institucionais eram elementos necessários para alcançar a igualdade para os profissionais de saúde. A "teoria do cuidado racional" de Stephen Darwall (2002: 37-38) sugeria que, quando cuidamos dos outros, promovemos seu bem-estar; buscamos "o bem" para eles. Para fazer isso de forma eficaz, devemos nos ver como merecedores de cuidados também. Como Held, Kittay considerava o cuidado mais como uma prática do que uma virtude. Els Maeckelberghe (2004: 3) explorou a ética feminista do cuidado no contexto da vulnerabilidade e interdependência humana, argumentando que as culturas ocidentais estão imersas em uma tradição de prender mulheres (e não homens) nas tarefas de atender às necessidades dos outros as custas si mesmas. Essas complexidades se aplicam ao relacionamento humano-humano e ao cuidado não-humano também, tornando as possíveis aplicações do cuidado para servir a si mesmo ao mesmo tempo que intensamente benevolente.

Cuidando de outros não-humanos e cuidados de não-humanos

Com o fracasso dos cuidados utilitários em abordar adequadamente a mudança climática global, mais estratégias estão agora tomando forma com vários graus de sucesso. Por exemplo, considerando a questão da Redução de Emissões por Desmatamento e Degradação Florestal (REDD) emitida com o REDD+, que focou a atenção no Sul Global, foi originalmente levantada como uma preocupação na ECO-92 (Cúpula da Terra no Rio de Janeiro, 1992), mas o fez preservando as estruturas coloniais. Considere também os mercados de carbono da União Europeia que não atenderam adequadamente às preocupações climáticas globais (Hultman; Yaras, 2012; Higgins et al., 2013). Essas estratégias ecomodernas são carregadas, levando-nos a becos sem saída políticos, sociais e ecológicos, sujeitos aos caprichos de curto prazo dos governos, exemplificados pela retirada dos Estados Unidos do acordo climático de Paris, COP21, de 2015. Uma infinidade de exemplos industriais/ganha-pão abundam e são terríveis. Impulsionados pela ganância, trabalhadores, coordenados por seus empregadores corporativos, derrubaram uma árvore de 90 metros na Tasmânia (*Eucalyptus regnans*) de 500 anos e que só perde em altura para as antigas sequoias californianas (*Sequoia sempervirens*); a majestade de tal árvore é traduzida em metros lineares de madeira, gerando lucro bruto para a empresa, que paga generosamente ao lenhador para que cumpra suas ordens. A industrialização da produção e processamento de carne é intencionalmente projetada para amortecer o cuidado do trabalhador e do consumidor com o sofrimento da vaca individual, cuja carne é embalada para consumo, obscurecendo sua sensibilidade (Hamrick, 2002: 102). Por meio desses exemplos concisos, somos lembrados de que os humanos têm administrado o cuidado, ampliando seletiva e simultaneamente e, em seguida, silenciando nossas capacidades de tomar nota e ser responsáveis por nossos impactos sobre os humanos e outros não-humanos. Como espécie, é comum compartimentarmos nosso cuidado. Ao fazer isso, torna-se mais possível fechar os olhos para as consequências potencialmente horrendas de nossas ações. Em nossa opinião, tais tradições são produtos da hegemonização masculina que podem e devem mudar.

Maria Puig de la Bellacasa (2012) discutiu a necessidade de pensar com (e às vezes contra) o cuidado como um termo ao praticar a pesquisa ambiental. Ela sugeriu que "cuidar de" deve ser entendido como uma possibilidade incorporada de fazer a diferença. Em um artigo posterior, ela concordou com David Harvey que a compressão espaço-tempo habitual que caracteriza o capitalismo dificultou o cuidado do solo e de outros seres humanos, mas foi um ato muito necessário se quisermos expor e gerenciar melhor as causas básicas de nosso ambiente problemas (Puig de la Bellacasa, 2015). Um exame mais detalhado do cuidado, não apenas como uma prática, mas também como um conceito, revela que suas várias aplicações são amplamente contestadas, com alguns estudiosos tentando conter suas ambiguidades como uma "moralidade escrava" que é empiricamente falha, teoricamente divergente, paroquial e, em suas formas mais simples, essencialistas (Sander-Staudt, 2017). Por outro lado, o cuidado pode atender às necessidades de todos os outros que não sejam humanos, bem como de nós mesmos. O termo e suas interpretações variadas compartilham em comum uma ênfase na proximidade relacional entre outros que não os humanos e nós mesmos. As maneiras como entendemos e falamos sobre o cuidado e as maneiras como agimos com cuidado estão sujeitas ao *status* da relação entre os outros e nós mesmos e não se limitam, de fato, às socializações de gênero que moldam nossas identidades. Essa perspectiva pós-gênero sobre o cuidado ilumina a presença (ou ausência) da ética do cuidado dentro de um indivíduo ou outros não-humanos. Simplificando e em alinhamento com essas várias proposições sobre o cuidado, *todos* os seres humanos cuidam e esse cuidado pode se estender para além dos limites de nossa própria espécie para incluir capacidades infinitas de cuidar da vida não humana também.No entanto, um diferencial poderoso entre os outros que não os humanos e nós persiste até o presente. Como discutimos no Capítulo 3, em referência às masculinidades cristãs, os humanos comumente operam como sendo administradores da natureza diferente da humana. Isso facilitou o acúmulo de bens materiais, junto com a formação de nossos valores, criatividade, leis, os sistemas que fabricamos e subsidiamos, junto com as definições e maneiras como aplicamos nosso intelecto. Ao fazer isso, nossa espécie usa lógicas masculinistas de dominação para subordinar outras coisas vivas, efetivamente expondo o (m)Antropoceno, que processou o mandato de que devemos possuir e controlar a vida não-humana, ao mesmo tempo em que faz o melhor das coisas para nós mesmos. Não é de admirar que o desenvolvimento humano e o ecocídio geralmente andem de mãos dadas.

A teoria do cuidado feminista nos oferece outras questões a serem consideradas sobre o cuidado no que se refere à relação homem-natureza. Não é possível que humanos sejam cuidados por outros que não sejam humanos? Por exemplo, por que o cão ataca o suposto atacante de seu dono? O cão está preocupado apenas com sua próxima refeição? Sabemos que existe cuidado entre outros que não os humanos dentro e entre as espécies (Masson; McCarthy, 1995: 1-4; Nealon, 2015; Vieira et al. eds., 2015; Lewis-Jones, 2016; Ryan, 2016). Não seria possível que outros, além dos humanos, possam cuidar uns dos outros e estender esse cuidado aos humanos – isso não pareceria evidente a qualquer dono de animal de estimação? Um exemplo bem pesquisado disso sugere que algumas espécies de árvores demonstram cuidado senciente umas com as outras, mesmo depois que uma das árvores não está mais "viva" (é claro, também levantando questões sobre o que realmente queremos dizer quando nos referimos a uma árvore como senciente) (Wohlleben, 2016). Não é possível que a senciência possa ser encontrada com trocas relacionais mútuas entre outras espécies e a nossa? Para além da ação humana, não é verdade que a vida se importa com a vida? Noddings aludiu a essas questões transcendentais sobre o cuidado além da esfera humana enfatizando que, embora nosso cuidado consciente com os outros seja comumente restrito, somos capazes de perceber a natureza vital de nossas trocas de cuidado com todos os outros, além de nossa própria experiência humana – sentimos empatia e, ao fazê-lo, despertamos nosso cuidado mais amplo pela vida além de nosso próprio reino imediato. Isso parece ser verdade também para outras espécies (Noddings, 1984: 149).

Quando dividimos nossos cuidados, corremos grande risco de apresentar aspectos sinistros de nós mesmos que contêm e controlam as maneiras como oferecemos nosso maior bem aos outros – nos tornamos condicionais. Isso se aplica não apenas às maneiras como interagimos uns com os outros, mas também às maneiras como somos atenciosos ou descuidados com a vida que não é humana. Nosso cuidado pode ser suprimido pelos mecanismos de opressão que separam o outro de nós. Quando oprimimos em nome do autocuidado, estamos, na verdade, despindo toda nossa humanidade para dar permissão ao opressor interior para se levantar. Hamrick (2002: 124) argumentou de maneira pungente que, quando criamos paredes e nos separamos das interconexões eternas entre os outros e nós mesmos, erodimos nossa humanidade. Essa negação do apego ao outro pode resultar não apenas em uma separação da natureza não humana, mas também pode criar desolação moral e entorpecimento cognitivo suficiente para permitir que atos repetidos de crueldade contra humanos e não humanos surjam de dentro de nós – crueldade que só pode ser praticada quando negamos nosso cuidado (Puig de la Bellacasa, 2017). Nossas socializações (não nossas naturezas humanas) estão na raiz das maneiras como suprimimos nosso cuidado para com os comuns glocais, com homens e masculinidades sendo os recipientes mais pesados de tal condicionamento, resultando nos mais altos níveis de miopia de cuidado que encorajam os sentimentos da dominação masculina.

Na verdade, a história humana oferece inúmeros exemplos dos aspectos menos carinhosos das masculinidades, muitos dos quais resultaram em grandes danos para muitos humanos e para o planeta. A supressão da responsabilidade social ou ambiental torna-se mais evidente quando os meios de subsistência dos humanos dependem de ignorar a destruição provocada pelas próprias ações. À medida que as consequências sociais e ambientais dessa miopia de cuidado penetra cada vez mais profundamente na estrutura da vida na Terra, a necessidade de forjar um futuro verde profundo é cada vez mais urgente – talvez precisamente porque nosso cuidado é um aspecto inseparável de nossa humanidade.

O terreno está sendo conquistado. Considere os seguintes exemplos: municípios ocidentais reciclam rotineiramente o lixo doméstico; o *triple bottom line* é um aspecto mais comum da modelagem corporativa contemporânea; as preocupações com a mudança climática fizeram a transição para políticas transnacionais que estão provando resistir ao teste do tempo (e caprichos políticos); as energias renováveis estão substituindo significativamente os combustíveis fósseis; rios estão sendo restaurados; venenos estão sendo banidos; espécies ameaçadas estão sendo revividas; iniciativas da comunidade local estão sendo repriorizadas. Argumentamos que todos esses exemplos (embora limitados) são o resultado de nosso desejo e capacidade de nos identificarmos com aspectos não humanos da Terra como preciosos e frágeis. Ao fazer isso, estamos simplesmente atendendo ao chamado para tratar nossos companheiros da Terra junto conosco com o máximo cuidado (Hamrick, 2002: 123, 152-168). Para cada um desses exemplos e a infinidade de outros que os acompanham, homens e masculinidades são bem-vindos, contribuidores presentes e vitais para essa mudança na maré.

Assim, todos nós somos afetados – abertamente ou secretamente – pela jornada oscilante de mente, corpo e espírito entre o descuido e o grande cuidado (de Waal, 1996; Goodall; Berman, 1999). Quando reconhecemos nosso apego aos comuns glocais, estender o cuidado a toda forma de vida na Terra se torna um elemento inseparável de ser humano. Ao fazer isso, aproveitamos nossa bondade, expressando amor, preocupação e gratidão aos outros e a nós mesmos. Em alinhamento com as teóricas feministas do cuidado (e ao contrário dos utilitaristas), quando estamos em plena capacidade humana, somos compelidos a cuidar para além dos limites egoístas – minimizamos o sofrimento de todos os outros sem esforço ou medo da perda de nós mesmos – independentemente de nossas identidades de gênero. Essa é uma jornada profundamente enraizada na psique humana. Todos os humanos cuidam (DeFalco, 2016: 6). Os homens também são humanos; nosso cuidado é inescapável – pode ser socialmente suprimido ou confinado por trás do verniz das normas *malestream*, mas permanece no coração de todos os homens, aguardando o reconhecimento e a conexão com os comuns glocais.

Homens, masculinidades e cuidado

Ao longo deste livro, argumentamos que as expressões de cuidado masculino, para além das normas *malestream*, ainda não são amplamente sancionadas socialmente. Em vez disso, a dominação masculina coloca expectativas sobre os homens de lutarem entre si e com o mundo em uma luta pela primazia social. Homens que adotaram masculinidades industriais/ganha-pão e ecomodernas internalizaram a crença, os valores e as ações que a dominação masculina coloca acima do cuidado. No entanto, não há "almoço grátis" para homens que abraçam cegamente a hegemonização masculina. Operar dentro do sentimento de superioridade internalizado que acompanha a dominação masculina requer uma anulação substancial da "alfabetização" emocional. Efetivamente, os homens acumularam liderança, sendo social, econômica e politicamente recompensados nas esferas pública e privada e amparados pela expectativa de que esses benefícios estão à sua disposição. Esses apetrechos da dominação masculina estão no cerne da superiorização interiorizada dos homens e foram encorajados por formas socialmente sancionadas de cuidado míope. No entanto, quando os homens param o suficiente para olhar para suas vidas de um lugar de cuidado mais amplo, mais profundo e mais abrangente, muitos são capazes de ver que trocaram seus egos relacionais por sua primazia sociopolítica e econômica, e as maneiras pelas quais são capazes de demonstrar cuidado são, de fato, psicoespiritualmente miseráveis (Holmgren; Hearn, 2009). Esse não é um novo *insight*. Roger Horrocks (1994: 1) observou que, em troca de dominação, as identidades masculinas tradicionais são acompanhadas por vazio, impotência e raiva, juntamente com o sentimento de abuso, não reconhecimento e vitimização, resultando tipicamente no que ele resumiu como "autismo emocional, vazio e desespero". O balanço para homens e masculinidades é sombrio; primazia social negociada contra a conexão com os outros e consigo mesmo, resultando no que Harvey Jackins (1999) chamou de sentimentos crônicos de "mal-estar" dos homens que, sugerimos, são as consequências naturais dos impactos hegemônicos masculinos na Terra, em nossas comunidades, uns aos outros e nós mesmos.

Isso não quer dizer que as masculinidades não se importem, ou não possam se importar autenticamente. Pelo contrário, notamos que o cuidado masculino tem estado tradicionalmente presente, mas tem sido posicionado como menos central para as noções centrais de masculinidades (Morrell et al., 2016). Portanto, os homens se importam, mas quando o fazem, sua masculinidade é comumente questionada (tomemos, por exemplo, julgamentos de homens servindo como professores de jardim de infância ou enfermeiros contra aqueles que atuam como engenheiros, políticos e formuladores de políticas). Notamos que os estigmas ligados ao cuidado podem ser elevados em *status*, atribuindo-se maior poder e remuneração a certos papéis na sociedade, a fim de "santificar" esse tipo de cuidado, especialmente quando esses papéis são comumente ocupados por homens (por exemplo, o cozinheiro se torna um *chef*; o técnico de enfermagem se torna o enfermeiro; e o ativista se torna o político) (Björk e Härenstam, 2016). Essas qualificações linguísticas e posicionais protegem e preservam os privilégios dos homens em conexão com os sentimentos industriais/ganha-pão, reforçando efetivamente a dominação masculina ao fortalecer ainda mais a primazia masculina por meio de expressões de cuidado socialmente santificadas. Infelizmente, no contexto cultural do Ocidente moderno, nosso cuidado é moldado pelas maneiras como somos socializados por gênero. Nesse sentido, há uma necessidade de expandir as conversas sobre o cuidado para além dos ideais feministas (Tronto, 1993ª: 101). Devemos também estar dispostos e ser capazes de enriquecer e expandir nossas definições de cuidado à medida que se relacionam com a vida dos homens, assim como com as identidades masculinas. Em outras palavras, precisamos parar de atribuir o cuidado em seu sentido mais amplo às mulheres e às coisas feminizadas e começar a ver o cuidado também como parte integrante dos homens e das masculinidades. Podemos conseguir isso observando, em primeiro lugar, que os homens, como as mulheres, naturalmente se importam – que cuidar é uma busca pós-gênero – uma qualidade humana que todos nós possuímos. A partir daí, devemos criar as condições certas para que os homens e as masculinidades demonstrem cuidado em um espectro mais amplo de possibilidades éticas e comportamentais do que é o caso atualmente. Fazemos essa distinção precisamente porque o cuidado mais amplo que exigimos não tem sido uma característica dominante da hegemonização masculina ao longo de nossa história – especialmente entre machos brancos ocidentais ricos, que tipicamente monopolizam posições privilegiadas. Esta proposição desafia os homens e as masculinidades a se afastarem das capacidades de confinar e/ou terceirizar os cuidados que os libertaram (particularmente aqueles em papéis industriais/ganha-pão) para se concentrarem em supostas buscas "superiores" de cuidados no meta-nível (Tronto, 2006).

O cuidado com os comuns glocais precisa se tornar amplamente aceitável para construções de masculinidades se quisermos viver em sociedades equitativas e dentro das fronteiras planetárias. Na verdade, o cuidado mais amplo que exigimos aqui deve incluir o cuidado com a Terra, as comunidades, as famílias, uns dos outros e de nós mesmos – simultaneamente e ao longo do tempo (Pulé, 2013; Puig de la Bellacasa, 2015). Devemos continuar a desafiar as noções prescritivas de que se espera 'desde sempre' que as mulheres cuidem do lar em subserviência doméstica e que ocupem o segundo lugar na sociedade civil, assim como devemos estar dispostos a questionarmos a miopia do cuidado dos homens que há muito se restringiu a alcançar objetivos racionais, como proteger e prover a família doméstica ou cuidar de atividades públicas nobres em nome de florescimento estrutural (Gilmore, 1990: 42; Tronto, 1993a: 118-119). Portanto, reconhecemos que os homens podem ser, e de fato são, cuidadores, e criticamos as normas *malestream* que foram incorporadas aos tipos de cuidado permitidos para as masculinidades em todo o Ocidente até hoje. Expomos essa abordagem forçada em torno do cuidado permitido aos homens de o exercerem ou não, por seu papel em deixar a dominação masculina liberada, uma vez que o cuidado masculino sancionado foi localizado como cuidado "não" feminizado. Adicionando turbulência econômica, social e política a essa equação, começamos a ver que, correlacionadas com o recente aumento do populismo em todo o Ocidente, há visões tensas de que os homens, em particular, foram prejudicados pelo neoliberalismo; suas vias tradicionais de expressar cuidado (especialmente por meio da diminuição das funções de proteção e provisão) têm vacilado à medida que as maquinações socioeconômicas globais, e suas consequências ecológicas, atingem estágios avançados de angústia. Em outras palavras, os caminhos santificados de expressão do cuidado masculino têm falhado. Para muitos, a solução tem sido um duro golpe de direita onde o tambor de guerra, o bater no peito, a sexualização das mulheres e a acumulação de riqueza foram reacendidos como os mecanismos sacrossantos que garantirão um renascimento patriarcal e darão nova vida à hegemonização masculina, na promessa de dar aos homens, em particular, a oportunidade de se sentirem bem consigo mesmos mais uma vez (codificado, por exemplo, no slogan *Make America Great Again* – Faça a América Grande de Novo). Essas formas de masculinidades industriais/ganha-pão de direita continuarão a trazer consigo políticas e práticas restritivas e promulgadas. Sob os auspícios da sanção *malestream* e noções nacionalistas, de um tipo de paternalismo que produz resultados aparentemente maravilhosos para alguns, estão claramente devastando a vida de muitos outros, com terríveis consequências para a vida na Terra.

Mais suave, mais gentil e mais caloroso

A ecologização é uma forma de alcançar um comportamento maduro e cuidadoso que reflete nossa humanidade plena. Na verdade, para a pessoa que cuida (independentemente da identidade de gênero), pode ser difícil conciliar a dissonância cognitiva que acompanha uma vida privilegiada às custas dos outros. Da mesma forma, é difícil para uma pessoa verdadeiramente atenciosa se posicionar acima dos outros em formas de subordinação, como é característico das hegemonias masculinas. Para alcançar um maior cuidado, devemos permitir que a justiça cívica masculinizada se encontre com a empatia feminizada, não apenas conceitualmente, mas especificamente dentro de e entre os homens, as masculinidades e a Terra.

Os homens são socializados para ter discernimento sobre quando e como acessam e expressam seu cuidado. As sociedades ocidentais são dominadas por abordagens utilitárias que instruem os homens a cuidarem de suas famílias, comunidades, suas nações e os elementos de suas vidas que lhes são caros. Apesar das origens imersas na natureza de nossa espécie, muitos homens ocidentais modernos acham difícil assumir responsabilidade social ou ambiental quando seus salários exigem que eles – pelo menos até certo ponto – ignorem ou justifiquem as consequências sociais e ambientais de suas ações. Infelizmente, exemplos contra-hegemônicos de cuidado masculino mais amplo, profundo e abrangente permanecem raros. É uma marca registrada das normas *malestream* que nossos meios de vida (na verdade, os sentidos de nossos próprios *selfs*) estão intimamente entrelaçados com dinheiro, prestígio, poder, controle e a valorização do ganho pessoal, que foram priorizados antes das consequências sociais e ecológicas de nossas ações como espécie. Na verdade, toda a economia humana global funciona com base no pressuposto de que os homens – em particular (mas não exclusivamente) – servirão aos mecanismos globais de produtividade e são treinados para fazê-lo desde muito cedo na vida, sendo efetivamente criados para se tornarem "feitos humanos", ao invés de "seres humanos". Precisamos de homens nos níveis mais amplos para se tornarem seres humanos mais suaves, gentis, mais calorosos, mais cuidadosos e mais completos, que, tanto conceitualmente quanto em termos práticos, vivam com o conhecimento de que são partes integrantes de um intrincado planeta vivo. Ser, pensar e agir de outra forma é acelerar a morte social e ecológica planetária.

Um subproduto dessas prescrições de masculinidades é uma vida menos engajada no sentido Næssean discutido no Capítulo 4. Como Næss (1986: 16), sugerimos que o prazer, a felicidade e sua noção de *Autorrealização!* são buscas primordiais e dependem do grau em que trazemos consciência para nossa humanidade, o que molda nossa capacidade de acessar gestos autênticos de cuidado, que acreditamos serem inatos. Ser tal homem é ir contra a corrente das normas *malestream* e priorizar a intimidade relacional sobre estar certo e, ao fazê-lo, preocupar-se profundamente com os outros e com nós mesmos – ao mesmo tempo. Os homens que adotam masculinidades que priorizam essas expressões alternativas e mais profundas de cuidado capitalizam um dom humano único e notável para viver em comunhão com os comuns glocais; uma perspectiva que pode muito bem ter sido mais fácil de acessar para as mulheres e é extremamente necessária para que toda forma de vida floresça. Afinal, construir um futuro verde profundo não é mais um sonho ecotópico radical. Em vez disso, é uma necessidade se quisermos realmente abordar os impactos humanos na Terra, em nossas sociedades e em nós mesmos. Somos chamados à defesa dos comuns glocais como nunca e o papel dos homens e masculinidades em resposta a esse chamado é crucial. Se evitarmos estender o cuidado à Terra, aos outros e a nós mesmos, estaremos, na verdade, continuando a roer nossa própria humanidade plena, juntamente com nossa presença ecológica integral no planeta; tanto quanto destruímos a fecundidade dos sistemas vivos da Terra para as gerações presentes e futuras de vida, também destruímos a nós mesmos. Na Terceira Parte deste livro, descompactamos nossa noção de masculinidades ecológicas, projetada para subverter essa tendência.

Referências

Adams, C. 1990. *The Sexual Politics of Meat*. New York: Continuum.

Albrecht, G. 2005. 'Solastalgia, a new concept in human health and identity'. *Philosophy Activism Nature* 3: 41–44.

Beecher, C., and H. Stowe. 1869. *The American Woman's Home, or, Principles of Domestic Science: Being a Guide to the Formation and Maintenance of Economical, Healthful, Beautiful, and Christian Homes*. New York: J. B. Ford.

Benner, P., Tanner, C., and C. Chesla. 1996. *Expertise in Nursing Practice: Caring, Clinical Judgment and Ethics*. New York: Springer.

Björk, L. and Härenstam, A. 2016. 'Differences in organizational preconditions for managers in genderized municipal services'. Scandinavian Journal of Management 32(4): 209–219.

Bowden, P. 1997. *Caring: Gender-Sensitive Ethics*. London: Routledge.

Bubeck, D. 1995. *Care, Gender, and Justice*. Oxford: Oxford University Press.

Chodorow, N. 1978. *The Reproduction of Mothering: Psychoanalysis and the Sociology of Gender*. Berkeley, CA: University of California Press.

Clement, G. 2007. 'The ethic of care and the problem of wild animals'. In J. Donovan and C. Adams, eds., *The Feminist Care Tradition in Animal Ethics: A Reader*. New York: Columbia University Press, 301–315.

Curtin, D. 1991. 'Towards an ecological ethic of care'. Hypatia 6(1): 62–74.

Darwall, S. 2002. *Welfare and Rational Care*. Princeton: Princeton University Press.

DeFalco, A. 2016. *Imagining Care: Responsibility, Dependency, and Canadian Literature*. Toronto: University of Toronto Press.

de Waal, F. 1996. *Good Natured: The Origins of Right and Wrong in Humans and Other Animals*. Cambridge: Harvard University Press.

Engster, D. 2006. 'Care ethics and animal welfare'. *Journal of Social Philosophy* 37(4): 521–536.

Fernandes-Jesus, M., Carvalho, A., Fernandes, L., and S. Bento. 2017. 'Community engagement in the transition movement: views and practices in Portuguese initiatives'. *Local Environment* 22(12): 1546–1562.

Freedberg, S. 1993. 'The feminine ethic of care and the professionalization of social work'. *Social Work* 38(5): 535–540.

Friedman, M. 1993. 'Beyond caring: the de-moralization of gender'. In M. Larrabee, ed., *An Ethic of Care: Feminist Interdisciplinary Perspectives*. New York: Routledge, 258–273.

Gilligan, C. 1982. *In a Different Voice: Psychological Theory and Women's Development*. Cambridge: Harvard University Press.

Gilligan, C. 1986. 'Reply to critics'. *Journal of Women in Culture and Society* 11(2): 324–333.

Gilman, C. 1979[1915]. *Herland*. New York: Pantheon.

Gilmore, D. 1990. *Manhood in the Making: Cultural Concepts of Masculinity*. New Haven: Yale University Press.

Goleman, D. 1995. *Emotional Intelligence: Why It Can Matter More than IQ*. New York: Bantam.

Goleman, D. 2009. *Ecological Intelligence: How Knowing the Hidden Impacts of What We Buy Can Change Everything*. New York: Broadway Books.

Goodall, J., and P. Berman. 1999. *Reasons for Hope: A Spiritual Journey*. New York: Warner Books.

Hamrick, W. 2002. *Kindness and the Good Society: Connections of the Heart*. Albany: State University of New York Press.

Hart, R. 2013. *Children's Participation: The Theory and Practice of Involving Young Citizens in Community Development and Environmental Care*. Milton Park: Earthscan.

Harvard Second Generation Study. 2017. 'Study of adult development'. Accessed 19 May 2017. http://www.adultdevelopmentstudy.org/grantandglueckstudy

Held, V. 1993. *Feminist Morality: Transforming Culture, Society, and Politics*. Chicago: University of Chicago Press.

Held, V. 1995. 'Introduction'. In V. Held, ed., *Justice and Care: Essential Readings in Feminist Ethics*. Boulder: Westview Press, 1–6.

Held, V. 2006. *The Ethics of Care: Personal, Political, and Global*. Oxford: Oxford University Press.

Higgins, P., Short, D., and N. South. 2013. 'Protecting the planet: a proposal for a law of ecocide'. *Crime, Law and Social Change* 59(3): 251–266.

Holmgren, L., and J. Hearn. 2009. 'Framing "men in feminism": theoretical locations, local contexts and practical passings in men's gender-conscious positionings on gender equality and feminism'. *Journal of Gender Studies* 18(4): 403–418.

Horrocks, R. 1994. *Masculinity in Crisis: Myths, Fantasies, Realities*. London: Macmillan.

Hrdy, S. 1999. *Mother Nature: Natural Selection and the Female of the Species*. London: Chatto & Windus.

Hultman, M., and A. Yaras. 2012. 'The socio-technological history of hydrogen and fuel cells in Sweden 1978–2005: mapping the innovation trajectory'. *International Journal of Hydrogen Energy* 37(17): 12043–12053.

Jackins, H. 1999. *The Human Male: A Men's Liberation Draft Policy*. Seattle: Rational Island Publishers.

Jackson, S., and L. Palmer. 2015. 'Reconceptualizing ecosystem services: possibilities for cultivating and valuing the ethics and practices of care'. *Progress in Human Geography* 39(2): 122–145.

Kheel, M. 2008. *Nature Ethics: An Ecofeminist Perspective*. Plymouth: Rowman & Littlefield.

Kittay, E. 1999. *Love's Labor: Essays on Women, Equality, and Dependency*. New York: Routledge.

Kosoy, N., and E. Corbera. 2010. 'Payments for ecosystem services as commodity fetishism'. *Ecological Economics* 69(6): 1228–1236.

Lewis, T. 2015. 'A Harvard psychiatrist says 3 things are the secret to real happiness'. *Business Insider Online*. Accessed 6 June 2017. http://www.businessinsider.com.au/robert-waldinger-says-3-things-are-the-secret-to-happiness-2015-12?r=US&IR=T Lewis-Jones, K. 2016. 'People and plants'. Environment and Society 7(1): 1–7.

Maeckelberghe, E. 2004. 'Feminist ethic of care: a third alternative approach'. *Health Care Analysis* 12(4): 317–327.

Manning, R. 1992a. 'Just caring'. In E. Cole and S. McQuinn, eds., *Explorations in Feminist Ethics: Theory and Practice*. Bloomington: Indiana University Press, 45–54.

Manning, R. 1992b. *Speaking from the Heart: A Feminist Perspective on Ethics*. Lanham: Rowman & Littlefield.

Manning, R. 1996. 'Caring For Animals'. In J. Donovan and C. Adams, eds., *Beyond Animals Rights: A Feminist Caring Ethics for the Treatment of Animals*. New York: Continuum, 103–125.

Masson, J., and S. McCarthy, S. 1995. *When Elephants Weep: The Emotional Lives of Animals*. New York: Dell Publishing.

Morrell, R., Dunkle, K., Ibragimov, U., and R. Jewkes. 2016. 'Fathers who care and those that don't: men and childcare in South Africa'. *South African Review of Sociology* 47(4): 80–105.

Næss, A. 1986. 'Self-realization: an ecological approach to being in the world'. Paper presented at the Keith Roby Memorial Lecture in Community Science, Murdoch University, 12 March.

Narayan, U. 1997. *Dislocating Cultures: Identities, Traditions and Third World Women*. New York: Routledge.

Nealon, J. 2015. *Plant Theory: Biopower and Vegetable Life*. Stanford: Stanford University Press.

Noddings, N. 1984. *Caring: A Feminine Approach to Ethics and Moral Education*. Berkeley: University of California Press.

Noddings, N. 1995. 'Caring'. In V. Held, ed., *Justice and Care: Essential Readings in Feminist Ethics*. Boulder: Westview Press, 7–30.

Noddings, N. 2002. *Starting at Home: Caring and Social Policy*. Berkeley: University of California Press.

Patrick, R., Dooris, M., and B. Poland. 2016. 'Healthy cities and the transition movement: converging towards ecological well-being?'. *Global health promotion* 23 (1): 90–93.

Plumwood, V. 1993. *Feminism and the Mastery of Nature*. London: Routledge.

Puig de la Bellacasa, M. 2012. 'Nothing comes without its world: thinking with care'. *Sociological Review* 60(2): 197–216.

Puig de la Bellacasa, M. 2015. 'Making time for soil: technoscientific futurity and the pace of care'. *Social Studies of Science* 45(5): 691–716.

Puig de la Bellacasa, M. 2017. *Matters of Care: Speculative Ethics in More than Human Worlds*. Minneapolis: University of Minnesota Press.

Pulé, P. 2013. 'A declaration of caring: towards an ecological masculinism'. PhD diss., Murdoch University.

Regan, T. 1995. 'The burden of complicity'. In S. Coe, ed., *Dead Meat: With an Essay by Alexander Cockburn*. New York: Four Walls Eight Windows, 1–4

Roy, E. 2017. 'New Zealand river granted same legal rights as human being: after 140 years of negotiation, Maori tribe wins recognition for Whanganui river, meaning it must be treated as a living entity'. Accessed 17 July 2017. http://www.theguardian.com/world/2017/mar/16/new-zealand-river-granted-same-legal-rights-as- human-being

Ruddick, S. 1980. 'Maternal thinking'. *Feminist Studies* 6(2): 342–367.

Ruddick, S. 1995. 'Injustice in families: assault and domination'. In V. Held, ed., *Justice and Care: Essential Readings in Feminist Ethics*. Boulder: Westview Press, 203– 224.

Ryan, J. 2016. 'Planting the eco-humanities? Climate change, poetic narratives, and botanical lives'. *Rupkatha Journal on Interdisciplinary Studies in Humanities* 8(3): 61–70.

Safi, M. 2017. 'Ganges and Yamuna rivers granted the same legal rights as human beings'. Accessed 20 November 2017. http://www.theguardian.com/world/2017/mar/21/ganges-and-yamuna-rivers-granted-same-legal-rights-as-human-beings

Sander-Staudt, M. 2017. 'Care ethics'. Accessed 14 May 2017. http://www.iep.utm. edu/care-eth/#H1

Scheler, M. 1954. *The Nature of Sympathy*, trans. P. Heath. New Haven: Yale University Press.

Schneewind, J. 1977. *Sidgwick's Ethics and Victorian Moral Philosophy*. Oxford: Oxford University Press.

Shel, T. 2007. *The Ethics of Caring: Bridging Pedagogy and Utopia*. Rotterdam: Sense Publishers.

Shel, T. 2009. 'The Dialectic of Tolerance and Intolerance in the Ethics of Caring'. In D. Kellner, T. Lewis, C. Pierce, and D. Cho, eds., *Marcuse's Challenge to Education*. Lanham: Rowman; Littlefield, 117–130.

Sidgwick, H. 1901. *The Methods of Ethics* (6th Edition). Indianapolis: Hackett.

Singer, P. 1975. *Animal Liberation: A New Ethics for Our Treatment of Animals*. London: Jonathan Cape.

Singer, P. 1979. *Practical Ethics*. Cambridge: Cambridge University Press.

Singer, P. 1993. *Practical Ethics* (2nd Edition). Cambridge: Cambridge University Press.

Slote, M. 1997. 'Virtue ethics'. In M. Baron, P. Pettit, and M. Slote, eds., *Three Methods of Ethics: A Debate*. Malden: Blackwell, 173–238.

Spira, H., and P. Singer. 2006. *Ten Points for Activists*. Oxford: Blackwell.

Stone, C. 2010[1972]. *Should Trees Have Standing? Towards Rights for Natural Objects*. Palo Alto: Tioga.

Taylor, S. 2002. *The Tending Instinct: How Nurturing is Essential to Who We Are and How We Live*. New York: Time Books.

Tronto, J. 1992. 'Women and caring: what can feminists learn about morality from caring?'. In A. Jaggar and S. Bordo, eds., *Gender/Body/knowledge: Feminist Reconstructions of Being and Knowing*. New Brunswick: Rutgers University Press, 172–187.

Tronto, J. 1993a. *Moral Boundaries: A Political Argument for an Ethic of Care*. New York: Routledge.

Tronto, J. 1993b. 'Beyond gender difference to a theory of care'. In M. Larrabee, ed., *An Ethic of Care: Feminist Interdisciplinary Perspectives*. New York: Routledge, 240–257.

Tronto, J. 1995. 'Women and caring: what can feminists learn about morality from caring?'. In V. Held, ed., *Justice and Care: Essential Readings in Feminist Ethics*. Boulder: Westview Press, 101–116.

Tronto, J. 1998. 'An ethic of care'. *Generations: Journal of the American Society on Aging* 22(3): 15–19.

Tronto, J. 2006. 'Vicious circles of privatized caring'. In M. Hamington and D. Miller, eds., *Socializing Care: Feminist Ethics and Public Issues*. Lanham: Rowman and
Littlefield, 3–25.

van Hooft, S. 1995. *Caring: An Essay in the Philosophy of Ethics*. Boulder: University of Colorado Press.

Vieira, P., Gagliano, M., and J. Ryan, eds. 2015. *The Green Thread: Dialogues with the Vegetal World*. Lanham: Lexington Books

Waldinger, R., Cohen, S., Schulz, M., and J. Crowell. 2015. 'Security of attachment to spouses in late life: concurrent and prospective links with cognitive and emotional wellbeing'. *Clinical Psychological Science* 3(4): 516–529.

Webster, J. 2005. *Animal Welfare: Limping Towards Eden: A Practical Approach to Redressing the Problem of Our Dominion Over the Animals*. Oxford: Blackwell.

Wohlleben, P. 2016. *The Hidden Life of Trees*. Carlton: Black Inc.

Wollstonecraft, M. 1792. *A Vindication of the Rights of Woman: With Strictures on Political and Moral Subjects*. London: J. Johnson.

TERCEIRA PARTE

Masculinidades ecológicas: uma conversa emergente

7 Nascentes: pesquisas anteriores sobre homens, masculinidades e a Terra

> Pode ser verdade que as culturas precedem o surgimento das sociedades organizadas como estados... não tinham ideologias de natureza dominante. Também pode ser verdade que muitas mulheres hoje, não apenas por razões biológicas, mas também históricas e sociais, retêm características de simpatia e cuidado que muitos homens, por razões sociais, perderam (embora os homens, como humanos, também sejam biologicamente equipados para cuidar). No entanto, reduzir essas diferenças em uma natureza "masculina" e "feminina" tende a excluir a possibilidade de que os homens possam se tornar cuidadores e impõe uma agenda moral às mulheres para de alguma forma "salvar" a sociedade dos danos que alguns homens historicamente causaram.
>
> (Biehl, 1988: 63)

Uma conjuntura fundamental

A civilização industrializada ocidental está em uma conjuntura social e ambiental de fundamental importância. Chegamos aqui como uma consequência direta do colonialismo de recursos, dos hábitos de consumo e da dinâmica perpetrador-vítima do rico Norte Global (que está sendo exacerbada pelas aspirantes a classes médias e proprietárias do Sul Global). As escolhas que fizemos e ainda estamos fazendo terão uma influência considerável na saúde e fecundidade da vida humana e outra-não-humana na Terra. Ao longo da Segunda Parte deste livro, enfatizamos que se continuarmos nos caminhos da negação industrial/ganha-pão e/ou do *greenwashing*[25] ecomoderno, com certeza obteremos mais do mesmo – crescentes desigualdades sociais e

---

25 Nota da editora: "Para a consultoria canadense de *marketing* ambiental TerraChoice, no documento intitulado *The Six Sins of Greenwashing* (Os Seis Pecados do *Greenwashing*), que visa alertar consumidores sobre tais práticas, *greenwashing* é definido como 'ato de enganar os consumidores sobre as práticas ambientais de uma empresa ou os benefícios ambientais de

acelerado declínio ecológico. A história recente demonstra que o crescimento desenfreado, se deixado para ser administrado por reformas neoliberais, não nos possibilitará uma panaceia. O que estamos testemunhando, em vez disso, é populismo ressurgente e descontente, nacionalismo, xenofobia, ódio, crueldade, fanatismo religioso, misoginia, racismo, isolacionismo, maior riqueza para alguns e maior pobreza para as massas marginalizadas, junto com a degradação ecológica cada vez maior para uma miríade de outros não-humanos com quem compartilhamos o planeta.

A resistência a essas tendências está crescendo. Alguns estão escolhendo fazer a transição para além das velhas e cansadas normas sociais que enfatizam a dominação humana (especialmente masculina), celebrando nosso lugar dentro dos comuns glocais. Esta alternativa oferece uma abordagem mais ampla das maneiras como cuidamos da vida, priorizando as gerações presentes e futuras de todos os outros junto com nós mesmos. Nosso caminho sugerido para homens, masculinidades e Terra baseia-se na suposição de que indicadores ecológicos, como as mudanças climáticas, são "gatos subindo no telhado", oferecendo-nos evidências convincentes para promover alternativas que nos desviarão dessa ideologia de crescimento patológico, que caracterizou a indústria ocidental e sociedades capitalistas, e resultou em relações de trocas globais injustas (Hultman; Anshelm, 2015: 30; Hultman, 2017b). Essa nova possibilidade a qual nos voltamos é ecologizada, sensível ao gênero e amplamente cuidadora. Nós a visualizamos como um "encontro das águas" onde as quatro correntes de políticas de masculinidades, ecologia profunda, feminismo ecológico e teoria do cuidado feminista, que discutimos acima, se reúnem, com suas "águas" se misturando e carregando com elas vários materiais que (à medida que vão para a borda) podemos usar para construir masculinidades ecológicas (como se fosse um abrigo nas margens desta foz). Os materiais dessas quatro correntes mencionadas acima nos apresentam teorias e práxis de forma pontuada, extraídas de uma ampla gama de colaboradores. Eles coletivamente nos oferecem *insights* importantes sobre o papel central que os homens e as masculinidades desempenham nos problemas sociais e ambientais que enfrentamos (Pulé, 2013; Hultman, 2016: 28). Esti-

---

um produto ou serviço."" Trecho do livro *Negócios Eco-lógicos na Era do Greenwashing*, de Lívia Humaire, Bambual Editora, 2022.

mulados por essas várias influências, argumentamos que é vital construirmos uma nova teoria e suas práxis associadas para o benefício de toda forma de vida. Prosseguimos agora para examinar mais de perto outros materiais que vieram antes de nós. Neste capítulo, reunimos esses trabalhos anteriores em sete grupos temáticos, colocando-os na margem à nossa frente – por assim dizer – a fim de determinar com quais materiais adicionais temos que trabalhar, o que falta e o que precisaremos para produzir de forma nova, para que as masculinidades ecológicas surjam. Ao oferecer as análises que se seguem, nós não apenas resumimos as contribuições de outros para a ecologização masculina. Também demonstramos que ninguém, até o momento, formulou uma estrutura teórica suficientemente rigorosa sob a qual todas essas contribuições podem ser reunidas – pelo menos até a redação deste livro. Com isso em mente, começamos com a mais antiga dessas contribuições – uma divindade mitológica, cuja presença no vernáculo da cultura ocidental permanece sutil, mas profunda.

O Homem Verde europagão

A história ambiental é pontilhada por uma figura intrigante. Embora marginalizadas no Norte Global contemporâneo, as masculinidades imersas na Terra têm uma longa história de ritos e rituais euro-pagãos associados ao Homem Verde (Basford, 1978). O Homem Verde é visível no folclore europeu com imagens que aparecem como cabeças esculpidas em catedrais em toda a região, desde o século XI. Essas representações do Homem Verde se manifestaram por meio de uma variedade heterogênea de características. Ele é comumente retratado como um rosto simples e singular, ou uma cabeça brotando envolta ou feita de folhas e folhagens, que se tornaram um símbolo de renascimento (Basford, 1978; Anderson, 1990).

O Homem Verde tem sido uma presença arquetípica subversiva e recorrente no Ocidente moderno. Acredita-se que ele tenha aparecido pela primeira vez na região do Danúbio durante o período Neolítico (c.8500 a.C.) e é amplamente considerado a mascote de longa data das personificações europeias da natureza selvagem. Ele vestiu várias formas como o Rumpelstiltskin (original da Europa Ocidental), Haussibut, Heinnekin, Hämmerlein, Hinkebein, Berit, Robin Hood, Puck, Robin Goodfellow, sentado entre os míticos personagens das antigas florestas da Europa (fadas, anões, ogros, gnomos, elfos, caiporas, duendes), como um espírito de fertilidade terráqueo, travesso, capaz de frivolidade estridente ou grande terror, exigindo comida e bebida dos mortais em troca de proteção e passagem segura pelos "selvagens" da natureza (Russell, 2002: 52-53). Ele é mais predominante na arquitetura de toda a Europa Ocidental, desde o período gótico, a chamada Idade das Trevas, alcançando seu ápice sociocultural de visibilidade exatamente na mesma época em que a masculinidade viril da Europa Ocidental estava reprimindo os aspectos emocionais, sensuais e esotéricos feminizados da experiência humana por meio da caça às bruxas. O Homem Verde permaneceu em silêncio como um baluarte contra o herói guerreiro robusto, que também caracterizou a Europa Ocidental desde a Idade das Trevas (Matthews, 2001: 8, 16, 27). Essas duas interpretações da masculinidade podem ser vistas como expressões opostas do mesmo eu: *Logos* e *Eros*. O cavaleiro, recuado por trás de sua bravata e protegendo suas vulnerabilidades internas do ataque do mundo corpóreo com lança e escudo, é justaposto contra o eu totalmente expresso, sensual e corporificado do Homem Verde (Cheetham, 2005: 115). No último, encontramos o diabinho, o trapaceiro, a infantilidade interior, que sem remorso expõe o que se esconde sob a armadura brilhante do poderoso cavaleiro. Ele é a face masculina da Terra e representa uma masculinidade alternativa, que permite aos homens "recobrar os sentidos" e mergulhar em seus corpos, ao mesmo tempo que testemunha os "círculos maiores de experiência além do pensamento linear limitado" (Anderson, 1990: 219). O Homem Verde é matéria orgânica da natureza personificada: sua carne se fundiu com a selva de terras indomadas por séculos. Ele oferece um caminho tortuoso para uma "revolução masculina" de masculinidades arredondadas, integradas e cruas que, através do movimento dos homens mitopoéticos, e outras representações através da política de masculinidades, experimentou alguma semelhança com um renascimento ocidental contemporâneo.

Julia Somerset (Lady Raglan) (1939) reintroduziu o Homem Verde no vernáculo da contracultura ocidental em 1939 (Livingstone, 2016). Sua potência sexual tem sido usada na história recente para apoiar aqueles que estão se recuperando do trauma da epidemia de HIV/AIDS. Ele também foi adotado por grupos marginais, posicionado como a peça central de alguns ritos e rituais, por exemplo, em comunidades *queer*. Carolyn Dinshaw (2017) ligou o

Homem Verde às Radical Faeries[26] (Fadas Radicais, em tradução livre) na antologia de Bettina Bildhauer e Christopher Jones, *The Middle ages in the modern world* (A Idade Média no Mundo Moderno). Dinshaw (2015) havia notado anteriormente que as Radical Faeries celebravam e priorizavam "subjetividade e pertencimento gays autênticos, transhistóricos e universais" como um ponto de conexão e empatia para aqueles que se sentiram violentamente colonizados por masculinidades industriais/ganha-pão, que tem aplicações tanto em Comunidades LGBTQIA+ quanto em grupos de outros não-humanos. As Radical Faeries foi um grupo fundado em 1979 por homens gays americanos que seguiram os passos dos movimentos ligados a coletivos feministas/lésbicos, muitos dos quais estavam combinando suas políticas e sexualidades com ideologias do movimento de-volta-à-terra (Livingstone, 2016). As Radical Faeries permanecem ativas até hoje, tendo revivido a "festa do mastro"[27], adotando ritos pagãos afeminados que priorizavam expressões de masculinidades imersas na natureza como caminhos para a liberação sexual e espiritual. As Faeries buscaram caminhos alternativos para a recuperação do trauma colonial e homofóbico (Livingstone, 2016). No entanto, elas não possibilitaram um renascimento popular do Homem Verde. Em vez disso, as Faeries teceram sua presença em algumas das maneiras como praticam seus pontos de vista alternativos e, ao fazê-lo, construíram uma ponte entre um "contexto político complexo" e interpretações medievais e mitológicas de masculinidades euro-pagãs, encorajando a apropriação do Homem Verde como um desafio aberto à "lógica colonial do colono" e às maquinações heteronorma-

---

26 Nota da editora: Radical Faeries é uma rede mundial e um movimento contracultural que busca redefinir a consciência *queer* por meio da espiritualidade secular. Às vezes considerado uma forma de paganismo moderno, o movimento também adota elementos do anarquismo e do ambientalismo. Rejeitando a hetero-imitação, o movimento Radical Faeries começou durante a revolução sexual dos anos 1970 entre homens gays nos Estados Unidos. O movimento se expandiu em conjunto com o movimento mais amplo pelos direitos gays, desafiando o 'capitalismo arco-íris' e os aspectos patriarcais da vida LGBTQ+ moderna, enquanto celebra construções e rituais ecléticos. *Faeries* tendem a ser ferozmente independentes, anti-sistema e focadas na comunidade. Wikipedia, 2023.

27 Nota da tradução: "cerimônia em que um grupo de pessoas levantam um tronco de árvore. É uma tradição ancestral, de origem pagã, celebrada originalmente em diversos países da Europa e simboliza a força e fertilidade masculina." Fonte: Wikipédia.

tivas opressoras que acompanharam as masculinidades hegemônicas, que elas procuram descartar (Hennen, 2008).

Perspectivas como essas pressionam as bordas das normas *malestream* e abrem a possibilidade de uma heterogeneidade de masculinidades e natureza. No entanto, eles ainda podem permanecer dentro dos limites de comportamentos masculinos estereotipados, mesmo quando tentam desafiar as noções populares de masculinidade, atribuindo traços do Homem Verde como um malandro aos corpos dos homens. Essa noção é digna de um exame mais aprofundado, sugerindo que há uma necessidade de olhar mais amplamente para as possibilidades do arquétipo do Homem Verde para homens, mulheres e pessoas não-binárias/*genderqueer* igualmente. Pesquisas adicionais dessa natureza são a tarefa de publicações subsequentes.

A seguir, notamos que o Homem Verde encontrou seu caminho nos ritos e rituais contemporâneos do movimento dos homens mitopoéticos também, mas em aplicações superficiais em toda aquela comunidade, na melhor das hipóteses.

Honrando a Terra de forma essencializada

Por meio do movimento dos homens mitopoéticos, os homens urbanos, suburbanos e rurais afins adentraram nos desafios das ideias tradicionais de masculinidade em grande número. Por exemplo, o Projeto ManKind (2017) afirmou ter iniciado mais de 60.000 homens em todo o mundo. Eles priorizaram a comunhão dos homens uns com os outros e consigo mesmos, tipicamente em ambientes naturais, com o objetivo de aprimorar os papéis dos homens em estar a serviço do mundo. Damos uma consideração mais profunda à mitopoese aqui, revisitando Shepherd Bliss como um dos notáveis pioneiros defensores e academicamente treinados do movimento. Fazemos isso porque os mitopoetas representam os mais influentes contribuidores da prática-orientação no território de interseção entre homens, masculinidades e a Terra, e estão quase exclusivamente concentrados no Norte Global. No Capítulo 3, apresentamos as contribuições de Bliss às ideias de masculinidade e meio ambiente, argumentando que sua noção de "ecomasculinidade" ofereceu uma resposta acadêmica preliminar às crescentes preocupações feministas ecológicas sobre os impactos da hegemonização masculina nas mulheres e na Terra. Oferecemos uma análise da jornada pessoal de Bliss em relação ao impacto dos argumentos que embasam sua ecomasculinidade no movimento dos homens mitopoéticos.

Como um oficial do exército de uma distinta família militar dos EUA, Bliss adquiriu uma compreensão aguda da pressão colocada sobre os homens para aderir a identidades industriais/ganha-pão. Alcançando proeminência como líder mitopoético dos homens nos anos de formação do movimento, Bliss tomou uma posição pela 'remitologização' dos homens e masculinidades ocidentais modernos. Ele celebrou a lenda da Grécia Antiga de Orfeu, o Pã selvagem, o jovem David do Antigo Testamento, a serpente emplumada asteca Quetzalcoatl, o corcunda trapaceiro Hopi e a divindade da fertilidade Kokopelli (cujo nome batizou sua fazenda de bagas em Sebastopol, Califórnia), contos de fadas pagãos ocidentais, psicologia arquetípica junguiana junto com os ensinamentos de São Francisco de Assis, John Muir, Henry David Thoreau, Walt Whitman, Mahatma Gandhi e Frederico García Lorca e a poesia de Mary Oliver (Bliss, 1995). Aproveitando esses grandes nomes esotéricos, espirituais e literários do meio ambiente, Bliss argumentou a favor de uma masculinidade "madura" conectada à natureza, que ele sugeriu que emergiria quando reconciliássemos as questões mais urgentes que afligem a vida de muitos homens, sendo elas: cura psicoterapêutica das feridas do pai; aprofundamento de laços de amizade entre homens de várias idades; investigação e educação de homens sobre questões médicas/de saúde; desenvolvimento de intimidade entre mulheres e homens, ternas e afetuosas, para além da sexualidade; treinamento de homens para adquirirem vocabulários emocionais autênticos e expansivos; e celebração da fisicalidade masculina. Ele argumentou que todas essas questões deveriam ser exploradas na companhia de colegas homens em ambientes naturais e, ao fazê-lo, isso resultaria em redefinição indiscriminada das normas masculinas ocidentais tradicionais (Bliss, 1987).

A defesa de Bliss por uma ontologia masculina ecologicamente inspirada foi sua resposta à percepção de masculinidades maduras ausentes ou inadequadas, que devem ser recuperadas, alcançadas e que permanecem como complementares à feminilidade (Kimmel, 1993: 4; Bliss, 1995b; Mason, 2006: 17-18). Em sua busca pelo masculino maduro, Bliss tentou se distanciar de seu violento passado de "guerreiro" militar. Motivado por sua profunda preocupação com a saúde e o bem-estar da Terra, ele confrontou a tecnologia, o trabalho militar, o armamento nuclear e o vício dos homens pelo poder que, ele argumentou, continuaram a poluir coletivamente a Terra como um dos males universais mais urgentes de nosso tempo. Observando que o *ethos* do guerreiro mitopoético estava falhando em cauterizar essas violações da vida, ele nos apontou para "desenvolver a ecomasculinidade", que sugeriu "poder ajudar os homens a desempenharem sua parte para gerar o que está sendo perdido" (Hoff; Bliss, 1995; ver também Bliss, 1995: 304). Pode muito bem ter havido uma intenção pós-patriarcal de desenvolver homens pessoalmente conscientes e politicamente sábios por meio do trabalho de Bliss, mas ele não especificou o que sua interpretação de "ecomasculinidade" pode ajudar os homens a encontrarem, nem como eles podem encontrá-la.

Os ritos e rituais que passaram a caracterizar a mitopoiese dos homens continuam a se basear em animais, plantas e efígies da natureza. Eles encorajam um senso de lugar em comunidades de homens em contextos biorregionais, mas calcificam uma tradição de contornar as críticas frontais da dominação masculina e seus muitos aspectos pessoais (internos e domésticos) e políticos (externos e estruturais). Bliss e seus compatriotas mitopoéticos apoiaram efetivamente o empoderamento dos homens como indivíduos, mas lutaram para facilitar sua "redução de poder" em contextos estruturais mais amplos (Magnuson, 2007). Além disso, o uso instrumental da natureza pelo movimento ganhou a reputação de permitir aos homens obter um acesso mais profundo a si mesmos, no entanto, a natureza permaneceu como um contraste para esse trabalho interno profundo em toda a mitopoesia dos homens. A ecomasculinidade de Bliss desistiu de uma análise crítica do essencialismo de gênero e, como consequência, o movimento permaneceu manchado por um retorno rotineiro a papéis hegemonizados na vida de muitos homens, uma vez que seus treinamentos mitopoéticos estivessem completos; suas conexões com as missões de vida a serviço do bem maior eram desprovidas de análises estruturais, permanecendo míopes, ainda que muito mais profundamente cuidadosos com o mundo, os outros e consigo mesmo (Ferber, 2000; Magnuson, 2007; Gremillion, 2011). É verdade que compreensões sistêmicas mais amplas dos benefícios e custos da primazia masculina têm e continuarão a entrar em alguns eventos masculinos mitopoéticos. Mas ritos e rituais inspirados na natureza, quando combinados com a psicologia pop, têm um longo legado para distrair os homens de acabarem com as opressões sistêmicas mais amplas (tanto o sentimento de superioridade internalizado, como uma fonte pontual, e suas manifestações externas por meio de uma infinidade de perpetrações que os homens praticam), bem como com a destruição persistente da natureza nas mãos dos homens enquanto encantados por seus esforços coletivos para facilitar o crescimento e desenvolvimento pessoal. Indiscutivelmente, as noções de Bliss de ecomasculinidade eram fixadas em serem pessoalmente complementares ao empoderamento dos homens. Infelizmente, isso significa que as análises críticas das opressões estruturais ficaram em segundo plano.

Outras compreensões dos homens, masculinidades e da Terra surgiram desde então com muito mais nuances e níveis estruturais de *insight*. Os estudiosos que examinam a literatura inspirada na natureza nos oferecem outra abordagem para nossa compreensão da ecologização masculina. A seguir, voltamos nossa atenção para as considerações de gênero no ecocriticismo.

Masculinidades ecocríticas

O campo da ecocrítica ofereceu aos estudiosos da literatura oportunidades de separar as masculinidades e o meio ambiente. Eles examinam os protagonistas como exemplares de ecomasculinidades idealizadas que podem oferecer – embora fictícios – caminhos alternativos diretos para homens e masculinidades em relacionamento mais profundo com a Terra (Buell, 2005; Woodward, 2008; Oppermann, 2011). Outros estudiosos focaram explicitamente em estudos interseccionais de esportes radicais, cinema e literatura dos EUA, enquanto também exploram os impactos transformadores dessas atividades na mudança de atitudes dos homens em direção a paradigmas mais ecologicamente considerados (Cornelius, 2011; Salovaara, 2015; Brandt, 2017). O primeiro deles é a antologia de Mark Allister (2004) *Ecoman: New Perspectives on Masculinity and Nature* (O homem ecológico: novas perspectivas da masculinidade e da natureza).

A antologia de Allister surgiu de uma série de ensaios apresentados em uma sessão plenária chamada "Homens e Natureza: Perspectivas sobre Masculinidade e o Mundo Mais do que Humano" na conferência de 2001 da Associação para o Estudo de Literatura e do Meio Ambiente em Flagstaff, Arizona, EUA. Buscando novos *insights* sobre homens, masculinidades e Terra, *Ecoman* (Homem Ecológico) alimentou uma tensão inerente entre a identidade masculina tradicional e "de regiões selvagens", dando uma referência especial ao mito norte-americano da masculinidade, explorando conceitos de "selvagem" em relação às compulsões eurocêntricas para dominar a natureza. Os colaboradores da antologia compartilharam um ponto de partida comum para discussões sobre o tópico, concordando que a psique masculina norte-americana está inserida na natureza por meio da mentalidade de fronteira, que foi inescapavelmente centrada na conquista – de mulheres, povos indígenas e as riquezas de recursos do deserto. No preâmbulo do livro, Allister formulou uma discussão emergente sobre a "ecocrítica de fronteira", que ele apresentou como uma nova análise das construções sociais da masculinidade. Seu argumento era principalmente "teórico voltado para a cidade e focado na violência, raça e orientação sexual" (Allister, 2004: 6). A antologia também revelou a existência de cruzamentos de considerações de justiça social e ambiental entre os homens. De acordo com alguns dos ideais mitopoéticos que discutimos acima, Allister compilou argumentos que os homens podem fazer e procurar ativamente suas naturezas selvagens, que estão adormecidas e presas durante a semana

> ... a um escritório eletrificado e conectado, mas no fim de semana ou nas férias ele pega a estrada de bicicleta ou um barco, ou compete em esportes radicais, ou caminha com equipamentos caros por paisagens montanhosas deslumbrantes. Em qualquer caso, a "natureza" é uma coisa lá fora para ser desfrutada, certamente não vivida. A natureza é para autocongratulação: "Eu ainda sou um homem natural".
>
> (Allister, 2004: 5).

Nesse sentido, a antologia destacou o homem ecomoderno de hoje: um usuário da selva, um consumidor do exterior, validando a identidade masculina em decorrência da labuta castradora da vida pós-industrial e urbana/suburbana moderna (classe trabalhadora e média). Além disso, considere a reverência literária pela caça (Hemingway, 1936; Snyder, 1960; Abbey, 1988). Este cânone atingiu níveis aclamados de apelo. Em um capítulo intitulado *Deerslayer with a Degree* (Caçador de Veados Certificado), John Tallmadge (2004: 22) afirmou que "precisamos de novos modelos de masculinidade se quisermos alcançar relações duradouras, sustentáveis e honrosas entre a cultura humana e o resto da vida". No entanto, Tallmadge falhou em nos dizer como alcançar esses novos modelos de masculinidade ocidental moderna além de evocar um fórum para a iniciação dos meninos à masculinidade por meio da caça. A relação hegemônica implícita entre o caçador e a caça não foi desconstruída também; o *self* masculinizado como dominador entrando na natureza como um "tomador" que extrai sua presa era para Tallmadge emblemático da vitória de um homem contra todas as probabilidades por meio de uma caçada bem-sucedida que, ele argumentou, igualava aos sucessos (na verdade, os excessos) do *self* masculino em o mundo "feito pelo homem". A ação da caça e seu valor inerente não contaram. Nem o impacto da perda daquele animal como indivíduo em seu ecossistema. As especificidades da caça como um suposto rito masculino não foram iluminadas, tornando a contribuição de Tallmadge sobre a quintessência do *"ecoman"* algo superficial, na melhor das hipóteses, em nosso entendimento.

Allister (2004: 7–8) posicionou *Ecoman* como um companheiro do eco-feminismo. No entanto, para nossa leitura, isso não ficou evidente ao longo do livro, uma vez que vários colaboradores forneceram argumentos superficiais para a ecologização masculina que não se aprofundaram nas maquinações políticas nem nas consequências sociológicas e ecológicas das normas *malestream* que consideramos necessárias para justificá-las como complemento feminista ecológico. Por exemplo, considere o capítulo de Scott Slovic *Taking Care: Toward an Ecomasculinist Literary Criticism?* (Tomando Cuidado: Rumo a uma Crítica Literária Ecomasculinista?). Este foi o único capítulo da antologia de Allister que discutiu o ecofeminismo diretamente e para além da menção inicial de Allister. Notamos que Slovic não abertamente posiciona sua interpretação de eco-homens como aliados a causas ecofeministas, aludindo ao invés disso a uma resposta sexista clássica a histeria feminista, uma vez que, em sua opinião:

> ... talvez seja inevitável que um movimento social [como o feminismo ecológico] devesse enraizar-se em alguma forma de crítica, a maneira como essa crítica é vocalizada tem tudo a ver com a amplitude com que os pontos de vista do movimento são adotados. É muito comum que as visões de reforma social sejam expressas em uma linguagem tão irada e hipócrita que apoiadores em potencial são afastados, assustados ou privados de direitos autorais.
>
> (Slovic, 2004: 71)

Slovic criticou o feminismo ecológico como uma "inversão tácita das hierarquias de valor tradicionais, europeias e centradas no homem... embora os estudiosos tenham relutado em admitir isso", sugerindo que alguns ecofeministas buscavam a superioridade moral das mulheres sobre os homens como uma visão invertida de sua subjugação histórica pelo sexismo (Slovic, 2004: 71). Com efeito, Slovic alegou "sexismo reverso", colocando sua perspectiva em desacordo com o feminismo ecológico como um discurso profundamente impregnado da teoria da opressão, que tem desmascarado completamente noções de opressão reversa (Slovic, 2004: 71-72). Essa perspectiva é compartilhada por muitos mitopoetas, ativistas dos direitos dos homens e tradicionalistas das masculinidades cristã, cujas preocupações com os homens continuaram a ser vocalizadas em várias formas de reação política, que defendem refutações protetoras às críticas ao *malestream* de feministas, ecofeministas e pró-feministas (Harding ed., 1992). Slovic efetivamente se posicionou como um importante ecocrítico, hesitando em dissecar o comentário social de uma análise estrutural em favor de "prestar atenção" à natureza a partir da vantagem criativa do ecocriticismo (Slovic 1992: 17, 171; Satterfield; Slovic, 2004: 1). Além disso, ele deixou de demonstrar como os homens podem facilitar ativamente as relações humanos-natureza ecologicamente responsáveis – além de afirmar que deveriam. Como outros colaboradores da antologia de Allister, Slovic não formulou uma teoria ou práxis ecologizada de masculinidades conceitualmente sólida nem aplicável de forma prática. Por essas razões, *Ecoman* alcançou sua reivindicação de (na melhor das hipóteses) ser uma "menção preliminar" da necessidade de trazer a relação masculinidades-natureza em um foco mais agudo. Apesar de sua grande promessa, não nos proporcionou o que consideramos os ingredientes transdisciplinares essenciais e o arcabouço teórico necessário para iniciar um novo discurso sobre os homens, as masculinidades e a Terra. Outros, no campo ecocrítico, ofereceram perspectivas mais recentes sobre o tema desde que *Ecoman* foi publicado, mas também, em nossa visão, sofreram de lacunas semelhantes (Cornelius, 2011).

Novas investigações recentes das fronteiras dos corpos dos homens confrontados com a natureza foram conduzidas pelo pesquisador finlandês Harri Salovaara. Em um artigo intitulado *"A fine line: Crossing and Erecting Borders in Representing Male Athletes"* (Uma fina linha: cruzando e erguendo fronteiras na representação das relações de atletas masculinos com a natureza), Salovaara (2015a) forneceu uma análise interseccional de esportes radicais, que provou ser fundamental para sua pesquisa de doutorado intitulada *Male*

Adventure Athletes and Their Relationships to Nature (Atletas de aventura masculinos e suas relações com a natureza) (2015b). Salovaara se posicionou como um estudioso multidisciplinar. Moldado pelo ecocriticismo, estudos de gênero e políticas de masculinidades, ele tem investigado um ponto de vista "ecomasculino" através das lentes dos marcadores masculino/feminino e como suas fronteiras são borradas (Salovaara, 2015a: 77). Justapondo seu exame de atletas extremos masculinos em filmes de aventura com suas contrapartes femininas, Salovaara descobriu diferenças notáveis de linguagem em atores de extrema capacidade atlética; atletas femininas sendo descritas como "graciosas", "emocionais" e "conectadas à natureza", enquanto seus colegas masculinos eram representados por termos como "endurecido", "possuidor", "com vontade", "conquistador", "forte", "masoquista", "guerreiro", "trabalhador", "valentão", "durão", que habitualmente superam sua dor. Salovaara ofereceu um quadro comovente para investigar o impacto desse léxico de gênero nos corpos dos homens quando retratados em filmes de alta aventura (Salovaara, 2015a: 81). Os estudos dos filmes reforçaram as diferenças estereotipadas de gênero – as mulheres comumente retratadas como parte do ambiente, enquanto os homens buscavam a garantia e a alegria de avançar e conquistar. Mas Salovaara foi crítico deste essencialismo, observando que as polarizações de gênero podem se tornar confusas em esportes radicais também, com a feminilidade masculina surgindo através do conhecimento necessário do corpo e do eu, enquanto a masculinidade feminina pode exigir que as mulheres se aprofundem, sejam corajosas, "tenham colhões" e enfrentem com gosto os perigos que ameaçam a vida em sua escalada (Salovaara, 2015a: 82). Sua análise sugeriu que as linhas de gênero do esporte radical são de fato vagas e, portanto, contestáveis. Salovaara está atualmente avançando com noções de "masculinidades de protesto ecológico" que podem levar atletas extremos do sexo masculino à autorreflexividade e práticas pessoais e ambientais regenerativas por meio de um maior cuidado com os outros e consigo mesmo. Estas representam qualidades que podem (e o fazem) reduzir a corrente da hegemonização masculina. Consideramos as opiniões de Salovaara úteis, pois nos oferecem uma perspectiva reflexiva sobre a ecocrítica no filme de aventura ao ar livre e as maneiras como esse meio contribui para os estereótipos de gênero nas várias práticas com as quais as pessoas se engajam. Também notamos um argumento convincente em apoio às transições da ética da conquista para a ética da conexão por meio de sua obra.

Outra antologia, *Masculinities and Literary Studies: Intersections and New Directions* (Masculinidades e estudos literários: interseções e novas direções), de Josep Armengol et al., foi lançada em 2017. O capítulo 12, de Stefan Brandt, é intitulado *The "Wild, Wild World": Masculinity and the Environment in the American Literary Imagination* (O selvagem mundo selvagem: a masculinidade e o meio ambiente na imaginação literária americana), enquanto o capítulo 13, de Requena-Pelegrí, é intitulado *Green Intersections: Caring Masculinities and the Environmental Crisis* (Interseções verdes: masculinidades cuidadosas e a crise ambiental). Ambos são dignos de nossa consideração específica aqui por suas respectivas referências a ecomasculinidades. No capítulo de Brandt, somos levados a uma jornada de criação do homem, com Rough Rider, e o quintessencial homem do ar livre dos EUA, Teddy Roosevelt. Brandt argumentou que nervos frios, cavalaria, dureza, resistência, visão aguçada e destreza na caça eram as marcas da masculinidade *premium*, resumidas nas maneiras como Roosevelt instilou (na verdade impôs) essas características em seu filho e as imprimiu e associou como simbolismos heroicos nos Estados Unidos, psique masculina que moldou gerações de homens norte-americanos (e outros) (Brandt, 2017: 133). Brandt reconheceu que a literatura pós-moderna desafiou esses estereótipos de masculinidade, estabelecendo as bases para uma "ecomasculinidade" que ele definiu como "um maior senso de consciência das dimensões problemáticas da masculinidade" para emergir (Brandt, 2017: 139). Brandt está particularmente interessado em considerar esse *locus* através de lentes ecocríticas. Ele sugeriu que, ao manter sua característica "abordagem Terra-centrada para os estudos literários", o ecocriticismo mantém seus fundamentos rooseveltianos que correm o risco – como as ecofeministas têm demonstrado – de dualização androcêntrica. Brandt nos ofereceu uma análise convincente e uma fonte importante para estudar a hegemonização masculina ocidental moderna no ecocriticismo norte-americano, que pode nos ajudar a entender melhor por que muitos homens ocidentais retratam uma miopia de cuidado e por que os ritos e rituais dos mitopoetas resistem à análise estrutural. Afinal, uma persona rooseveltiana tem entrelaçado seu caminho de forma abrangente na própria estrutura da cultura dos Estados Unidos (e além), colocando limites sobre o que é aceitável para a masculinidade ocidental moderna. Notamos, entretanto, que em seu capítulo, Brandt não nos proporcionou uma visão clara das consequências sociopolíticas e ecológicas desse legado. Em vez disso, ele deixou isso para dedução. Da mesma forma, ele não ofereceu aos homens, e às masculinidades, alternativas evidentes, além de suas críticas a uma mentalidade fronteiriça arquetípica rooseveltiana.

Voltando ao importante capítulo de Requena-Pelegrí na mesma antologia, onde ela discutiu masculinidades do cuidar e a crise ambiental, somos apresentados a uma análise interseccional e literária de políticas de masculinidades e da teoria do cuidado. Lá, Requena-Pelegrí argumentou que as masculinidades estão inevitavelmente emaranhadas com o cuidado pelos outros (ambos humano e o outro-não-humano), postulando que, embora "o cuidado tenha apresentado destaque nos estudos sobre homens e masculinidades nas décadas anteriores" e foi essencializado e "tradicionalmente codificado como feminino e, portanto, relegado ao domínio subvalorizado das emoções", é importante também reconhecer que "o cuidado tem sido historicamente antagonizado por definições normativas de masculinidade" (Requena-Pelegrí, 2017: 143-144). Com base no "dividendo patriarcal" de Connell, Requena--Pelegrí concordou que:

> ... se as demandas da masculinidade normativa exigiram que os homens enfrentassem as exigências de uma atuação de gênero baseada, entre outros aspectos, na dominação, violência, agressão, contenção emocional ou competitividade, esses aspectos também foram transferidos para intervenções ambientais reais, bem como em construções literárias do mundo natural.
>
> (Requena-Pelegrí, 2017: 145)

Na ausência de masculinidades criticamente problematizadas, homens bem-intencionados e preocupados ecologicamente correm o risco de repetir os mesmos padrões de seus companheiros industriais/ganha-pão, mesmo dentro das masculinidades alternativas pretendidas do ambientalismo. A institucionalização da dominação masculina não desaparece convenientemente simplesmente porque examinamos as masculinidades pelas lentes do cuidado. As intervenções sociais e ambientais eficazes como práxis requerem interrogações intencionais da hegemonização masculina como pontos de partida vitais e estruturalmente focados.

Olhando ainda mais para o discurso ecocrítico, notamos também o trabalho de Uche Peter Umezurike (2021) intitulado *"The Eco(centric) Border Man: Masculinities in Jim Lynch's Border Songs"* (O homem da fronteira eco(cêntrico):

masculinidades nas músicas de Jim Lynch). Seguindo uma linha semelhante a Brandt e Requena-Pelegrí, o artigo de Umezurike explorou os paradoxos do protagonista da história – Brandon Vanderkool – que, como um patrulheiro de espírito gentil, viveu em constante tensão com a violência subversiva na fronteira dos Estados Unidos com o Canadá, onde seu trabalho violento, na selva entre duas nações, colocou-o em desacordo com sua personalidade recatada. Consideramos a análise de Umezurike intrigante.

Nossas respectivas experiências nas trocas com indivíduos e grupos de homens (Martin e Paul falando aqui como ativistas, mais do que estudiosos) forjaram uma regra reveladora – quanto mais espessa a armadura de um homem, maior sua vulnerabilidade interior. A ecocrítica, quando colapsada com as ecomasculinidades, parece acentuar prontamente essa noção, mas normalmente não se aprofunda na política de gênero que a criou. Se quisermos mudar a maré da hegemonização masculina, um caminho efetivo para a ecologização deve incluir tanto a reconciliação dos paradoxos pessoais quanto as análises estruturais. Esses "eco-homens" ecocríticos devem ter recursos internos suficientes para permanecer pacificamente nas fronteiras de suas próprias psiques. Umezurike compartilhava esta visão, imaginando:

> Um *ecoman*, um homem confortável em sua dislexia, seus fracassos, falta de graça, emocionalidade e relacionalidade com coisas postuladas como outras – o natural, o feminino, o estranho... [é] um ponto de referência, inspirando-nos a construir e fomentar uma comunidade alicerçada no cuidado e na preocupação com a natureza e com tudo o que convive com a humanidade no planeta Terra.
>
> (Umezurike, 2021)

Os protagonistas ecologizados que nossos compatriotas literários têm examinado com eloquência não são simples ficções escritas para nos entreter. Em vez disso, eles têm relevância no mundo real. Eles também podem ser considerados mais do que reais, uma vez que as narrativas que enriquecem representam anseios ou idealizações que impactam as socializações masculinas e suas implicações para as maneiras como os meninos são criados, os homens agem e as mulheres e pessoas não-binárias/*genderqueer* manifestam suas masculinidades internas. Essas complexidades acentuam a dissonância das políticas de identidade que estão envolvidas em novas batalhas na linha de frente das guerras culturais; eles oferecem a possibilidade de alcançar algo novo e diferente para as masculinidades tóxicas/extremas e, ao fazê-lo, nos levam ao apelo da ecologização no sentido relacional mais amplo (se não também biocêntrico). Alguns desses protagonistas (como a análise de Brandon de Umezurike) são retratados como estando em grande conflito com o imaginário *malestream*, enquanto outros (como a análise de Roosevelt de Brandt) examinam maneiras pelas quais a psique masculina é aparentemente embutida de forma viciada na natureza por meio da conquista. Reconhecemos que essas tensões são produtos de uma longa tradição. Afinal, ecocríticos e escritores da natureza têm sido atraídos para as interseções de masculinidades e encontros ativos com a natureza há algum tempo.

Dado o impacto de obras como essas em nossas percepções dos homens, das masculinidades e da Terra, as masculinidades caçadoras e os ecoguerreiros que resistem a elas, e outras formas de utilitarismo da Terra, também merecem nossa consideração. A seguir, voltamos nossa atenção para as noções de uso de recursos naturais por historiadores ambientais.

Perseguindo a natureza

Historiadores ambientais nos deram contribuições desconstrutivas para discussões sobre homens, masculinidades e Terra em referência à caça (Bouchier; Cruikshank, 1997; Loo, 2001; Smalley, 2005; Sramek, 2006). Will Abberley forneceu uma análise interessante dos encontros entre espécies capturados nas respectivas memórias de viagem de Darwin e Wallace. Abberley mostrou que uma contenção distanciada das emoções ao encontrar a natureza diferente da humana foi justaposta à emoção da caça, como duas expressões características e divergentes das masculinidades vitorianas (Abberley, 2017). Outra pesquisa histórica anterior à de Abberley se concentrou nas maneiras como os movimentos ambientais nos proporcionaram *insights* úteis sobre os valores e práticas de cuidado com a Terra à medida que são impactados por identidades de gênero. Um exemplo revelador é fornecido pelo exame de Willeen Keough das masculinidades associadas à caça às focas no gelo marinho da Terra Nova, ilha no Canadá, que se tornou um ícone do ativismo ambiental por meio de intensa cobertura da mídia que começou na última parte do século XX. Em um artigo intitulado *(Re-)telling Newfoundland Sealing Masculinity: Narrative and Counter-narrative*, Keough (2010) avaliou trinta e duas entrevistas com caçadores de focas e manifestantes contra a caça às focas, examinando definições e personificações de "homem, o caçador" guerreiro confrontado com aparentes masculinidades de protesto adotadas pelas eco-masculinidades gentis, mais verdes e eticamente motivadas de ativistas ambientais. Posicionando os primeiros como protagonistas e os segundos como antagonistas, Keough descreveu os caçadores de focas como autoprofessos homens de família e membros da comunidade, com muitos se considerando bons cristãos, intratavelmente engajados em seus difíceis papéis de chefes de família. Ela demonstrou que os ativistas possuíam a moral elevada do conflito do gelo marinho, mas sugeriu que isso era pouco mais do que "boato", destacando que, ao fazer isso, os ativistas pegaram emprestado imagens semelhantes para se representarem, como fizeram os caçadores a que se opunham, vestindo roupas de camuflagem, correndo para a "linha de frente" para lutar contra seus inimigos, ao mesmo tempo em que a conceitualizações de suas masculinidades estavam alinhadas com tradições combativas que abundam através de *malestreams* ocidentais (Keough, 2010: 2). Nesse sentido, as críticas de Keough foram direcionadas ao subtexto das identidades de gênero, mais do que aos lados conflitantes da caça às focas propriamente.

Um estudo de caso semelhante, publicado por Erik Loomis (2017), explorou a interseção entre masculinidades e silvicultura. Loomis observou as maneiras como os sindicatos de madeireiros construíam uma certa vertente da subcultura industrial/ganha-pão, que contrastava com a dos operários fabris do sexo masculino. Mesmo que ambos os grupos estivessem em dívida com grandes corporações, os madeireiros eram retratados (por seus sindicatos em particular) como um proletariado libertos, forte, limpo e mentalmente alerta, definindo-se pela força bruta e bravura pessoal que os distinguia dos homens do chão de fábrica que estavam enredados em fábricas arriscadas e insalubres como simplórios, dispensáveis e escravos industriais (Loomis, 2017: 37, 40). Loomis (2017: 42) propôs que acabar com as formas de extração de recursos também poderia acabar com as formas degradantes de masculinidades e considerou isso uma consideração vital em qualquer futuro proativo, tanto para homens quanto para economias sustentáveis. Este é um *insight* importante em conexão com a necessidade urgente de transição para energias renováveis das indústrias de hidrocarbonetos à luz das alarmantes evidências ecocidas das mudanças climáticas globais associadas à produção e consumo de combustíveis fósseis.

Esses estudos expuseram um paradoxo revelador que fez eco a nossas análises anteriores do movimento mitopoético dos homens. Caçadores de focas, madeireiros e operários de fábrica igualmente são exemplos incorporados de uma longa tradição de endurecimento, especialmente no difícil período inicial de se estabelecer profissionalmente (tome, por exemplo, as primeiras 20 a 50 mortes de filhotes de foca), que, quando combinado com uma vida de privações, tanto no trabalho quanto em casa, exige que qualquer homem normal deva simplesmente fazer o trabalho e voltar para casa inteiro, colocando seu eu emocional de lado, a fim de sobreviver tanto física quanto psicologicamente (uma vez que, como disse um caçador de focas, "morto é morto") (Keough, 2010: 141). Isso deixa pouco espaço para o processo de autoconfrontação das análises estruturais, já que para muitos homens basta colocar a comida na mesa e aguentar mais um dia, ou melhor, se contentar com a realização de ter atendido às expectativas sociais colocadas sobre eles, deixando seu eu de lado para proteger e prover a família. Essas perspectivas demonstram que o condicionamento dos homens em torno do cuidado com a comunidade e a família substitui o autocuidado e, certamente, o cuidado com a Terra, proporcionando uma característica reveladora das masculinidades industriais/ganha-pão, que tem aplicações (e implicações) de longo alcance na definição dos costumes socioculturais da extração de recursos (Miller, 2004; Milnes e Haney, 2017).

Independentemente do papel de alguém dentro ou em oposição às indústrias extrativas, podemos inferir de estudos como esses que, na ausência de análises desconstrutivas das masculinidades, as normas *malestream* permeiam prontamente os espaços dos homens. A tendência a adotar padrões de dominação masculina impulsiona os dois lados dos debates sobre justiça social e ambiental, de maneira que perde o que é mais profundo em questão.

Claramente, uma teoria de masculinidades ecologizadas eficaz deve adotar uma análise sociopolítica que o ecocriticismo não adota. Devemos facilitar o movimento da hegemonização masculina para além das incorporações imediatas, buscando exames dos corpos e psiques dos homens para articular estratégias que evitem que a hegemonização se repita continuamente. Afinal, se os trabalhadores são os inescapáveis defensores do "morto estar morto" e os ecoguerreiros são "salvadores" contemporâneos (código para cavaleiros justos em armadura brilhante), precisamos ir mais longe para realmente ecologizar as masculinidades à luz das deficiências de ambos os extremos.

Por conta de sua maior proximidade com o mundo natural entrelaçada com a globalização política e econômica, um exame dos homens no movimento ambientalista pode lançar luz na estrutura das interseções entre as questões regionais e os encontros humanos com a Terra.

Homens no movimento ambientalista

Voltamos agora para examinar mais de perto um artigo de Raewyn Connell (1990) intitulado *A Whole New world: Remaking Masculinity in the Context of the Environmental Movement* (Um mundo inteiramente novo: refazendo a masculinidade no contexto do movimento ambiental). Connell nos brindou com uma das primeiras análises acadêmicas de homens ambientalmente responsáveis no contexto australiano. Na década de 1980, o feminismo (e o feminismo ecológico em particular) começou a desempenhar um papel mais influente na definição da agenda ambiental australiana. Isso trouxe à tona a necessidade dos homens, no movimento ambientalista daquela nação, repensarem suas trocas com as mulheres e a Terra. Alguns homens abraçaram essa nuance, que teve o efeito de produzir reconstruções emergentes de masculinidades para aqueles indivíduos, as comunidades com as quais se engajaram e as causas ambientais que defenderam. Levantando as histórias de vida de seis homens (com idades entre 22 e 50 anos), que foram ativamente empenhados na "política verde", o estudo de Connell concluiu que:

> ... os homens encontraram uma mistura distinta de relacionamentos pessoais e ideais culturais. Essa política engajou suas vidas em mais de um nível e atendeu a uma variedade de necessidades – por solidariedade com os outros, por clareza moral, por um senso de valor pessoal. Esse engajamento foi importante na produção de uma política de gênero. O movimento teve influência, por assim dizer, na vida emocional de seus participantes.
>
> (Connell, 1990: 462)

A pesquisa de Connell demonstrou que cuidar da Terra pode aumentar a consciência de formas que também ampliem seus encontros políticos e pessoais, com grande potencial para prepará-los para desafiar a hegemonização masculina interna e externamente.

Os homens do estudo de Connell nos deram uma perspectiva única. Eles não eram "excursionistas, brincando de ser o Novo Homem Sensível", como muitos homens costumam fazer por meio da mitopoesia (Connell, 1955: 136). Em vez disso, os homens entrevistados por Connell (1990: 471) estavam comprometidos com a "política real e de longo alcance da personalidade", tanto em princípio quanto na prática, mesmo quando colidiram com as opressões estruturais que confrontavam suas comunidades. Connell descobriu que, apesar da forte resistência do *malestream*, esses homens demonstraram algum nível de sucesso em desafiar as noções tradicionais de hegemonização masculina, engajando-se em um discurso ecológico que, inicialmente, ganhou proeminência no final dos anos 1960 e começou a fazer incursões perceptíveis no tecido ocidental das políticas e práticas sociais e ambientais na década de 1980 (Hultman, 2015b). Connell (1990: 463-464) sugeriu que, sob a influência do feminismo, esses homens cultivaram "terreno fértil para uma política de masculinidade" que poderia reconfigurar suas vidas e, ao fazer isso, facilitaria mudanças profundas em suas relações de trocas com humanos e outros não-humanos. Citando as ligações entre o ativismo ambiental e a necessidade de se envolver emocionalmente com o mundo, Connell (1995: 120) propôs que esses homens "ambientalmente sensíveis" lançassem desafios diretos à masculinidade hegemônica por meio de: ideologias de equidade; ênfase no coletivismo e solidariedade; engajamento ativo no crescimento pessoal e celebração da integridade orgânica de toda forma de vida. No entanto, os homens que Connell pesquisou articularam a dissonância cognitiva associada à "vertigem de gênero" que acompanhava seus esforços, observando que tornar sua política visível trouxe seus respectivos sentidos de masculinidade em questão, resultando em marginalização percebida e real das normas *malestream* (Connell, 1995: 127-128, 141-142). Respondendo à exploração de Connell de suas vidas, esses homens revelaram que a adoção feita abertamente das políticas anti-hegemônicas representava uma ameaça muito real para eles e que cortava profundamente suas psiques, transmitindo, em termos inequívocos, que estavam sendo percebidos como traidores de gênero por alguns por conta da adesão a ética social e ambiental radicais. Seu desafio à masculinidade *malestream* resultou em uma mensagem clara de que a "traição" de gênero é um grande "não-não" se alguém deseja permanecer um destinatário da primazia social prometida aos homens por uma sociedade sexista e destruidora da natureza.

Em uma veia semelhante ao que Connell propôs e durante *fellowship*[28] na Nova Zelândia, eu (Martin falando aqui) examinei as maquinações pessoais e profissionais do arquiteto Maori Rau Hoskins (Hultman, 2014). Nesse estudo, considerei as opiniões de Hoskins sobre ambiente que foi construído, observando que aqui estava um homem que havia estudado técnicas de construção indígenas e híbridas, desenvolvendo uma marca única de arquitetura moldada por mais de 1.300 anos de laços de parentesco e sabedoria da Terra. Hoskins e seus colegas coletaram as informações de seus clientes, em que revelaram seus interesses e desejos específicos, sendo o produto final projetos residenciais customizados que estivessem imbuídos de tais detalhes pessoais ao lado de considerações sobre o ambiente natural local, a fim de criar estruturas que enriqueceriam as trocas culturais e facilitariam uma maior conectividade entre o interior e o exterior (designTRIBE, 2017). A retórica disso soa animadora. Mas, mesmo aqui, as forças de mercado têm grande influência na determinação das leis de construção, colocando as pressões econômicas à frente das tecnologias sustentáveis. Efetivamente, eles juntaram os préstimos inspiradores de Rau Hoskins e clientes selecionados, que podiam pagar generosamente do próprio bolso ou que teriam acesso a apoio financeiro. Isso, então, restringiu os benefícios de tais esforços – que possuem grande potencial para transformar as políticas nacionais dos códigos de construção e das classificações de sustentabilidade – para os ricos. Naturalmente, como arquiteto, a prática de Hoskins dependia dos recursos de sua clientela e, nesse sentido, a natureza de sua arquitetura permanece limitada pelo sistema econômico capitalista dentro do qual é realizada.

Tal como acontece no estudo de Hultman, Connell confirmou que as tentativas de subverter a dominação masculina e a destruição ecológica por meio de estratégias de vanguarda são persistentemente restringidas por forças sociais e de mercado, senão por "reprimenda de gênero", representando barreiras severas contra as mudanças em direção às masculinidades ecológicas que nós defendemos ao longo deste livro. De ambos os estudos, aprendemos que o bastião *malestream* que se interpõe no caminho da ecologização masculina é monumental para muitos homens. Para ir além disso, Connell sugeriu que os homens devem mudar para um novo terreno ideológico onde as fontes sociais/estruturais da contradição emocional podem ser abordadas direta-

---

28 Nota da tradução: Espécie de bolsa ou financiamento, prêmio, para pesquisa, normalmente acadêmica.

mente. Como o feminismo radical pretendia, isso requer uma mudança para o nível de prática coletiva que está longe de ser a norma para a maioria dos homens que foram socializados por milênios para seguirem sozinhos (Connell, 1990: 473). Podemos equiparar esta recomendação a uma reconstrução do *self* masculino através do crescimento da conscientização como mudanças ontológicas simultâneas em seu lar e em contextos sociais mais amplos, que poderiam então manifestar uma "política contrasexista de gênero para homens que rejeitam a masculinidade hegemônica" e são, portanto, mais bem equipados para ampliar o escopo de seus esforços contraculturais em face de pressões opostas agourentas (Connell, 1990: 476).

Os vínculos mais amplos entre homens, masculinidades e as implicações localizadas de questões sociais e ambientais urgentes nos proporcionam algumas considerações adicionais. Tomemos, por exemplo, um artigo intitulado "Masculinismo, Mudança Climática e Desastres 'Feitos pelo Homem': Rumo a uma Resposta Pró-feminista Ambiental", do sociólogo australiano Bob Pease (2016). Pease ofereceu uma contribuição importante para a nossa compreensão das ecomasculinidades no contexto da resposta e gestão de desastres, no qual as interações masculinas com a natureza não-humana podem ser particularmente agudas. Ele suspeitava das tentativas de encorajar a comunhão mais profunda dos homens com a natureza de uma forma mitopoética, uma vez que a história desses esforços encorajou os homens, na melhor das hipóteses, a "buscar encontrar características redentoras na masculinidade tradicional em resposta às críticas ecofeministas" (Pease, 2014: 65). Ele observou que:

> Dado o amplo reconhecimento entre estudiosos feministas de que a masculinidade hegemônica está associada a uma relação dominadora com a natureza (Twine, 1997), é curioso que tenha havido tão poucos estudos sobre masculinidades críticas sobre a relação dos homens com a natureza. Muito do engajamento inicial com a natureza de escritores mitopoéticos (Bly, 1990; Moore e Gillette, 1990) tinha uma premissa essencialista de que os homens tinham um núcleo primorcial conectado à natureza que eles precisavam recuperar. Apesar dos escritos essencialistas dos escritores mitopoéticos sobre "o homem selvagem" e outros seres míticos, a maioria dos teóricos da masculinidade negligenciou uma interrogação crítica dos homens e do mundo natural.
>
> (Pease, 2014: 65)

Concordamos com a crítica de Pease aqui, observando a importância de olhar para além dos binários de gênero à medida que articulamos nosso enquadramento teórico da ecologização masculina, mas nos concentramos intencionalmente nas masculinidades ecológicas como um passo necessário para nos ajudar a chegar lá. Afinal, mudar para um novo terreno ideológico a fim de reconfigurar as masculinidades pessoais e no campo político não é uma tarefa simples. Considere, por exemplo, as análises das mudanças climáticas (Anshelm e Hultman, 2014), bem como as respostas dos ativistas ambientais a elas, particularmente desde os anos 1960 e 1970 (Melosi, 1987; Roma, 2003; Hazlett, 2004). Em ambos os casos, as análises desconstrutivas são inevitavelmente baseadas no gênero.

Ecologizar as masculinidades a fim de proporcionar maior cuidado aos humanos e aos outros requer abordagens multifacetadas para cuidar dos comuns glocais. Não é suficiente que o cuidado masculino seja excessivamente localizado (e, portanto, míope), assim como é inadequado racionalizar excessivamente a necessidade de cuidado masculino estruturalmente sensível na busca por justiça social e ambiental globalizada. Consideramos as duas como necessidades entrelaçadas. Para enfatizar ainda mais o ponto, considere algumas pesquisas recentes do movimento ambientalista por Jody Chan e Joe Curnow (2017). Com base em um extenso estudo participativo de um grupo de estudantes ambientais, esses pesquisadores descobriram que os homens (especialmente os brancos) tendem a ocupar seu tempo de comunicação em conversas e mais prontamente se considerarem especialistas, transmitindo argumentos racionais, buscando soluções práticas e elaborando listas de tarefas para chegar lá (Chan; Curnow, 2017: 83). Outro estudo de Susan Buckingham e Rakibe Kulcur (2009) expôs a presença de direitos dos homens mesmo dentro de movimentos ambientais onde as sensibilidades políticas estão geralmente em alerta máximo. O mesmo padrão de ruptura *malestream* das relações de gênero transformadoras foi testemunhado na política dos partidos verdes no Norte Global, onde as normas industriais/ganha-pão foram expostas, mas inadequadamente substituídas pelo que classificamos como respostas ecomodernas (Jackson, 2017: 310). Concluímos que a transformação pessoal e estrutural deve ser uma via de mão dupla, com caminhos que se cruzam e que merecem ser levados a sério, pois a consciência ambiental não se traduz automaticamente em equidade de gênero, nem vice-versa. Embora as políticas alternativas de ativistas de justiça social e ambiental desempenhem um papel importante em ajudar a abordar as preocupações glocais, a autorreflexão no nível pessoal também deve estar presente. Desta forma, asseguramos que os homens nas fronteiras, juntamente com protocolos sancionados socialmente, vias de resolução de disputas e acordos comunitários sobre as formas como eles interagem com a Terra, os outros e consigo mesmos, de fato desafiem as masculinidades hegemônicas e facilitem proativamente a ecologização masculina. Com isso em mente, temos uma visão otimista de que os homens e as masculinidades podem, dão e darão esses passos, posicionando as masculinidades ecológicas tanto como uma alternativa conceitual quanto como caminho pluralizado para nos levar até lá. Coerente com essa intenção, passamos a examinar as masculinidades para além dos espaços urbanos e suburbanos.

Agricultores e a sociologia das masculinidades

A sociologia rural examina amplamente as implicações sociológicas da vida fora das cidades. Este campo de estudo se origina em investigações da agricultura, produção de alimentos e da geografia espacial de regiões rurais e remotas. Alguns estudiosos da área prestam atenção à interseção de identidades de gênero e meio ambiente e suas práticas geograficamente específicas (Bell, 2000; Campbell; Mayerfeld Bell, 2000; Laoire, 2001; Campbell et al. Eds., 2006). Outros estudiosos se concentram em atividades ao ar livre, como pesca, caça e trabalho industrial no contexto da extração de recursos naturais (Saugeres, 2002; Brandth; Haugen, 2005; Keller; Jones, 2008; Venkatesh, 2017), bem como estudos sobre a mudança de identidades no campo, pois são moldados por perturbações econômicas (Brandth; Haugen, 2000). A sociologia rural também discute práticas contraculturais e ecologicamente corretas como fontes de compreensão mais profunda dos homens, masculinidades e da Terra por meio de exames de comunas rurais e comunidades intencionais ligadas ao movimento de-volta-à-terra.

Primeiro, consideramos a agricultura e as masculinidades rurais por meio de um exame da dissertação de mestrado em serviço social concluída por James Donaldson (1990a). Donaldson falou com um emergente "espírito ecomasculino", reflexo de um seleto grupo de fazendeiros que ele chamou de "líderes ecológicos masculinos". Como assistente social, ele estava interessado em descobrir o impacto do ambientalismo na socialização masculina entre um grupo de ativistas ambientais do sexo masculino vivendo em várias pequenas comunidades produtoras de frutas no centro-norte do Estado de Washington, nos Estados Unidos. Donaldson prestou atenção especial aos aspectos sociopolíticos de sua amostra de pesquisa, explorando suas crenças em torno de questões interculturais, a exploração de minorias em regiões rurais, opressão social, abordagens de gênero para o trabalho (incluindo parentalidade), pontos de vista sobre masculinidade e os caminhos que a consciência ambiental moldou seus sentimentos e ações em resposta às injustiças sociais e ambientais. Os homens que ele estudou compartilhavam a disposição de "praticar a verdade e encontrar as conexões sagradas da agricultura novamente [facilitando ativamente] a restauração do caráter agrícola para o mundo" por meio da ética da agricultura artesanal (Donaldson, 1990a: 21-22; Donaldson, 1990b: 5). Claro, as práticas agrícolas empregadas por esses homens eram "alternativas", contando com a redução de insumos de pesticidas e fertilizantes, métodos de controle biológico, cuidados com o solo, rotação de culturas e desenvolvimento de conhecimento climático local, reflexo do compromisso coletivo dos homens com a sustentabilidade. Eles enfatizaram as abordagens biodinâmicas e biorregionais para o manejo agrícola. Ele posicionou movimentos "de-volta-à-terra", como aqueles estudados como contribuidores vitais para o aumento da consciência social e ambiental, argumentando que a era ecológica, personificada por esses homens, ocorreria por meio de uma visão de mundo pós-patriarcal ecocêntrica nas seguintes formas política, social e ecologicamente desejáveis:

- Resistir a novos abusos ambientais, onde quer que eles ocorram, a fim de reduzir os danos que estamos infligindo ao meio ambiente e adiar crises iminentes, enquanto buscamos outras abordagens;

- Educar cidadãos e líderes sobre a relação entre o bem-estar humano e a qualidade ambiental, bem como as causas das crises ambientais e as etapas necessárias para resolvê-las;Redefinir conceitos-chave, incluindo princípios críticos, econômicos e políticos, para que nossas interações básicas possam ser orientadas para alcançar um equilíbrio sustentável entre as sociedades humanas e a Terra;

- Expandir as instituições existentes e construir novas, projetadas para sustentar e nutrir as atividades humanas que ocorrem em equilíbrio com a natureza;

- Combinar esforços de proteção ambiental e de direitos humanos como aspectos indivisíveis de uma estratégia unificada, que forja um mundo sustentável para todos.

(Donaldson, 1990ª: 19-20)

Donaldson viu os homens que estudou como líderes ambientais puxando personificações de masculinidades modernas para longe das normas *malestream* por:

> ... desenvolverem um novo espírito ecomasculino de coragem feroz que irá repudiar a imagem supermasculina do executivo corporativo poderoso. Talvez eles apareçam com uma imagem do vazio da posição de poder e a tragédia do papel isolado do homem que busca estima no poder bruto e privilégio do ganho econômico, mesmo às custas da Terra materna.

(Donaldson, 1990b: 5)

Subestimando o essencialismo de "maternizar" a Terra, Donaldson considerou que esses homens estavam em melhor posição entre os homens em geral para implementar os imperativos da ecologização. Para ele, representavam uma vanguarda na criação do processo histórico da ecomasculinidade em tempo real. Eles serviram como "atores sociais", não apenas "pesquisando seu próprio processo histórico", mas também estavam ativamente engajados na criação de "novos símbolos ecológicos que expressassem o significado de sua existência", "tentando ordenar uma sociedade baseada em princípios e práticas ecológicas" (Donaldson, 1991: 7). Eles abraçaram a educação, análises críticas, juntamente com a capacidade de se envolver ativamente com a sociedade civil nos níveis pessoal, familiar, local e regional. As escolhas valorativas desses agricultores impactaram diretamente suas experiências vividas em casa também; seus "espíritos poderiam ser aprimorados por meio da nutrição e do cuidado" de todos os outros, o que então facilitava manifestações alternativas de masculinidades, distanciando-os dos padrões de dominação masculina que permeiam a sociedade dominante nas formas como interagiam e cuidavam de suas famílias (Donaldson, 1990a: 23) Isso ficou particularmente evidente em seus compromissos com a paternidade consciente. No entanto, Donaldson não abordou a necessidade de acabar com a dominação masculina. Ele não fez menção à transformação de comportamentos hegemônicos entre mulheres e homens, nem entre os próprios homens. Notavelmente, no Norte Global, as operações agrícolas estão mudando, mas em grande parte permanecem um mundo de homens (Stenbacka, 2007: 87–88; Graeub et al. 2016). Em relação à gestão agrícola como agronegócios em escala industrial no Norte Global, o trabalho que as mulheres realizam nas fazendas continua a ser pouco reconhecido e subvalorizado (Hultman, 2015a). As aplicações práticas das interações interpessoais dos homens rurais foram perdidas no foco do estudo na intenção masculina contracultural, como se seu foco principal fosse enfrentar o exterior para desafiar o mundo *malestream* que aparentemente os distraiu de também enfrentar o interior para lidar com seus próprios padrões dominadores internalizados.

O estudo de Donaldson observou que, ao escolher um estilo de vida de-volta-à-terra, alguns homens rurais corriam alto risco de serem alterizados por desafiarem os benefícios da conformidade masculina hegemônica, na verdade, colidindo com o "dividendo patriarcal" (Connell, 1995). Isso representou um grande obstáculo contra a equidade de gênero abrangente em suas vidas diárias e foi provavelmente a principal causa de sua incapacidade de abordar seu próprio sentimento de superioridade internalizado. Além disso, embora a demografia desses homens não tenha sido totalmente revelada, a pesquisa de Donaldson expôs indiretamente as limitações das abordagens ecotópicas à vida que refletem os "guetos brancos de classe média" que caracterizam as populações ambientalmente conscientes até hoje (Bawden, 2015). Ele prosseguiu argumentando que, com nossos crescentes perigos ambientais "havia homens ecologicamente conscientes que tinham, no centro de suas vidas, seu lugar e seu povo", o que fortaleceu ainda mais o *ethos* protetor/provedor que permeia as normas *malestream* (Donaldson, 1990a: 25). Embora sucessos localizados tenham sido notados, os homens que Donaldson estudou tiveram impactos insignificantes sobre as forças sociais mais amplas que ele reconheceu que estavam destruindo a Terra – eles eram, na verdade, separatistas, reflexo de uma elite que podia se dar ao luxo de se esconder dos *malestreams* ocidentais – pelo menos em princípio. Infelizmente, suas intenções anti-hegemônicas tiveram pouco ou nenhum impacto nos mecanismos de opressão para além de suas ecotopias locais. Consequentemente, o impacto das estratégias ecomasculinas desses homens em suas relações sociais e interpessoais era suspeito, distante das masculinidades de protesto sérias que aspiravam alcançar. Essas críticas também são semelhantes às feitas contra várias ecovilas (Jarvis, 2017). Através das lentes de nossas análises de uma ecologização masculina efetiva, concluímos que o estudo de Donaldson destacou as deficiências de qualquer separatismo rural que evita a hegemonização masculina e que não consegue se traduzir em justiça social e ambiental, bem como sutil, interpessoal e sistêmica em larga escala. Embora seja atraente para alguns homens ecologizar nos arredores calmos e tranquilos de comunidades rurais, não podemos presumir que esses esconderijos localizados de paisagens urbanas se traduzirão automaticamente em "des-hegemonização" em larga escala ou, mais preferivelmente, em ecologização direta.

O processo de ecologização, a nosso ver, deve ser mais intencional do que isso, sendo tanto estrutural quanto pessoal, global e local, encontrando aplicação tanto em ambientes urbanos quanto em recantos remotos onde a natureza selvagem está ao nosso alcance, de modo que os homens da terra ficam ao lado de homens de comunidades urbanas e suburbanas para facilitar a ecologização nas mais amplas frentes. Aprendendo com as deficiências dos agricultores de Donaldson, notamos a importância de construir masculinidades ecológicas em uma ampla frente política e pessoal. Reconhecemos que as metrópoles são particularmente importantes como alvo – levar a ecologização à "barriga da besta", por assim dizer. Adotando uma visão mais profunda do que os "colonizadores da terra" de Donaldson, notamos que os arredores urbanos representam os locais mais tumultuados socialmente, ecologicamente devastadores, estruturalmente visíveis, etnicamente diversos, economicamente variáveis e geopoliticamente influentes para o surgimento de masculinidades pós-hegemonizadas, que chamam nossa atenção de volta para masculinidades em contextos metropolitanos. Um exemplo de sucesso dessa recomendação foi implementado na primavera de 2018 em Järna, Suécia, sob o nome de Under Tallarna: uma reunião sistemicamente crítica, que conseguiu precisamente esta necessária união de exames pessoais e políticos de encontros humanos/Terra sob os auspícios de considerações rurais, suburbanas e urbanas.

Reconsidere as referências aos que estão se afastando dos meios industriais de produção agrícola. Por meio dos movimentos de-volta-à-terra, estamos testemunhando formas rurais, suburbanas e urbanas de masculinidades ecológicas. Essas populações agrícolas que estão sujeitas a desafios únicos são de grande interesse para alguns sociólogos (Peter et al., 2000; Laoire, 2002). As questões estruturais examinadas por tais estudos podem ser úteis para qualquer discurso efetivo de masculinidades ecologizadas, lançando luz sobre aqueles que estão engajados com regiões rurais (como agricultores, muitos dos quais são homens) que comumente desenvolvem uma intimidade com a terra de maneiras que os estudiosos não. Enquanto isso, outros acadêmicos oferecem algumas conexões importantes entre preocupações localizadas e questões globais urgentes (como as mudanças climáticas) (Alston, 2015). Hugh Campbell e Michael Mayerfeld Bell (2000) abordaram o assunto pelos dois lados. Eles consideraram investigações rurais sobre masculinidades e investigações de masculinidades em estudos rurais, posicionando suas pesquisas em alinhamento com Connell como uma contribuição para análises feministas da agricultura. Sua pesquisa contestou noções anteriores de que as masculinidades eram "papéis sexuais" monolíticos sofrendo de grandes "crises", recomendando que devemos por outro lado considerar a "masculinidade rural" como sujeita a construções "simbólicas, discursivas ou ideológicas" (Campbell e Mayerfeld Bell, 2000: 532, 534). Esses estudos trouxeram foco agudo para as complexidades de gênero das comunidades rurais, observando que, quando assumimos que os agricultores são homens, classificamos os homens e mulheres rurais. Fazendo isso, corremos o risco de presumir que os agricultores trabalharão duro, competirão e se isolarão como os bons trabalhadores deveriam e que as mulheres em suas vidas serão invisíveis (Campbell e Mayerfeld Bell, 2000: 540).

Em outro estudo sobre justiça ambiental e preocupações rurais, David Pellow afirmou que uma dimensão de gênero adequada estava faltando nos estudos rurais.

Ele argumentou que devemos dar:

> ... maior atenção às maneiras pelas quais gênero e sexualidade podem funcionar em contextos de (in)justiça ambiental rural... já que... os espaços "naturais" rurais nos Estados Unidos têm sido historicamente construídos socialmente não apenas por meio de discursos racializados, mas também de formas profundamente masculinistas, patriarcais e heteronormativas. O ecofeminismo e a teoria feminista oferecem ferramentas fortes para fazer essas conexões.
>
> (Pellow, 2016: 5)

A partir de visões como esta, somos lembrados de que os estudos rurais podem expor fortalezas da hegemonização masculina, situando as identidades masculinas para além dos arredores suburbanos e urbanos como legítimas e merecedoras de nossa atenção também (Campbell e Mayerfeld Bell, 2000: 540). Notamos que essas considerações servirão melhor ao processo de maior sustentabilidade global se formos capazes de atender às necessidades dos homens e das masculinidades na frente mais ampla. Por essas razões, acreditamos que os estudos sobre agricultura, agricultores e sociologia rural nos oferecem importantes áreas adicionais para novas pesquisas sobre masculinidades ecológicas.

Ecomasculinidades de inspiração feminista

Como atestamos no Capítulo 5, ecofeministas assumiram a liderança ao expor as maneiras pelas quais a miopia *malestream* tem impactado os humanos alterizados e não-humanos. Alguns têm atendido seus chamados. Pouco depois do artigo fundamental de Connell discutido acima, o estudioso de inspiração ecofeminista Richard Twine (1995) surgiu como contribuidor adicional e importante para as ligações entre homens, masculinidades e natureza. Em uma postagem provocativa no Essex Ecofem Listserv, ele levantou a questão: onde estão todos os ecomasculinistas? Twine afirmou o seguinte:

> Embora existam alguns homens escrevendo sobre ecofeminismo... não parece haver nenhuma literatura sobre como os movimentos ambientalistas e feministas juntos formam uma forte crítica da tradição masculina ocidental dominante. Alguém sabe de algum exame crítico (especificamente críticas ecofeministas) dessa posição, particularmente aquele que aborda a masculinidade ao invés do patriarcado. Embora ecofeministas não-essencialistas tenham apontado os problemas de uma simples celebração do "feminino", parece haver uma lacuna teórica na reformulação da masculinidade à luz do feminismo. Ainda desejamos manter algum grau de polaridade ou estamos observando a criação de um gênero andrógino? Qualquer resposta será muito apreciada!
>
> (Twine, 1995: np)

Mas para uma breve troca entre Twine e Amanda Swarr (ou Lock Swarr), Niamh Moore, Sandra Russon e Karen Barnhardt, seguidas posteriormente por uma resposta mais ponderada de Lee Hall (2005), estas trocas não conduziram a um estudo mais profundo da validade (ou não) de uma 'ecomasculinidade' emergente como uma teoria e/ou prática fundamentada. Twine (1997) publicou em seguida "Masculinidade, Natureza, Ecofeminismo" na mesma lista, oferecendo mais de seu pensamento em resposta à sua própria pergunta hábil de 1995. Essa postagem também se baseou nos *insights* críticos de Connell (1995) sobre masculinidade hegemônica enquanto criticava o então pico do movimento dos homens mitopoéticos. Twine observando que:

> ... podemos fazer muito melhor do que a narrativa essencializada de Robert Bly do "Homem Selvagem" como forma de representar a natureza e a masculinidade. Sinto que faltam textos sobre a relação entre masculinidade e natureza, embora se reconheça, há muito, que a masculinidade hegemônica se configura em parte por uma relação dominadora e alienada com a natureza. Além disso, nas discussões sobre homens e emoções, ou homens e violência, ou homens e corporificações, a categoria de "natureza" está sempre à espreita no fundo, embora não receba atenção direta suficiente.
>
> (Twine, 1997: 1)

Twine argumentou a favor da des-hegemonização dos homens e das masculinidades. Ele confrontou isso às formas como os homens se relacionam com a natureza, afastando-se dos padrões de feminização, romantização e dominadores, que convenientemente evitam explorações de homens, masculinidades e da Terra. Como alternativa, ele celebrou a noção de que "a política ecológica oferece uma maneira importante pela qual os homens (pró-feministas) podem subverter, embora indiretamente, a masculinidade hegemônica e, em seguida, criar potencialmente novas conversas mutuamente enriquecedoras e não opressivas entre os homens e a natureza" (Twine, 1997: 6). Ele sustentou que foi a política ecofeminista que melhor expôs a "vulnerabilidade física e emocional masculina" de maneiras que poderiam aliviar "o estresse e a doença que acompanham sua negação" (Twine, 1997: 5). Para Twine, tal política era uma voz na selva de masculinidades ecologizadas, uma vez que não era tarefa das ecofeministas fazer avançar os discursos em direção às ecomasculinidades, visto que a distância entre masculinidade e natureza foi ampliada pela dominação masculina. Isso, ele argumentou, foi o trabalho de estudiosos masculinos alinhados com o feminismo ecológico; uma visão pungente que contribuiu significativamente para o surgimento deste livro.

Twine sugeriu que era essencial para os homens desenvolverem relacionamentos emocionais com a natureza junto com análises estruturais de inspiração ecofeminista. Um ingrediente vital para isso foi eles reconhecerem que os homens não têm marcas e devem aspirar a "algo contrário à masculinidade hegemônica" (Twine, 1997: 2). Em um artigo posterior intitulado *Ma(r)king Essence-Ecofeminism and Embodiment* (Marcando/Fazendo a essência ecofeminista e sua corporificação), Twine (2001) reiterou a convicção ecofeminista de longa data de que as mulheres não só são vistas como mais próximas da natureza do que os homens, mas também são consideradas mais "corporificadas" . Esta foi uma noção em alinhamento com a exploração da sexualidade de Joane Nagel (2003) no contexto da etnia, diversidade racial e nacionalismo e as formas como isso molda nossas percepções de diferença entre comunidades e culturas, particularmente em referência aos conflitos entre pessoas e lugar.

Essa diferença perceptível, afirmou Twine (2001: 32-33), destacou a possibilidade de os homens obterem *insights* das experiências vividas pelas mulheres a fim de resolver a ansiedade de sua identidade mestra coletiva ao abraçar os aspectos reveladores e as construções sociais de corpos "marcados". Pensando aqui em um jogo de futebol como uma analogia, os participantes que estão "desmarcados" no campo são livres para jogar da maneira que quiserem, enquanto os jogadores "marcados" são verificados e contidos por seus competidores que restringem suas ações no campo. Em paisagens socioculturais, o mesmo se aplica aos homens como "jogadores" não marcados em comparação com as mulheres, pessoas não-binárias/*genderqueer* (e outros não-humanos) como "jogadores" marcados que são desvalorizados pela identidade mestra de normas do *malestream*. Essa distinção é particularmente aguda para homens brancos ricos no contexto de privilégios de classe, gênero, sexualidade, espécie e raça (Twine 2001: 40-48). Twine (2001) propôs que esta incorporação masculina intencional poderia aumentar a capacidade sensual dos homens de tal forma que eles poderiam se estender além das mentes funcionais que nos controlam roboticamente para nos tornarmos corpos impactados e impactando a natureza, uns aos outros e a nós mesmos. Ele sugeriu que a marcada incorporação dos homens poderia estimular suas capacidades sensuais para desenvolver textura em suas vidas, além de servir como meros autômatos em dívida com o capitalismo corporativo. Tal perspectiva também pode incluir maior aceitação das funções corporais

– odores, secreções, ações, bem como envolver todo o corpo humano, incluindo as emoções (Twine 2001: 40). Ele argumentou que abraçar a corporificação marcada poderia mudar as percepções do eu masculino, distanciando do desdém e da auto-aversão dos homens e da aversão comum pelos outros humanos e não-humanos, suavizando efetivamente os limites entre masculinidade e natureza, para que os homens não existissem mais como "não-selados" do mundo ao seu redor (Twine 2001: 44). A marcação ou construção de Twine (2001: 48) do corpo masculino com uma *essência de carne* carregava consigo "conotações de animalidade, feminilidade, sexualidade e natureza", subvertendo as normas hegemônicas do *malestream* heteronormativo, onde aqueles que são marcados podem ganhar consideração igual aos homens não-marcados. Os preâmbulos de Twine sobre o assunto foram formativos, mas ele também não nos deu um roteiro para a ecologização masculina. Sua deferência ao ecofeminismo foi, na verdade, um atalho com o qual muitos homens não conseguiam se conectar ou se relacionar; ele não ofereceu uma metanarrativa sobre o assunto para outros explorarem e descompactarem. Em vez disso, suas perguntas convincentes sobre a necessidade de um discurso internacional emergente sobre a ecologização masculina se difundiram por quase vinte anos.

Em uma apresentação na *Sixteenth Americas Conference on Information Systems* (XVI Conferência das Américas sobre Sistemas de Informação), David Kreps (2010) nos proporcionou outra contribuição diferenciada e de inspiração ecofeminista para masculinidades ecológicas. Neste artigo um tanto obscuro sobre o tema das masculinidades ecologizadas, que refletia sua expertise no espaço das Tecnologias da Informação e Comunicação (TIC), Kreps fez eco à afirmação da ecofeminista Chris Cuomo (2002) de que "a prevaricação ambiental é um produto de suposições e práticas masculinistas, coloniais e capitalistas" (Kreps, 2010: 4-5). Ele introduziu a necessidade de "ecomasculinidades" como o melhor caminho filosófico e crítico para reconciliar as tensões inerentes aos debates de gênero e ambientais, aplicando essa afirmação às formas como usamos as TIC e aos impactos que esse uso tem tanto social quanto ambientalmente. Kreps era um proponente de modelos de mudança de comportamento que produziriam ações sociais e econômicas mais ecologicamente sensíveis e altruístas por meio do reequilíbrio dos encontros sociotécnicos conforme eles diferiam entre mulheres e homens.

Reconhecemos a validade da afirmação de Kreps de que as "ecomasculinidades" podem ser informadas por uma visão crítica de nosso uso doméstico das tecnologias da informação. Sua presença agourenta em casa está de fato cada vez mais associada a taxas crescentes de consumo de energia *per capita* nas nações ocidentais e comportamentos habituais individuais, que criam distância adicional entre nós em nossas vidas sociais, efetivamente cauterizando nossas habilidades em plasticidade social (Kreps 2010: 2). Mas a revelação de Kreps das ecomasculinidades sensíveis ao gênero como um bálsamo para os impactos mortíferos das TIC parou por aí. Consideramos a análise de Kreps uma longa reverência, dado o fato de que as TIC adicionalmente divorciam o eu dos compromissos viscerais com a Terra, para além do uso altamente processado de matérias-primas para fabricar dispositivos. A aplicação de suas noções de ecomasculinidades às TIC pode muito bem ter destacado o impacto de tal pensamento em uma das indústrias mais desiguais de gênero e altamente dependentes de recursos do planeta. Mas, além das afirmações de que a tecnologia é baseada no gênero e seu uso deve se tornar pró-ambiental e pró-feminista, Kreps não explicou como suas ecomasculinidades podem atender aos nossos iminentes problemas sociais e ambientais. De fato, a ausência de uma chamada para usar as TIC com maior sensibilidade de gênero e meio ambiente sofreu um vazio semelhante no enquadramento teórico de suas ecomasculinidades, como demonstramos acima.

Uma contribuição acadêmica final convincente para a ecologização masculina, que está no centro de nosso pensamento, é um artigo da acadêmica, ativista e cineasta ecofeminista Greta Gaard, intitulado *Toward New EcoMasculinities, EcoGenders e EcoSexualities* (Rumo a novas ecomasculinidades, ecogêneros e ecosexualidades) publicado na antologia de Carol Adams e Lori Gruen (2014) *Ecofeminism: Feminist Intersections with Other Animals and Earth* (Ecofeminismo: interseções feministas com outros animais e a Terra). Gaard (2014: 225-226) defendeu fortemente nossa necessidade de criar "movimentos sociais democráticos radicais de ecoativistas e acadêmicos" por meio de uma desconstrução intencional do papel do 'Mestre *self* dominante... a fim de reconhecer e promulgar sustentabilidade ecopolítica e gêneros ecológicos... para começar a pensar em ecomasculinidade". Gaard aplicou as oito condições de contorno feministas de Karren Warren (1990) (mencionadas anteriormente) à sua sugerida masculinidade ecológica ao notar a necessidade de se tornar: resistente a padrões de dominação social; eticamente contextual; ciente das vozes das mulheres; alinhado com as teorias éticas em processo e ao longo do tempo; sensível às perspectivas de outras pessoas alterizadas; assumidamente subjetivo e disposto a centralizar as opiniões daqueles que são marginalizados; crítico da deturpação da ética tradicional e atencioso com as alternativas; redefinindo criticamente a nossa compreensão da condição humana (Gaard, 2014: 231; Gaard, 2017: 168). Ela desafiou o curso das manifestações tradicionais de masculinidade sob o capitalismo, buscando a cooperação e a verdadeira democracia que substituiria a hegemonização masculina por masculinidades atenciosas, onde os homens em particular poderiam abraçar suas capacidades de nutrir o que criam, renunciar ao controle, engajar suas emoções, defender a sustentabilidade ecológica, honrar outros não-humanos e priorizar a ecojustiça (Gaard, 2014: 237). Gaard insistiu que a abordagem mais produtiva para resolver os enigmas do nexo gênero-natureza é "imaginar diversas expressões de eco-gêneros – não apenas ecomasculinidades, mas também ecofemininas e identidades eco-trans" (Gaard, 2014: 238). Desde então, ela se opôs ao tópico de masculinidades ecológicas em *Critical Ecofeminism* (Ecofeminismo Crítico) (Gaard, 2017: 163– 169). Continuando a alavancar o trabalho anterior de Warren (1990: 141), Gaard (2017: 168) se referiu as "ecomasculinidades feministas" como fundamentalmente relacionais, questionáveis ao "individualismo abstrato" e postulou que "todas as identidades humanas e condutas morais são mais bem compreendidas 'em termos de redes ou teias de relações históricas e concretas' ". Gaard (2014: 230) corretamente destacou que "nem o ecocriticismo, nem os estudos dos homens, nem ecologias *queer*, nem (até à data) o ecofeminismo ofereceu uma incursão teoricamente sofisticada nos potenciais para ecomasculinidades" em nossa busca de soluções planetárias necessárias. Ela também observou que, embora as alternativas ao "machismo hegemônico e antiecológico possam ser novamente possíveis", uma teoria da masculinidade ecologizada eficaz requer uma consideração profunda de trabalhos anteriores nos campos da ecojustiça, filosofia e ativismo (Gaard, 2017: 166). Atendemos a esta chamada.

Gaard também forneceu análises críticas úteis de nossas contribuições respectivas e publicadas anteriormente para homens, masculinidades e a Terra. Ela astutamente observou que, no meu caso (Martin falando aqui), era preciso fazer mais do heterossexismo implícito nas construções hegemônicas de masculinidade. Esta foi uma crítica justa ao meu trabalho. No momento de publicar minhas primeiras contribuições para a masculinidade e o meio ambiente, minha principal preocupação era desconstruir os impactos das masculinidades hegemônicas na política ambiental, que era, a meu ver, problemática e dominada por masculinidades ecomodernas, especialmente em relação às mudanças climáticas e debates sobre energia (Hultman, 2013; Anshelm; Hultman, 2014). Desde então, minha pesquisa foi ampliada para incluir um escopo mais amplo de considerações no desenvolvimento de um processo eficaz de ecologização masculina. Eu encontrei muita inspiração e apoio para teorizar sobre homens, masculinidades e a Terra a partir de ecologias trans e *queer*, reconhecendo que Gaard (e outros) contribuíram para as masculinidades ecologizadas, trazendo ideias cruciais de identidades plurais, bem como de interseccionalidade, que busquei apoiar em publicações subsequentes (Hultman, 2017a: 248; Hultman 2017b: 95–96).

Na pesquisa de doutorado de Paul (Pulé, 2013), Gaard detectou uma intenção de subverter masculinidades "ousadas" com maior cuidado consigo mesmo, com a sociedade e com o ambiente por meio de mudanças politizadas na hegemonização masculina (Gaard, 2017: 168-169). Ela observou corretamente que em minha pesquisa de doutorado sobre o tema (Paul falando aqui) eu não tinha analisado adequadamente as contribuições precursoras de estudiosos ecofeministas chave (especificamente: Salleh, 1984; Plumwood, 1993; Warren, 1994; Salleh 1997; Warren, 1997; Warren, 2000), que já havia racionalizado os discursos de gênero-natureza para além da necessidade de um revisionismo de inspiração feminista de homens, masculinidades e Terra. Além disso, Gaard identificou que minha tese não questionou suficientemente te o significado das influências estruturais, como raça, classe, sexualidade e cultura, na formação de uma ecologização masculina eficaz.

Ambos reconhecemos os comentários de Gaard como algumas das contribuições acadêmicas mais recentes para uma análise rigorosa das conversas sobre a ecologização masculina até hoje. Também reconhecemos que essas críticas de nossos respectivos trabalhos anteriores, desde então, desviaram nossa atenção para o valor das ecologias trans e *queer* de maneiras que nós dois não havíamos visto antes. As contribuições de Gaard para a nossa compreensão dos homens, masculinidades e da Terra são esclarecedoras, junto com outras influências célebres, à medida que articulamos as transições da hegemonização masculina para a ecologização.

Reunindo materiais (um resumo)

Este capítulo proporcionou uma ampla revisão da literatura de trabalhos sobre ou relacionados ao tópico da ecologização masculina. Voltando à nossa metáfora dos quatro riachos que transportam ingredientes ricos para um estuário, examinamos acima cada um dos principais materiais disponíveis para trabalharmos.

O conjunto de pesquisas anteriores considerado neste capítulo expôs um interesse perene, mas crescente, no terreno de interseção de homens, masculinidades e Terra. Fomos particularmente encorajados por nossa descoberta de uma lista crescente de desenvolvimentos conceituais sobre homens, masculinidades e a Terra que consideramos aqui, indicando que nossas análises aprofundadas deste tópico não são completamente novas – mesmo que agora os tenhamos reunido pela primeira vez sob a bandeira de uma nova conversa que chamamos de masculinidades ecológicas. Trabalhamos intencionalmente com essa transdisciplinaridade ao longo deste capítulo de revisão da literatura, aprendendo com vários contribuidores discursivos históricos e contemporâneos à medida que exploramos os valores e práticas que cada um deles discutiu. Isso não quer dizer que podemos simplesmente projetar nossos pensamentos para frente, olhando para trás. Em vez disso, buscamos demonstrar aqui que o desafio direto à hegemonização industrial/ganha-pão e as inadequações das masculinidades ecomodernas estão discretamente em andamento há algum tempo. Nós nos posicionamos como dois entre essa crescente comunidade de pensadores e atores que buscam alternativas para a hegemonização masculina, elaborando este livro como uma metanarrativa de ecologização masculina, repleta de uma estrutura para o surgimento de práxis pluralizadas.

Nossa tarefa no Capítulo 8 é olhar para além desta coleção de materiais que nos ajudarão a construir nosso abrigo de masculinidades ecológicas. Este é um exercício que reconhece a necessidade de alcançar um futuro verde profundo por meio de abordagens com mais consideração e confrontando homens, masculinidades e a Terra. O projeto que imaginamos é: ontológico e epistemológico; desconstrutivo das noções de homem, macho, masculinidade e masculinidades; ciente de autoidentidade, relações familiares, engajamento da comunidade, economia local; sensível às formas como o poder (para além da dominação) é transmitido por toda a sociedade e em nossas trocas com outros não-humanos. Tal projeto é pessoal e político, encontrando aplicação desde a mais urbana das metrópoles às mais remotas das fazendas, áreas selvagens e paisagens culturais. Nossa interpretação de masculinidades ecológicas tenta facilitar as transições onde o "eu" se torna o "Eu" no sentido ecológico profundo, irradiando para as relações de trocas que não são apenas essenciais para nossas vidas individuais, mas redefinem as próprias maquinações de nossas interações entre nós e humanos e outros não-humanos também. Tal projeto visa redefinir as relações de trocas masculinas e aumentar suas capacidades de cuidar de toda forma de vida.

Ao concluir este capítulo, reconhecemos dívidas de gratidão para com aqueles que vieram antes de nós. Examinamos cuidadosamente os materiais que eles forneceram e, ao fazê-lo, identificamos o que ainda é necessário para o surgimento de uma teoria de masculinidades ecologizadas eficaz e suas práticas associadas. Agora colocados nas margens do nosso "encontro das águas", estes materiais equipam-nos bem para construir um abrigo onde podem ocorrer expressões únicas de ecologização masculina. O Capítulo 8 é dedicado a esse processo por meio dos elementos conceituais e tangíveis das masculinidades ecológicas.

Referências

Abberley, W. 2017. "'The love of the chase is an inherent delight in man": hunting and masculine emotions in the Victorian zoologist's travel memoir'. In S. MacGregor and N. Seymour, eds., *Men and Nature: Hegemonic Masculinities and Environmental Change*. Munich: RCC Perspectives, 61–68.

Abbey, E. 1988. *The Fool's Progress: An Honest Novel*. New York: Henry Holt.

Adams, C., and L. Gruen, eds. 2014. *Ecofeminism: Feminist Intersections With Other Animals & The Earth*. New York: Bloomsbury.

Allister, M. 2004. 'Introduction'. In M. Allister, ed. *Ecoman: New Perspectives on Masculinity and Nature*. Charlottesville: University of Virginia Press, 1–16.

Alston, M. 2015. *Women and Climate Change in Bangladesh*. Oxon: Routledge.

Anderson, W. 1990. *Green Man: The Archetype of Our Oneness with Nature*. London: HarperCollins Publishers.

Anshelm, J., and M. Hultman. 2014. 'A green fatwa-? Climate change as a threat to the masculinity of industrial modernity'. *NORMA: International Journal for Masculinity Studies* 9(2): 84–96.

Basford, K. 1978. *The Green Man*. New York: Brewer.

Bawden, T. 2015. 'Green movement must escape its "white, middle-class ghetto" says Friend of the Earth chief Craig Bennett'. Accessed 22 October 2017. http://www.independent.co.uk/environment/green-movement-must-escape-its-white-middle-class-ghetto-says-friends-of-the-earth-chief-craig-10366564.html

Bell, D. 2000. 'Farm boys and wild men: rurality, masculinity, and homosexuality'. *Rural Sociology* 65(4): 547–561.

Biehl, J. 1988. 'What is social ecofeminism?'. *Green Perspectives: A Left Green Publication* 11: 1–8.

Bildhauer, B., and C. Jones, eds. 2017. *The Middle Ages in the Modern World: Twentyfirst century perspectives*. London: OUP/British Academy.

Bliss, S. 1987. 'Revisioning masculinity: a report on the growing men's movement'. In *Context: A Quarterly of Humane Sustainable Culture* 16 (Spring): 21.

Bliss, S. 1995. 'Mythopoetic men's movement'. In M. Kimmel, ed., *The Politics of Manhood: Profeminist Men Respond to the Mythopoetic Men's Movement (and the Mythopoetic Leaders Answer)*. Philadelphia: Temple University Press, 292–307.

Bly, R. 1990. *Iron John: A Book About Men*. Boston: Addison-Wesley.

Bouchier, N., and K. Cruikshank. 1997. '"Sportsmen and pothunters": environment, conservation, and class in the fishery of Hamilton Harbour, 1858–1914'. *Sport History Review* 28(1): 1–18.

Brandt, S. 2017. 'The "wild, wild world": masculinity and the environment in the American literary imagination'. In J. Armengol, M. Bosch-Vilarrubias, À. Carabí and T. Requena-Pelegrí, eds., *Routledge Advances in Feminist Studies and Intersectionality*. New York: Routledge, 133–143.

Brandth, B., and M. Haugen. 2000. 'From lumberjack to business manager: masculinity in the Norwegian forestry press'. *Journal of Rural Studies* 16(3): 343–355.

Brandth, B., and M. Haugen. 2005. 'Doing rural masculinity – from logging to outfield tourism'. *Journal of Gender Studies* 14(1): 13–22.

Buckingham, S. 2010. 'Call in the women'. *Nature* 468(7323): 502.

Buckingham, S., and R. Kulcur. 2009. Gendered geographies of environmental injustice. *Antipode* 41(4): 659–683.

Buell, L. 2005. *The Future of Environmental Criticism: Environmental Crisis and Literary Imagination*. Malden: Blackwell.

Campbell, H., and M. Mayerfeld Bell. 2000. 'The question of rural masculinities'. *Rural Sociology* 65(4): 532–546.

Campbell, H., Mayerfeld Bell, M., and M. Finney. eds. 2006. *Country Boys: Masculinity and Rural Life*. University Park: Penn State Press.

Chan, J., and J. Curnow. 2017. 'Taking up space: men, masculinity, and the student climate movement'. In S. MacGregor and N. Seymour, eds., *Men and Nature: Hegemonic Masculinities and Environmental Change*. Munich: RCC Perspectives, 77–85.

Cheetham, T. 2005. *Green Man, Earth Angel: The Prophetic Tradition and Battle for the Soul of the World*. Albany: State University of New York Press.

Connell, R. 1990. 'A whole new world: remaking masculinity in the context of the environmental movement'. *Gender and Society* 4(4): 452–478.

Connell, R. 1995. *Masculinities*. Berkeley: University of California Press.

Cornelius, M. 2011. 'Beefy guys and brawny dolls: he-man, the masters of the universe, and gay clone culture'. In M. Cornelius, ed., *Of Muscles and Men: Essays on the Sword and Sandal Film*. Jefferson: McFarland and Company, Inc., 154–174.

Cuomo, C. 2002. 'On ecofeminist philosophy'. *Ethics and the Environment* 7(2): 1–11. designTRIBE. 2017. Rau Hoskins. Accessed 31 October 2017. http://www.designtribe.co.nz/en/people.html

Dinshaw, C. 2015. 'I've got you under my skin: the green man, trans-species bodies, and queer worldmaking – Carolyn Dinshaw talk'. Talk presented at Helen C. White Hall, University of Wisconsin, Madison, 5 February.

Dinshaw, C. 2017. 'Black skin, green masks: medieval foliate heads, racial trauma, and queer world-making'. In B. Bildhauer and C. Jones, eds., *The Middle Ages in the Modern World*. Oxford: Oxford University Press, 276–304.

Donaldson, J. 1990a. 'The beliefs of male ecological leaders regarding the impact of ecological movements on the socialization of the masculine role'. Master's diss., Heritage College.

Donaldson, J. 1990b. 'Ecomasculinity on the rise'. *Wingspan: Journal of the Male Spirit*, summer 5: 8.

Donaldson, J. 1991. 'Thunder stick, a sacred symbol for men in Australia and the Americas'. *Journal of Vancouver M.E.N.* 1(2). Accessed 22 October 2017. https://archive.org/stream/thunderstick/1.2_djvu.txt

Ferber, A. 2000. 'Racial warriors and weekend warriors: the construction of masculinity in mythopoetic and white supremacist discourse'. *Men and Masculinities* 3(1): 30–56.

Gaard, G. 2014. 'Towards new ecomasculinities, ecogenders, and ecosexualities'. In C. Adams and L. Gruen, eds., *Ecofeminism: Feminist Intersections with Other Animals and the Earth*. New York: Bloomsbury, 225–240.

Gaard, G. 2017. *Critical Ecofeminism (Ecocritical Theory and Practice)*. Lanham MD: Lexington Books.

Graeub, B., Chappell, M., Whitman, H., Ledermann, S., Kerr, R., and B. GemmillHerren. 2016. 'The state of family farms in the world'. *World Development* 87: 1–15.

Gremillion, H. 2011. 'Feminism and the mythopoetic men's movement: Some shared concepts of gender'. *Women's Studies Journal* 25(2): 43.

Hall, L. 2005. 'Ecofem listserv: reflections on the masculine hegemon: a reply to Richard Twine'. Accessed 14 December 2005. http://richardtwine.com/ecofem/reflec tions%20on%20the%20masculine%20hegemon%20-%20a%20reply%20to%20richa rd%20twineef.pdf

Harding, C. ed. 1992. *Wingspan: Inside the Men's Movement*. New York: St. Martin's Press.

Hazlett, M. 2004. '"Woman vs. man vs. bugs": gender and popular ecology in early reactions to Silent Spring'. *Environmental History* 9(4): 701–729.

Hemingway, E. 1936. 'The short happy life of Francis Macomber'. *Cosmopolitan* September: 30–33.

Hennen, P. 2008. *Faeries, Bears, and Leathermen: Men in Community Queering the Masculine*. Chicago: University of Chicago Press.

Hoff, B., and Bliss, S. 1995. 'Interview with Shepherd Bliss'. Accessed 11 February 2011. http://www.menweb.org/blissiv.htm

Hultman, M. 2013. 'The making of an environmental hero: a history of ecomodern masculinity, fuel cells and Arnold Schwarzenegger'. *Environmental Humanities* 2(1): 79–99.

Hultman, M. 2014. 'How to meet? Research on ecopreneurship with Sámi and Maori'. Paper presented at international workshop Ethics in Indigenous Research – Past Experiences, Future Challenges, Umeå, 3–5 March.

Hultman, M. 2015a. *Att lokalisera ekonomin: Lokalekonomiska analyser, snedställdhet, kvinnors företagande och hållbar landsbygdsutveckling*. Norrköping: Linköpings universitet, Centrum för kommunstrategiska.

Hultman, M. 2015b. *Den inställda omställningen: svensk energi-och miljöpolitik i möjligheternas tid 1980-1991*. Möklinta: Gidlunds.

Hultman, M. 2016. 'Gröna män? Konceptualisering av industrimodern, ekomodern och ekologisk maskulinitet'. In *Kulturella Perspektiv, Environmental Humanities* (vol. 1 – special issue): s.28–39.

Hultman, M. 2017a. 'Exploring industrial, ecomodern, and ecological masculinities'. In S. MacGregor, ed., *Routledge Handbook of Gender and Environment*. Oxon: Routledge, 239–252.

Hultman, M. 2017b. 'Natures of masculinities: conceptualising industrial, ecomodern and ecological masculinities'. In S. Buckingham and V. le Masson, eds., *Understanding Climate Change through Gender Relations*. Oxon: Routledge, 239–252.

Hultman, M., and Anshelm, J. 2015. 'Masculinities of global climate change: exploring ecomodern, industrial and ecological masculinity'. Paper presented at Work in a Warming World (W3) Workshop: Climate Change, Gender and Work in RichCountries, Simon Fraser University, Vancouver, June.

Jackson, S. 2017. 'Gender politics in green parties'. In S. MacGregor, ed., *Routledge Handbook of Gender and Environment*. Oxon: Routledge, 304–317.

Jarvis, H. 2017. 'Intentional gender-democratic and sustainable communities'. In S. MacGregor, ed., *Routledge Handbook of Gender and Environment*. Oxon: Routledge, 433–446.

Keller, J., and A. Jones. 2008. 'Brokeback mountain: masculinity and manhood'. *Studies in Popular Culture* 30(2): 21–36.

Keough, W. 2010. '(Re-)telling Newfoundland sealing masculinity: narrative and counter-narrative'. *Journal of the Canadian Historical Association/Revue de la Société historique du Canada* 21(1): 131–150.

Kimmel, M. 1993. 'Clarence William, Iron Mike, Tailhook, Senator Packwood, Spur Posse, Magic... and us'. In E. Buchwald, P. Fletcher, and M. Roth, eds., *Transforming Rape Culture*. Minneapolis: Milkweed Editions, 119–138.

Kreps, D. 2010. 'Introducing eco-masculinities: how a masculine discursive subject approach to the individual differences theory of gender and IT impacts an environmental informatics project'. *Proceedings of the Sixteenth Americas Conference on Information Systems*. Lima: Association for Information Systems.

Laoire, C. 2001. 'A matter of life and death Men, masculinities, and staying "behind in rural Ireland"'. *Sociologia Ruralis* 41(2): 220–236.

Laoire, C. 2002. 'Young farmers, masculinities and change in rural Ireland'. *Irish Geography* 35(1): 16–27.

Livingstone, J. 2016. 'The remarkable persistence of the Green Man'. Accessed 18 June 2017. http://www.newyorker.com/books/page-turner/the-remarkable-persistence-of-thegreen-man

Loo, T. 2001. 'Of moose and men: hunting for masculinities in British Columbia, 1880–1939'. *Western Historical Quarterly* 32(3): 296–319.

Loomis, E. 2017. 'Masculinity, work, and the industrial forest in the US Pacific Northwest'. In S. MacGregor and N. Seymour, eds., *Men and Nature: Hegemonic Masculinities and Environmental Change*. Munich: RCC Perspectives, 37–43.

Magnuson, E. 2007. 'Creating culture in the mythopoetic men's movement: an ethnographic study of micro-level leadership and socialization'. *Journal of Men's Studies* 15(1): 31–56.

ManKind Project. 2017. 'The ManKind Project'. Accessed 12 June 2017. https://mkpau.org

Mason, C. 2006. *Crossing into Manhood: A Men's Studies Curriculum*. New York: Cambria Press.

Matthews, J. 2001. *The Quest for the Green Man*. Wheaton: Quest Books Theological Publishing House.

Melosi, M. 1987. 'Lyndon Johnson and environmental policy'. In R. Devine, ed., *The Johnson Years* (Volume 2). Lawrence: Wiley, 113–149.

Miller, G. 2004. 'Frontier masculinity in the oil industry: the experience of women engineers'. *Gender, Work & Organization* 11(1): 47–73.

Milnes, T. and Haney, T. 2017. '"There's always winners and losers": traditional masculinity, resource dependence and post-disaster environmental complacency'. *Environmental Sociology* 3(3): 260–273.

Moore, R., and D. Gillette. 1990. *King, Warrior, Magician, Lover: Rediscovering the Archetypes of the Mature Masculine*. New York: HarperSanFrancisco.

Nagel, J. 2003. *Race, Ethnicity, and Sexuality: Intimate Intersections, Forbidden Frontiers*. Oxford: Oxford University Press.

Oppermann, S. 2011. 'The future of ecocriticism: present currents'. In S. Oppermann, U. Özdag, N. Özkan, and S. Slovic, eds., *The Future of Ecocriticism: New Horizons*. Newcastle upon Tyne: Cambridge Scholars, 14–29.

Pease, B. 2014. 'Reconstructing masculinity or ending manhood? The potential and limitations of transforming masculine subjectivities for gender equality'. In A. Carabí and J. Armengol, eds., *Alternative Masculinities for a Changing World*. New York: Palgrave Macmillan, 17–34.

Pease, B. 2016. 'Masculinism, climate change and "man-made" disasters: toward an environmentalist profeminist response'. In E. Enarson and B. Pease, eds., *Men, Masculinities and Disaster*. Oxon: Routledge, 21–33.

Pellow, D. 2016. 'Environmental justice and rural studies: a critical conversation and invitation to collaboration'. *Journal of Rural Studies* 47(38): 1–6.

Peter, G., Bell, M., Jarnagin, S., and D. Bauer. 2000. 'Coming back across the fence: Masculinity and the transition to sustainable agriculture'. *Rural sociology* 65(2): 215–233.

Plumwood, V. 1993. *Feminism and the Mastery of Nature*. London: Routledge.

Pulé, P. 2013. 'A declaration of caring: towards an ecological masculinism'. PhD diss., Murdoch University.

Requena-Pelegrí, T. 2017. 'Green intersections: caring masculinities and the environmental crisis'. In J. Armengol and M. Vilarrubias, eds., *Masculinities and Literary Studies: Intersections and New Directions*. New York: Routledge, 143–152.

Rome, A. 2003. '"Give Earth a chance": the environmental movement and the sixties'. *Journal of American History* 90(2): 525–554.

Russell, B. 2002. *History of Western Philosophy*. London: Routledge.

Salleh, A. 1984. 'Deeper than deep ecology: the eco-feminist connection'. *Environmental Ethics* 6 (winter): 339–345.

Salleh, A. 1997. *Ecofeminism as Politics: Nature, Marx and the Postmodern*. London: Zed Books.

Salovaara, H. 2015a. '"A fine line": crossing and erecting borders in representing male athlete's relationships to nature'. In D. Rellstab and N. Siponkoski, eds., *Rajojen dynamiikkaa, Gränsernas dynamik, Borders under Negotiation, Grenzen und ihre Dynamik*. VAKKI-symposiumi XXXV 12–13. 2. 2015. VAKKI Publications 4. Vaasa, (77–85).

Salovaara, H. 2015b. 'Male adventure athletes and their relationships to nature'. Accessed 23 May 2017. https://www.researchgate.net/publication/303234498_Male_ Adventure_Athletes_and_Their_Relationship_to_Nature

Satterfield, T. and S. Slovic. 2004. 'Introduction: what's nature worth?'. In T. Satterfield and S. Slovic, eds., *What's Nature Worth? Narrative Expressions of Environmental Values*. Salt Lake City: University of Utah Press, 1–17. http://www.menweb.org/blis beyo.htm

Saugeres, L. 2002. 'Of tractors and men: masculinity, technology and power in a French farming community'. *Sociologia Ruralis* 42(2): 143–159.

Slovic, S. 1992. *Seeking Awareness in American Nature Writing: Henry Thoreau, Annie Dillard, Edward Abbey, Wendell Berry, Barry Lopez*. Salt Lake City: University of Utah Press.

Slovic, S. 2004. 'Taking care: toward an ecomasculinist literary criticism?'. In M. Allister, ed., *Ecoman: New Perspectives on Masculinity and Nature*. Charlottesville: University of Virginia Press, 66–82.

Smalley, A. 2005. '"I just like to kill things"': women, men and the gender of sport hunting in the United States, 1940–1973'. *Gender & History* 17(1): 183–209.

Snyder, G. 1960. *Myths and Texts*. New York: New Directions.

Somerset, J. 1939. 'The "Green Man" in church architecture'. *Folklore* 50(1): 45–57.

Sramek, J. 2006. '"Face him like a Briton": tiger hunting, imperialism, and British masculinity in colonial India, 1800–1875'. *Victorian Studies* 48(4): 659–680.

Stenbacka, S. 2007. 'Rural identities in transition: male unemployment and everyday practice in northern Sweden'. In I. Morell and B. Bock, eds., Gender Regimes, Citizen Participation and Rural Restructuring (Research in Rural Sociology and Development Volume 13). Bingley: Emerald, 83–111.

Tallmadge, J. 2004. 'Deerslayer with a degree'. In M. Allister, ed., *Ecoman: New Perspectives on Masculinity and Nature*. Charlottesville: University of Virginia Press, 17–27.

Twine, R. 1995. 'Ecofem Listserv: where are all the ecomasculinists?'. Essex Ecofem Listserv [10–21 November]. Accessed 12 December 2010. http://www.mail-archive. com/ecofem@csf.colorado.edu/msg00852.html

Twine, R. 1997. 'Ecofem Listserv: masculinity, nature, ecofeminism'. Accessed 26 August 2004. http:// richardtwine.com/ecofem/masc.pdf

Twine, R. 2001. 'Ma(r)king essence-ecofeminism and embodiment'. *Ethics and the Environment* 6(2): 31–58.

Umezurike, U. 2021. 'The eco(centric) border man: masculinities in Jim Lynch's Border Songs'.

Venkatesh, V. 2017. 'Bodies, spaces, and transitions in Alberto Rodríguez's Grupo 7 (2012) and La isla minima (2014)'. In D. Ochoa and M. DiFrancesco, eds., *Gender in Spanish Urban Spaces: Literary and Visual Narratives of the New Millennium*. Cham: Springer, 31–52.

Warren, K. 1990. 'The power and the promise of ecological feminism'. *Environmental Ethics* 12(2): 125–146.

Warren, K. 1994. 'Towards an ecofeminist peace politics'. In K. Warren, ed., *Ecological Feminism*. London: Routledge, 179–199.

Warren, K. 1997. 'Taking empirical data seriously: an ecofeminist philosophical perspective'. In K. Warren, ed., *Ecofeminism: Women, Culture, Nature*. Bloomington: Indiana University Press, 3–20.

Warren, K. 2000. *Ecofeminist Philosophy: A Western Perspective on What It Is and Why It Matters*. Lanham: Rowman & Littlefield.

Woodward, W. 2008. '"The nature feeling': ecological masculinities in some recent popular texts'. In D. Wylie, ed., *Toxic Belonging? Identity and Ecology in Southern Africa*. Newcastle upon Tyne: Cambridge Scholars, 143–157.

8 Masculinidades ecológicas: criando ADAM-n

> O patriarcado moldou a maioria das culturas capitalistas industriais contemporâneas, então as ecomasculinidades precisariam reconhecer e resistir às estruturas econômicas que moldam a identidade do capitalismo industrial, suas recompensas inerentes baseadas em hierarquias de raça /classe /gênero /idade /habilidade / espécie /sexo /sexualidade, e suas demandas implícitas por trabalho, produção, competição e realização incessantes. Com os valores ecofeministas em mente, as ecomasculinidades se desenvolveriam para além de simplesmente rejeitar a bifurcação de traços, valores e comportamentos hetero-gêneros: a(s) ecomasculinidade(s) representaria(m) uma diversidade de comportamentos ecológicos que celebram e sustentam a biodiversidade e a justiça ecológica, comunidade interespécie, ecoerotismos, economias ecológicas, ludicidade e resistência de ação direta às eco devastações capitalistas corporativas. Já, desenvolvimentos estão em andamento.
>
> (Gaard, 2017: 168).

Sendo a Terra

As análises críticas que apresentamos ao longo deste livro formaram as bases conceituais das masculinidades ecológicas. Nossas quatro correntes (e outras contribuições) nos proporcionaram uma abundância de recursos para trabalhar enquanto traçamos um curso em direção às masculinidades ecológicas. Ao examiná-los peça por peça, nos preparamos para construir um novo discurso para as masculinidades ecológicas. Nós demos a estudos anteriores a devida reflexão. Ao fazer isso, também descobrimos o que consideramos componentes ausentes para qualquer teoria eficaz para masculinidades ecológicas, que também podem se manifestar dentro de cada um de nós como corporificações pessoais. Afinal, para além do reino das ideias, a Terra não é simplesmente algo lá fora que deve ser cuidado, mas é e tem sido sempre parte de nós também.

A evidência para apoiar essa visão é crescente. Reconhecemos que os recursos que consideramos são apenas algumas das muitas influências possíveis sobre os homens, masculinidades e nexo terrestre. Junto com as ciências sociais e humanas, as ciências naturais também se dedicam a desvendar nossos enredos com os outros humanos e não-humanos, revelando a complexa teia de relações que a Terra sustenta, que podemos examinar qualitativa e quantitativamente. A solidariedade que essas disciplinas revelam também está encontrando mais bases em exames renovados de ecologia política (MacGregor, 2010; Elmhirst, 2011), ecofeminismo vegano (Gaard, 2017), feminismo material e discursos de decolonização (Gaski, 2013). Também reconhecemos importantes agentes de mudança transicional por meio de: o eu ecológico (Mathews, 2017), anarcosocialismo, cidadania ecológica (Dobson, 2003), economia política feminista (Gibson-Graham, 2014) e as conceitualizações de terráqueos. Vendo nosso planeta por meio dessas chamadas à ação, vemos que nosso próprio bem-estar, juntamente com o de toda forma de vida, são um e o mesmo. Com isso, reconhecemos a necessidade aguda de infundir as energias transformadoras dos movimentos de justiça social e ambiental nas masculinidades ecológicas. Embora haja muitas maneiras de responder, as escolhas que fazemos e como agimos em relação à Terra, os outros e o "eu" estão colhendo consequências tanto positivas quanto negativas. Moldados por essas muitas sabedorias da Terra, contestamos os sentimentos extrativistas das masculinidades industriais/ganha-pão e as insuficiências das masculinidades ecomodernas. Em vez disso, reconhecemos que, como ativistas acadêmicos, somos atores simultaneamente fascinados por des/reconstruções ideológicas e corporificadas de masculinidades e da vida dos homens. Consequentemente, este capítulo reúne elementos políticos e pessoais do terreno de interseção entre os homens, as masculinidades e a Terra. Trabalhando com esses conhecimentos, abraçamos o que a filósofa ambientalista australiana Freya Mathews (2017: 66-68) se referiu como "modalidades estratégicas" ou uma "atenção ao particular que é guiada, como as respostas de alguém em um contexto marcial, por sua própria interesses vitais" nos lembrando da concretude absoluta de uma "forma engajada de agência" que insiste em que nos conheçamos no lugar e em relacionamento com todos os outros.[29]

---

29 Consideramos a agência nesse sentido como parte de redes de atores maiores, onde a possibilidade de transformação nos aponta para ideais igualitários (Jagers et al., 2014).

Aprofundando ainda mais esse conceito, a ecofeminista Mary Phillips (2016: 468) nos lembrou que o cuidado individualizado "coloca em primeiro plano a conectividade e o entrelaçamento concreto ... [estabelecendo] um ponto de partida para refigurar o pós-materno por meio de um foco radical e libertador no relacionamento pessoal". Se tais sabedorias estiverem corretas – como acreditamos que estejam –, então é evidente que devemos ir para além dos aspectos prejudiciais da hegemonização masculina, acabar com a dominação masculina e reconfigurar as masculinidades ocidentais modernas em direção a um maior cuidado com os comuns glocais . À luz dos fracassos sociais e ecológicos das masculinidades industrial/ganha-pão e ecomodernas, este capítulo formula um processo teoricamente fundamentado e aplicável na prática que descreve o que chamamos neste livro de masculinidades ecológicas.

Agora estamos nas margens da foz de um rio, por assim dizer. O processo de ecologização masculina que propomos é interativo/político e contemplativo/pessoal – uma combinação de reflexão e ação, como um projeto de construção – como construir um abrigo –, uma analogia adequada para este capítulo final.

[Primeira corrente] Políticas de masculinidades

Os desenvolvimentos nas políticas de masculinidades nos ofereceram uma pluralidade de visões sobre homens e masculinidades que estão espalhadas por um espectro de visões. Consideramos devidamente esse pluralismo, concentrando nossa atenção nas várias maneiras pelas quais homens e masculinidades colidem com o cuidado para com os humanos e os não-humanos, dentro e fora de cada um de nós e em nossa política pessoal. Por meio dessa análise, pretendemos atingir todos os homens, ao mesmo tempo em que consideramos as masculinidades que habitam dentro deles e nas mulheres e também nas pessoas não-binárias/*genderqueer*.[30] Nesse sentido, lançamos luz sobre as diferentes maneiras pelas quais os outros humanos podem atender aos níveis de cuidado masculino – argumentando que aquilo a que a cultura popular se refere, problematicamente, como princípios e práticas "masculi-

---

30 É exatamente por essas razões que este livro tem como foco principal os homens, mas pretende ter um escopo mais amplo de relevância para todas as pessoas, independentemente de sua biologia ou identidade de gênero.

nos" estão presentes em todos os seres humanos. Dito isso, notamos um forte alinhamento de nosso trabalho com visões pró-feministas, permanecendo críticos dos privilégios masculinos e, portanto, reconhecendo que a sensação de impotência e dor dos homens é, paradoxalmente, causada por sua própria superiorização internalizada. No entanto, reconhecemos que, para muitos homens, tal postura antipatriarcal aberta pode ser perturbadora, uma vez que levanta questões sobre as configurações tradicionais da masculinidade e masculinidades ocidentais modernas – uma dissonância necessária em nossa visão, que dá aos homens e masculinidades novos horizontes pelos quais se empenhar. Em nossa consideração das políticas de masculinidades, argumentamos que o aumento da consciência ecológica dos homens (particularmente por meio da mitopoesia masculina) apoiou inadequadamente a liberação de todos os humanos e não-humanos como consequência de seu foco na individuação (Kimmel 1998: 60). A tarefa de abandonar a hegemonização masculina claramente não foi assumida pelo *malestream* do *status quo*. Reconhecemos que a omissão (ou pelo menos a marginalização) dos desafios frontais à ecologização masculina ainda não foi efetivamente conceituada nem praticada dentro dessa tradição (Gremillion, 2011; Magnuson, 2016). Também reconhecemos que estudiosos e ativistas de masculinidades pró-feministass têm se concentrado, principalmente, na violência comunitária, doméstica e familiar, e que tem havido uma falta de análises dos impactos masculinos na Terra, não apenas nas posicionalidades pró-feministas, mas em todas as políticas de masculinidades.

[Segunda corrente] Ecologia profunda

Dando consideração à relação humanos-natureza como ela está hoje, argumentamos que o ecomodernismo (defendido por ambientalistas superficiais) não conseguiu encontrar soluções para os desafios que enfrentamos. Pior, o neoliberalismo entrou no novo milênio em paridade com o financiamento industrial extrativista dos negacionistas da mudança climática, que fortaleceram os interesses do capitalismo corporativo com grande risco para a sobrevivência de muitas espécies na Terra. Os principais protagonistas dessa tendência foram os modernistas industriais, que desafiaram as reformas políticas, resistiram às transformações sociais e ambientais e, ao fazê-lo, encorajaram o "barulho" da direita nas guerras culturais. À sombra dessas crescentes ameaças à sustentabilidade global, a industrialização, especialmente na forma de extração de recursos e dependências de hidrocarbonetos, tem resistido às respostas tecnológicas, como a indústria de energia renovável. Essas pressões continuam a ganhar terreno, emaranhando-se com direitos sociais masculinistas (particularmente para homens brancos ocidentais), resultando, por exemplo, na erosão contínua da biodiversidade da Terra e no aumento do fosso entre ricos e pobres. Infelizmente, nossos desafios sociais e ambientais pioraram bem no ponto crítico da história em que precisávamos corrigir com urgência as maneiras como cuidamos dos comuns glocais.

Ao mesmo tempo, as noções de senciência da Terra têm lutado para ganhar apoio nos níveis mais altos de governança – por exemplo, tendo visto seu apogeu na década de 1990, os ecofilósofos encontraram o novo milênio com quietude ideológica no cenário global. Isso apesar da ecologia profunda de Næss estar perfeitamente alinhada no tempo para lidar com as preocupações ambientais urgentes, mas o movimento não conseguiu obter uma influência crítica. Ao revisitar a sabedoria da ecologia profunda, buscamos reconsiderar as feridas criadas pela modernização industrial de uma perspectiva valorativa. Nossa intenção foi notar um conhecimento profundo e intenso sobre o valor intrínseco de toda forma de vida que expõe a loucura das racionalizações industriais/ganha-pão e ecomodernas. Da ecologia profunda, aprendemos sobre o valor dos relacionamentos literais e psicoespirituais pluralizados com a natureza não-humana. A ecologia profunda nos compeliu a conhecer, sentir, confiar e nos identificar com a Terra como parte de nós mesmos, enquanto nos reconhecemos como parte da Terra, nos chamando a mudar nossas percepções e respostas à relação humanos-natureza, distanciando do antropocentrismo na direção do biocentrismo. Esse imperativo de que os humanos não têm o direito de reduzir a riqueza e a diversidade da vida não-humana e devem apenas extrair necessidades vitais dos recursos da Terra, tem relevância particular para os movimentos de justiça ambiental de hoje.

Ao pesquisar conversas contemporâneas sobre gênero e ambientes, descobrimos que feminismos materiais e pós-humanidades ofereceram visões transformadoras alinhadas com os apelos dos movimentos ambientais, como "seja a mudança que você deseja ver no mundo", "pense globalmente, aja localmente", "água é vida" e "nós somos a Terra protegendo a si mesma", que capturam sentimentos progressivos de um cuidado mais amplo, profundo e maior com a Terra. Voltando a alguns dos princípios fundamentais da ecologia profunda, notamos que Ecosofia T de Næss oferece a cada um de nós caminhos individualizados em direção à sua noção de "Autorrealização!" em conexão com toda forma de vida. Pegamos emprestado essa característica particular da ecologia profunda para ajudar a moldar nossa formulação pluralizada de masculinidades ecológicas.

Também determinamos que a ecologia profunda foi corretamente criticada por se distanciar das análises sociopolíticas em torno de raça e gênero em particular, sua Ecosofia T refletindo o repouso e a vida selvagem que Næss, o homem, tão alegremente defendeu – mas o fez de maneiras isolacionistas artefatos de sua vida privilegiada, branca, ocidental, moderna e industrializada. Esta crítica nos deu uma noção clara da importância de trazer o isolamento dos homens para o centro de nossos argumentos (que os ecologistas profundos tradicionalmente omitiram), considerando as contradições disso como ingredientes vitais em nosso processo de ecologização masculina, para que homens e masculinidades em particular despertem um cuidado mais amplo, profundo e amplo.

[Terceira corrente] Feminismo ecológico

Nossa terceira corrente de influência nos proporcionou as análises sociopolíticas mais importantes para nosso trabalho. Este fluxo lançou luz sobre as relações de poder entre mulheres e homens que reforça o dano utilitário à Terra que está sendo feito pela humanidade em nome do crescimento, com fins lucrativos e políticas e práticas de desenvolvimento. Os níveis de sofisticação analítica que encontramos em nosso estudo do feminismo ecológico são realmente primordiais. No entanto, as visões texturizadas ao longo desse discurso variam consideravelmente, motivando-nos não apenas a nos distanciarmos de ecofeministas binárias, em particular, mas a cruzarmos com e examinarmos nosso próprio trabalho para elementos de essencialismo que então tentamos eliminar. Dito isso, honramos a importante noção que muitas ecofeministas postularam de que não pode haver libertação para homens, mulheres, nem pessoas não-binárias/*genderqueer*, e nenhuma solução adequada para crises ecológicas, em sociedades cujos modelos fundamentais de relacionamento valorizam a dominação masculina. Consideramos este também um princípio fundamental dentro das masculinidades ecológicas, observando que ele se alinha e é principalmente informado pelo feminismo ecológico.

Encontramos importantes *insights* ontológicos de alguns ecofeminismos que lançam grande luz sobre a semiótica material de nosso mundo. Isso se aplica às maneiras como nosso trabalho foi moldado e refinado pela pós-humanidade e pelo feminismo material. Esses refinamentos nos desafiam a encontrar uma causa justa para apoiar um cuidado mais amplo com os comuns glocais dos quais todos fazemos parte. Sugerimos que esse cuidado mais amplo, mais profundo e mais abrangente é parte integrante de novas formulações de masculinidades. Nossa razão para persistir com o conceito de masculinidades ecológicas, apesar dos riscos de interpretações binárias de gênero de nosso trabalho, é bastante simples: no nível da cultura popular e nos sentimentos mais amplos da sociedade civil, homens e masculinidades têm se mostrado amplamente resistentes ao feminismo em seus vários disfarces. Nós tomamos isso como um claro indicador da necessidade de linguagem e aplicação de imperativos ecologizados muito semelhantes a nossas compatriotas feministas, que irão deslizar entre as armaduras *malestream* para facilitar a mudança. Vemos isso como eficaz, não apenas nos campos da ideologia escolástica, onde nos encontraríamos dispostos a dispensar a necessidade de uma conversa única sobre a ecologização masculina, mas também na cara de carvão com homens que, de outra forma, não pensariam duas vezes em tais noções... Com o feminismo ecológico, aprendemos sobre a importância e o grande valor de nos posicionarmos e deste trabalho como traduções dos ideais feministas, pró-feministas e ecofeministas que os homens podem ser capazes de atender melhor.

[Quarta corrente] Teoria do cuidado feminista

Nossa quarta corrente entregou uma compreensão texturizada da teoria do cuidado feminista. Inspirados por essa corrente, fomos capazes de ampliar as conceituações de cuidado. Reconhecemos que cuidar exige um investimento de tempo e é uma prática incorporada. Também sugerimos que o cuidado permeia as masculinidades na medida em que acreditamos que deveria, mas em termos práticos é frequentemente aplicado de forma restrita ou oculta. Argumentamos que as socializações de cuidado *malestream* são, consequentemente, míopes. Indo além das restrições hegemônicas *malestream*, nosso apelo por esse tipo de cuidado masculino se estende para além das relações próximas imediatas para homens e masculinidades, como uma abordagem necessária e expansiva para nossa formulação de ecologização masculina.

Em termos práticos, isso nos leva a revisitar nossa premissa central para as masculinidades ecológicas: *todas as masculinidades têm infinitas capacidades de cuidar, que podem ser expressas em relação à Terra, aos outros humanos e a nós mesmos – simultaneamente.* É claro que não, nem podemos cuidar de todos os outros o tempo todo. Estamos, entretanto, sugerindo que as possibilidades de cuidado são expansivas e infinitas. Por exemplo, muitos homens podem lutar para criar cuidados internos para si mesmos – entregando-se a vidas repletas de "deverias" que deixam pouco espaço para seus próprios cuidados. Como consequência, os homens são comumente presos a credos estereotipados de protetor/provedor de normas de *malestream* que minam sua capacidade de cuidar. Essa premissa central desafia a presunção de que os homens e as masculinidades ocidentais modernas são o grande anátema da Terra. No entanto, se todas as masculinidades são potencialmente e infinitamente cuidadoras, então um cuidado masculino mais amplo, mais profundo e mais amplo se torna pelo menos possível, senão fundamental, para níveis preferidos e novos de socialização masculina – que pensamos como ecologizados no sentido mais amplo e relacional. Postulamos essa premissa para "meter o pé na porta" (usando uma expressão de gênero intencionalmente aqui) para todos os homens, independentemente de sua localização no pântano das políticas de masculinidades, para se engajar ativamente no processo de transformação da hegemonização à ecologização. Argumentamos que na ausência dessa premissa os homens estão encaixotados, o que os leva a continuarem sendo considerados o grande problema, mas não lhes oferece um caminho para fazer parte de nossas necessárias soluções socioambientais. Nossa preocupação aqui enfatiza que, se não criarmos espaço para que esse caminho de cuidado masculino mais amplo e mais profundo surja como uma política de saída, permaneceremos cúmplices em gerar grande sofrimento humano e acentuada morte ecológica a reboque da dominação masculina. Como ativistas acadêmicos dedicados a des/reconstruções das implicações sociais e ambientais das masculinidades, não poderíamos descansar com tal resultado. Isso nos levou a apoiar e encorajar reformulações ecologizadas de homens e masculinidades ocidentais modernas.

Mais material a considerar

Nosso abrigo de masculinidades ecológicas não é uma estrutura comum. Visualizamos este abrigo como um lugar de trégua e reorganização, um recipiente seguro que facilita as transformações da hegemonização para a ecologização nos homens e nas identidades masculinas. Mantendo a analogia, também buscamos materiais adicionais nas margens ou apenas no interior de nossa costa estuarina. Uma vez localizados, esses materiais preenchem algumas das lacunas em nossas necessidades de recursos e nos ajudam de uma forma que os materiais de nossas quatro correntes não conseguem. Eles nos oferecem perspectivas únicas e focadas em homens e masculinidades que nossos antecessores perderam. Consideramos tais materiais no Capítulo 7 e os resumimos novamente aqui.

As considerações sobre o Homem Verde reacenderam os elementos travessos e lúdicos da masculinidade. Seu reavivamento chamou nossa atenção para uma forma masculinizada de brincadeira terrena, dando aos homens motivos para considerar como seria viver uma vida sem armadura. No entanto, esse avivamento não nos ofereceu uma resposta abrangente às questões urgentes de nossos tempos. Também descobrimos a intenção póspatriarcal entre um pequeno número de mitopoetas (com referência especial a Shepherd Bliss), cujas motivações primárias eram desenvolver homens sábios autoconscientes e conectados à comunidade a serviço da Terra, dos outros e de si mesmos. Na prática, o desmantelamento das opressões estruturais não fez parte do movimento mitopoético dos homens, que em vez disso enfatizou ritos e rituais, na companhia de outros homens, usando a natureza, na melhor das hipóteses, como pano de fundo para o crescimento e desenvolvimento pessoal.

Além da antologia *Ecoman* de Mark Allister (2004), nossos colegas ecocríticos exploraram protagonistas em fontes de ficção que nos ofereceram imagens vívidas de performances alternativas e ecologizadas de masculinidades (Woodward, 2008; Brandt, 2017; Requena-Pelegrí, 2017; Cenamor; Brandt eds., 2019; Umezurike, 2021). Essas várias explorações do verdadeiro "*ecoman*" representam experimentos ficcionais em masculinidades imbuídos de convites do mundo real para a ecologização masculina, que reúne traumas e triunfos de experiências vividas com mudanças sociais e ambientais necessárias. Embora muitas dessas análises sejam ricas e eloquentes, raramente são estruturais, o que as torna um benefício limitado para nossos propósitos, uma vez que as masculinidades ecológicas necessariamente priorizam as transformações políticas que se alinham com o cuidado pró-feminista para os comuns glocais. No entanto, isso parece estar mudando; a ecocrítica permanece desprovida de análises estruturalmente inspiradas, historicamente informadas, bem como progressistas e progressistas sobre as implicações dos homens, masculinidades e da Terra.

Os exames de caça e outras formas de morte na natureza, que se encaixam com os ritos e rituais *malestream*, destacam características de masculinidades que são atemporais e cada vez mais problemáticas. Os paralelos foram traçados com as masculinidades do extrativismo e o apelo dos aventureiros masculinos confrontados com a severidade da natureza. Consideramos que qualquer análise do extrativismo é mais bem servida abordando suas interseções com a vida e masculinidade dos homens como edifícios de identidade de gênero, uma vez que, por exemplo, mulheres e pessoas não-binárias/ *genderqueer* também caçam e, ao fazê-lo, engajam-se internamente com suas masculinidades.

Em relação aos esforços dos homens no movimento ambiental, notamos que há uma tendência persistente de definir altos ideais em ambientes contraculturais, que prontamente confrontam a enormidade da hegemonização masculina, tornando extremamente difícil para os homens abraçarem com sucesso a ecologização – suas socializações os tornam resistentes a morderem a mão que os alimenta. Encontramos uma disposição ideológica por parte de alguns homens de ecologizar em alinhamento com seus ideais sociopolíticos para, então, colidir com padrões profundamente enraizados em si mesmos e/ou nos mecanismos socioculturais aos quais eles estão resistindo, dando um salto efetivo em direção a masculinidades ecológicas desafiadoras e sinalizando que as políticas de gênero de suas vidas estão repletas de contradições.

Os estudiosos da agricultura e da sociologia rural expuseram as personificações politizadas de alguns agricultores homens em comunidades rurais, suburbanas e urbanas que tentaram transcender criticamente as restrições das masculinidades industriais/ganha-pão e ecomodernas e, ao fazer isso, embeber suas vidas com variações de masculinidades ecológicas. Afirmamos que esta é uma versão do escapismo privilegiado branco que pouco faz para transformar o mecanismo de opressão que acompanha a dominação masculina em larga escala. Acrescentamos que pouquíssimas pessoas que vivem nas metrópoles do planeta (onde a maioria dos humanos mora) encontrarão um *ethos* de volta à terra relacionável ou aplicável, uma vez que muitos sentimentos ecotópicos agrários provaram estar infiltrados por normas *malestream*. Isso é previsível, apesar das melhores intenções de alguns habitantes de-volta-à-terra em adotar políticas de gênero alternativas (e mais equitativas), observando que tais práticas frequentemente perdem (e se beneficiaram de) revitalizações contínuas pelas análises ecofeministas.

Finalmente, consideramos o papel central dos estudiosos de inspiração feminista, que levantaram questões e buscaram respostas para o tópico da ecologização masculina. Os estudos de caso de Connell sobre homens no movimento ambientalista, as análises ecofeministas "marcadas" de Twine, o estudo de gênero de Krep das TIC e as ecomasculinidades *queer* e (eco)feministas de Gaard nos lembraram das complexidades/possibilidades individuais e discursivas que um estudo sobre homens, masculinidades e a Terra provoca. Embora precursoras, essas contribuições para a ecologização masculina nos deram muito com o que trabalhar.

Abrigo em margens estuarinas

Tendo revisitado as contribuições de estudiosos anteriores e o que trazemos conosco, procedemos agora com a construção de nosso abrigo de masculinidades ecológicas em margens estuarinas. Aplicamos essa analogia da ciência da ecologia de água doce precisamente porque os estuários são grandes locais de mistura; locais onde os materiais de toda parte se reúnem, produzindo alguns dos ecossistemas mais ricos do planeta. Os humanos optaram ao longo da história por viver em grande número ao lado de estuários, usando hidrovias como vias de transporte para o fluxo do comércio, juntamente com intercâmbios culturais. Essas águas misturadas têm sustentado ecossistemas nos quais os humanos se alimentam, cultivam, caçam e coletam. Os estuários têm sido grandes doadores de vida para a humanidade ao longo dos tempos. Mas eles também foram poluídos por nossos resíduos, como se os subprodutos de nossos sistemas de produção fossem desaparecer quando jogados em suas águas. Consequentemente, os estuários são locais ideais para prestar atenção a questões complexas e desenvolver estratégias de mudança. É aqui que construímos nosso abrigo ecológico de masculinidades. Embora contando com os materiais que viajaram a jusante da política de masculinidades, ecologia profunda, feminismo ecológico e teoria do cuidado feminista, também reconhecemos a necessidade de combiná-los com materiais de pesquisas anteriores que "encontramos nessas margens estuarinas" e resumimos acima.

Visualizamos a construção de abrigos como um ato atemporal para nossa espécie. Este projeto de construção não é apenas um local de descanso. É também um nó organizador, um lugar onde outros podem se reunir conosco ou podemos nos sentar em contemplação silenciosa para confrontar a hegemonização dentro de nós, ao nosso redor e a partir daí responder a ela com nossas manifestações particulares de ecologização masculina. Nesse sentido, nosso abrigo visa facilitar a ecologização em nossas respectivas vidas, pois cada um de nós encontra maneiras de gerar um cuidado mais amplo para os comuns glocais de dentro para fora. Imaginamos uma estrutura vernácula de imersão na Terra, pois seus materiais são extraídos de seus arredores estuarinos.[31] Ao ponderar as contribuições daqueles que vieram antes de nós, notamos que essas ofertas não nos proporcionaram uma teoria de masculinidades ecologizadas abrangente, conceitualmente rigorosa ou aplicável na prática, nem nos mostraram como a ecologização masculina pode ser aplicada na vida diária das pessoas (a vida dos homens em particular). Descobrir as maneiras pelas quais podemos apoiar melhor os homens e as masculinidades, para dar ADAM-n ainda mais para nossos comuns glocais, é o objetivo principal do restante deste livro.

---

31 Este aspecto de construção de nossa analogia é inspirado por Rau Hoskins, que dedicou sua vida a explorar projetos arquitetônicos que estão conectados a visões de mundo holísticas sobre como integrar novas tecnologias com antigas tradições. Hoskins projetou estruturas de compartilhamento e cuidado por meio de sistemas distribuídos nos quais os recursos da Terra, que podem servir como materiais de construção, são mantidos em comum. Ele lutou contra a maneira como a arquitetura eurocêntrica tradicional afasta os humanos do meio ambiente, o que o motivou a criar moradias que incentivem as pessoas a passar mais tempo ao ar livre (Hultman, 2017). Levando a sério os pontos de vista de Hoskins, nosso abrigo de masculinidades ecológicas não é um projeto único nem uma estrutura solitária. A noção de construir um abrigo nas margens estuarinas é um grito longínquo do refúgio isolado de retiros nas montanhas e, nesse sentido, exploramos as nuances de nossos eus relacionais tanto internamente, por meio de momentos de contemplação silenciosa, quanto externamente, por meio do engajamento ativo com nosso entorno e aqueles que são parte integrante de nossas respectivas vidas.

Criando ADAM-n

Prosseguimos agora com a introdução de um processo que oferece alternativas para o isolamento, a repressão emocional, a competitividade e a agressão, que são sintomas das normas do *malestream*. Fazemos isso por meio do modelo ADAM-n. Este processo é a nossa contribuição tangível para sair das políticas de hegemonização masculina em direção a ecologização.

O modelo ADAM-n é projetado para abrir nossa visão para a ecologização masculina em inequívocas etapas de ação ou preceitos. Este é o nosso caminho sugerido para as práxis das masculinidades ecológicas. O termo 'ADAM-n' é uma brincadeira com um 'novo tipo de Adão' que se coloca como alternativa às normas de gênero retratadas pelo Cristianismo no Jardim do Éden, onde o homem (também conhecido como Adão, Adam em inglês) caiu da graça de Deus nas profundezas da bestialidade e nos pecados da carne, supostamente produzidos pela mulher desobediente (também conhecida como Eva, feita da costela de Adão) e pela serpente satânica.[32] Usamos 'ADAM-n' como um termo de devolução em um momento em que enfren-

---

32 Fomos inspirados a adotar essa nomenclatura do ADAM-n como resultado direto de comunicações por e-mail com um dos examinadores da tese de doutorado de Paul, a Professora de Estudos de Gênero e Cultura Catherine Roach (Universidade do Alabama, EUA) que, em 11 de junho de 2011, sugeriu que ADAM-n seria um acrônimo adequado para nosso modelo. Essa mesma afirmação foi corroborada de forma independente por T. Anne Dabb, em 5 de maio de 2017, que gentilmente ofereceu comentários detalhados de natureza idêntica ao ler os primeiros rascunhos do manuscrito deste livro. É importante notar que a frase "dar a mínima" também é extraída de seu uso em *E o vento levou* (1939). A famosa réplica de Rhett Butler (Clarke Gable) para Scarlett O'Hara (Vivien Leigh), declarou que ele não se importava mais com o que aconteceria com Scarlett quando a Confederação desmoronasse nos últimos estágios da Guerra Civil Americana. Esta frase em particular ganhou notoriedade por sua profanidade, bem como por sua indicação aberta de uma falta de cuidado do personagem de um homem branco icônico, ousado e rico para com alguém que ele amou anteriormente, com quem trocou intimidade e pretendia um dia se casar. A frase foi, curiosamente, eleita a "fala de filme número um de todos os tempos" pelo American Film Institute (2005) (Hanna, 2011), capturando o grau em que a falta de cuidado expressa dos homens permaneceu socialmente sancionada no século XXI; cultura popular ainda reconhecendo um malandro hiper-masculinizado, intitulado, rico, bêbado, violento, personificado como Rhett Butler, como característica de uma das mais celebradas modernas masculinidades ocidentais – capaz de fazer o que quisesse e com pouco respeito pelo impacto consequente sobre os outros, incluindo abandoná-los diante de um mundo em colapso. Os paralelos com as masculinidades tóxicas/extremas personificadas por Donald Trump são impressionantes.

tamos expressões obscenas de masculinidades tóxicas/extremas, juntamente com desafios geopolíticos urgentes, em uma escala planetária, trazidos por forças centradas no homem, *malestream* e de mercado, que estão devastando desenfreadamente os sistemas de vida na Terra. Nosso uso do termo ADAM--n tem como objetivo ajudar a abrir novos caminhos para que o maior público possível atenda a essas preocupações urgentes.

Projetamos o modelo ADAM-n para apoiar a transformação das masculinidades (e da vida dos homens em particular) em direção à ecologização. Nosso modelo ADAM-n é estruturado em torno de cinco preceitos que apresentamos a seguir para ajudar a nos guiar em direção a um maior cuidado com os comuns glocais. Esses preceitos definem um processo, mas não predeterminam um resultado. Nós os oferecemos como um caminho prático para que a liderança individualizada possa emergir por meio de um processo de ecologização em etapas com a intenção de alavancar transformações pessoais e políticas para além das normas *malestream* (ver Figura 8.1).

Com o objetivo de esclarecer o processo de ecologização masculina que defendemos, expandimos esses cinco preceitos a seguir. Nós os enquadramos como guias pessoais de significado político.

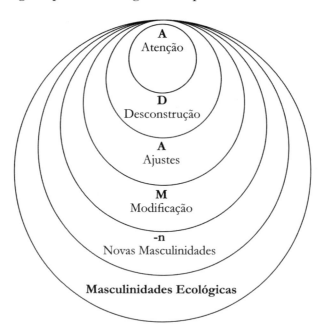

Figura 8.1. O modelo ADAM-n – cinco preceitos para facilitar a ecologização masculina

A: Atenção

Crie estratégias para aumentar a autoconsciência e a conscientização sobre questões que o preocupam no mundo, educando-se sobre elas.

Por atenção ou "conscientização", priorizamos a disposição de olhar para uma questão de tantos lados quanto possível, mantendo suas capacidades de análise crítica engajadas. Nossa intenção aqui é encorajá-lo a tomar uma posição sobre algo com base em informações precisas, em oposição a julgamentos superficiais que ficam ecoando em nós e reações não percebidas, que podem ser fortemente formadas por preconceitos, valores, circunstâncias econômicas e expectativas em torno do poder.[33] A instrução no centro deste preceito é um passo que pode ser considerado simples, em princípio, mas é extremamente complexo na prática. Dar a devida consideração a muitos lados diferentes de uma questão requer a disposição de reservar o próprio julgamento e – francamente – de ouvir. Uma parte crucial do desenvolvimento da capacidade para esse nível de consciência, onde você pode examinar um espectro de visões, é adquirir alfabetização emocional e, com isso, a capacidade de autogerir seus próprios sentimentos. Um elemento crucial para o desenvolvimento dessas habilidades é curar suas feridas internas para que você tenha menos probabilidade de projetar, presumir ou atuar de forma reativa. É claro que há uma infinidade de modalidades para orientá-lo aqui, que deixamos à sua escolha.

---

33 Considere o conceito de *"mansplaining"* – explicar algo de maneira condescendente ou paternalista tipicamente de um homem para uma mulher – como um exemplo notável do último item. Este conceito foi discutido (embora não cunhado) por Rebecca Solnit (2014 [2008]) e apareceu pela primeira vez em um *post* de mídia *online* alternativa da Tomdispatch. com. Embora contestado por alguns como pejorativo, essencialista e desdenhoso (xoJane [Lesley], 2012; Young, 2013, Young, 2016; MPR News, 2016), o conceito exemplifica o ponto que estamos defendendo aqui muito bem de que as socializações *malestream* condicionam os homens a prontamente substituir a soberania de outros como um meio de afirmar seu suposto poder – o que chamamos de sua "superiorização internalizada". Este é apenas um – embora contestado – exemplo da cultura popular que ilustra as maneiras como a dominação masculina condiciona os homens a atropelar outros que são marginalizados pela hegemonização masculina.

Nosso argumento é que os homens oprimem por causa de falta de autoconsciência e compulsão socializada de se situar em posições de poder justificadas por sociedades dominadas pelos homens, o que decorre do impacto do condicionamento precoce ao isolamento. Reconhecemos que esta não é toda a história e nem é algo exclusivo dos homens. No entanto, mantemos nosso enfoque nos homens aqui em prol de uma discussão focada, na qual destacamos a superiorização internalizada dos homens como um meta-sintoma das mágoas crônicas que resultam das socializações masculinas mais tradicionais, quando são incutidas nos meninos antes de se tornarem homens. Esses padrões opressores crônicos de homens são difundidos porque a socialização masculina persiste em alinhamento com o materialismo, o consumismo

. Esses padrões opressores crônicos são generalizados porque a socialização masculina persiste em alinhamento com as sociedades materialistas, consumistas, capitalistas, baseadas em combustíveis fósseis; eles estão emaranhados em uma abordagem míope do cuidado, que depende de um "nós contra eles", que cria distância e diferença em vez de semelhanças. Isso torna mais possível desligar a consciência, nos distanciar de nossos impactos sobre os outros e racionalizar nossas próprias posições como certas e boas, enquanto vemos os outros como errados e ruins – o que é particularmente verdadeiro para os homens. Essa dinâmica é exemplificada pelas masculinidades hegemônicas que permeiam as comunidades negacionistas da mudança climática, que são amplamente povoadas e representam, principalmente, os interesses sócio-políticos e econômicos de homens ricos, brancos e ocidentais. Um remédio adicional convincente para a falta generalizada de autoconsciência e consciência de nossos impactos sobre os outros, que acompanha as normas *malestream*, é construir intencionalmente a aproximação relacional com os outros e consigo mesmo.

Notamos que a reflexão pessoal, que desenvolve (ou aprofunda) a consciência, é um primeiro passo crucial na passagem da hegemonização para a ecologização. O ecologista profundo australiano John Seed exemplificou essa noção de consciência ao declarar que "Estou protegendo a floresta tropical" precisamente porque "faço parte da floresta protegendo a si mesma. Eu sou aquela parte da floresta tropical que recentemente emergiu no pensamento humano" (Macy, 2013: 147). Como um ativista da floresta tropical declarado, Seed foi compelido a cuidar da sobrevivência e do florescimento da floresta que ele estava protegendo porque sua outra/autoidentificação tornou seu bem-estar e as necessidades da floresta como indistinguíveis (no sentido ecológico profundo discutido no Capítulo 4). Ter consciência nos abre para as sabedorias de nossa humanidade plena, que é inescapavelmente na e da Terra. Quando entramos neste nível de consciência, torna-se mais difícil causar danos aos outros, já que fazer isso é prejudicar a nós mesmos e rejeitar o valor e a soberania inerentes aos outros humanos e não-humanos.

À medida que você desperta ou aprofunda seu nível de atenção/consciência em relação aos outros e sua proximidade relacional com eles, torna-se mais fácil considerar os outros tão valiosos quanto você. Isso amplia a *Autoidentificação!* (e estamos intencionalmente ecoando a ecologia profunda aqui) e é considerada um ingrediente vital em uma transição efetiva da hegemonização para a ecologização – um artefato de nossa humanidade.

D: Desconstrução

Analise criticamente os mecanismos de dominação que impulsionam as indústrias extrativas e preste atenção às suas consequências sociais e ambientais mais amplas.

Com base na consciência desenvolvida acima, este segundo preceito é um chamado para detectar como os mercados globais, regionais e locais moldam sistemas, comunidades e sua própria vida. Central para a busca do crescimento econômico é o interesse próprio, que diminui o cuidado com os comuns glocais e desafia sua capacidade de cuidar daqueles que estão além de você e de sua vida imediata.

Muitos de nós se contentam com empregos socialmente, ecologicamente ou pessoalmente destrutivos simplesmente para sobreviver em um mundo material. Fazemos isso apesar de nossa sabedoria intuitiva que nos faria nos envolver em atos de serviço, de paixão e para criar um legado de ter servido nesta vida para o bem de todos. Isso é particularmente intenso para muitos homens, dado que as socializações masculinas tradicionais não apenas apontam muitos homens na direção do isolamento, mas também exigem que eles sirvam como o principal ganha-pão de suas famílias – muitas vezes às custas de seu autocuidado. Uma maneira de transcender isso é fazer a ligação entre a tensão familiar e os sacrifícios pessoais que podem acompanhar as demandas de emprego. Se você se encontrar em uma posição em que, por meio dessa etapa desconstrutiva, torna-se evidente que você está sendo usado para concentrar os lucros nas mãos dos ricos e que a compensação que recebe pelos custos incorridos não está nem equilibrada e/ou nem eticamente alinhada com os seus valores centrais, então nós o encorajamos a prestar atenção a esse conflito. Uma parte essencial desse preceito desconstrutivo é reconhecer que os trabalhadores estão compreensivelmente envolvidos em prover para si e para seus entes queridos; muitos são dependentes de sistemas mecanicistas e pragmáticos de extrativismo de recursos. No entanto, onde as consequências desse trabalho são social e ecologicamente prejudiciais, é importante permanecer ciente e crítico dos sistemas que colocam tais pressões sobre nós. Uma técnica que sugerimos aqui é a maiêutica – o método socrático de "parto dialético" ou busca de conhecimento por meio de questionamentos persistentes, que resultam em discussões estimulantes entre o outro e o *self*, que provocam o pensamento crítico e podem, ao fazê-lo, reconciliar a dissonância. A desconstrução, como a visualizamos, é intencionalmente pragmática, lógica e racionalmente focada. Fala com aquele elemento de socializações masculinas *malestream* que se conecta ao condicionamento dos homens, em particular (mas não para a exclusão das mulheres e/ou pessoas não-binárias/*genderqueer*), para se engajarem no raciocínio lógico.

A desconstrução celebra o pragmatismo do *self* masculino, uma vez que um componente-chave desse preceito é ter uma visão analítica das lógicas de dominação, como elas impactam o mundo, suas comunidades, aqueles de quem você cuida em sua proximidade imediata e, claro, você. Com isso, reconhecemos a proposta de Naomi Klein em seu livro mais recente intitulado *No, Is Not Enough: resisting Trump's shock politics and winning the world we need* (Não, Não É Suficiente: resistindo às novas políticas de choque de Trump e ganhando o mundo que precisamos) (2017), onde a desconstrução deve ser acompanhada por seu engajamento ativo na reconstrução do mundo que você deseja habitar. Este é um chamado para seguir uma vida de serviço com gosto, da melhor maneira que puder. Ao fazer isso, apontamos você na direção de se juntar à maioria cuidadora para não causar danos aos outros ou a si mesmo (o Juramento de Hipócrates ressoando em seus ouvidos) enquanto buscamos coletivamente "um futuro radicalmente melhor" para todos (Klein, 2017).

A: Ajustes

À medida que sua atenção/consciência é aumentada e você identifica os impactos da hegemonização sobre as pessoas, comunidades e natureza, reserve um tempo para considerar os custos que os outros e você incorrem, seu papel em perpetuar esses custos e como você poderia compensá-los (direta ou indiretamente).

Reconhecemos que nossas vidas estão repletas de contradições. Usando a nós mesmos como exemplos aqui, como ocidentais, nós dois consumimos quantidades substanciais de recursos ao usar computadores para escrever este livro. Nós também investimos dinheiro e tempo em voos para trabalharmos juntos em manuscritos, visto que vivemos em extremos opostos do globo, e nos comunicamos amplamente usando nossos *smartphones* para nos mantermos atualizados, momento a momento, sobre os desenvolvimentos. Como a maioria de vocês, até mesmo os elementos básicos de nossas vidas, como fazer compras, resultam em um acúmulo de plásticos e outros resíduos e, como consequência, nós também estamos causando impactos deletérios no planeta. Da mesma forma, nós dois encontramos desafios com a família, amigos e colegas e ambos experimentamos responder a essas situações de maneiras que são menos do que ideais para a sustentabilidade a longo prazo desses relacionamentos. Não somos puritanos nem ecotópicos; se fôssemos, não poderíamos ter escrito este livro – e isso é indiscutivelmente um sintoma de nosso mundo.

Este preceito é uma oportunidade para abraçar a correção de curso. Ao fazer ajustes primeiro em você mesmo, acreditamos que estará em uma posição melhor para desejar e realizar uma mudança de comportamento. Ao fazer isso, você terá menos probabilidade de repetir padrões de comportamento que estão causando danos a você e a outras pessoas. Também sugerimos que é vital reconhecer as maneiras pelas quais você está causando impactos prejudiciais nos sistemas vivos da Terra e/ou nos relacionamentos com aqueles em sua vida. Esse reconhecimento pode ser dirigido à Terra ou a um outro humano, mas isso é secundário em relação ao nosso objetivo principal aqui. Estamos muito interessados em sua capacidade de reparar a finalização de uma conversa e reconhecer onde você pode ter errado, para então ser responsabilizado e/ou assumir a responsabilidade, percebendo suas deficiências e encontrando maneiras de harmonizá-las dentro de você (pode ser uma jornada pessoal ou pode ser necessária ajuda terapêutica ou o apoio de um ancião). A partir daí, se for adequado (e seguro) fazê-lo, encorajamos você a buscar ajustar-se com a Terra ou outros humanos, como uma manifestação externa.

Fazer ajustes pode ter implicações conflitantes. Tome a violência como um exemplo de mau presságio, que tem grande relevância para os homens, que são – estatisticamente falando – de longe os perpetradores *per capita* mais comuns de violência contra a Terra, os outros humanos, uns aos outros e a si próprios. Na Austrália, os suicídios masculinos são aproximadamente três vezes maiores do que os femininos devido ao destemor dos homens, insensibilidade à dor, maior acesso e mais escolha voluntária de métodos letais, juntamente com suas socializações em direção ao pertencimento frustrado percebido como fardo, esquiva do sofrimento, inteligência emocional pobre, estoicismo, isolamento social, falta de estratégias para buscar ajuda, estigmatização de fraqueza, tendências de resolução solitária de problemas, inércia em relação aos serviços de apoio e uma tendência de gênero de se sentir incompreendido e ignorado (APS, 2012). Esta alarmante ladainha de socializações *malestream* contribui adicionalmente para 58% de todos os ataques violentos na Austrália, sendo os homens perpetrando essa violência contra outros homens, enquanto as mulheres têm três vezes mais probabilidade de serem sujeitas à violência doméstica por alguém que conhecem (geralmente um parceiro íntimo do sexo masculino) do que os homens (ABS, 2013; Mindframe, 2016). Com uma erupção de alegações contra homens de alto escalão, ricos e extremamente poderosos nos últimos tempos, como por meio do movimento #MeToo, está claro que os homens têm muito a responder exclusivamente a esse respeito. É claro que os homens não são os únicos perpetradores de violência física, sexual ou emocional, mas os dados sobre a violência masculina expõem algumas das disfunções profundas que estão no cerne das socializações masculinas. Isso, junto com o conhecimento de que muitos homens em geral, e ricos líderes em particular, são os perpetradores mais comuns da violência contra o planeta, é mais um resultado alarmante dos mecanismos destrutivos das normas *malestream*. Reparar a perpetração da violência e fazer o trabalho para evitar que isso chegue a acontecer são passos vitais na jornada masculina em direção à ecologização.

M: Modificação

Com as injustiças sociais e ambientais, bem como seu próprio papel nelas exposto e com você agora no caminho para algo novo e diferente, se esforce para modificar seus pensamentos, palavras e ações para apoiar um maior cuidado com todos os outros e você – simultaneamente.

Este preceito representa um passo reconstrutivo, que pode parecer lógico e linear, mas em termos somáticos, provavelmente, é mais equivalente a dois passos à frente, um para o lado e outro para trás, antes de avançar novamente no processo de ecologização que defendemos. Pedimos que você examine os mecanismos de opressão que o afetam ou dos quais você participa às custas dos outros e, ao fazê-lo, se apropriar dessas ações como ingredientes essenciais para ser responsável por elas. Ao chegar a um ponto de responsabilidade, indicamos a você a direção de fazer ajustes com os outros e consigo mesmo. Agora é a hora de encontrar caminhos alternativos para avançar em suas trocas relacionais em ambas as escalas. Como nossa exploração anterior da ecologização masculina atestou, as tentativas de subverter a dominação masculina e as rupturas do *malestream* para a integridade ecológica da Terra são difíceis de articular e encenar. Apresentamos uma oportunidade para você fazer essa transição, focando especificamente em (re)conectar-se com seu eu ecológico, engajando-se ativamente na recuperação de sua própria humanidade plena e, a partir daí, escolher caminhos de ação para com os outros e para si mesmo que priorizem cuidado mais amplo, mais profundo e mais abrangente.

A modificação, tal como a formulamos aqui, ilumina a disposição de abraçar novas estruturas sociais, comportamentos e níveis de consciência emocional. Para ser claro, distinguimos nosso uso do termo "modificação" de "modificação de comportamento" no sentido psicológico formal precisamente porque o último depende de administrar o espírito humano com uma série de "punições" para mudar comportamentos. Não estamos falando sobre esse tipo de modificação, reconhecendo que algumas das mensagens terríveis que acompanham as normas *malestream* são que as masculinidades estão em crise, que os homens têm o direito de dominar, ou são maus e errados, e estando 'quebrados' em lugares-chave estão precisando de reparo (Levant,

1997). Essas mensagens fazem com que muitos homens se retraiam para o modo defensivo, muitas vezes manifestando-se por meio de comportamentos ofensivos, tornando as análises críticas sobre as preocupações de suas vidas e os impactos sobre os outros extremamente difíceis de articular de maneira que se envolvam com as questões que os afligem de forma construtiva em toda a cultura. Claro, concordamos que há muitos aspectos das normas do *malestream* que merecem um interrogatório detalhado e nos juntamos a nossas colegas feministas nesta longa tarefa. Com o propósito de alcançar o público mais amplo possível, nossa intenção aqui é envolver todos os homens e todas as masculinidades em um processo de ecologização, que precisa de uma maior consciência social e pessoal em conjunto com estratégias intencionais "do desempoderamento dos homens" e dos legados estruturais da dominação masculina. Para nós, a ecologização e a redução do poder do homem para se reconectar com seu "eu humano completo" andam de mãos dadas.

Nosso uso da palavra 'modificação' refere-se a cultivar e envolver pensamentos, crenças e ações que apoiem a justiça social e/ou ambiental. Este é o aspecto reconstrutivo da ecologização masculina, em que você é capaz de usar os *insights* que adquiriu sobre o mundo e seu lugar nele para priorizar a aproximação das relações entre todos os outros e você. Observe que estamos falando em termos gerais intencionalmente; as masculinidades ecológicas que imaginamos não são prescritivas. Nós o encorajamos a aceitar o desafio de descobrir que forma exata de modificação você pode assumir.

Como guia, considere as seguintes transições que podem surgir para você como uma mudança consciente de carreira ou nas prioridades de vida: apoiar a igualdade de direitos para os descendentes dos povos originários; solidariedade com pessoas de cor, mulheres ou pessoas não-binárias/*genderqueer*, desenvolvendo valores e mudanças de recursos que abraçam a diversidade e respeitam a soberania dos outros; defender as necessidades das crianças com necessidades especiais; dedicar parte de seu tempo à sua comunidade espiritual; educar-se e engajar-se ativamente na democracia deliberativa, onde a tomada de decisão por consenso desempenha um papel central (Bessette, 1980; Bohman; Rehg eds., 1997); optar em não utilizar aviões, mas se tiver mesmo que utilizar aviões, compensar sua pegada de carbono de forma eficaz; ser um pai ativo e consciente, o que pode significar priorizar as necessidades de seu filho antes de sua carreira; desenvolver habilidades de aconselhamento como um enriquecimento da carreira de um cabeleireiro; buscar o desenvolvimento profissional nos serviços sociais ou em tecnologias renováveis de pequena escala; conduzir pesquisas sobre as ligações entre o branqueamento de corais e as mudanças climáticas; implementar estratégias de reabilitação de mineração como consultor ou funcionário da empresa; praticar pescar-e-soltar na pesca esportiva; colheita de produtos florestais sustentáveis, protegendo e preservando a mata virgem ou extraindo madeira dentro de limites ecologicamente sustentáveis; comprar produtos de origem animal orgânica/livre de gaiolas, caçar sua própria carne e colher apenas o que é realmente necessário ou, melhor ainda, escolher uma dieta com menos ou sem carne etc. Com essas atitudes e escolhas, estamos pedindo que você priorize o cuidado mais amplo, mais profundo e mais abrangente – também conhecido como relacionamento.

Acompanhando este preceito, encorajamos você a honrar a sabedoria social, cultural e espiritual dos outros e dentro de você. Busque modificações em sua vida que mudem seu impacto no mundo de alguém que "retira" para o de alguém que "deixa" (Quinn, 1992), ou se isto já for realidade em sua vida, aprofunde, acentue. Aqui, estamos postulando, principalmente, uma modificação de atitude que altera seu foco das estratégias de "autosserviço" para aquelas que o orientam para uma "vida de serviço para os relacionamentos", em escalas planetárias, locais e íntimas – refletindo os comuns glocais, em que você está intrinsecamente entrelaçado. Lembre-se de que usamos o termo "ecológico" no sentido relacional mais amplo e atribuímos a você a responsabilidade de definir a forma precisa que isso assumirá em sua vida. A modificação o incentiva a trabalhar para o fim das divisões socioculturais nas sociedades ocidentais e a determinar quais níveis de uso dos recursos da Terra são aceitáveis, enquanto você se dedica a melhorar a vida de todos. Consequentemente, a modificação como a imaginamos aqui prioriza o fim de todas as opressões, apontando-o na direção desse objetivo.

-n: Nutrir novas masculinidades

Usamos '-n' para representar uma pluralidade de novas masculinidades que podem emergir como resultado do processo de ecologização masculina que introduzimos acima. Com isso, defendemos a desnormalização das masculinidades hegemônicas, buscando novas formas de masculinidades que celebrem um cuidado mais amplo e profundo.

A fim de traduzir os quatro preceitos anteriores em aplicações para a mais ampla gama de vidas e identidades masculinas dos homens, pedimos que você se posicione na direção de uma vida de serviço. Os novos tipos de 'Adão' que defendemos aqui são aqueles ligados à magnitude mais ampla da vida. Consequentemente, '-n' como nosso quinto preceito é o aspecto galvanizador das masculinidades ecológicas. Dentro desse preceito, há quatro elementos a serem considerados, que são únicos para cada pessoa. É claro que há muitos outros elementos que podem ser incluídos. Os quatro que oferecemos aqui têm como objetivo ajudar a estruturar o início de uma conversa muito mais profunda para você ter consigo mesmo e com suas comunidades de apoio. Conforme você for capaz de esclarecê-los, eles o levarão a uma lista de ações que refletem sua vocação na vida, como as que exemplificamos acima.[34] São eles:

1 **Zelo**: essas são as atividades que você mais valoriza e deseja passar a maior parte do seu tempo fazendo. Elas despertam os direcionadores dentro de você. Eles o motivam a se envolver ativamente com os outros e a se conectar profundamente com você mesmo. Eles podem ser um determinado esporte, política local, jardinagem, fazer artesanato, pintar, fazer música, visitar museus, fotografar paisagens ou compartilhar conhecimento por meio do ensino. Você pode ter uma atividade ou várias que geram zelo dentro de você. Seja o que for, você saberá que está no caminho certo se fizer um levantamento do que você gasta tempo sem esforço em seus dias, que alimenta sua curiosidade e o motiva a agir. Escolha aquelas atividades que podem ser combinadas com um cuidado mais amplo, profundo e abrangente para os comuns glocais. Essas atividades o engajarão com o mundo ao seu redor. Eles irão encorajá-lo em vez de esgotá-lo. Observe quais atividades o tiram da cama pela manhã com entusiasmo para saudar o dia. Se você ainda não experimentou isso, imagine quais atividades poderiam ser. Eu (Martin falando aqui) me lembro de meu puro entusiasmo ponderando sobre tecnologias e projetos sustentáveis, tais como a permacultura

---

34 Reconhecemos essas quatro partes que, em conjunto, ajudam você a descobrir sua vocação como adaptações do modelo originalmente desenvolvido por David Fabricius (2011), que ele chamou de 'Propósito de Vida – REVELADO', que não está mais em circulação. Estendemos uma dívida de gratidão a Fabricius por esta inspiração.

misturada com sabedorias Maori da Terra que passaram no teste do tempo, quando estudei o arquiteto e ecoemprendedor Rau Hoskins durante meu tempo na Nova Zelândia (Hultman, 2014).

2 **Superpoder**: essas são as habilidades em sua vida nas quais você é naturalmente adepto. Elas podem ser corridas de longa distância, arremessos de aros, equilibrar orçamentos, ouvir sinceramente os outros como apoio emocional, fazer cálculos matemáticos, ensinar inteligência emocional, escrever livros, modelar, construir casas etc. Esses talentos são seus dons especiais nesta vida. Consideramos vital que você se familiarize com eles, se ainda não o fez, especialmente aqueles que podem ser implementados para o benefício simultâneo do planeta e de você. Eles podem ser, em certo sentido, dons herdados ou socializados, mas de qualquer forma eles são as contribuições especiais que você faz quando está no seu melhor, que fluem através de você e de você para o mundo com pouco esforço. No meu caso (Paulo falando aqui), a curiosidade sobre os homens é produto de anos como um jovem se perguntando por que era difícil ser próximo aos homens e o que eu poderia fazer para mudar isso. Com essa experiência inicial, descobri maneiras de ganhar a vida estudando, orientando, trabalhando ao lado de homens, ensinando e escrevendo sobre homens. Como outro exemplo, pense aqui no trauma do isolamento que afligiu os anos de juventude de Arne Næss e que o serviu para se conectar profundamente com os outros humanos e, em seguida, buscar a solidão para se conectar profundamente e escrever sobre o valor intrínseco da natureza em *Tvergastein*, seu refúgio nas montanhas.

3 **Dor**: esse é o seu conjunto único de feridas que moldaram você em quem você é no mundo hoje. É provável que sejam experiências difíceis, como abuso sexual, espancamentos, abandono, vergonha etc. Estas são exclusivas da sua história e, com alguma reflexão (se ainda não o fez), é provável que reconheça essas incidências ser os lugares que você acumulou mágoas, seja dos outros ou de você mesmo (ou de ambos). Essas experiências dolorosas geralmente resultam em feridas; elas podem ser guias poderosas. Quando você olha para trás, elas irão, como um rastro de migalhas, levá-lo às coisas em sua vida que você está evitando por causa da dor associada a elas, ou que o motivaram a enfrentar o mundo com paixão e direcionamento. Recomendamos que, ao mergulhar em suas feridas, você o faça por meio

de uma jornada estruturada de desenvolvimento pessoal, que crie algum enquadramento para você conforme você entra nesta parte sombria de sua história ou na segurança de um grupo de apoio de alguma forma e/ou com um terapeuta, ancião, mentor, *live coach* ou amigo querido.

4 **Desejo**: esta quarta parte da descoberta de sua vocação reflete seu(s) desejo(s) para o mundo. Aqui, você encontrará uma voz interior que estará repetida e continuamente dizendo: "Gostaria que alguém fizesse algo a respeito" disso e disso. Tomemos como exemplo Rachel Carson, que desenvolveu seu dom especial de traduzir pesquisas em fatos assustadores, mas de fácil digestão, sobre a matança de pássaros pela sociedade industrial moderna por meio de produtos químicos. Ou considere Boyan Slat, o inventor croata holandês de 19 anos que, em 2013, criou a Ocean Cleanup Foundation em resposta ao alto nível de plástico que viu no oceano em uma viagem de mergulho na Grécia. Seu desejo é aquela coisa, ou aquele conjunto de coisas, que você deseja sinceramente que alguém, em algum lugar, mude. Este desejo revelará alguns dos melhores lugares para você aplicar seu superpoder.

Por meio dessas quatro partes principais do eu, encorajamos você a se cultivar e se conectar com sua vocação única na vida, que tem um impacto positivo sobre os comuns glocais. Juntos, eles o ajudam a encontrar respostas para esta pergunta importante: como sua vida pode servir da melhor maneira para o aperfeiçoamento de todos os outros e de você – simultaneamente? Descobrimos por meio de nossas respectivas jornadas que a busca pela vocação é uma forma poderosa de responder a essa pergunta. Usar alguma forma de prática meditativa, reflexiva ou espiritual é o elemento final que atrai todas as quatro partes de você para a clareza e é o último passo que o encorajamos a dar. Descobrimos que ritos de passagem contemporâneos e socioculturalmente respeitosos, ioga, práticas meditativas, oração, cultivo de vegetais, coleta de cogumelos selvagens, longas caminhadas no interior, natação em oceanos, lagos e riachos, engajamento ativo em projetos comunitários, *rewilding*[35] e

---

35 Nota da tradução: "forma de conservação ambiental e restauração ecológica que se propõe a aumentar a biodiversidade, criar ambientes autossustentáveis e mitigar as mudanças climáticas". Fonte: https://viajarverde.com.br/o-que-e-rewilding-e-como-ele-pode-contribuir-para-um-turismo-regenerativo/ Acesso em: 3 mar. 2022.

investir energia na construção e manutenção de relacionamentos profundos, calorosos e autênticos com outras pessoas, particularmente com os mais velhos e/ou mentores, podem ser apenas algumas das muitas estratégias úteis disponíveis para ajudá-lo a descobrir qual pode ser sua vocação única. Em todos os casos, independentemente do número infinito de possibilidades disponíveis, o denominador comum entre todas elas será o cuidado. Você descobrirá que seja lá o que for que você defina como sua vocação, isso incluirá inevitavelmente alguma maneira única de você contribuir para cuidar dos comuns glocais. Envolver suas paixões pode ter consequências estruturais profundas. É por esta razão que consideramos o surgimento de masculinidades ecologizadas indicadas por '-n' como o preceito galvanizador do processo de ecologização masculina que traçamos, que é tanto pessoal quanto político.

Ecologização masculina: uma esperança para nosso futuro comum

Coletivamente, esses cinco preceitos do modelo ADAM-n são projetados para cuidar dos comuns glocais não apenas em intenção, mas também em ação; todos nós precisamos praticar o que falamos sobre um cuidado mais amplo, mais profundo e mais abrangente, mais do que nunca. Em solidariedade com outras maneiras de cuidar da Terra, da comunidade e de si mesmo que honramos ao longo deste livro, reconhecemos a necessidade de transformação simultânea nos níveis individual e sistêmico. A mensagem geral que transmitimos a você por meio do modelo ADAM-n é, ao mesmo tempo, "dar a mínima" para todos os outros e para você, encorajando você a descobrir ou aprofundar sua conexão com uma vocação.

Reserve um tempo para explorar como essa vida pode parecer para você, ou se você já se sente focado em uma vocação, o que pode fazer para levar sua presença de liderança no mundo para o próximo nível de serviço para o bem maior? Existem muitas maneiras diferentes de criar esse nível de conexão com os outros e com você mesmo. No meu caso particular (Paul falando aqui), compartilhar experiências de ritos de passagem no deserto da Austrália, onde colegas e eu acampamos por duas semanas, ficando mais perto da Terra e apoiando os participantes em seu tempo solitário, provou ser particularmente importante para mim, como um momento reflexivo pessoal e me deu muita orientação para meu desenvolvimento profissional. Também passei períodos praticando ioga intensamente, cuidando do meu jardim e fazendo caminhadas vigorosas. Essas são algumas das principais práticas meditativas (quando escrevi este livro) que me permitiram (re)ganhar e manter a clareza sobre minha vocação. Para mim (Martin falando aqui), foram três formas de encontrar outras pessoas que me incentivaram a me tornar um líder. A primeira foi quando conheci agentes de transição na Suécia e na Nova Zelândia que, de maneira apaixonada e clara, colocaram em ação seu cuidado mais amplo, profundo e abrangente com a Terra, a sociedade e o eu por meio de seu apoio aos glocais comuns. A segunda, foi meu trabalho com a comunidade local em Bestorp, minha vila rural, onde me deparei com muito amor e felicidade ao trabalhar pelos comuns de pessoas e lugares localizados. A terceira, foi quando encontrei grande alegria nas estadas na floresta e no campo. Estes passeios se tornaram parte integrante do meu tempo contemplativo, onde o rejuvenescimento interior e o comprometimento apaixonado de minhas buscas profissionais precisam explorar o mundo não-humano. A partir desses momentos reflexivos, fiquei motivado a ingressar ou liderar organizações transformadoras, como o Conselho Nacional de Transição Sueco, a rede de pesquisa SweMineTechNet e a Rede de Pós-Humanidades Ambientais que oferece residência em artes e humanidades com ativistas ambientais que lidam com questões de recursos.

Para nós dois como ativistas acadêmicos, as pesquisas acadêmicas devem ser acompanhadas de ação. Por exemplo, Paul trabalhou como mentor masculino e educador com atividades ao ar livre, ele adora fazer caminhadas em lugares remotos e busca redes de relacionamentos ao redor do mundo com satisfação. Martin parou de voar, vendeu seu carro, é um vegetariano dedicado à sua família, compra alimentos orgânicos, implementou voluntariamente em sua vida anos sem fazer compras em solidariedade a refugiados ambientais que sofrem com as injustiças impostas a eles pelo contínuo consumismo colonial e dependente de combustíveis fósseis. Longe de ter resolvido as contradições em nossas respectivas vidas, ambos enfrentamos constantemente nossos próprios desafios e deficiências. Prevemos que isso também será desafiador para você, considerando a ecologização masculina como uma jornada de transição ao invés de um destino definitivo. Em ambos os casos, os cinco preceitos do nosso modelo ADAM-n servem como diretrizes, ao invés de um modelo.

Nós o encorajamos a empregar seus próprios ritos, rituais ou práticas e a tomar o modelo ADAM-n como um guia para alcançar e enriquecer as maneiras pelas quais você se engaja com o mundo com cuidado aprofundado. Você pode descobrir que educar conscientemente seus filhos, participar de rituais e cerimônias espirituais ou escalar uma montanha são fóruns mais apropriados para você do que mencionamos acima. Nossa intenção é encorajar exatamente esse nível de pluralismo, uma vez que as práticas contemplativas preferidas variam muito de indivíduo para indivíduo. Além disso, essas oportunidades de reflexão e conexão mais profundas entre os outros e você provavelmente surgirão por meio de várias práticas que o nutrem para a melhoria do planeta. O ônus recai então sobre você para encontrar um equilíbrio saudável entre eles. Por meio do modelo ADAM-n, tentamos criar as bases para apoiar essas expressões resultantes de sua vida que priorizam o cuidado com os comuns glocais. Por meio dessa descoberta, antecipamos que você criará maneiras únicas de ser, pensar e fazer masculinidades ecológicas. Voltando à Figura 8.1, observe que nossa ilustração dos cinco preceitos do modelo ADAM-n é 'aninhada'. Isso é intencional, pois os preceitos estão emaranhados. Eles descrevem um processo que nos leva da hegemonização à ecologização; cada preceito vais se construindo sobre o seguinte, criando coletivamente um caminho que qualquer indivíduo pode seguir em direção às masculinidades ecológicas.

Ao concluir este capítulo e encerrar este livro, notamos que agora concluímos nosso abrigo de masculinidades ecológicas nas margens estuarinas. Este abrigo pretende ser um local onde podemos passar por uma metamorfose da hegemonização à ecologização; uma transformação dos limites das masculinidades industriais/ganha-pão e das ilusões e inadequações das masculinidades ecomodernas para as possibilidades infinitas das masculinidades ecológicas, não apenas para o benefício do mundo, ou daqueles que você ama ou com quem está intimamente ligado, mas também para você mesmo. Como humanos, estamos na Terra e somos desta Terra. Nosso processo de ecologização começa bem no centro do *self*, empoderando-nos para nos libertarmos da hegemonização masculina. Nossa intenção foi facilitar uma experiência transformadora para você que nos lê; certamente foi isso para nós, como autores, comparando notas, discutindo pontos em detalhe e encontrando maneiras de dizer o que ambos queríamos. Convidamos você a usar os fundamentos teóricos e as orientações práticas que oferecemos aqui como um guia para sua própria transformação única em direção às masculinidades ecológicas. Damos as boas-vindas a você neste processo, esperando que este livro lhe ajude a manifestar um caminho que apoia toda forma de vida na Terra tanto quanto empodere você também. Afinal, somos, cada um de nós, formas especiais e únicas de defesa da Terra.

Referências

ABS [Australian Bureau of Statistics]. 2013. '4125.0 – gender indicators, Australia, Jan 2013 – suicide (key series)'. Accessed 30 October 2017. http://www.abs.gov.au/ausstats/abs@.nsf/Lookup/by%20Subject/4125.0~Jan%202013~Main%20Fea tures~Suicides~3240

APS [Australian Psychological Society]. 2012. 'Insights into men's suicide'. Accessed 30 October 2017. http://www.psychology.org.au/inpsych/2012/august/beaton

Bessette, J. 1980. 'Deliberative democracy: the majority principle in republican government'. In R. Goldwin and W. Schambra, eds., *How Democratic Is the Constitution?* Washington, DC: American Enterprise Institute, 102–116.

Bohman, J., and W. Rehg. eds. 1997. *Deliberative Democracy: Essays on Reason and Politics.* Cambridge: MIT Press.

Brandt, S. 2017. 'The wild, wild world: masculinity and the environment in the American literary imagination'. In J. Armengol, M. Bosch Vilarrubias, À. Carabí, and T. Requena-Pelegrí, eds., *Routledge Advances in Feminist Studies and Intersectionality.* New York: Routledge, 133–143.

Cenamor, R., and S. Brandt, eds. 2019. *Ecomasculinities in Real and Fictional North America: The Flourishing of New Men.* Lanham: Lexington Book [Rowman & Littlefield]. https://www.worldcat.org/title/ecomasculinities-negotiating-male-gender-identity-in-us-fiction/oclc/1057305412. Acesso em: 14 mar. 2022.

Dobson, A. 2003. *Citizenship and the Environment.* Oxford: Oxford University Press.

Elmhirst, R. 2011. 'Introducing new feminist political ecologies'. *Geoforum* 42(2): 129–132. Fabricius, D. 2011. 'The Vital Seven with David Fabricius | The Shift Network'. Accessed 1 November 2017. https://shiftnetworkcourses.com/course/VitalSeven

Gaard, G. 2017. *Critical Ecofeminism (Ecocritical Theory and Practice).* Lanham: Lexington Books.

Gaski, H. 2013. 'Indigenism and cosmopolitanism: a pan-Sámi view of the indigenous perspective in Sámi culture and research'. *AlterNative* 9(2): 113–124.

Gibson-Graham, J. 2014. 'Being the revolution, or, how to live in a "more-than-capitalist" world threatened with extinction'. *Rethinking Marxism* 26(1): 76–94.

Gremillion, T. 2011. 'Setting the foundation: climate change adaptation at the local level'. *Environmental Law* 41: 1221–1253.

Hanna, L. 2011. '"Frankly my dear, I don't give a damn" voted greatest movie line of all time: As lines go it was, frankly, a good one'. Accessed 19 January 2013. http:// www.mirror.co.uk/tv/tv-news/frankly-my-dear-i-dont-give-a-damn-115670

Hultman, M. 2014. 'How to meet? Research on ecopreneurship with Sámi and Ma-ori'. Paper presented at international workshop Ethics in Indigenous Research – Past Experiences, Future Challenges, Umeå, 3–5 March.

Hultman, M. 2017. 'Exploring industrial, ecomodern, and ecological masculinities'. In S. MacGregor, ed., *Routledge Handbook of Gender and Environment.* Oxon: Routledge, 239–252.

Jagers, S., Martinsson, J., and S. Matti. 2014. 'Ecological citizenship: a driver of proenvironmental behaviour?'. *Environmental Politics* 23(3): 434–453.

Kimmel, M. 1998. 'Who's afraid of men doing feminism?'. In T. Digby, ed., *Men Doing Feminism*. New York: Routledge, by 57–68.

Klein, N. 2017. *No Is Not Enough: Resisting Trump's Shock Politics and Winning the World We Need*. Chicago: Haymarket Books.

Levant, R. 1997. 'The masculinity crisis'. *Journal of Men's Studies* 5: 221–231.

MacGregor, S. 2010. '"Gender and climate change": from impacts to discourses'. *Journal of the Indian Ocean Region* 6(2): 223–238.

Macy, J. 2013. 'The Greening of the Self'. In L. Vaughan-Lee, ed., *Spiritual Ecology: The Cry of the Earth*. Point Reyes: The Golden Sufi Center, 145–158.

Magnuson, E. 2016. Changing Men, Transforming Culture: Inside the Men's Movement. Oxon: Routledge.

Mathews, F. 2017. 'The dilemma of dualism'. In S. MacGregor, ed., *Routledge Handbook of Gender and Environment*. Oxon: Routledge, 54–70.

McLeod, N. 2015. 'Moon cycles and women'. Accessed 2 May 2017. http://www. menstruation.com. au/periodpages/mooncycles.html

Mindframe. 2016. 'Facts and stats about suicide in Australia'. Accessed 30 October 2017. http://himh. clients.squiz.net/mindframe/for-media/reporting-suicide/facts-andstats

MPR News. 2016. 'Do we need a different word for "mansplaining"?'. Accessed 29 October 2017. http://www.mprnews.org/story/2016/12/19/mansplaining-as-a-term

Phillips, M. 2016. 'Embodied care and planet earth: ecofeminism, maternalism and postmaternalism'. *Australian Feminist Studies* 31(90): 468–485.

Quinn, D. 1992. *Ishmael*. New York: Bantam Books.

Requena-Pelegrí, T. 2017. 'Green intersections: caring masculinities and the environmental crisis'. In J. Armengol and M. Vilarrubias, eds., *Masculinities and Literary Studies: Intersections and New Directions*. New York: Routledge, 143–152.

Solnit, R. 2014[2008]. *Men Explain Things To Me: And Other Essays*. Chicago: Haymarket Books.

Umezurike U. 2021. 'The Eco(centric) Border Man: Masculinities in Jim Lynch's Border Songs'.Woodward, W. 2008. '"The nature feeling": ecological masculinities in some recent popular texts'. In D. Wylie, ed., *Toxic Belonging? Identity and Ecology in Southern Africa*. Newcastle upon Tyne: Cambridge Scholars, 143–157.

xoJane.com [Lesley]. 2012. 'Why you'll never hear me use the term "mansplain"'. Accessed 29 October 2017. http://www.xojane.com/issues/why-you-ll-never-hear-me-use-term-mansplain

Young, C. 2013. 'Is the patriarchy dead?'. Accessed 20 October 2017. http://reason. com/archives/2013/09/29/is-the-patriarchy-dead

Young, C. 2016. 'Feminists treat men badly. It's bad for feminism'. Washington Post. Accessed 29 October 2017. http://www.washingtonpost.com/posteverything/wp/2016/06/30/feminists-treat-men-badly-its-bad-for-feminism/?utm_term=.2636eaa2d079

Agradecimentos

> Uma cultura que perdeu sua história inicial é uma cultura à deriva, destrutiva e autoflagelante. Embora o Ocidente possa ser visto como sinônimo de imperialismo, este não é nosso povo antigo, esta não é nossa verdadeira cultura, a desigualdade de gênero não é nossa única herança.
>
> (Jones, 2017: 21)

Agradecimentos de Martin

Em primeiro lugar, honro e agradeço a toda forma de vida que me sustenta, tanto externa quanto internamente, que me deu suporte desde o primeiro dia. Também agradeço de coração a meus pais, Rolf e Gertie, bem como a minha esposa Elin, meu filho Kaspar e meus irmãos Ola e Johan por ajudarem a tornar este livro possível.

A meus pais: comemoro como me trouxeram ao mundo e me levaram com vocês para vivenciar as florestas, às vezes com um mapa na mão, mas principalmente por simplesmente fazermos parte da paisagem. Meu entusiasmo por coleta de alimentos vem de vocês – especialmente por sair por conta própria para encontrar cogumelos cantarelos.

A minha esposa Elin: você é única, pois está sempre pronta para uma discussão pessoal ou política. Experimentamos o mundo juntos por tantas aventuras quanto houve dias. Se não fosse por você, eu não poderia ter feito um balanço do que significa ser um homem no mundo de hoje, considerando as maneiras como expresso minhas masculinidades, nem encontrado a paixão que trago para este livro.

Junto com meu filho Kaspar, eu regularmente exploro o mundo de uma nova maneira. Você é quem mais sabe sobre o que está acontecendo em nosso mundo agora. Meu envolvimento próximo em seu crescimento me permite crescer novamente. É um raro privilégio ver você se tornando uma pessoa corajosa o suficiente para tentar o que você quer e quem você quer ser comigo cuidando de seus medos, entendendo suas consternações e celebrando suas alegrias. Como pai, estou fazendo o possível para mostrar a você que o mundo é realmente lindo; uma grande fonte de inspiração neste caminho que você está trilhando para se tornar a pessoa que é.

Minha jornada acadêmica foi tortuosa, o que me preparou bem para me tornar um acadêmico indisciplinado. Sou grato a todos os colegas gentis e de mente aberta que conheci ao longo de meus estudos. Agradeço especialmente a Per-Anders Forstorp e Marianne Winther-Jörgenssen por revelarem uma forma totalmente nova de experimentar o mundo. Convidar-me para o "Studierektangeln" [Retângulo de Estudo] foi fundamental para combinar seus respectivos *insights* com minha mente eclética, participando do melhor seminário vespertino que um estudante curioso poderia esperar. Sem vocês dois, eu não teria me tornado a pessoa nem o estudioso que sou agora.

Quando fui estudante de doutorado, tive a sorte de ter a proteção e meus textos examinados pelo incomparável Jonas Anshelm. Jonas, este livro é, de certa forma, uma celebração de sua capacidade única de ser supervisor e amigo. Inspirado por seus modos Næssean, ir pescar com você, dar um mergulho em Stora Rängen juntos e o dia em que meu filho Kaspar e eu colhemos framboesas de dar água na boca em seu jardim são memórias que durarão por toda a vida. Ainda mais Næssean, quero homenagear Johan Hedrén como uma força de inspiração não apenas em sua pura presença, mas também na maneira como me convidou para diálogos com acadêmicos utópicos e de humanidades ambientais, bem como as conversas profundas nas viagens de ônibus que temos compartilhado.

Durante meus primeiros dias no Departamento de Estudos Temáticos (TEMA – Tecnologia e Transformação Social) na Linköping University, Ulf Mellström também estava ao meu lado. Ulf, dividir o curso de pós-graduação "Gênero e Tecnologia" com você como colega foi pessoal e profissionalmente enriquecedor.

Depois de concluir meu doutorado, busquei oportunidades para publicar algumas de minhas análises empíricas como artigos, com atenção redobrada para uma abordagem teórica. Então apareceu Anna Lundberg. Como editora do renomado jornal sueco de estudos de gênero *Tidskrift för genusvetenskap* (TGV – Revista de Estudos de Gênero, em livre tradução), você foi (junto com Mattias Martinsson) a primeira motivadora para que eu escrevesse meu primeiro artigo sobre masculinidades e meio ambiente – aquele sobre Arnold Schwarzenegger. O trabalho com a versão em inglês desse artigo, publicado na primeira edição dedicada às Humanidades Ambientais, me introduziu em conversas com Seema Arora-Jonsson, Susan Buckingham, Sherilyn MacGregor e Marjorie Cohen, que juntas provaram ser guias importantes na promoção de meu pensamento acadêmico, até a redação deste livro.

Estendo agradecimentos muito especiais a meus amigos com quem continuo a ter conversas aprofundadas sobre justiça social e ambiental, especialmente: Martin Laps, Anders Hansson, Magnus Nilsson, Björn Wallsten, Francis Lee e Robert Helsing. Agradeço também a meu coautor Paul Pulé. Tornamo-nos colaboradores próximos instantaneamente. Desde o momento em que nos conhecemos, pude perceber que o cruzamento de nossos caminhos foi algo especial e verdadeiramente revolucionário. Essa serendipidade tocou algo profundo dentro de mim. Você continua a instigar conversas fantásticas e conexões profundas sobre a Terra, a humanidade e subjetividades.

Com Paul, ofereço meus sinceros agradecimentos aos seguintes revisores, que generosamente contribuíram para nossos refinamentos do texto digitado a partir de suas respectivas áreas de expertise ou ajudaram a administrar a produção do livro: Annabelle Harris, Leila Walker, Charlotte Endersby, Rebecca Brennan, Laura Brookes, junto com T. Anne Dabb, Greta Gaard, Bob Pease e Tammy Shel.

Acrescentamos um agradecimento especial a Pamela Hiley e Ki Fai Næss por suas reflexões convincentes sobre o amplamente reverenciado tesouro nacional norueguês, o Professor Arne Næss. Foi realmente uma honra ter vocês nos ajudando a afiar nosso foco e obter a clareza necessária sobre Arne, o homem, para além da ecologia profunda, o movimento, visto que adotamos elementos de seu brilhantismo que moldaram nossos pensamentos e a maneira como podem ser aplicados.

Por fim, agradeço à comunidade Bestorp por me instrumentalizar para que eu me tornasse o acadêmico que sou hoje. Essa pequena aldeia onde vivi por dez anos tem sido um "laboratório" formativo para o Movimento de Transição Sueco, tanto quanto para mim pessoalmente. Durante o tempo em que morei lá, me tornei um líder comunitário rural. A alegria nos olhos das pessoas por minha contribuição de maneiras muito concretas e positivas para suas vidas cotidianas não foi apenas um privilégio raro, mas continua a ser uma fonte de grande inspiração. Junto com vários colegas suecos importantes, agora faço parte do Conselho de Transição da Suécia, que reúne visões e projetos que dão suporte a empreendimentos sociais comprometidos com o respeito às fronteiras planetárias. Finalmente, por meio de meu relacionamento com pessoas como Pella Thiel, Niklas Högberg e muitos mais, aprendo a fazer o que digo; para ser a mudança que quero ver no mundo.

Agradecimentos de Paul

Escrever este livro foi uma jornada intensamente pessoal. Por muitos anos, venho procurando maneiras de expressar que os níveis de cuidado com a vida que aqui defendemos habitam naturalmente em todos nós. As páginas a seguir são o produto de muitas horas de pesquisa acadêmica sobre homens, masculinidades e a Terra. Ao longo dos anos, minhas trocas relacionais com colegas, amigos, parentes e amores moldaram meus pensamentos e a maneira como me movo pelo mundo. Quando comecei este projeto como aluno de doutorado em 2001, não tinha ideia a que direção ele me levaria. Nem previa a maré agourenta de masculinidades tóxicas/extremas, níveis obscenos de direitos, fervor nacionalista e retrocessos misóginos perversos que varreram o mundo com renovado descontrole, aumentando significativamente a responsabilidade de todos nós. Venho sentindo uma preocupação crescente e, a partir disso, busquei alternativas para o recente aumento das políticas de choque que conquistaram lugar central em muitas nações do Norte Global nos últimos tempos. Esse fermento de medo da direita me motivou, como acadêmico e ativista, a dedicar meus esforços ainda mais à criação de um mundo inclusivo e cuidadoso.

Minhas contribuições para este livro tiveram um começo bastante humilde. Desde muito jovem, queria saber como ser o melhor homem que poderia ser. Isso me levou a uma jornada para encontrar novas maneiras de ser, pensar e adotar a virilidade e as masculinidades tanto conceitualmente quanto na prática. Nesse sentido, eu fui meu primeiro estudo de caso. Os pensamentos que compartilho aqui são produtos combinados de minhas jornadas pessoais e profissionais. Há alguns agradecimentos especiais que gostaria de fazer também.

Mamãe e papai, vocês vão encontrar muito de vocês nas páginas que se seguem, não apenas diretamente, mas também pelo fato de que este livro se tornou uma realidade, pelo menos em parte, porque vocês dois, durante o vai e vem da vida, estiveram aqui comigo, eternamente. Obrigado por aguentarem firmes comigo. Ofereço uma homenagem especial a meu querido tio Leslie, cujo apartamento do tamanho de uma caixa de sapatos em Nova Iorque foi meu refúgio quando jovem, há tantos anos. Você me ajudou a ver que há muitas maneiras de ser homem, vestir a masculinidade e absorver suas gradações. Seu espírito contemplativo, seu senso de aventura, sua fé nas alegrias da vida, sua generosidade incansável, seu profundo respeito pela diversidade e sua reverência pela "igreja" da natureza foram mais do que uma escada para eu escalar alturas cada vez maiores. O rito de passagem de entrada em minha masculinidade sob seus cuidados foi uma revolução de corpo, mente e espírito que carrego comigo todos os dias de minha vida.

Para tia Dot Scott, envio um largo sorriso da Austrália Ocidental por seu interesse duradouro em minha vida e pelas muitas maneiras pelas quais me incentivou. Sua casa sempre foi um retiro aberto, caloroso e acolhedor, seu entusiasmo pelo oeste selvagem da Austrália foi uma inspiração formativa para meu amor pela natureza e seus lembretes de que não há nada mais curativo do que uma boa risada revigorante, especialmente rindo de mim mesmo, são presentes maiores do que eu poderia ter imaginado. Claro que você é minha tia favorita!

Fui agraciado com três mentores em minha jornada acadêmica ao longo dos anos. Cada um deles foi fundamental para me apoiar na formulação de minhas contribuições para este livro. Cada um de vocês merece menção especial.

Acadêmica feminista ecológica internacionalmente conhecida e amplamente amada, Dra. Patsy Hallen se tornou um oráculo para as coisas que estão por vir, ajudando-me a massagear uma coleção solta de pensamentos e sentimentos sobre os homens e nossos impactos na vida até o início do que agora é meu caminho. Patsy, você reservou tempo para me ouvir e me motivar quando pensei que poderia entrar em colapso, sorriu amplamente com a menor das minhas revelações, me abençoou com sua marca registrada, "o fôlego pungente de uma baleia curiosa", e reforçou minha coragem e fé nesta jornada. Você encontrará sua orientação estimulante espalhada nas entrelinhas deste livro, que agora posso transmitir a outros, tanto como seu aluno quanto como companheiro na Terra. À sua paciência e constância em estar presente, à sua coragem de estabelecer limites comigo, falar sua verdade com o coração aberto, oferecer uma mão firme e orientadora e seu brilho filosófico, me inclino em profunda reverência e gratidão.

O sociólogo feminista, Dr. Michael Booth, teve um grande interesse em meu projeto quando Patsy se aposentou. Infelizmente, Michael morreu logo depois de me aceitar como um de seus alunos. Como verdadeira enciclopédia ambulante, ele me mostrou a importância de ampliar minha busca por um futuro alternativo para os homens e a Terra – começando com um pequeno, mas profundo truque de pesquisa de leitura de sumários e índices antes de mergulhar de cabeça nos livros. A fala mansa e incrível sabedoria de Michael não foram apenas uma lição de humildade para a experiência. Ele também exemplificou uma versão das masculinidades alternativas que defendemos. Michael... a seu espírito e a sua memória, ofereço um sorriso caloroso.

Para o Professor Associado Brad Pettitt, que tem sido o pragmático quintessencial e exemplo de eficiência, produtividade e impulso, envio meu agradecimento por assumir rapidamente o papel de "bombeiro" após a morte repentina de Michael. Seu otimismo duradouro, espírito de comunidade e capacidade de unir pontos em um pântano de complexidades multidisciplinares foram inestimáveis. Você se tornou um auxílio eficaz, apoiou este projeto de forma duradoura e me ajudou repetidamente a estabelecer limites em minha marcha em direção ao que agora é um diálogo internacionalmente em emergência sobre homens, masculinidades e a Terra. Fiquei muito inspirado por sua dedicação em criar comunidades cuidadosas.

Aos mais de 130 contribuintes da campanha Kickstarter que me permitiu financiar o início deste livro, ofereço meus profundos agradecimentos por seu apoio através de muitas perguntas e comentários, juntamente com suas doações financeiras. Menção especial vai para os seguintes doadores particularmente generosos: Anônimo (*você sabe quem é*), Sofi e Cecilia Håkansson, Emma Brindal, Michelle Power, John Croft, Greg Davey, Mimi e Gerry Pule, Leslie Pulé e Dottie Scott.

Por meio dos esforços coletivos dessas pessoas, tive o raro privilégio de receber a corporificação sensual, a acuidade acadêmica, o acompanhamento espiritual, o apoio financeiro e a coesão conceitual que tornaram minhas contribuições para este livro possíveis. Eu não poderia ter feito isso sem cada um de vocês.

Referência

Jones, P. 2017. *re:) Fermenting culture: a return to insight through gut logic.* Daylesford: Tree Elbow.

ceiras. Menção especial vai para os seguintes doadores particularmente generosos: Anônimo (*você sabe quem é*), Sofi e Cecilia Håkansson, Emma Brindal, Michelle Power, John Croft, Greg Davey, Mimi e Gerry Pule, Leslie Pulé e Dottie Scott.

Por meio dos esforços coletivos dessas pessoas, tive o raro privilégio de receber a corporificação sensual, a acuidade acadêmica, o acompanhamento espiritual, o apoio financeiro e a coesão conceitual que tornaram minhas contribuições para este livro possíveis. Eu não poderia ter feito isso sem cada um de vocês.

Referência

Jones, P. 2017. *re:) Fermenting culture: a return to insight through gut logic.* Daylesford: Tree Elbow.